Bildnachweis:
Die Bilder des Textteils: Dorothee Fleck
Coverfoto: Dorothee Fleck
Karte: © Jens Mattausch
Kartenicon: © Stepmap GmbH, Berlin

Bibliografische Information der Deutschen Bibliothek:
Die Deutsche Bibliothek verzeichnet diese Publikation in der deut-
schen Nationalbibliografie. Detaillierte bibliografische Daten sind im
Internet über http://dnb.ddb.de abrufbar.

© 2016 traveldiary Verlag
www.reiseliteratur-verlag.de
www.traveldiary.de

traveldiary Verlag, Mady Host und Cornelia Reinhold GbR
Brauereistraße 4, 39104 Magdeburg

Umschlagentwurf und Layout: Jürgen Bold, Jens Freyler
Hintergrundfoto: © Carola Vahldiek / Fotolia
Satz: traveldiary Verlag, Mady Host und Cornelia Reinhold GbR
Druck: „Standartu Spaustuve" www.standart.lt, Tel. 37052167527

ISBN 978-3-942617-02-4

Dorothee Fleck

Als Frau allein mit dem Fahrrad um die Welt

Prolog

Warum nehmen Sie kein Taxi oder Bus? In China ist dies eine beliebte Antwort auf die Frage nach dem Weg. Eigentlich ja auch unverständlich, dass ich mir das mit dem Fahrrad antun muss. Damals wollte ich allerdings nur zu einem Hotel am nächsten Ort, auf jeden Fall gut mit dem Fahrrad machbar. In solchen Momenten sage ich lieber nie, wo ich losgefahren bin und wohin ich möchte. Meist sage ich den nächsten Ort, was für die meisten sowieso an der Grenze des Möglichen ist. Der Fahrradenthusiasmus hat bei mir sehr früh eingesetzt, obwohl, oder gerade weil es lange gedauert hat, bis ich mein erstes eigenes Rad bekam. Solange musste das Fahrrad meines Patenonkels herhalten – zu groß und mit Stange, aber das machte überhaupt nichts, denn ich steckte einfach ein Bein unter der Stange durch. Zu meinem achten Geburtstag bekam ich dann ein altes, blaues Rad von ihm, ganz ohne Gangschaltung und sehr einfach, aber MEIN eigenes. Endlich konnte ich wohin und wann ich wollte fahren. Zu meiner Konfirmation kaufte ich mir ein Peugeot-Fünfgang-Fahrrad. Es war mein ganzer Stolz. Jetzt waren mir kaum mehr Grenzen gesetzt und die Radreisen nahmen ihren Anfang. Zuerst ging es an den Bodensee, dann ins Elsass, nach Italien …, sie wurden immer länger und weiter. Unglaublich, was ich da so alles entdecken konnte und wie viele Leute ich traf. 2003/2004 nahm ich eine sechsmonatige Auszeit und fuhr in Australien und Neuseeland Rad. So war niemand mehr erstaunt, als ich 2007 beschlossen hatte, zu kündigen und mit dem Fahrrad um die Welt zu fahren. Ich hatte keine Ahnung, wie lange ich weg sein und was mich erwarten würde, ich wusste nur, es wird genial.

Inhalt

Europa - Die erste Woche unterwegs

Endlich eine leere Wohnung. Es ist noch früh. Die letzten Tage waren sehr intensiv. Nachdem ich gekündigt hatte, ging die Arbeit erst richtig los. Ich musste Mieter suchen, Versicherungen klären, einen Klaviertransport organisieren, Unterstellplätze für all meine Sachen organisieren und so weiter. Das hielt wenigstens von gefühlsschwangeren Abschiedsfesten ab. Wie sehnte ich mir den Moment herbei, in dem ich mich nur noch auf das Fahrrad setzen muss und losfahren kann. Jetzt ist er endlich gekommen.

Ich mag keine Abschiedsszenen. Am liebsten will ich ganz still und heimlich weg. Da ich früher schon einmal mit dem Fahrrad nach Wien gefahren bin, nehme ich jetzt den Zug. Das hat den Vorteil, die Tür geht zu und ich bin einfach weg, kein Zurück mehr, kaum Abschiedstränen. Im Zug kann ich mich endlich ausruhen. Ich bin äußerst gespannt, wann mir bewusst wird, dass ich jetzt ein paar Jahre weg sein werde. Ich habe eine unbändige Freude in mir, dass es nun endlich losgeht.

Es ist der 16. Februar 2008, als ich den Schnee am Arlberg an mir vorbei ziehen lasse. In der ersten Nacht in Wien schlafe ich so gut wie seit Wochen nicht mehr. Den ganzen Ballast habe ich hinter mir gelassen. Es gibt Glücksmomente, die kann ich nicht beschreiben: Freude, Aufregung, Abenteuer, Neugier, Spannung, Leben pur in vollen Zügen. Ein älterer Herr geleitet mich ein Stück aus Wien heraus. Bald werden solche Unterhaltungen für sehr lange Zeit nicht mehr möglich sein, sehr bald werde ich die Landessprache nicht mehr verstehen. Der Donau entlang, geht es aus der grauen Stadt hinaus. An der slowakischen Grenze gibt es keine Kontrollen mehr. Nur an der Sprache merke ich schnell, dass ich mich nicht mehr in Österreich befinde. Vor Jahren habe ich einmal Russisch gelernt. Die kyrillische Schrift kann ich lesen und verhungern muss ich auch nicht, soweit reichen meine Sprachkenntnisse.

Für die ersten Nächte habe ich über Netzwerke im Internet, Couchsurfing und Warmshower, Einladungen bekommen. Dies ist eine sehr günstige Art des Reisens, aber das ist nur ein Aspekt. Unbezahlbar sind die familiären Einblicke in die fremden Kulturen. Und durch das gemeinsame Interesse am Reisen gibt es immer genügend Gesprächsstoff, egal in welcher Altersgruppe.

Hier in Bratislava habe ich gleich meine erste Einladung für eine Übernachtung.

Mit Rückenwind geht es am nächsten Tag weiter an der Donau entlang in den Süden der Slowakei. Es ist total eben, ebener geht es eigentlich nicht mehr. Manchmal geht es den Damm rauf und runter, wenigstens ein bisschen Training für all die Berge, die mich noch erwarten. Auf den Radwegen kann ich gefahrlos üben, mit dreißig Kilogramm Gepäck zu fahren. Auch die Straßen sind noch so wenig befahren, dass dort keine Gefahr droht.

Nach 124 Kilometern komme ich genau 16 Uhr vor der Schule in Komarno an, wo mich Judy, meine Gastgeberin, erwartet. Schnell gehe ich, verschwitzt wie ich bin, samt Fahrrad und Gepäck, zunächst in das Lehrer- und dann in das Klassenzimmer. Dort darf ich zwölf Jugendlichen Rede und Antwort stehen. Es geht hauptsächlich um Fußball, Autos und Musik. Eine der Schülerinnen übersetzt mein Englisch oder Deutsch ins Ungarische. Ich bin hier zwar noch in der Slowakei, aber Komarno ist Zentrum der ungarischen Minderheit, deswegen gibt es hier auch ungarische Schulen. Die Unterrichtsstunde überstehe ich irgendwie und werde mit einem köstlichen Mahl von Judy belohnt.

„Und aus den Wiesen steiget, der weiße Nebel wunderbar", klar, ich fahre an einem großen Fluss entlang. Später wird es sehr warm, die Füße tauen auf und auf neu angelegten Fahrradwegen geht es Richtung Budapest. Plötzlich ist etwas los in den ungarischen Dörfern: Teilweise ist es verboten, auf den Straßen Fahrrad zu fahren, aber eine brauchbare Alternative gibt es nicht. Es gibt zwar einen neu ausgebauten Fahrradweg der Donau entlang, aber dieser ist so neu, dass es noch keine Wegweiser gibt. In Budapest gibt es Schilder an den Fahrradwegen, die angeben, wohin sie führen. Lesen kann ich die Begriffe zwar, aber nichts damit anfangen.

In dieser Jahreszeit ist es alles grau in grau, es regnet immer wieder. Mein Hauptbegehr ist momentan ein Bad in den heißen Thermen, das Genialste, was ich mir nach den Strapazen der letzten Wochen gönnen kann. Ich genieße es, im warmen Wasser zu liegen und es mir einfach nur gut gehen zu lassen.

Dank eines anderen Radfahrers finde ich am nächsten Tag leicht aus der Stadt heraus. Die ersten Kilometer gehen am Flughafen vorbei durch ein Industriegebiet, also keine attraktive Gegend. An einem Nebenarm der Donau mit viel Schilf und Badestegen wird es dann aber richtig idyllisch. Auch die Sonne trägt ihren Teil bei und das viel zu stark für Februar. Ich bekomme sogar einen Sonnenbrand.

Richtig gut gelaunt fahre ich im Sonnenuntergang über die Brücke nach Dunaföldvar. Auch hier werde ich wieder von meinen Gastgebern, Familie Schmieder, herzlich empfangen. Die junge Mutter tischt sehr viel Essen auf. Nach einem Tag auf dem Fahrrad kann ich ganz schön was runterputzen. Zum typisch ungarischen Essen gibt es typisch ungarischen Wein, einen Tokaier. Auf dieser Tour mit solch netten Einladungen lerne ich nicht nur Land und Leute, sondern auch verschiedene Alkoholika kennen. Ich bekomme gute Tipps für meine nächste Etappe, die besten Wege und Unterkünfte werden gezeigt. Im Fernsehen sind die schrecklichen Bilder der Unruhen in Belgrad zu sehen. Bald dort zu sein, beunruhigt mich nicht sehr, denn inzwischen weiß ich, wie die Medien arbeiten.

Surviving Belgrad

Bei dieser Reise bekomme ich ganz nebenbei Nachhilfeunterricht in Sachen Europa. Ein dicker Stempel in meinem Pass beweist es: Kroatien gehört noch nicht zur EU. Beim Anblick des Grenzpostens mit Schlagbaum bekomme ich richtig nostalgische Gefühle.

Wunderbar geht es weiter über Felder. Nur, wo soll ich hier kroatisches Geld, Kunas, herbekommen? Eine schwierige Sache am Sonntag in der Pampa – oder auch nicht, da es ohnehin keine Möglichkeit gibt, das Geld auszugeben. Eine Frau in einem kleinen Laden ist so freundlich und wechselt mir mein ungarisches Geld in Schokolade und Bananen.

Auf dem Deich begegnet mir ein Motorradfahrer. Er staunt nicht schlecht und meint, ich sei verrückt, hier im Winter Rad zu fahren. Es sei doch viel zu kalt, und es würde doch regnen. In diesem Moment sind es zwanzig Grad

und der blaue Himmel strahlt. Diese Temperatur ist perfekt zum Fahrradfahren: Die Zehen gefrieren nicht und die Schokolade kann nicht schmelzen.

Das schöne Wetter lockt eine Menge heimischer Fahrradfahrer heraus. Das
Naturschutz- und Naherholungsgebiete, das größte naturbelassene Sumpfge-
biet in Mitteleuropa, Kopački rit, bietet sich dazu auch an. Kaum zu glauben,
dass hier vor nicht allzu langer Zeit Krieg herrschte. Ich radle bis Osijek, einer
der größeren Städte Kroatiens. Auch hier ist einiges los, alte Häuser sind neu
hergerichtet mit schicken Cafés und Bars und jeder erfreut sich an diesem
wunderbaren Wetter. Trotz der Querelen zwischen Serbien und Deutschland
aufgrund des Kosovo-Konflikts, gibt es keine Probleme an der Grenze nach
Serbien. Ich bekomme wieder einen Stempel in den Pass.

Für meine restlichen kroatischen Konas bekomme ich einen ganzen Stapel
Serbische Dinare. Wie soll ich da einen Überblick über meine Finanzen
behalten?

An meinem ersten ernstzunehmenden Berg kann ich feststellen, dass ich in
der ersten Woche doch schon ein wenig Kondition gewonnen habe. An der
Donaupromenade bei Belgrad ist es wieder topfeben. Kaum zu glauben, wie
viele Leute dort an einem Dienstagabend unterwegs sind. Mit den unzähligen Restaurants auf den Booten ist es eine sehr attraktive und romantische
Stimmung. Bei Einbruch der Dämmerung komme ich in Belgrad an. Jovan,
mein Gastgeber, kommt mir entgegen. Er wohnt in Neu-Belgrad. Dieser Teil
ist erst in den letzten vierzig Jahren entstanden. Ein Hochhaus steht neben
dem anderen. Dazwischen gibt es breite Straßen, Straßenbahnen und auch
Fahrradwege. Bei schönstem Sonnenschein bummle ich durch Belgrad, keine
Spur von irgendwelchen Unruhen. Auch ich als Deutsche habe keine Probleme.

Jovan und seine Freunde begleiten mich am nächsten Tag bis zu einem kleinen Fischerdorf. Danach geht es einfach nur noch geradeaus und mit halbem
Tempo weiter.

Am nächsten Morgen wird die Fähre mich über die Donau bringen. Mit
deutscher Pünktlichkeit stehe ich Punkt 8 Uhr am Steg der Fähre. Und nach
serbischer Gelassenheit geht die Fähre doch erst 8:30 Uhr. Die Landschaft ist
wieder wunderschön, mit sanften Hügeln und Felsen, nur liegt viel zu viel

Abfall herum, hauptsächlich Plastikflaschen und Plastiktüten. Sehr müde komme ich am Abend in einem kleinen Dorf an. Ein Serbe bringt mich zu einer alten Frau. Das Haus ist sehr groß. Wie es aussieht, bewohnt sie im Winter nur das eine Zimmer im Erdgeschoss, das sie mit einem alten Holzofen sehr gut beheizen kann und das sie nun mit mir teilt. Sie schläft im Bett und ich auf dem Sofa. Obwohl wir keine gemeinsame Sprache sprechen, unterhalten wir uns sehr gut, vor allem mittels meines „Murmeli", einem kleinen Stoffmurmeltier, das jodeln kann. Das gefällt ihr sehr gut.

Im frühmorgendlichen Sonnenschein komme ich am schönsten Teil der Donau, dem Eisernen Tor, vorbei.

Eine fantastische Fahrt mit Felswänden zu beiden Seiten, und manchmal hat die Donau hier nur einen recht schmalen Durchgang. Weniger schön sind die vielen Tunnel. Einige von ihnen sind nur wenige Meter lang, aber bei mehr als zweihundert Metern ohne Innenbeleuchtung wird es mir schon anders zumute, besonders, wenn der Belag noch zusätzlich schlecht ist. Seit ich in einen langen, dunklen Tunnel gestürzt bin, habe ich eine richtige Tunnelphobie. Nachdem ich die letzten Durchfahrten hinter mir habe, kommen die ersten Wolken dieser Reise auf.

Blick auf das Eiserne Tor

Wassertransport an der Donau

Mit Rückenwind geht es in den nächsten Ort, wo ich gleich ein Hotel finde, bevor es anfängt zu regnen.

Wieder bei Sonnenschein, aber mit kräftigem Sturm geht es weiter. Ich komme kaum vorwärts. Wenn der Wind von der Seite weht, habe ich das Gefühl, er bläst die Luft, die ich eigentlich zum Atmen brauche, einfach weg. Doch dann ändert sich die Richtung der Straße und ich habe hauptsächlich Rückenwind.

Im Land des zahnlosen Lächelns

Nur kurz bin ich wieder in der EU, in Bulgarien. Eineinhalb Stunden muss ich auf die nächste Fähre zur rumänischen Seite der Donau warten. Was mich vor ein paar Wochen sehr genervt hätte, ist mir jetzt egal. Zeit spielt keine große Rolle mehr. Ich genieße es, einfach zu sitzen, zu beobachten und ein paar Fotos zu machen. Nach den „zweischriftigen" Ländern Serbien und Bulgarien ist in Rumänien nun alles wieder „einschriftig": Nur noch lateinische, keine kyrillische Buchstaben mehr. Und dennoch verstehe ich es nicht.

Hier ist es viel flacher als südlich der Donau. Mit der Unterstützung von Rük-
kenwind und Sonnenschein habe ich einen fantastischen Tag. Die Landschaft
ist wunderschön mit kleinen Flüssen und Seen. Die Menschen sind ausgesprochen freundlich. Es gibt tatsächlich „das Land des zahnlosen Lächelns".

Mitten in einem Dorf frage ich per Zeichensprache nach einer Übernachtungsmöglichkeit, worauf ich zum Lebensmittelladen geführt werde. Dort
bekomme ich ein ganzes Stockwerk für mich. Der Besitzer zeigt mir Fotos
von fünf Radfahrern, die im letzten Jahr hier gestrandet sind. Dass ich allein
bin und das als Frau, erregt immer wieder großes Erstaunen.

Gestern dreißig Grad und Westwind, heute 7 Grad und Ostwind – sehr
unangenehm. Es ist einer jener Tage, an denen ich nur denke, Augen zu und
durch. Ich komme bis Ruse auf der bulgarischen Seite. Plötzlich bin ich wieder
von großen Autos umgeben. Bei Srebarna gibt es ein Biosphärenreservat mit
unzähligen Vogelarten. Darum gibt es hier auch einen Hauch von Tourismus,
sprich ein Hotel und ein Bed & Breakfast, beide leider geschlossen, da im
Winter kaum Vögel zu sehen sind. Ein altes Männlein nimmt mich mit nach
Hause, wo mich die Baba, seine Frau, herzlichst empfängt. Beide sind circa
achtzig Jahre alt. Sie reden endlos auf mich ein. Ich verstehe kein bulgarisch,
auch wenn sie noch so laut sprechen. Ich schlafe mit Baba in einem Zimmer,
das erfüllt ist von Mottenkugel-Duft. Im Flur stapelt sich die Schafwolle.

Mal wieder bei wunderbarem Sonnenschein und fast windstill geht es weiter.
Kurz gesagt, ein richtig schöner Morgen zum Radfahren. Bevor es wieder
nach Rumänien geht, gebe ich einem Bettler, der gerade Mülltonnen durch-
stöbert meine letzten Münzen. Es gibt noch immer Grenzkontrollen. Die
Zöllner sprechen oft Deutsch. Nach der Grenze merke ich am Kopfsteinpflaster sehr schnell, dass ich wieder in Rumänien bin. Die Schafe, welche sonst
die Straße nutzen, stört dies wenig.

Als ich am Abend in einem Dorf nach einem Schlafplatz frage, läuft ein
junger Mann los und holt die ebenfalls junge Lehrerin des Dorfes. Wahrscheinlich ist sie die Einzige, die hier Englisch spricht. Sie wohnt mit ihrer
Schwester, der Mutter und zwei Töchtern zusammen. Es wird extra ein Huhn
mit Reis zubereitet. Wir unterhalten uns lange über die Situation in Rumä-

nien. Die Arbeitslosenquote ist sehr hoch. Ihr Mann ist in Italien zum Arbeiten, wie die meisten Männer hier. Wenn man bleibt, kommt man nie aus dem Elend heraus. Man sagt, es herrscht noch großes Misstrauen gegenüber Fremden, doch davon habe ich bisher nichts gemerkt. Und vielleicht traut sich die Mutter eines Tages, ihren Mann in Italien zu besuchen. Wenn ich allein mit dem Fahrrad um die Welt fahren kann, sollte sie doch auch allein nach Italien fliegen können.

Da Samstag ist, fahre ich bis Hersova, dem einzigen Ort weit und breit mit einer Übernachtungsmöglichkeit. Am Wochenende zelte ich nicht gern und möchte auch nicht nach privaten Unterkünften fragen. Gleich nach meiner Ankunft komme ich unter die Fittiche einer Schar Jungs auf Fahrrädern. Bei ihnen sind schon ein paar Spuren von Englischkenntnissen vorhanden. Ich sage nur „Hotel" und schon geht es los durch die ganze Stadt. Bald weiß jeder, dass ich eine Fahrradfahrerin aus Deutschland bin, denn sie rufen es jedem zu. Nachdem ich ihnen Schokobonbons geschenkt habe, muss ich erzieherische Maßnahmen ergreifen. Dass sie einfach das Papier auf den Boden werfen, kann ich unter keinen Umständen durchgehen lassen.

In Barilla bin ich mit einer Lehrerin verabredet. Das Wetter ist wieder einmal genial. Geteerte Straßen jedoch gehören langsam der Vergangenheit an. Jedes Schlagloch wird einfach mit Kies aufgefüllt – bis alles nur noch Kies ist. Die Schafe meckern jedenfalls nicht darüber.

Ich komme an Flüssen und Seen vorbei und habe hier zum ersten Mal Begegnungen mit Fliegen. Das ist vorteilhafter im Winter, denn ich möchte nicht wissen, wie viele von dieser Spezies hier im Sommer unterwegs sind. Manuela, die Lehrerin, möchte mich ihren Schülern vorstellen. Das heißt für mich, um 6:30 Uhr aufzustehen, um 7 Uhr loszulaufen und um 8 Uhr vor der Klasse zu stehen. Nach 25 Jahren komme ich wieder in den Genuss eines Physik-Unterrichts. Davon werden zwanzig Minuten für mich reserviert. Sie sind sehr an Deutschland interessiert, überhaupt wie es ist, dort als Programmierer und Informatiker zu arbeiten. Neben Berlin und Fußball ist auch das Oktoberfest von großem Interesse. Die Fragen an mich sind hauptsächlich, ob ich keine Angst habe, ob ich eine Familie habe, was die dazu sagen würde ... und was ich über Dracula wüsste. Leider nicht viel. Ich weiß nur, dass Transsylvanien tatsächlich existiert und ein Teil von Rumänien ist. Mit Deutsch haben sie ihre Hemmungen, aber ihr Englisch ist sehr gut. Von ihrem Verhalten kann ein deutscher Lehrer nur träumen. Es herrscht noch Ruhe und Disziplin. Alle sitzen auf ihren Plätzen und wenn die Lehrerin hereinkommt, erheben sich alle. Das ändert sich langsam. Im Kommunismus war alles viel strenger. Zum Abschluss singt mir die ganze Klasse englische Lieder vor. Das ist schon sehr rührend. Total hingerissen bin ich jedoch von zwei Jungs, die zweistimmig rumänische Volkslieder vortragen.

Lost in Ukraina

Braila liegt kurz vor der Grenze zu Moldawien. Zwar muss ich nur circa 2,5 Kilometer durch das Land fahren, aber es dauert dafür umso länger. Vier Grenzposten sind zu bewältigen, bevor ich in die Ukraine komme. Hier sprechen sie Russisch, eine Sprache, von der ich wenigstens die Grundlagen gelernt habe. Der erste Eindruck von der Ukraine ist nicht sehr gut. Die Straßen sind aus Betonplatten, die wie Schweizer Käse von Schlaglöchern durchbohrt sind. Um diese Jahreszeit kann ich von der Natur nicht viel Farbe erwarten, sonst ist es auch nicht sehr bunt. Nach der ersten kleinen Stadt Reni werden die Straßen plötzlich wesentlich besser. Die Ukraine wird eine große Überraschung. Sie ist viel westlicher orientiert und fortschrittlicher, als ich erwartet hätte.

Die erste größere Stadt ist Izmail. Sie ist sehr sauber und hat alles, sogar ein Internetcafé, und trotzdem hat es so etwas wie einen ukrainischen Charme bewahrt. Die Sauberkeit der Ukraine fällt richtig auf. Es gibt keine Plastiktüten, die immer und überall in Bäumen und Sträuchern hängen. Mit den bunten, kleinen Häuschen sind die Dörfer sehr pittoresk und die Städte mit hohen Plattenbauten sehr hässlich. Leider gibt es kaum Wegweiser. „Links", „rechts" und „geradeaus" sind die ersten Worte, die ich auf Russisch lerne, noch vor „Hunger" und „Durst".

Langsam geht es auf Odessa zu. Ich habe immer noch die Worte meines alten Erdkundelehrers in den Ohren: „wichtigster Schwarzmeerhafen". Die Herausforderung hier ist nicht nur der Wind, sondern auch der Verkehr. Trotzdem lohnt es sich, denn Odessa erweist sich als eine der schönsten Städte seit Wien.

In einem kleinen Ort frage ich am Abend wieder nach einem Übernachtungsplatz. Hier wird das total ignoriert. Ist es in den anderen Ländern auch nicht so sauber, die Gastfreundschaft ist aber erheblich größer. Da es zum Zelten einfach zu nass und zu kalt ist, fahre ich bis zur nächsten Stadt durch. Es ist schon dunkel, als ich dort ankomme. Gleich am Ortseingang gibt es ein Hotel, das mir eine nette Ukrainerin zeigt. Ja, es gibt auch sehr nette Ukrainer.

Entweder ich fahre auf Fernstraßen, habe Wegweiser und weiß, wohin ich fahre: Dann ist der Verkehr das Abenteuer. Biege ich von der Fernstraße ab, dann ist kaum Verkehr, dafür gibt es aber auch keinerlei Wegweiser. Nachdem ich am Tag zuvor lange genug das Abenteuer mit dem Verkehr hatte, gehe ich nun das Wagnis mit der Wildnis ein. In Kherson habe ich meine erste private Einladung in der Ukraine. Lussie wohnt mit ihrer Tochter und Enkelin in einer winzigen Wohnung im 6. Stock. Bei ihr fühle ich mich das erste Mal in diesem Land willkommen. Die Enkelin ist auch sehr aufgeschlossen, aber ihre Tochter kommt überhaupt nicht aus ihrem Zimmer. Lussie ist auch schon viel gereist, aber nur in den osteuropäischen Staaten, in Ungarn, Estland, Lettland und Russland. Für den Westen brauchen sie viel zu viele Papiere, es ist so gut wie unmöglich. Jetzt kann ich mir vorstellen, dass ich für so manchen ein Dorn im Auge bin, ich, die Deutsche, die fast überall frei herumradeln kann.

Krim, ohne Sekt und Kaviar

Die Halbinsel Krim ist ein autonomes Gebiet mit einer Art Grenze, Kontrollen gibt es allerdings nur für Lastwagen. Der Besitzer des Cafés gleich hinter der „Grenze" sieht mich kommen und sagt gleich zu seiner Bedienung, er würde sämtliche Kosten übernehmen. Sehe ich da einen Hoffnungsschimmer am Horizont? Sind die Leute hier auf der Halbinsel glücklicher und somit vielleicht netter?
Mit der Bestellung hapert es mal wieder. Suppe möchte ich nicht zum Frühstück. Butterbrot, was im Russischen genauso heißt, haben sie nicht. Doch auf einmal kommt aus der hintersten Ecke meines Russisch-Unterrichts die Erinnerung an Blini-Pfannkuchen. Treffer! Und die sind samt zwei Tassen

Kaffee auch bald im Magen versenkt. So geht es gleich viel besser weiter. Die Ukrainer sind von oben bis unten dreigestreift. Mütze, Jacke, Hose und Schuhe sind mit den drei Streifen versehen. Bei den Frauen beschränkt es sich auf oben. Die Hosen sind hautenge Stiefeljeans, die Schuhe Stiefel mit Pfennigabsätzen. Bauch und Nieren liegen frei, dazu ein roter oder schwarzer Blouson und natürlich die Haare blond gefärbt. Fast jedes Auto hat getönte Scheiben. Ich sehe nicht, ob jemand oder wenn, wer darin sitzt, als hätten sie etwas zu verbergen. Der erste Eindruck von Simferopol, der Hauptstadt der Krim, ist sehr positiv. Die Innenstadt hat sich sehr herausgeputzt. Die Kinder und Jugendlichen fahren sehr gute Fahrräder. Außerdem bekomme ich endlich Postkarten und sogar Landkarten. Vadim, mein Gastgeber, der mich in der Innenstadt abholt, meint, dass sich der Prunk leider nur auf die Innenstadt beschränkt. Die Situation außerhalb ist sehr dürftig. Auf dem Weg zu seiner Wohnung wird es mir bestätigt: Wege, die man kaum Straßen nennen kann. Er ist der Erste, der mein Fahrrad vollbepackt tragen kann. Kein Wunder, denn er ist Gewichtheber.

Nicht weit von Simferopol liegt Bakhchisaray. In diesem Flusstal, wo sich schon seit dem Mittelsteinzeitalter Menschen ansiedelten, ist heute – neben der Höhlenstadt Tschufut-Kale – der Khan-Palast die Hauptattraktion. Ohne Gepäck mache ich einen Tagesausflug dorthin. Am Morgen ist es nur neblig, dann fängt es an zu regnen und später schneit es sogar. Natürlich habe ich meine Regenhose und die Gamaschen in Simferopol gelassen. Mir ist nicht mehr sehr nach Sehenswürdigkeiten. Nur den Khan-Palast schaue ich mir an. Ich würde gerne mehr darüber erfahren. Leider sind die meisten Beschreibungen nur auf Russisch oder Ukrainisch. Im Internet erfahre ich, er ist im 16. Jahrhundert von den Khans, die sich damals von Sibirien bis auf die Krim ausgebreitet hatten, errichtet worden. Es ist äußerst ungewöhnlich, in Europa einen Haremspalast zu sehen. Das Kloster und die alte Felsenstadt erspare ich mir, denn meine Füße sind eingefroren.
Der größte Spaß beginnt dann aber in Simferopol, wo die Straßen so extrem schlecht und Abwasserkanäle kaum vorhanden sind. Wenn es nicht gerade bergab geht, hat das Wasser keine Chance zu entweichen, das heißt alles ist überschwemmt. Wegen der tiefen Schlaglöcher kann eine harmlos aussehende Pfütze sehr tief sein und jedes vorbeifahrende Auto verleiht eine kräftige Dusche. Dank meines GPS finde ich leicht wieder zurück. Dann stehe ich

in einem Hof mit lauter gleichen Hochhäusern. Ich habe keine Ahnung mehr, in welche Haustür ich muss, ich weiß nur noch, dass es der zweite Stock ist. Beim dritten Anlauf bin ich dann erfolgreich.

Es ist doch gleich ein ganz anderes Gefühl, wenn die Sonne beim Aufstehen scheint. Das Frühstück ist sehr reichhaltig. Es ist besser, sich gleich an die Gewohnheiten des Landes anzupassen. Jetzt esse auch ich Tortellini am frühen Morgen und danach geht es mit vollem Bauch los. Der erste Teil nach Bakhchysarai sieht bei Sonnenschein ganz anders aus. Danach geht es in die Berge, in die unübersehbar der Frühling Einzug gehalten hat. All die Sträucher stehen in voller Blütenpracht. Sehr schnell bin ich in Sevastopol. Als der Kommunismus ging, hat sich der Kapitalismus breit gemacht: teure Autos, McDonald's, Kinder mit den neuesten BMX-Rädern. Vielleicht bringen sie es irgendwann auch fertig, Wegweiser aufzustellen und sich auf Straßennamen zu einigen. Die wahren Berge auf der Krim sind nur im Süden, zwischen Sevastopol und Feodosia. Auch wenn meine Tageskilometer weit unter hundert Kilometern bleiben, bin ich immer weit über tausend Höhenmeter. Eigentlich sollte ich nicht von Bergen reden, sondern von Steilküsten, die ich rauf und runter fahre. Es ist sehr felsig. Liwadija ist einfach ein Muss. Nicht nur da dieser Palast zur Zarenzeit schon berühmt war, sondern es ist auch jener schicksalsträchtige Ort, an dem die Konferenz von Jalta im Februar 1945 mit Winston Churchill, Franklin D. Roosevelt und Joseph Stalin stattgefunden hat. Damals wurde über die Zukunft Deutschlands entschieden. Nach Aluschta geht die Straße nach Simferopol ab. Auf der Straße im Süden nach Feodosia ist kaum mehr Verkehr. Sie ist wesentlich kleiner und steiler. Diese Gegend ist noch recht verschlafen, alle zwanzig Kilometer komme ich in ein Dorf, in dem es aber nichts gibt. Es wird alles noch für den Sommer hergerichtet. Etwa alle sechzig Kilometer passiere ich eine Kleinstadt.

Langsam wird mein Kopf frei von all den Alltagssorgen. Ganz aus dem hintersten Eckchens meines Gehirns kommen Erinnerungen auf, die dort seit Jahren verschüttet waren, neue Ideen und Gedanken haben Raum sich auszubreiten.

Da es immer weniger Unterkünfte gibt, habe ich ein neues Sprüchlein. Ich fragte jetzt nicht mehr „wo gibt es ein Hotel?", sondern „wo kann ich mein

Zelt aufstellen?". Ein Uniformierter zeigt mir ein nettes Plätzchen und eine Frau bietet mir den Platz neben ihrem Bauwagen an. Überglücklich bin ich, endlich zu zelten. Zum Einstand meines Zeltens regnet es die ganze Nacht. Da es nur circa fünfzig Kilometer nach Feodosia, meinem heutigen Ziel, sind, habe ich es überhaupt nicht eilig. In meinem warmen Schlafsack warte ich, bis es aufhört zu regnen. Erst nachdem ich losgefahren bin, fängt es wieder an, dann kommt alles, was das Wetter so zu bieten hat: Regen, Schnee, Hagel, Sturm, auch „Rückensturm" (das ist, wie wenn man den Berg hinaufgeschoben wird) und ab und an sogar ein wenig Sonnenschein. Total durchgefroren und nass komme ich in Feodosia an. Im Internet Café, wo es schön warm ist, schicke Liuda, meiner Gastgeberin, eine SMS und fange an, meine E-Mails zu lesen und zu beantworten. Weit komme ich jedoch nicht, denn sie kommt schon reingeschneit: eine auffällig fröhliche und lebendige Person, ein bisschen älter als ich. Gleich von Anfang an gefällt sie mir sehr gut. Sie wohnt in einem kleinen Häuschen mit einem bunten Garten. Zurzeit ist noch Lisa, eine für Peace Corps arbeitende US Amerikanerin, dort. Es ist ein sehr nettes Domizil, um ein paar ruhige Tage zu genießen.

Feodosia ist eine sehr alte Stadt. Schon im sechsten Jahrhundert vor Christus wurde sie von griechischen Kolonialisten aus Miles gegründet. Danach hat sie viel Geschichte erlebt, zum Beispiel die Tataren und Mongolen. Wir machen einen Spontanbesuch beim Friseur, einer Freundin von Liuda. Sie hat keine Skrupel mir einen ultrakurzen Sowjethaarschnitt zu verpassen – so kurze Haare hatte ich seit meiner Geburt nicht mehr.
Am Abend gehen wir in einem alten Russischen Sportklub in die Frauensauna. Ich werde mit Eichenzweigen ausgepeitscht, und zur Abkühlung springen wir ins Schwarze Meer. Das soll sehr gesund sein und viel Energie bringen. Mit Lisa mache ich eine kleine Radtour nach Koktebel, einem Badeort mit schönem Sandstrand. Ende März ist er total verwaist. Im Zuge seiner Antialkoholkampagne hat Gorbatschow hier alle Weinberge zerstören lassen. Unter Jelzin wurden sie in den letzten fünfzehn Jahren wieder aufgebaut. Mittlerweile ist es wieder eine berühmte Gegend, auch für Cognac. Ein alter Freund von Liuda kommt überraschend zu Besuch und hat Schweinefett und sonstige nahrhafte ukrainische Leckereien mitgebracht, dazu noch eine Flasche selbst gemachten Wein. Ich komme auch endlich einmal in den Genuss eines Krimsektes. Nachdem wir so vertraut miteinander wurden, fällt der Abschied richtig schwer.

Auf der Fahrt nach Kerch, wo die Fähre nach Russland abgeht, habe ich das Gefühl, etwas will mich nicht gehen lassen – dazu so ein starker Gegenwind und immer nur Regen. Die nächste Fähre geht erst am darauffolgenden Morgen. Nun bin ich richtig gespannt, ob alles mit der Einreise nach Russland klappt.

Russland - Im Land der Kosaken

Es ist der 1. April, kein Scherz. Ab heute gilt mein Visum für Russland. Es sollte keine Probleme geben, ein bisschen Herzklopfen habe ich aber trotzdem. Drei Monate darf ich im Land bleiben. Bis zur mongolischen Grenze sind es circa neuntausend Kilometer, das heißt drei Monate lang muss ich jeden Tag einhundert Kilometer fahren. Nun kann der Spaß beginnen. Nachdem ich den Röntgenblicken der Zollbeamtin standgehalten habe – Fragen stellt sie keine, wissend, dass sie mich ohnehin nicht verstehe –, bekomme ich den Einreisestempel. Und das war es schon: keine Fingerabdrücke, keine Gepäckdurchsuchung, einfach durch. Auch die Polizeikontrolle will nichts von mir, sondern grüßt mich freundlich mit „Welcome in Russia". Hier stehe ich zuerst einmal vor dem Nichts und ich weiß, das wird sich die nächsten neuntausend Kilometer nicht ändern. Die Bevölkerungsdichte des Landes liegt bei 8,3 Personen pro Quadratkilometer, in Deutschland sind es 230 Personen. Es ist ein wunderbares Gefühl, jetzt diese endlose Weite Russlands vor mir zu haben. Ich kann grenzenlos darauf zufahren.

Das erste Dorf mit Geldautomat lässt noch ein paar Kilometer auf sich warten. Dann wird aber gleich eine Ration Kekse gekauft. Ich bin hocherfreut, zu sehen, wie geduldig die Verkäuferin mit mir ist, als ich nicht sofort weiß, was zweihundert Gramm auf Russisch heißt. An einer Tankstelle finde ich eine Straßenkarte. Auch wenn ich immer nur diese eine Straße entlangfahren muss, fühle ich mich einfach besser, wenn ich nachschauen kann, wo ich bin und wie viele Kilometer noch zu fahren sind. Olga, eine Freundin von Liuda aus Feodosia, kommt mir mit dem Auto entgegen, so bleiben mir die letzten zwanzig Kilometer in Wind und Regen erspart. Das ist das erste Mal seit meiner Abreise, dass ich wieder in einem Auto sitze. Die Geschwindigkeit von 120 km/h bin ich nicht mehr gewohnt. Hier leben hauptsächlich Kosaken, und zwar Kuban Kosaken, benannt nach der Gegend und dem Fluss Kuban. Die Gegend ist landwirtschaftlich sehr bedeutend. Hier ist die nördlichste Stelle, an der Reis angebaut wird und bei Sodschi gibt es sogar Anbau von Tee. Dieser Tee soll jedoch nicht so gut sein, aber Hauptsache, die Russen sind autark. Olga, die mich mit ihrer Tochter in Krasnodar bewirtet, wohnt am Stadtrand in einem sehr schönen Haus. Sie arbeitet für eine Schweizer Chemiefirma. Olgas Kollege Nikolay war früher russischer Radrennfahrer. Er lässt es sich nicht nehmen, nach meinem Fahrrad zu schauen. Nun hat mein Fahrrad frisch gefettete Pedale. Auf die Idee, dass damit etwas nicht in Ordnung sein könnte, wäre ich nicht gekommen. Katharina die Große hat den Kosaken erlaubt, sich hier niederzulassen. Im Gegenzug haben sie ihr geholfen, die Türken in die Flucht zu schlagen und den Zugang zum Schwarzen Meer zu sichern. Es gibt eine große Statue von ihr, der russische Feldherren zu Füßen liegen, zum Beispiel ihr Liebhaber Potemkin. Sehr nett, eine deutsche Frau in dieser Position zu sehen.

Am nächsten Morgen holt mich Nikolay ab, allerdings mit dem Auto. Es ist ihm eine Freude, mich bis vor die Tore der Stadt zu fahren. Bei diesem Nebel und Verkehr ist es mir ganz recht. Der Arme muss sich danach in die lange Schlange zurück in die Stadt einreihen.

Die Tage sind sehr trostlos, es regnet. Ich habe keine Lust, Pause zu machen. Es gibt nichts, außer Feldern, Straßen und Regen. Erst als am Wegesrand Teigtaschen gefüllt mit Fleisch oder Gemüse verkauft werden, halte ich gern an.

Suerta, die Schwester von Liuda, erwartet mich in Rostov am Don. Was für ein Unterschied zwischen ihrer Wohnung und dem Haus von Olga! Sie wohnt mit ihren beiden Kindern in einer Wohnung in einem Block. Sie hat drei von fünf Zimmern untervermietet. In einem lebt eine ganze Familie, was in Russland offenbar gar nicht so unüblich ist. Küche, Klo und Dusche werden zusammen benutzt. Während meines Besuchs teilt auch sie ein Zimmer mit ihren beiden Kindern. Ich habe den Luxus, allein in einem Zimmer schlafen zu können. Trotz dieser Enge bitten sie mich dringend, unbedingt zwei Nächte zu bleiben. Die Häuser haben eine richtige Zentralheizung, das heißt die Temperatur der Heizkörper wird zentral gesteuert. Alle haben die gleiche, meist hohe Temperatur. Wenn es zu warm wird, schalten sie die Klimaanlage an oder öffnen das Fenster – nicht gerade umweltfreundlich. Artur, der Junge, der mit seiner Familie in einem der Zimmer wohnt, spricht ganz passabel Englisch. Er muss übersetzen, ich bemühe mich ständig mein Russisch zu verbessern, allerdings mit mäßigem Erfolg.

Am Nachmittag mache ich mit den zwei Jungs Volver und Artur einen Bummel in Rostov. Es ist eine alte, herrschaftliche Stadt mit vielen alten, aber neu hergerichteten Häuser. Attraktionen sind die Promenade am Fluss Don und natürlich der Vergnügungspark Gorki. Die Karussells sind sehr veraltet. Meinem Magen jedenfalls reicht es. Artur kauft mir eine russische Flagge für mein Fahrrad. Zusammen mit der Deutschen weht sie von da an von meinem Gepäckträger.

Entlang der Wolga

Die Tage werden spürbar länger, bis 8 Uhr abends ist es sehr hell. Und es ist nun auch warm genug, um öfter mein Zelt aufzuschlagen. Nur die Russen sind da meist anderer Meinung und wollen mich lieber zu sich einladen. Nach einem harten Tag auf dem Fahrrad mit Bergen, Wind und Verkehr komme ich sehr müde in eine kleine Stadt. Der erste Anblick ist nicht gerade einladend. Alte, zerfallene Häuser – das Elend schreit aus jeder Ecke. In einem „Produkti" erstehe ich ein paar Lebensmittel, die ich teilweise gleich vor der Tür verzehre. Die Verkäuferin bittet mich wieder herein und lädt mich zum Tee ein. Ich frage sie, wo ich am besten hier in der Stadt mein Zelt aufstellen könnte. Lena meint, es sei zu kalt und ich solle doch bei ihr übernachten. Dann kommt die Englisch- und Deutschlehrerin der Stadt. Sie will unbedingt, dass ich am nächsten Tag in die Schule komme. Deutsche sind hier eher selten. Da ich solche Aktionen in Schulen auch als eine Möglichkeit sehe, mich für die Gastfreundschaft zu bedanken, sage ich für den nächsten Morgen zu, so dass ich danach gleich weiterfahren kann. Dann kommt Nastja, die dreizehnjährige Tochter der anderen Verkäuferin. Sie spricht gleich lebhaft Englisch mit mir und will mich sofort mit zu sich nehmen. Da Lena bis 22 Uhr arbeitet, gehe ich mit Nastja, vollbepackt mit lauter leckeren Sachen. Zuhause warten der Vater und Schwester Olga. Sie wohnen in einem netten Häuschen mit Garten. Es gibt nicht nur Armut in dieser Stadt. Der

Vater wirft gleich die Sauna an und die Schwester kocht. Nastja zeigt mir all ihre Fotoalben. Reisen ist für Russen kein Problem, wenn sie Geld haben. Die Sauna ist ein Genuss und eine Wohltat für meine Muskeln. Natürlich kommen wieder die Eichenblattzweige zum Einsatz.

Nach einem reichhaltigen russischen Essen mit viel Fleisch und Kohlenhydraten, mit russischem Wodka und Bier, falle ich wie tot ins Bett und schlafe prima.

Nachdem die Eisenerzminen geschlossen wurden, gibt es hier kaum noch Arbeit. Die Bevölkerungszahl hat sich in den letzten Jahren auf die Hälfte, auf siebentausend Einwohner, reduziert. Die meisten wanderten nach Moskau, St. Petersburg oder Sotschi ab. In dieser Gegend sehe ich entweder grenzenlose Felder oder diese riesigen Maulwurfshügel der Minen. Nach einem ausgiebigen Frühstück geht es zunächst in die Schule. Die Lehrerinnen sind sehr aufgeregt, eine richtige Deutsche hier zu haben. Die Schüler sitzen nur schüchtern in ihren Bänken und trauen sich kaum, etwas zu sagen. Mittlerweile bekomme auch ich eine Routine, erzähle etwas über mich und frage die Schüler nach ihren Hobbys und ob sie auch einmal reisen möchten und so weiter ... Danach darf ich viele Autogramme in Bücher und Hefte schreiben.

Am späten Vormittag eskortiert mich die ganze Familie aus der Stadt. Die Sauna war wie ein Jungbrunnen. Ich bin richtig erholt. Durch das gute und reichhaltige Essen habe ich wieder genug Energie.

Außer fast grenzenlosen Feldern gibt es hier nicht viel. Der Gegenwind ist zermürbend. In der Nacht zelte ich direkt am Fluss Don. Ein paar Fischer sind noch da, die nichts dagegen haben. Von einem bekomme ich nachts Besuch. Das schüchtert mich ein wenig ein, ich bleibe schön in meinem Zelt. Er klingt nicht aggressiv und macht keine Anstalten ins Zelt zu kommen. Und wenn, dann sind Trillerpfeife und Tränengas bereit. Ich sage immer wieder „Ruski ne snaju" („ich spreche kein Russisch") und ignoriere den Rest. Irgendwann zieht er wieder von dannen. Es dauert ein Weilchen, bis ich wieder einschlafe.

Bei strahlendem Sonnenschein komme ich nach Wolgograd, ehemals Stalingrad, zwei Tage vor dem hundertsten Geburtstag meines Vaters, würde er noch leben. Auch er war in Russland und hat im Krieg vor Stalingrad ein

Bein verloren. Da kommen natürlich ganz andere Gefühle auf. Jetzt ist es eine wunderschöne Stadt mit einer tollen Promenade an der Wolga. Vom Krieg ist kaum mehr eine Spur, nur Denkmäler natürlich und eine riesige Frau mit einem langen Schwert, die auf dem Mamajew-Hügel über der Stadt schwebt. Vor der Stadt gibt es noch einige Gräben, die nicht nach Wasser-, sondern eher nach Schützengräben aussehen. Meine Gastgeberin Anna wohnt mit ihren Eltern in einem kleinen Häuschen am Stadtrand. Beide sind eigentlich Pensionäre, aber da der Vater an der Uni und auch sie im Staatsdienst beschäftigt war, bekommen sie gerade einmal einhundert Euro Pension im Monat, das heißt sie müssen beide weiterhin arbeiten. Der Vater ist eher ruhig, aber die Mutter kann derart über Russland schimpfen, dass einem ganz anders wird. Ihre Eltern waren sehr wohlhabend, wurden aber unter Stalin 1942 umgebracht. Da war sie gerade einmal vier Jahre alt. Von Russland bekommt sie keine Entschädigung, deswegen hasse sie Russland, aber nicht Deutschland, da die Deutschen Entschädigungen zahlen.

Entlang der Wolga geht eine kleine Straße Richtung Norden. Es ist mal wieder ein fantastischer Fahrradtag. Am Abend möchte ich mir in Primarsk ein Platz zum Zelten suchen. Vor dem Krankenhaus wird es mir erlaubt. Sofort bin ich von Frauen und Kindern umzingelt, die mich überreden, im Krankenhaus zu übernachten. Das kleine Mädchen Matina nimmt sich meiner an, um mir Russisch beizubringen, und mit einer Engelsgeduld achtet sie darauf, dass ich alles richtig ausspreche. Plötzlich stehen zwei finster dreinschauende Männer in der Tür, ein älterer und ein jüngerer. Der Ältere versucht mich auszufragen, da er aber weder Englisch noch Deutsch spricht und mein Russisch auch nur noch rudimentär vorhanden ist, wird es nicht sehr ergiebig. Das einzige englische Wort, das der Ältere offenbar kennt, ist „spy" – „Spion?", fragt er mich und ich lache: „Na velocipede?" – „Mit dem Fahrrad?" Der Jüngere will mit sehr bösem Blick meinen Pass und Visum sehen. Ohje, das kann ja heiter werden, denke ich. Nach einigem Hin und Her muss ich alles schnell zusammenpacken und mitkommen. Meine Taschen werden ins Auto verladen, mein Fahrrad passt nicht mehr hinein. Mit Handzeichen meine ich, ich könne ja hinterher fahren. Also fahren sie los und ich strample hinterher. Natürlich bekam ich viel zu wenig mit, was eigentlich los ist, oder wohin die Fahrt geht. Allerdings bin ich sehr erstaunt, als die Fahrt nicht im Polizeirevier, sondern beim Haus des Älteren endet. Hier erfahre ich dann endlich, dass er der Bürgermeister der Stadt ist. Seine Frau kocht mir Fleisch mit Kartoffelbrei, Soße und Bohnen. Mit ihr und ihrer Tochter amüsieren wir uns mit Hilfe eines Lexikons sehr gut. So erfahre ich auch, dass der jüngere Mann der Schwiegersohn des Bürgermeisters und zugleich der Polizist im Ort ist. Ich merke ihm an, dass ihm die Situation nicht ganz geheuer ist. Mit skeptischem Blick sitzt er da, sagt aber nichts.

Am nächsten Tag fahre ich nach einem reichhaltigen Frühstück wieder los. Trotz der netten Frauen, bin ich doch froh, wieder in Freiheit und aus dem Blickfeld des Polizisten zu kommen.

Es ist typisches Aprilwetter: Einmal ist es so warm, dass ich einen Sonnenbrand bekomme und tags darauf schneit es. Als wäre das Wetter nicht schon schlimm genug, habe ich nun auch noch meinen ersten Platten. Ich ziehe nur einen neuen Schlauch auf, flicken kann ich später in Saratov.

Hier habe ich mal wieder eine Gastgeberin. Larissa arbeitet in einem Reisebüro. Ihr Chef bietet mir gleich einen „Arbeitsplatz" an, sprich einen Schreibtisch mit Computer, wo ich das längst Überfällige, nämlich E-Mails und Blog zu schreiben, endlich erledigen kann.

Doswidanje Europa

Als ich am nächsten Morgen aus dem Fenster schaue, regnet es in Strömen. Da es ja immer noch schlimmer kommen kann, fängt es an zu schneien. Trotzdem, mein Entschluss steht fest, ich werde weiterfahren. Im Büro, wo der größte Teil meines Gepäcks und mein Fahrrad verwahrt sind, merke ich, dass das Wetter noch nicht das Ende des Unheils war, denn mein Fahrrad hat wieder einen Platten. Es nützt alles nichts, von alleine geht der Platten nicht weg, also muss ich flicken. Es ist schon 11 Uhr, als ich mir überlege, ob ich nun noch losfahren oder doch noch eine Nacht bleiben soll. Und wieder entscheide ich mich für das Weiterfahren. Im strömenden Regen geht es los, aber durch die Freude, wieder auf dem Fahrrad zu sitzen, bin ich richtig gut gelaunt. Von Saratov geht es auf der einst längsten Brücke Europas (2.803,7 Meter) über die Wolga nach Engels. Der Wind kann direkt darüber brausen – äußerst unangenehm. Nach Engels kommt Marcks, wobei Marcks kleiner als Engels ist.

Nass und dreckig komme ich in einen Motel für Fernfahrer an. Irgendwie gehöre ich ja auch zu den Fernfahrern, obwohl ich außer der Bedienung die einzige Frau bin.

Wie der Hochnebel, so senkt sich meine Laune. Zum Frühstück bekomme ich nur trockene Pfannkuchen, weil ich die Bedienung nicht verstehe. Die Sonne habe ich seit Tagen nicht mehr gesehen. Aufgrund des Nebels sehe ich nichts mehr. Das ist ganz gut so, denn ich nähere mich Balakowo, einer Stadt mit viel chemischer Industrie und einem Kernkraftwerk. Dort werde ich im Zentrum von Sergej, einem Radfahrer, angesprochen. Er ruft gleich seine Eltern an, die mich sofort einladen. Er ist zu einem Viertel Deutscher, sein Vater ist ein Nachfahre jener Deutschen, die von Katharina der Großen nach Russland geholt worden sind. Der Vater ist mit 58 Jahren schon pensioniert. Früher hat er im Kernkraftwerk gearbeitet, wo Sergej jetzt auch sein Geld verdient. Der Vater spricht nicht gern Deutsch. Er ist auch der erste und bisher einzige der meint, Deutsche wären hier nicht gerne gesehen und für Russen wären Deutsche und Faschisten immer noch das Gleiche. Nach einem „pfannenkuchenreichen" Frühstück lässt es Sergej sich nicht nehmen, mich noch ein Stück zu begleiten.

Als ich in einer anderen Kleinstadt gerade in einem Motel einchecke, kommt ein Junge mit seinem Fahrrad angefahren. Auf Deutsch fragt er mich, ob ich aus Deutschland käme. Zuerst bin ich nicht sehr erstaunt, mir wurde gesagt, dass hier noch ein paar Deutsche leben. Als ich aber seine verkrüppelten Hände sehe, denke ich an Tschernobyl oder Contergan. Die wahre Geschichte erfahre ich, als ich für Komit, ein paar deutsche Briefe schreibe. Im Alter von sechs Jahren lebte er mit seiner Familie in Usbekistan. Aus Versehen fasste er an einen Transformator und zerstörte sich dadurch beide Hände. Drei Jahre lebte er in einem Friedensdorf in Duisburg, wo Ärzte versuchten, zu retten, was noch zu retten war. Seit einem Jahr lebt er mit seiner Familie in Russland, wo niemand Deutsch spricht, geschweige denn Deutsch schreiben kann. Er musste also lange warten, bis jemand wie ich, endlich vorbeikam und dies nun für ihn schreibe.

Vor Samara wird die Zeit wieder umgestellt, das passiert so etwa alle tausend Kilometer um eine Stunde.

In der größeren Stadt kann ich meine Vorräte und Lebensmittel, Geld und Ersatzteile auffrischen. Manchmal bin ich selbst erstaunt, wie gut ich zurecht-komme, ohne die Sprache richtig zu können. In Samara gibt es direkt an der Wolga einen Strand, wo sogar ein paar Sonnenhungrige in den dürftigen Strahlen liegen. Von meinem jungen Gastgeber werde ich in der Stadt abge-holt und zu seiner Mutter gebracht. Wir verstehen uns gleich prima. Sie ist Musiklehrerin und leitet verschiedene Chöre.

Am nächsten Tag bekomme ich ein reichhaltiges Frühstück mit Hühner-fleisch, Getreide, Jogurt, gutem Kaffee und dazu noch Vesperbrote, halbe Laibe mit Wurst und Käse, zum Mitnehmen. Die Sonnenbadenden hatten gut daran getan, den vorherigen Tag zu nutzen, denn nun ist es wieder sehr kalt.

Langsam nähere ich mich dem Ural. Die Straßen werden wesentlich schlech-ter und sind nur noch einspurig. Am Straßenrand gibt es immer mehr Schneefelder. Ab Mittag wird es dunkel und stürmisch. Wieder einmal schwanke ich neben den LKWs sehr gefährlich hin und her. Die Schneefelder und die kleinen Seen, vom vielen Regen erschaffen, laden nicht gerade zum

„Langsam wird es bergig, ich nähere mich dem Ural."

Zelten ein. Ich beziehe lieber eine der günstigen Fernfahrerunterkünfte. Ein Blick aus dem Fenster reicht. Es windet sehr, ausgerechnet aus Nordosten, wohin ich möchte. Der Wind ist eisig, wird aber zum Glück ab und zu durch die Hügel abgehalten. Wenigstens liegen ein paar Cafés auf meiner Route. Dort kann ich Pausen machen und meine Trostpflästerchen, also Kekse und Schokolade, erstehen. Es ist schon 17 Uhr und noch immer ist keine Unterkunft in Sicht. Ich flüchte wieder in eine Tankstelle mit Café und frage nach dem nächsten Hotel. Ein Gast möchte wissen, wo ich denn hin wolle. Er sieht gar nicht nach Fernfahrer aus, keine Adidas-Hosen, keine Badeschlappen und keinen Bierbauch, sondern jung, sehr mager und mit schöner Jeans und T-Shirt bekleidet. Bei der Antwort hole ich weit aus und meine: „Ufa", obwohl das ja erst mein Ziel in ein paar Tagen ist. Er kann mich bis dahin mitnehmen, meint Irwan, der Gast. Das ist natürlich ein Angebot! Da ich wegen des Drei-Monatsvisums sowieso nicht alles in Russland mit dem Fahrrad durchfahren kann, nehme ich dankend an.

Nachdem er Betonmuffen für Generatoren von einem anderen Fahrer bekommen hat, fahren wir im schönsten Abendlicht los. So kann ich die Landschaft viel besser genießen, als mit gesenktem Kopf gegen den Wind zu strampeln und dabei auf alle LKWs und Schlaglöcher aufzupassen. Es ist 2 Uhr morgens, als wir bei seiner Mutter ankommen. Trotzdem macht sie für uns Tee und stellt auch Essen bereit. Unglaublich, diese Gastfreundschaft.

Die Nacht ist sehr kurz, Irwan geht früh arbeiten, und ich mache mich auch wieder Richtung Stadtmitte auf. Ufa ist die Hauptstadt von Baschkortostan. Langsam sehen die Leute anders aus. Die Augen der Baschkiren sehen asiatisch aus. Kleider und Bräuche erinnern an die der Mongolen. Sie mussten einige Jahrhunderte, nachdem Dschingis Khan das Volk eroberte, unter mongolischer Herrschaft leben.

Hinter Ufa fängt der Ural an. Es wird wesentlich bergiger mit viel Wald. Wo kein Schnee mehr ist, plätschert er im flüssigen Zustand noch immer herum. Für mich ist kein Platz zum Zelten, denn ich stehe nicht so auf Wasserbetten. Allerdings werden auch die Abschnitte zwischen den Motels, von Ortschaften kann ich hier nicht mehr reden, größer. Wenigstens über die Dunkelheit brauche ich mir jetzt keine Gedanken mehr zu machen, denn es bleibt inzwischen länger hell, als ich fahren möchte. Um 21.30 Uhr kann ich immer noch ohne Licht im Zelt lesen. Ein Busfahrer aus Kasachstan hält aus Mitleid an und möchte mich mitnehmen. Gerade tobt ein Schneesturm. Bis Čeljabinsk könnte ich mitfahren und viel Zeit gewinnen. Ich bringe es aber nicht über das Herz einzusteigen. Das würde ich mein Leben lang bereuen, wenn ich nicht über den Ural fahre, trotz Schneetreiben. Das Wetter ist sowieso sehr wechselhaft und bald scheint wieder die Sonne. Das würde ich mir nie verzeihen, wenn ich jetzt im Bus sitzen würde.

An einer Tankstelle frage ich, wie weit es bis zum nächsten Hotel ist. Ich verstehe dreizehn Kilometer. Das schaffe ich noch gut, denke ich und fahre los. Nach fünfzehn Kilometern kommt mir der Gedanke, er hätte ja auch dreißig Kilometer gesagt haben können. Vielleicht sollte ich wenigstens endlich die Zahlen lernen. Kurz vor Miass fahre ich über die europäisch-asiatische Grenze. Ich freue mich riesig, wieder etwas erreicht zu haben.

Miass ist eine große Industriestadt mit Bergbau und Fahrzeugindustrie. Ich fahre nicht weiter nach Čeljabinsk, sondern gleich nach Norden auf kleinen Straßen Richtung Ekaterinburg. Dass ich dort entlang durch das Gebiet einer der größten Kernkraftkatastrophen komme, weiß ich zu diesem Zeitpunkt noch nicht. Der Anfang ist noch wunderschön mit erstaunlich viele Datscha-Siedlungen in Nadelwäldern, doch dann zeigt sich der Ural von einer ganz anderen Seite. Auf einer Strecke von zehn Kilometern ist alles tot. Kein Baum, nur die abgestorbene Stümpfe ragen noch aus der Erde, in den Bächen rostrotes Wasser, die Erde schwefelgelb mit türkisfarbenem Überzug. Und wieder einmal denke ich, es ist nicht überall gesund, Rad zu fahren. Ich will nicht einmal anhalten, um zu fotografieren. Ich befürchte, festgenommen zu werden. Die Zuständigen möchten sicher nicht, dass diese Verschmutzung für die Öffentlichkeit sichtbar wird. In Karabasch wird Kupfer abgebaut, und der saure Regen hat alle Wälder im Süden und Osten zerstört. Es ist schlicht und ergreifend grauenhaft.

Nach Karabasch ist alles wieder, als ob nichts gewesen wäre: Große Wälder und Erholungslager an wunderschönen Seen. So richtig genießen kann ich den Anblick aber jetzt nicht mehr, da die kerntechnische Anlage Majak ganz in der Nähe liegt. Nur sieht man die Verstrahlung nicht so, wie die Verschmutzung durch die Kupfermine, obwohl sie noch wesentlich gefährlicher ist. 1948 wurde die Anlage in Betrieb genommen. Seit 1953 gibt es immer wieder Störfälle mit Verletzten. 1957 war der Kyschtym Unfall, der dritte in der Geschichte nach Fukushima und Tschernobyl. Und kaum jemand weiß was davon, alles wird schön vertuscht. Sicherlich hätte ich eine andere Strecke

Kirche Nikolaus II. in Ganina Jama, bei Ekaterinburg

gewählt, wenn mir das bewusst gewesen wäre. Die letzten hundert Kilometer bis Ekaterinburg sind auf einer zweispurigen Autobahn mit viel Verkehr zu absolvieren.

Der 1. Mai ist für mich endlich ein Relax-Tag. Meine Gastfamilie muss nicht arbeiten und fährt mit mir und dem Auto all die Zaren-Gedenkstätten ab. Zuerst sind wir in Ganina Jamain, ein Ort im Wald, wo die Zarenfamilie tot aufgefunden wurde. Heute befindet sich dort neben der Gedenkstätte ein orthodoxes Kloster des Heiligen Märtyrers. Alle Gebäude werden nach der alten Methode nur aus Holz und ohne Nägel gebaut. Vor allem die Hauptkirche für Nikolaus II. ist sehr beeindruckend. (Leider wird sie am 14. September 2010 bei einem Brand stark beschädigt.)
An der Stelle, wo die Zarenfamilie ermordet wurde, steht heute die „Kirche des Blutes". Sie soll die teuersten Ikonen Russlands beherbergen. Es strahlt jedenfalls alles vor Gold. Dazwischen halten wir an einem riesigen Shoppingcenter. So etwas kenne ich eigentlich nur aus den USA und hätte es hier nie vermutet, aber die Russen lieben das „Shoppen". Wenn man Shopping mit kyrillischen Buchstaben schreibt, sieht es so aus: шóпинг, „ich" ist einfach „я". „I ❤ Shopping" ist dann „я ❤ шóпинг", und das ist auch überall zu lesen. Auch McDonald's und KFC sind vertreten. Sonderbar an den russischen

Familien ist, dass sie meiner Ansicht nach keinen Familiensinn haben. Für mich ist beispielsweise ein gemeinsames Essen sehr wichtig. Ich bin es so gewohnt. Ganz extrem fällt es mir bei einem relativ jungen Paar mit einem kleinen Mädchen von circa fünf Jahren auf. Der Mann steht in der Küche und kocht, die Frau sitzt im Schlafzimmer vor dem Computer und arbeitet, das Mädchen ist im Spielzimmer und spielt und ich sitze im Wohnzimmer und schreibe Tagebuch. Als das Essen fertig ist, setzen sie sich nicht an den Tisch, sondern jeder bekommt, da wo er ist, einen Teller hingestellt. Nach all den Jahren Kommunismus, in denen der Staat die Kinder erzogen hat, kennen sie es nicht anders. Die Familien trafen sich höchstens am Abend.

Blinis und Pelmenis

Nach dem sehr angenehmen, ruhigen Tag wird es mal wieder dramatisch! Der Wind veranlasst mich beinahe wieder umzudrehen, dann wird er von Bäumen abgehalten. So ein Wald ist schon etwas Fantastisches. Auf einmal beginnt es zu schneien. Auf den Niederschlag folgt bald mal wieder ein wunderbarer Radlertag, eine wahre Freude. Wenn mir der Wind nicht so positiv gesinnt wäre, würde ich die Krise bekommen. Unendlich lange, ebene, gerade Strecken, durch endlos lange Wälder oder endlos große Felder. Wenn ich meine, die Bäume am Horizont sind vielleicht drei Kilometer entfernt, sind es in Wirklichkeit zehn Kilometer. Bei Gegenwind ist es Horror, bei solch guten Straßen und Bedingungen ein Vergnügen.

Schon am frühen Nachmittag komme ich nach 124 Kilometern in Tjumen an, einer der ältesten Städte Sibiriens, ja richtig, Sibiriens! Das fängt nach dem Ural an. Endlich wieder etwas anderes als nur Wälder und Felder. Kaum in der Stadt angekommen, entdeckt mich ein Motorradfahrer vom Club „Totenkopf Tjumen", der mir nicht mehr von der Seite weicht, ich kann machen, was ich will. Als ich nach einem orthodoxen Gottesdienst in der Snamenski-Kathedrale wieder herauskomme, steht er noch da, die Einbahnstraße in falscher Richtung hält ihn auch nicht davon ab. Leider kann ich nicht einfach anhalten und fragen, was er eigentlich möchte. Am Anfang mache ich ihm noch klar, dass ich kein Russisch kann, gebe aber bald auf. Sicher tue ich ihm Unrecht, vielleicht ist er ja ganz nett.
Die Nacht verbringe ich in einer Studenten-WG. Die Wohnung ist voll junger

Leute, die größtenteils sehr gut Englisch sprechen. Es sind noch andere Gäste da, etwa ein Tanzlehrer. Ich schlafe in meinem Schlafsack auf dem Boden in einem Zimmer. Dank meiner Ohrenstöpsel kann ich sogar schlafen, obwohl neben mir in der Küche noch um Mitternacht gekocht wird. Nach dem langen Tag bin ich leider zu nichts mehr zu gebrauchen.

Die Straße nach Omsk ist erstaunlich leicht zu finden, einfach die Hauptstraße runter, nach links abbiegen und dann immer geradeaus. „прямо прямо" (sprich „priama priama" – „gerade, gerade") ist das, was ich die nächsten tausend Kilometer höre und befolge. Es geht Westwind und es läuft sehr gut. Immer wenn ich mich umdrehe, spüre ich deutlich den Rückenwind. Außerdem ist es, Sibirien hin oder her, das erst Mal so richtig warm. Wegen der Nässe möchte ich aber trotzdem nicht zelten. Schließlich komme ich in einer Garage mit Traktoren unter. Es ist allerdings sehr kalt, sodass ich kaum schlafe, mir am nächsten Morgen der Hals schmerzt und es mir gar nicht gut geht. Ich trete auf dem Rad einfach so vor mich hin. Die Lust auf Zelten ist mir vergangen. Ich möchte nur irgendwo warm und gemütlich schlafen. Mir bleibt nichts anderes übrig, als die 157 Kilometer bis Ischim durchzufahren. Und dies nach dem letzten Tag und der kalten Nacht. Wieder ein Grund, fast in Selbstmitleid zu verfallen, aber wie schon bemerkt: Wenn es schon schlimm ist, kommt es meist noch schlimmer.

In der Stadt finde ich das Hotel relativ problemlos, nur der Preis versetzt mich in einen Schock, denn er ist jenseits meines Budgets. Als ich mich umdrehen und gehen will – voller Selbstmitleid sehe ich mich irgendwo trotz Halsweh und Erkältung zelten –, fällt der Frau ein, dass es doch noch ein Zimmer gibt, für circa fünfzehn Euro. Vielleicht hat sie auch nur Mitleid mit mir, ich muss einen entsprechenden Eindruck machen und meine Stimme ist nur noch rudimentär vorhanden. Jetzt will ich nur noch ins Bett und schlafen!

Nach einem langen und guten Schlaf bin ich wieder richtig fit und guter Dinge. Nur mein Hals will noch nicht so recht. Meine Stimme hat sich komplett verabschiedet. Was soll's, ich spreche ohnehin kein Russisch.

Ischim ist auch ein Erbe von Katharina der Großen. Sie veranlasste, dass das Dorf ab 1782 zur Stadt ausgebaut wurde. Diese Frau kam auch weit herum. Ischim war ein guter Handelsposten am gleichnamigen Fluss. Heute ist es eine

Bahnstation der Transsibirischen Eisenbahn. Die Stadt ist wie ein Museum, es gibt viele schöne alte Häuser, die mit Informationstafeln versehen sind. Zwei „Deutsche" treffe ich am heutigen Tag: Den ersten als ich aus Ischim fahre und an einer Ampel den Weg erfrage. Er steigt sofort aus und versucht, es mir auf Deutsch zu erklären. Schließlich fährt er vor mir her, bis es nur noch geradeaus auf die Trasse ging. Der zweite Deutsche fragt mich während des Fahrens aus dem Fenster, ob ich Deutsche wäre und ob ich nach Omsk fahren würde. Er hat ein deutsches Kennzeichen. Ansonsten passiert nicht viel. Dann kann ich endlich wieder zelten und zwar in einem Birkenwäldchen. Eine erste Lektion, die ich dabei lerne: Das nächste Mal unbedingt weiter weg von der Straße zelten. Die Birken halten nicht viel vom Lärm der Straße ab. Zweite Lektion: Birken sind auch kein guter Sichtschutz. Das letztere ergibt sich mit der Dunkelheit und ich hoffe, dass der Lärm später auch nachlässt. Auf dem super weichen Waldboden schläft es sich trotz Regens und Verkehrs wunderbar.

Zurück auf der Straße, muss ich mein Rad zunächst vom gröbsten Schlamm befreien, dann geht es aber genauso weiter wie es am Tag zuvor aufgehört hat: „пря́мо пря́мо" – geradeaus. Auf den nächsten hundert Kilometern kommen innerhalb von vier Kilometern fünf Cafés, sonst ist aber absolut nichts. Da ist es schon mal aufregend, wenn ein Vogel aufschreckt. Ganz spannend wird es, wenn auf einmal ein Reiter auftaucht.

Als ich gerade mein Pensum für den Tag erfüllt habe, circa hundert Kilometer, hält ein VW Bus mit drei Fischern neben mir an. Sie fragen mich, ob sie mich mit nach Omsk nehmen können. Da sage ich natürlich nicht nein, einen ganzen Tag gespart. Und so interessant ist die Gegend hier auch nicht, dass ich jeden Kilometer gefahren sein muss.

Am 8. Mai, Feiertag für die Russen und zwar der Sieg des Zweiten Weltkrieges, komme ich nach Omsk. Ich sehe gerade noch eine Autoparade. An der Flusspromenade tummeln sich Heerscharen von Leuten. Das Hotel ist ein Glückstreffer. Ich habe nicht nur einen prima Blick über den Fluss, sondern es gibt auch einen Lift, so dass ich mein Fahrrad ins Zimmer stellen kann. Auch am 9. Mai gehen die Feierlichkeiten weiter, weswegen viele Straßen abgesperrt sind. Außer mir, ist niemand auf der Uliza Lenina unterwegs. Überall werden Fähnchen verkauft, Soldaten und alte Herren mit vielen Orden an der

Brust sind auf der Straße. An einem Denkmal tönt aus dem Lautsprecher ein russisches Lied, so etwas wie „der Tod des unbekannten Soldaten", zumindest klingt es so. Es ist kein gutes Gefühl dort durchzufahren, überhaupt, und dann noch mit meiner kleinen Deutschlandfahne am Fahrrad.

Hinter Omsk geht es entlang der Transsibirischen Eisenbahn. Ich bin froh, dass ich mit dem Fahrrad fahren darf. Tagelang hier in einem Zug zu sitzen, das wäre nichts für mich.

Die Tage ähneln sich immer mehr: aufstehen, frühstücken, losfahren, priama, priama, priama, Tee trinken, Borschtsch essen, priama, priama, priama, durch Birkenwälder und an Feldern und an Tümpeln vorbeifahren, in den Wald abtauchen und schließlich schlafen. Für ein paar Tage und Nächte ist das okay. Mir fehlt aber inzwischen der Kontakt zu anderen Menschen. Noch vier Nächte bis Novosibirsk – ein besonderes Erlebnis des „Nichts-Erlebens". Eigentlich das, was Millionen von Menschen tagtäglich passiert, nur hier habe ich keine Ablenkung durch Fernseher, Internet oder Handy. Hier nehme ich das „Nichts-Erleben" voll bewusst wahr, fast ein wenig meditativ. Wie die tibetanischen Mönche ihre Gebetstrommeln drehen, so drehe ich meine Pedale und lasse meine Gedanken schweifen. Deswegen gibt es kein „Nichts-Erleben", denn selbst das „Nichts" erlebt man eben. Ab und zu wird die Meditation durch furchtbar schlechte Straßen unterbrochen. Der Belag ist dann wie eine Patchwork-Decke. Immer wieder wird geflickt, was der Frost nach und nach wieder aufreißt.

Ich bin überglücklich, als ich nach fast drei Monaten und über achttausend Kilometern in Novosibirsk ankomme. Endlich habe ich wieder einen Meilenstein erreicht. Hier treffen Welten aufeinander, die alten, dunklen Holzhäuser mit den Schnitzereien zwischen den Hochhäusern und Reiter zwischen Autokolonnen. Weiß jemand, dass Novosibirsk am Ob liegt? Bisher kenne ich den Fluss nur von „Stadt, Land, Fluss" und diversen Kreuzworträtseln. Ich dachte immer, er fließt viel weiter westlich. Nun weiß ich es genau, heute bin ich schon zweimal über den Fluss gefahren. Außerdem soll Novosibirsk die Mitte Russlands sein, zumindest haben sie dort, um es zu manifestieren, eine Kirche hingestellt. Ich habe eine Einladung von Susanne, einer deutschen Frau, die dort im Caritas-Heim arbeitet. Leider bin ich kaum noch zu etwas zu gebrauchen, außer zum Duschen. Nach sechs Tagen in den Wäldern eine wahre Wohltat. Einen Tag gönne ich mir in der Stadt, was eigentlich viel zu kurz ist. Da ich die Hektik und den Verkehr nicht gewohnt bin, reicht die Zeit trotzdem. Am Vormittag schaue ich mir die Stadt an, vor allem das Kraevdesky Museum, so eine Art Altai Heimat Museum. Leider sind alle Tafeln auf Russisch. Meinen Nachmittag verbringe ich im Caritas-Kinderheim. Die Kinder sind sehr aufgeweckt, stellen viele Fragen und sind nicht so eingeschüchtert wie in der Schule. Ich erzähle und Susanne übersetzt. Die Caritas kümmert sich eigentlich um jeden, der Hilfe benötigt, vor allen Dingen um Obdachlose, unter denen hier auch viele Kinder sind. Wohnungslosigkeit geht meist einher mit Alkoholkonsum. Anders hält man das sicher nicht aus, gerade im Winter, wenn es vierzig Grad minus werden kann.

Von sibirischen Wäldern und ihren Inhalten

Eigentlich erstaunlich, wie sich Seele und Körper nach einem Tag Ruhe und Kontakt mit anderen Menschen erholen. Als ich weiterfahre, läuft es viel besser als die Tage zuvor. Mit meinen Gedanken bei den Menschen von der Caritas erreiche ich die Trasse, die für die nächsten 1.850 Kilometer mein Zuhause sein wird. Die Landschaft ändert sich drastisch. Es wird regelrecht aufregend. Endlich habe ich wieder mehr als fünfzig Höhenmeter auf hundert Kilometer und benutze die Lenkstange nicht mehr nur zum Festhalten, sondern ich darf wieder damit lenken, denn es gibt richtige Kurven. Am ersten Abend im Wald werde ich von einer Million Schnacken empfangen. Bis ich jedoch mein Anti-Mücken-Spray zur Hand habe, werde ich schon mindestens fünfzigmal gestochen.

Am Morgen werde ich von Schüssen dazu angetrieben, ein bisschen schneller zusammenzupacken, denn ich möchte nicht, dass ein Jäger über mein Zelt stolpert.
Mittlerweile sind es schon sechs Stunden Zeitunterschied zu Deutschland. Wenn man bedenkt, dass die Erde in 24 Zeitzonen unterteilt ist, dann habe ich schon ein Viertel absolviert.

Kemerovo ist noch eine sehr junge Stadt, ungefähr achtzig Jahre alt, aber sie hat schon über 700.000 Einwohner. Ich bin total beeindruckt, was dort in den letzten Jahren gewachsen ist. Sieben Universitäten hat die Stadt, breite Straßen, Theater und Parks. Der Grund ist – wie so oft in Russland – die Kohle.

Außer dem Denkmal für Michailo Wolkow, der sie entdeckt hat, ist in der Stadt nichts davon zu spüren. Sie wirkt sehr sauber.

War die Strecke seit Novosibirsk hügelig, so ist es jetzt sehr hügelig. Meine Gangschaltung ist so viel Arbeit nicht mehr gewohnt. Dafür gibt es eine extra Portion Öl. Zwar ist die Fahrt anstrengend, aber wunderschön. Die Birken haben Gesellschaft bekommen, denn es stehen nun auch ein paar Kiefern in den Wäldern, das heißt ein neuer Grünton kommt hinzu. An den Straßen verkaufen sie „Wilden Knoblauch", was unserem Bärlauch entspricht. Das Kontinentalklima, das in Sibirien weit weg vom Meer herrscht, bedeutet nicht nur große Temperaturunterschiede zwischen Sommer und Winter, sondern auch von einem zum anderen Tag kann die Temperatur plötzlich tief fallen. Es ist Mitte Mai, in den letzten Tagen waren es 39 Grad und jetzt sind es auf einmal nur noch vier bis fünf Grad, dazu Regen. Die rotbraune Erde setzt sich zwischen Reifen, Schutzblech und Bremsen fest. Nach zehn Metern ist alles blockiert, es dreht sich nichts mehr. Was für mich sibirische Kälte ist, ist für die Leute hier schon fast Sommer. Die fünf bis zehn Grad der letzten Tage sind fast schon warm, wenn man von vierzig bis fünfzig Grad minus im Winter ausgeht. Für mich jedenfalls ist es noch sehr kalt. Im Schlafsack ist es immer schön warm, nur das Aufstehen kostet sehr viel Überwindung. Das Zusammenpacken geht dann aber sehr schnell.

Heute komme ich nach Krasnoyarks, der dritten Stadt Sibiriens. Ich habe hier eine Einladung bei einer sehr netten Familie. Der Vater ist Arzt, arbeitet aber als Programmierer. Am Abend sitzen wir noch lange bei Tee und Keksen am Tisch und sprechen über dies und das und auch darüber, ob ich lieber in einem Dorf oder im Wald übernachte. Der Vater fragt mich, ob ich keine Angst vor Zecken hätte. Ich erwidere, nein, ich bin ja geimpft. Leider bringt dies hier anscheinend sehr wenig, denn so etwas wie Frühsommer-Meningitis kennen die russischen Zecken nicht. Sie verursachen Enzephalitis. Dagegen lassen sich die Russen nicht impfen, sondern es gibt eine Versicherung. Im Falle einer Ansteckung bekommen sie dann gratis ein Serum mit Antikörpern, sogenannte Immunglobuline. Während wir uns so unterhalten, kratze ich mich am Hals und jeder schaut plötzlich auf mich. Hat sich doch da tatsächlich so ein Tierchen festgebissen. Ich muss nach dem Duschen ein T-Shirt angezogen haben, auf dem eine Zecke saß, die in meinen Satteltaschen als blinder Passagier mitgefahren ist und nur darauf gewartet hat, mich anzufallen. Zum Glück habe ich einen Fachmann am Tisch, der mir dann auch gleich an den Hals geht. Lebendig wird die Zecke in ein Döschen eingesperrt. Im Institut kann ich das Tier untersuchen und feststellen lassen, ob ich mich eventuell infiziert habe. Neben dem Regen, der schon stundenlangen niedergeht und noch die ganze Nacht anhält, ist das ein ausschlaggebender Grund, zwei Nächte hier zu bleiben.

Am nächsten Morgen geht es zunächst einmal in das Institut, um die Zecke abzuliefern. Da es Samstag ist, werde ich das Ergebnis erst am Montag erhalten. So lange möchte ich aber nicht da blieben. Julia, die Tochter des Hauses, wird mir das Ergebnis schicken. Es regnet den ganzen Tag. Julia muss lernen, die anderen müssen arbeiten, und ich kann in aller Ruhe den ganzen Nachmittag im Internet verbringen.
Am Abend habe ich mit Julia und ihrer Mutter eine längere Diskussion über Frauen, Kinder und Karriere. Die Mutter der achtzehnjährigen Julia ist jünger als ich. Es ist für Russen schwer zu verstehen, warum nur wenige deutsche Frauen Kinder bekommen. In Russland, wo der Staat für die Kindererziehung sorgt, kann man Kind und Beruf gut vereinbaren. Wegen des geringen Gehalts ist es meist auch notwendig, ein Doppeleinkommen zu haben. Außerdem leben die Familien mit Babuschka und Deduschka, also den Großeltern, zusammen oder wenigstens in der gleichen Stadt, da kann man sich gut gegenseitig helfen. In Deutschland sieht das oft anders aus.

Dank Julias dreijährigem Bruder bin ich nicht die erste, die am Sonntagmorgen wach ist. Es ist immer so peinlich, wenn man eigentlich früh los will, aber die Gastfamilie noch schläft. So bin ich schon gegen 10 Uhr auf dem Fahrrad. Das Wetter hat sich nicht gebessert. Es regnet zwar nicht mehr, dafür schneit es jetzt. Ich hoffe nur, dass dies der letzte Schnee ist, den ich in den nächsten drei Jahren sehen muss. Als ich in einem Café Fernfahrern erzähle, dass ich nach Irkutsk möchte, lachen sie nur und zeigen mir Fotos davon, wie die Straße in weiterem Verlauf aussieht – von Asphalt keine Spur mehr. Das kann ja heiter werden. Inzwischen habe ich das Ergebnis der Laboruntersuchung zur Zecke: sie war harmlos. Also noch einmal Glück gehabt. Tatsächlich sterben jedes Jahr einige Leute in Russland an den Folgen eines Zeckenbisses. Und es dauert auch nicht lange, da habe ich die nächste Zecke. Mit meinen

Kettenfließfett und dem Teebaumöl wird sie abends im Zelt entfernt. In dieser Gegend habe ich keine Möglichkeit, das Tier untersuchen zu lassen. Ich kann nur hoffen, dass auch sie harmlos ist.

Heute lande ich auf dem einhundert Kilometer langen Teilstück, das mir die Fernfahrer auf den Fotos gezeigt haben. Es ist mir ein Rätsel, wie Straßen so zerstört werden können. Größtenteils ist vom Asphalt keine Spur mehr zu sehen. Da, wo noch etwas vom Belag erkennbar ist, sind die Schlaglöcher so breit und tief, wenn ich die alle umfahren würde, hätte ich am Ende des Tages zehn Kilometer mehr auf dem Tacho stehen. Es gibt ein Stück, da muss ich mein Fahrrad das erste Mal durch tiefen Schotter und bergauf schieben. Meine Laune passt sich der Landschaft an, ein ewiges Auf und Ab. Manchmal schreie ich im Wald, um meinen Ärger kundzutun, aber außer den Zecken hört es niemand. Auch mein Wunsch, dass jemand anhält und mich mitnimmt, wird nicht erhört. Als es aber wieder im Sonnenschein durch die wunderschön bewaldeten Berge geht, bin ich froh darüber. Auch wenn es tagsüber sehr warm werden kann, ist es nachts immer noch kalt.

Am Morgen kann ich mich nicht waschen, denn das Wasser ist eingefroren. Es sind null Grad, in der Nacht müssen es aber minus vier Grad gewesen sein. Die schlechten Straßen gehen weiter, nur hier im Oblast (Bezirk) Irkutsk nennt man das nicht mehr Baustelle, sondern es ist normal. Egal, was passiert, der Russe bewahrt stoische Ruhe. Endlich hält ein Lastwagen an und ich werde gefragt, ob ich mit möchte. Aktiv halte ich niemanden an, so wie ich auch keine öffentlichen Verkehrsmittel benutze. Ich weiß auch nicht, woher das kommt, vielleicht sind es Reste eines sportlichen Ehrgeizes. Zum Glück habe ich gelernt, dass ich mir helfen lassen kann. Wenn jemand anhält und mich mitnehmen will, kann ich auch einmal „ja" sagen. So bleiben mir 130 Kilometer erspart, davon vierzig Kilometer von schlimmster Art. Leider bin ich für eine Konversation mittels Wörterbuch viel zu müde, trotzdem genieße ich die Gesellschaft von Sergei und Tule nach all den einsamen Tagen in den Wäldern. In einem Meter Höhe und voll gefedert fühlen sich die Schlaglöcher schon ganz anders an. Ich werde den beiden ewig dankbar sein, dass ich dort nicht mit dem Fahrrad durch musste.

Nach Tulun geht es aber auf bestem Asphalt und mit Rückenwind weiter. Es wird auch wieder wärmer. Diesmal lehne ich dankend ab, als ein LKW-Fahrer mich mitnehmen möchte. Da der Wald aufgehört hat, suche ich in einem kleinen Dorf nach einer Übernachtungsmöglichkeit. Sascha und Vela laden mich sofort ein, im Haus zu übernachten, im Zelt sei es doch viel zu kalt. Das Haus besteht nur aus einem Zimmer, die Küche ist etwas abgetrennt. In einer Ecke steht ein Bett, das bekomme ich zugewiesen. Voller Stolz zeigt mir Sascha seinen ganzen Hof: zwei Schweine, zwei Kühe, Hühner, Gänse, Schafe. Die frisch gemolkene Milch bekomme ich gleich zur Kostprobe. Es gibt mal wieder Borschtsch, ein Stück Fleisch und viele Kartoffeln. Und wieder einmal heißt es: „Kuschet, Kuschet!" – Iss, iss!

Nach einem langen, erholsamen Schlaf gibt es ein Frühstück, das dem Abendessen in nichts nachsteht. Ich weiß nicht, wie viele Eier in diesem Rührei verarbeitet wurden. Zusammen mit dem in Fett gebratenem Fleisch steigt mein Cholesterinspiegel von null auf hundert in wenigen Sekunden.

Die ersten 10.000 Kilometer

Dank der reichhaltigen Verpflegung ist die letzte Etappe nach Irkutsk ein Kinderspiel. Es ist Sonntag, der 1. Juni und Feiertag in der Stadt. Da es auch wieder wärmer ist, wird viel getrunken. Fast jeder, den ich nach dem Weg frage, hat eine starke Alkoholfahne, was nicht gerade Vertrauen in die Antworten erweckt. Meine Hauptaufgabe hier in Irkutsk ist es, mir ein mongolisches Visum zu besorgen. 14:30 Uhr komme ich bei der Botschaft an. Jetzt sollte sie eigentlich aufmachen. Aber gerade in diesem Moment kommt eine Frau heraus und hängt eine Notiz aus, die verkündet, dass von nun an nur noch vormittags geöffnet ist. Dann komme ich eben morgen wieder. Ein Radfahrer fragt mich, woher ich komme und lädt mich ein, bei sich zu wohnen. Das nehme ich doch gern an.
Vor dem mongolischen Konsulat treffe ich am nächsten Tag andere Reisende, die auch ein Visum brauchen. Der Antrag ist kein Problem, nur muss man dafür Geld einzahlen und also ein Konto besitzen, wofür man sich wiederum registrieren muss … Zu viert sitzen wir den ganzen Vormittag auf der Bank bis eine fünfte Person schließlich für uns das Geld einzahlt. Kurz vor 12 Uhr können wir dann endlich den Antrag in der Botschaft abgeben und erhalten die freudige Nachricht, dass wir das Visum zwischen 16 und 17 Uhr abholen können.

Irkutsk macht einen ganz anderen Eindruck auf mich als alle anderen russischen Städte. Es gibt viele Jugendliche, die meisten sind mit Mountainbikes unterwegs. Es ist eine sehr aktive und dynamische Stadt. Nach Tagen in den sibirischen Wäldern ist es sehr unterhaltsam, wieder unter Menschen zu sein. Hier treffe ich auch das erste Mal deutsche Touristen.

Abschied von Russland

Wie versprochen, bekomme ich am Nachmittag das Visum und kann weiter fahren. Jetzt geht es richtig in die Berge. Gleich zu Beginn möchte ein Autofahrer mich mitnehmen, da es nun sieben Kilometer nur bergauf seien. Ich lehne dankend ab, was sind schon sieben Kilometer!? Die Sonne scheint, und es ist einfach nur schön. Als er weg ist, wird es aber so richtig schön steil. Ich brauche über eine Stunde. Genug Zeit für die zwei Reporter von den Irkutsker Nachrichten, ihre Kamera aufzubauen. Sie sprechen sehr wenig Englisch und mein Russisch ist noch immer rudimentär. Aber wann hat man schon einmal die Gelegenheit, in ein Mikrofon zu sprechen? Ich plappere einfach auf Englisch los, erzähle ihnen meine Geschichte und Route. Sie können es später übersetzen lassen. Ich glaube allerdings nicht, dass daraus etwas wird. Wieder verpasse ich die Chance, ein Fernsehstar zu werden.

Zwei Tage später hält ein Autofahrer neben mir an und behauptet, er habe mich im Fernsehen gesehen und wüsste genau meine Route. Die sieben Kilometer langen Steigungen wiederholen sich ein paar Mal. Nach drei Tagen Irkutsk bin ich sehr entspannt. Da das mit dem Visum so gut geklappt hat, stehe ich jetzt auch nicht mehr unter Zeitdruck. Nicht einmal die Schotterpisten können mich aus der Ruhe bringen.
Ganz oben in den Bergen kommt plötzlich ein großes Tier aus dem Wald. Wir schauen uns nur irritiert an. Was es will, weiß ich nicht, ich denke nur, du bist kein Hund. Es kann ja nur ein Wolf sein, also wird es besser sein, so schnell wie möglich weiterzufahren. Zum Glück geht es nur noch bergab. Den ganzen Tag war es sehr heiß, egal wie hoch, aber unten am Baikalsee ist es plötzlich fünfzehn Grad kälter. Er ist mit 1.637 Metern der tiefste See und der größte Trinkwasserspeicher der Erde. Im Winter friert er komplett zu und man kann ihn mit Autos befahren. Vorstellbar, dass er auch noch um

diese Jahreszeit sehr kalt ist und damit die Umgebung abkühlt. Das Wasser ist kristallklar und hat noch immer Trinkwasserqualität. In einem Laden frage ich nach einer Übernachtungsmöglichkeit. Eine Kundin fragt mich, ob ich Französisch spreche und schickt mich zu Nina, einer pensionierten Französischlehrerin. Sie vermietet Zimmer, da ihre Rente nicht reicht. Das ist besser als Schweinehaltung, meint sie. Wobei ich nicht weiß, ob der Unterschied sehr groß ist. Es ist so schön ruhig und fern vom Tourismus, dass ich gleich zwei Nächte bleibe. Von der Verschmutzung des Sees durch die Zellulosefabrik im Norden und von der Überfischung des Omul (Fisch) ist oberflächlich nichts zu erkennen. Ich bin so müde und kaputt, dass ich mir überlege, ob eine der Zecken wirklich so harmlos war. Aber wenn ich jetzt zum Arzt gehe, nach vier Monaten auf dem Fahrrad, wird er andere Gründe für meinen Zustand finden.

Eines Abends, als ich mir wieder einmal Gedanken um einen Schlafplatz mache, hält ein Auto neben mir. Nachdem ich dem Mann die Standardfragen beantwortet habe, kann ich ihm meine Standardfrage stellen, nämlich, wo man denn hier gut übernachten könne. Er meint, es gibt ein Hotel. Ich will aber kein Hotel, sondern einen Platz zum Zelten, am besten gleich am See. Er meint, er sei der Präsident des Hotels und ich könne für hundert Rubel (circa 2,80 Euro) übernachten. Er ruft die Rezeption an und erklärt, dass ich komme. Dann lehne ich natürlich auch nicht mehr ab. Das Hotel ist inmitten eines Feriencamps, Turbasa. Es ist ein schöner warmer Samstagabend im Juni, an dem trotzdem nichts los ist. Sie richten alles noch für die Saison her, die hier recht kurz sein muss.

Ich fahre noch eine Runde durch das Selenga Delta. Hier spricht man kein Russisch, sondern Burjatisch, denn ich bin in Burjatien, einem Teil von Sibirien. Für mich ist es aussichtslos, die Leute zu verstehen. Dass die Burjats mit den Mongolen verwandt sind, sehe ich gleich an der erste Yurte. Sie sind also auch Nomaden. Im ersten Dorf, in dem ich nach einem Platz zum Zelten frage, gibt mir eine alte Frau ein Zeichen, das besagen soll, dass hier zu viel getrunken wird und ich lieber weiterziehen soll. Später werde ich von den Bauern Sergei und Luda eingeladen. Sie wohnen mit Schwester und Babuschka in einem riesigen Haus mit großer Küche und richtigem Badezimmer. Es ist ganz anders als das Bauernhaus, in dem ich die Woche zuvor gewohnt hatte. Da die Kinder schon ausgezogen sind, bekomme ich ein Zimmer für mich allein. Nur eines ist gleich: Ich bekomme sehr viel zu essen – „kuschet, kuschet" – und es gibt natürlich Wodka.

Der letzte Abschnitt nach Ulan Ude, der Hauptstadt von Burjatien, wird vom Gegenwind erschwert, der mir durch das enge Tal entgegenbläst. Meine Gastgeber hier sind Larissa und ihre kleine Tochter Isabelle. Larissa hat über die Humboldt-Stiftung in Deutschland studiert. Beide sprechen hervorragend Deutsch, eine richtige Seltenheit. Es ist einfach nett bei ihnen, und ich genieße ein paar faule Tage. Für Larissa, die sehr viel arbeitet, übernehme ich den Haushalt und spiele mit Isabelle. Für mich ist das „normale Leben" immer sehr erholsam.

Das Wahrzeichen der Stadt ist ein riesiger Lenin-Kopf auf dem „Zentralen Platz". Etwas außerhalb gibt es ein buddhistisches Kloster und ein ethnisches Museum. Hier sind die Tafeln auf Englisch, sodass ich sogar etwas verstehe. Das Wolfsgehege bestätigt mir, dass das Tier, welches hinter Irkutsk aus dem Wald kam, kein Hund gewesen sein kann. Neben den Burjaten, die aus der Mongolei kommen, gibt es noch drei weitere ethnische Gruppen, etwa die Erwenken, die Ureinwohner der Region, die Semeiskijen, eine Glaubensgemeinschaft, welche die Reformation nicht mittragen wollten und deswegen nach Sibirien geflohen ist, und natürlich die Russen. Alles ist sehr bunt und die Häuser sind von unterschiedlicher Architektur. Immer mehr sieht es so aus, wie ich mir die Mongolei vorgestellt habe. Meine Freude und Neugierde werden immer grösser. In der Grenzstadt kaufe ich noch ein paar Lebensmittel, zum Beispiel Käse, den soll es ja in der Mongolei nicht geben. An der Grenze selbst hat sich eine lange Schlange gebildet und auch ein Schweizer Wohnmobil ist dabei. Die Leute fragen, ob ich etwas brauche. „Ja, ein bisschen Öl", sage ich. Daraufhin schenken sie mir zu meiner Freude eine ganze Flasche. Sie bekommen dafür meine Russlandkarten und den Reiseführer. Aufgrund ihres Schweizer Nummernschildes werden sie durch den ersten Grenzzaun gewunken. Schnell hole ich meine Deutschlandfahne hervor. So bin ich die nächste, die durch darf. Etwa zwei Wochen vor Ablauf meines Visums, verlasse ich Russland. Die Strecke war doch nicht ganz so lang, wie angenommen, denn statt der prognostizierten neuntausend waren es nur 6.983 Kilometer, zuzüglich jener wenigen Kilometer, die ich im Auto mitgenommen wurde. Mit einem lachenden Auge, aufgrund der Vorfreude auf die

Mongolei und einem weinenden, aufgrund des Abschieds von Russland mit seinen fantastischen Menschen, ziehe ich weiter über die Grenze. Bisher bin ich vier Monate unterwegs und 10.684 Kilometer gefahren.

Mongolei - Im Land des Dschingis Khan

Endlich bin ich in der Mongolei, mein langjähriger Traum! Wieder gibt es überhaupt keine Probleme an der Grenze und danach kann ich gleich Geld tauschen und etwas zu essen kaufen.

Die Tatsache, jetzt in der Mongolei in dieser wunderbaren Landschaft zu sein, gibt mir ganz neuen Antrieb. Die dunklen Wolken, welche mir zum Empfang ein kräftiges Donnerwetter bereiten, tun der Schönheit keinen Abbruch. Nach der Schwüle der letzten Tage ist der Regen auch bitter notwendig. Gerade rechtzeitig komme ich nach Sukhbaatar und kann mich in ein Café retten. Dort sitzt schon ein deutsches Pärchen, ihre Motorräder stehen draußen. Ich frage sie nach der Strecke nach Ulan Bator. Sie meinen, es würde kaum merklich den Berg hochgehen und es soll noch ein Wald kommen, in dem ich gut zelten kann. Später stelle ich wieder einmal fest, wie wenig ein Motorradfahrer von der Landschaft mitbekommt. Ich merke sehr wohl, wie „merklich" es den Berg hoch geht. Und nach den sibirischen Wäldern würde ich die paar Bäume bestimmt nicht als Wald bezeichnen. Hinter Büschen finde ich aber ein nettes Plätzchen und schlage mein Zelt auf. Aber Regen und Sturm rauben mir den Schlaf. Er trommelt so auf das Zelt, dass kein Auge mehr zubleibt.

Am Morgen ist es wieder wunderschön. Sehr früh sitze ich auf dem Fahrrad, denn dann ist die Straße noch mein. Die Landschaft ist einfach wunderbar mit sanften grünen Hügeln. Ein junger Reiter kommt mir hinterher. Er hoppelnd, ich strampelnd, erklimmen wir den Berg. Er pfeift eine Melodie, die ich mit einer anderen erwidere – interkulturelles Gepfeife sozusagen. Die einzige Stadt auf dieser Strecke ist Damkhan. Jetzt merke ich, wie viel Russisch ich gelernt habe. Dem Mongolischen stehe ich total hilflos gegenüber: „Bitte" und „Danke" kann ich nicht einmal richtig nachsprechen, geschweige denn merken. Die Gastfreundschaft der liebenswürdigen Mongolen, trägt dazu bei, dass ich dieses Land von Anfang an so richtig lieben lerne. Ich habe es jetzt nicht mehr eilig nach Ulan Bator zu kommen. Alle Einladungen, in einem LKW mitgenommen zu werden, lehne ich dankend ab. Ich möchte mir das Vergnügen nicht nehmen lassen, mögen die Berge auch noch so hoch und steil sein und das Wetter noch so warm.

Am Abend sehe ich nicht weit von der Straße ein Ger stehen, wie man die Yurten hier nennt. Ein Weilchen beobachte ich das Treiben. Soll ich fragen, ob ich mein Zelt aufstellen kann oder soll ich lieber weiterfahren? Zu verlieren habe ich nichts, also frage ich. Zwei Jungs, ein Mädchen und die Eltern sind gerade dabei, ein Schaf (oder eine Ziege, das war nicht mehr zu erkennen) zu schlachten. Alles wird ausgenommen, gesäubert und abgeschabt. Meine Frage wird mit einem Nicken beantwortet und gleich werde ich zum Tee eingeladen. Ich habe keine Probleme, beim Schlachten zu helfen und Blutwurst zu machen. Probieren möchte ich sie lieber nicht. Aber ein anderes undefinierbares Teil muss ich versuchen. Ich habe es soweit überlebt. Eigentlich wird alles gegessen, was ein Tier so hergibt, denn man hat hier sonst nicht viel. Zum Glück ist es im Ger so dunkel, dass man nicht alles so genau sehen kann. An den milchigen Tee kann ich mich gewöhnen. Er ist sehr gut gegen den Durst. Und das selbstgemachte Fladenbrot ist deliziös. Nachdem die Kinder mit meinem Fahrrad fahren durften, meine ich nur zum Spaß, dass ich nun mit ihrem Pferd reiten möchte. Zu meiner Überraschung und auch zu meinem Leidwesen ist der Kleine gleich ganz begeistert und lässt mich aufsitzen. Allerdings bin ich dann doch nicht so mutig, ihm zu erlauben, die Zügel loszulassen. Voller Neid blicke ich dem Kleinen hinterher, der einfach aufspringt und davon galoppiert.

Es ist jetzt so warm, dass die Hitze mich morgens aus dem Zelt treibt. Die Kinder sind schon wach. Es ist die Aufgabe des Mädchens, das Frühstück zu bereiten. Über dem mit Kuhdung geheizten Ger-Ofen, der in der Mitte steht, ist eine riesige Wok-ähnliche Schale, in der Tee gekocht wird. Meinen kleinen Wasserkessel für meinen Kaffee stelle ich daneben. Als Abwechslung für meine Gastgeber gibt es Honigbrote, eine Rarität in der Mongolei. Normalerweise besteht das Frühstück aus den Eingeweiden und Blutwürsten vom Abend vorher. Zum Aufwärmen wird es einfach in die Teetasse geworfen. Dann esse ich doch lieber Honigbrot. Ich fühle mich in der Familie so wohl, dass es mir schwerfällt, weiterzuziehen.

Ulan Bator, die Hauptstadt der Mongolei, liegt auf einer Hochebene von etwa 1.300 Metern Höhe. Das heißt viele Steigungen, dazu noch Gegenwind. Ein Mongole, der sehr gut Deutsch spricht, hält an und möchte mich in seinem quietschgelben Hummer-Jeep mitnehmen. Obwohl ich schon sehr gerne in einem solchen Auto fahren würde, lehne ich dankend ab und bleibe meinem Fahrrad treu. Plötzlich ziehen Gewitterwolken über den Bergen auf. Von der anderen Seite kommt eine braune Wolke - auf einmal: Windstille! Dann wird mir klar, es ist ein Sandsturm! Jetzt gibt es nur noch eine Frage: Wer erreicht den Ort zuerst, der Sturm oder ich? Leider gewinnt der Sturm, aber nur ganz knapp, sodass ich mit nur wenigen Sandkörnern zwischen den Zähnen davonkomme. Nun ist es nicht mehr weit bis Ulan Bator. Nachdem die Müdigkeit bisher durch meine Euphorie überdeckt wurde, überkommt sie mich jetzt wieder. Ich bin so froh, in der Ger-Siedlung bei Andrea, einer Deutschen, angekommen zu sein. Dann fängt es an zu regnen. Und wenn es erst einmal schüttet, dann schüttet es. Das verkraftet keine Kanalisation, falls überhaupt vorhanden. Innerhalb kürzester Zeit steht alles unter Wasser. Das bedeutet auch eine Ruhepause für mich und mein Fahrrad.

In und um Ulan Bator

Am Freitag mache ich mich gleich zum chinesische Konsulat auf, das jedoch wegen irgendeines Feiertages geschlossen hat. Der Antrag für mein Visum muss also bis Montag warten. Ob ich es bekomme, ist fraglich. Aber was mache ich, wenn ich kein Visum für China bekomme? Den Gedanken schiebe ich zunächst ganz weit weg von mir.

Von Ulan Bator bin ich angenehm überrascht. Es ist lange nicht so verwahrlost und verdreckt, wie ich es mir vorgestellt hatte. Hier kann ich es sehr gut länger aushalten. Leider regnet es das ganze Wochenende, und das Wasser steht auf den Straßen. Ein Boot wäre jetzt praktisch. Lange bevor sie öffnet, stehe ich am Montag wieder vor der chinesischen Botschaft. Es hat sich schon eine Schlange gebildet mit Leuten aus aller Herren Länder. Die meisten stehen nicht das erste Mal hier. Bald ist mir klar, dass es heute nichts mit dem Antrag wird. Alle anderen haben einen Stapel Papier bei sich, aber ich habe nur das Antragsformular. Trotzdem warte ich geduldig in der

Schlange, mit der blauäugigen Vorstellung, sie könnten für eine Radfahrerin eine Ausnahme machen. Pustekuchen, keine Ausnahmen, Regel bleibt Regel, da muss man einfach durch, wenn man ein chinesisches Visum haben möchte. Dank des Internets kann ich alles zusammenstellen: Den Flug aus China heraus, Hotelbuchungsnachweis und einen Kontoauszug als Beweis, dass man auch alles in China bezahlen kann. All das, worauf man als Fahrradfahrerin eigentlich verzichten kann. Dazu muss noch eine Kontaktperson in China mit Adresse und Telefonnummer angegeben werden. Nun muss ich noch mitteilen, wann ich in China einreisen will. Da das davon abhängt, ob ich eine Verlängerung des Visums in der Mongolei bekomme, geht es am nächsten Tag zur Abteilung für Immigration. Wenigstens ist die Wartezeit dort angenehm im Warmen und Trockenen. Es ist kein Problem, eine Verlängerung des Visums zu bekommen, wenn man dafür zahlt. Mit Expressabfertigung, denn ich brauche ja meinen Pass für die Chinesen wieder, muss ich noch mehr bezahlen. Dafür bekomme ich meinen Pass mit der Verlängerung gleich am Nachmittag wieder. Zwischen den Öffnungszeiten der Botschaft, nur an drei Vormittagen in der Woche, gehe ich zu einer Zahnärztin. Das ist auch eine spezielle Erfahrung. Ihre Praxis ist im Krankenhaus, wo sich so ziemlich alles tummelt. Für mich ist es nicht weiter tragisch, vor allen Dingen nicht die Rechnung: Zehn Euro bezahle ich für die zwei Sitzungen. Und das Warten bin ich inzwischen gewohnt. Sie meint, meine Zahnschmerzen kommen vom Zahnfleisch, und gibt mir eine Salbe.

Am Freitag gibt es wieder großen Frust in der chinesischen Botschaft. Ich warte drei Stunden bis ich endlich vorgelassen und auch gleich wieder unverrichteter Dinge weggeschickt werde. Sie akzeptieren meinen Antrag noch immer nicht. Es fehlt das Bahnticket nach China! Auch wenn ich mit dem Fahrrad fahre, ich brauche ein Bahnticket. Und außerdem könne ich sowieso erst im Juli den Antrag für ein Visum im August stellen. Es ist jetzt Ende Juni! Ich bin den Tränen nicht mehr nur nahe. Es reicht, aber aufgeben ist das Letzte, was ich möchte! Ich habe genug und möchte noch mehr von der Mongolei sehen, nicht nur die chinesische Botschaft.

Es wird Zeit, mein Fahrrad zu satteln und die Stadt für ein paar Tage zu verlassen. Draußen in der Natur geht es mir gleich wieder richtig gut. Die Landschaft ist einfach fantastisch. Am Nachmittag erwischt mich ein Unwetter.

Ich kann mich gerade noch samt Fahrrad in einen kleinen Laden flüchten, für die nächsten Tage wird es vorerst das letzte Geschäft sein. Es ist ein einmaliges Naturschauspiel, wenn sich die dunklen Wolken mit Wasser vollsaugen, dann der Sturm losgeht und zum Schluss das Gewitter mit Regen und Hagel niedergeht. Nach circa dreißig Minuten ist alles wieder vorbei. Bald sind die Berge nur noch schroffe Felsen. Von weitem sehe ich eine große Figur in der Sonne blitzen. Ein paar Kilometer später stehe ich tatsächlich vor einer riesigen Dschingis Khan-Statue, vierzig Meter hoch. Im Sockel befinden sich ein Restaurant und ein Museum. Für das achthundertjährige Jubiläum im letzten Jahr hat man es gebaut. Leider ist es wegen Renovierung geschlossen. Weiter im Osten befinden sich ein paar Naturschutzreservate, die Anziehungspunkte für Touristen sind. Deswegen ist die Straße auch in einem sehr guten Zustand. Wieder frage ich bei einem Ger nach, ob ich mein Zelt in ihrer Nähe aufschlagen darf. Auch hier wird mir bei einer sehr netten Familie Einlass gewährt. Sie haben die älteste Großmutter, die ich bisher gesehen habe. Sie ist 75 Jahre alt. Normaler Weise stirbt man hier früher. Wie üblich, werde ich gleich zum Tee eingeladen und bekomme dazu noch selbstgemachten frischen Joghurt.

Die Ruhe in den Bergen ist einfach gigantisch, wenn nicht gerade die Kühe muhen und die Schafe blöken.
Nach dem Teer gibt es keine eindeutigen Straßen mehr. Nach Arhust ist es einfach, da geht es durch ein Tal. Am besten, man sucht sich immer das Stück, welches noch am besten zu befahren ist. Halte ich an einer Ger und möchte nach dem Weg fragen, wird mir nicht nur Tor und Tür, sondern auch Kochtopf und Teekessel geöffnet. Bevor ich auch nur die erste Frage vorbringen kann, muss ich immer erst einmal den milchigen mongolischen Tee trinken. Meistens gibt es dann noch etwas aus dem Kochtopf, wenn nichts mehr drin ist, wird geschwind etwas zubereitet. Als Antwort auf die Frage nach dem Weg wird meist nur die Himmelsrichtung angezeigt. „Den Weg" gibt es nämlich nicht. Nirgendwo trifft das Sprichwort „ein Weg entsteht, indem am ihn geht (oder fährt)" besser zu, als hier. Jeder macht seinen eigenen Weg, links oder rechts um den Berg oder einfach darüber hinweg.
Es gibt auch eine nicht so schöne Seite der Mongolei: Es ist unglaublich, wie die jungen Mädchen hier arbeiten müssen. In einem Ger liegt die Mutter mit dem Jungen leicht alkoholisiert herum, während das etwa sechs Jahre alte

Typische Szene in der Mongolei: Neue Technik trifft Tradition

Mädchen sich um alles kümmert: Wasser holen, Essen kochen und Tiere eintreiben. Sie muss den ganzen Tag arbeiten. In den Gers lebt man noch (fast) nach alter Tradition. Auch hier gibt es mittlerweile Mobiltelefone und mithilfe von Autobatterien und Solaranlagen auch elektrisches Licht. Die Fernseher sind aber nie an, trotz riesiger Satellitenschüsseln. Brennmaterial für den Ger-Ofen ist der Kuhdung, denn der liegt vor der Tür und wird immer wieder nachgeliefert. Auch hier trägt man weitestgehend Jeans und T-Shirt. Zusätzlich halten die Mongolen aber noch an einigen traditionellen Kleidungsstücken fest. Das sind zum einen der lange Mantel, der sogenannte Deel, und natürlich die Reiterstiefel. Beides sind sehr praktische Kleidungsstücke für ihre Lebensweise. In den Deel wird alles gesteckt, was man für eine Tour braucht: Essen, Schnupftabak, Klopapier. Wenn es nicht an der Seite hängt, dann ist auch noch ein Fernglas darin verstaut. Kaum ein Mongole, der ohne Fernglas unterwegs ist.

Über Stock und Stein geht es langsam zurück nach Ulan Bator. Das erste Mal, dass ich froh bin, auf einer Wellblechpiste zu sein, denn es ist ein Zeichen von Zivilisation. Die wenige Ortschaften, die es hier gibt, sind eine traurige Angelegenheit, heruntergekommen und verwahrlost. Es gibt einen Laden, in dem zwei Regale voller Wodka sind, und außer Bier gibt es nicht viel mehr, nur ein bisschen Wasser für mich.

Das erste, was ich nach meiner Rückkehr in meinem Ger außerhalb von Ulan Bator berichtet bekomme, sind die Unruhen. Am Sonntag, den 5. Juli, waren hier Wahlen, die offenbar verfälscht wurden. Als das herauskam, ging das Parteigebäude der regierenden Partei in Flammen auf. Das Feuer sprang auf ein paar umliegende Gebäude über und erwischte auch die Philharmonie. Dort sind alle historischen Instrumente und auch die alten Pferdekopfgeigen verbrannt. Es wurde der Ausnahmezustand ausgerufen, die Innenstadt für die Autos gesperrt und verboten, Alkohol zu verkaufen. In den Bergen habe ich davon überhaupt nichts mitbekommen.

Da ich das Zugticket für mein Visum kaufen möchte, fahre ich am Abend in die Stadt. Die Innenstadt ohne Autos ist für mich fantastisch. Das Fahrrad kann ich überall problemlos stehen lassen, der nächste Polizist ist nicht weit. Für die Bevölkerung ist die Situation jedoch dramatisch. Immer mit diesen bis zu den Zähnen bewaffneten Polizisten und Soldaten und dann die Angst, was wird als nächstes passieren. Es gibt nur noch einen TV-Sender, Radiosender sind gesperrt. Im Internet bekomme ich ein paar Informationen. Sechs Leute wurden von der Polizei erschossen, vier- bis fünfhundert wurden festgenommen. Wie die Situation in den mongolischen Gefängnissen aussieht, kann man bei Amnesty International nachlesen. Nicht jeder überlebt. Kurz vor Feierabend komme ich am Bahnhof an. Ich bin erstaunt, dass er offen hat. Leider nicht lange genug, ich werde einfach wieder weggeschickt.

Am nächsten Morgen habe ich mehr Erfolg. Es kostet mich den ganzen Vormittag, um ein Ticket von Sainshand, der letzten Bahnstation in der Mongolei, nach Erlian, der ersten Station in China, zu erstehen. Dafür bin ich wieder getrocknet, als ich aus der Bahnstation komme. Der Regen hatte auf der Herfahrt all meine Kleider aufgeweicht. Es gibt Tage, da geht alles schief, und so einer ist heute. Ich bin gerade dabei eine lange E-Mail zu schreiben, da macht es „Peng" und alles ist weg. Das ganze Internet, alle Computer sind tot. Der Kopierer funktioniert auch nicht. Der erste Geldautomat ist „out of order", der zweite genauso. Als ich dann endlich einen finde, der funktioniert, konnte keine Verbindung zu meiner Bank hergestellt werden. Am Schalter einer Bank kann man mir zum Glück weiterhelfen. Dann gehe ich wieder in ein Internetcafé, um weitere Informationen einzuholen. Zum Schluss muss ich bei Regen einen Kopierer suchen, aber dann habe ich endlich alles zusammen.

Am Freitag wendet sich das Blatt dann endlich! 8:45 Uhr stehe ich wieder vor der Botschaft, obwohl sie erst um 9:30 öffnet. Und ich bin nicht einmal die Erste, dreizehn Leute vor mir haben schon eine Schlange gebildet. Wegen der Unruhen werden wir diesmal direkt an die Wand gestellt und müssen unsere Pässe zeigen. Punkt 9:30 darf ich mit dem ersten Schwung rein. Jetzt kann ich nochmals 45 Minuten warten. Insgesamt nur eineinhalb Stunden, so schnell war ich noch nie! Mir schlägt das Herz bis zum Hals, denn ich weiß nicht, wie ich reagiere, wenn der Antrag wieder abgelehnt wird.

Es ist jetzt der 4. Juli und am 8. August fängt die Olympiade in Peking an. Eigentlich dachte ich, die Visabestimmungen würden gelockert werden, damit mehr Besucher kommen können. Da habe ich mich leider sehr getäuscht, das Gegenteil ist der Fall, es sind kaum Visa zu bekommen. Wie viele Menschen habe ich getroffen, die schlussendlich aufgegeben haben. Wieder stehe ich am Schalter. Alles habe ich in einem extra Ordner mit bunten Heftklammern schön brav zusammengestellt, aber ohne Geldscheine dazwischen.
Yippie, mein Antrag wird endlich akzeptiert. Die erste Hürde ist genommen! Nach elf Tagen des Wartens! Das heißt natürlich noch nicht, dass ich das Visum auch wirklich bekomme. Wegen Naadam, einem der wichtigsten Feiertage in der Mongolei, kann ich meinen Pass erst am Montag, den 14. Juli, abholen. Aber jetzt kann ich wenigstens nichts mehr dafür tun, bin sozusagen wieder zehn Tage frei bis zu meinem nächsten Termin auf der Botschaft.
Endlich kann ich die Stadt wieder für ein paar Tage verlassen.
Zuerst gibt es zur Feier des Tages ein Mittagessen mit einem Deutschen, der hier für die UNDP arbeitet. Das ist der Vorteil, wenn man so lange an einem Ort ist, man lernt langsam die Menschen kennen, kann Beziehungen knüpfen, geht Radfahren mit Leuten von der Deutschen Botschaft oder trifft sich zum Kaffee mit der Leiterin des Goethe Instituts. Es wird nie langweilig. In der Zwischenzeit hat sich die Situation wegen den Unruhen halbwegs normalisiert, die Innenstadt ist wieder voll von Autos und auch Alkohol kann man wieder kaufen.

Naadam, Visum und endlich mehr Mongolei

Am Montag füllt sich die Stadt mit Touristen, die alle nur für das Naadam, das mongolische Sportfest eingeflogen sind. Der Hauptwettkampf ist in Ulan Bator. In einigen anderen Städten finden ebenfalls Wettkämpfe mit den mongolischen Sportarten: Reiten, Bogenschießen und Ringen statt. Mit Jerry, einem spanischen Radfahrer, fahre ich zu Freunden von Andrea außerhalb von Zuumod, um dort das Mini-Naadam zu sehen. Es regnet wieder und ist sehr kalt. Wir werden zuerst im Regen stehen gelassen. Endlich im Ger, ist es zwar trocken, aber es ist das erste Mal, dass der Ofen nicht an und es deswegen sehr kalt ist. Wir bekommen zusammen eine Tasse Tee und trockenes Brot, die anderen essen das Fleisch. Da sie meinen, es sei zu gefährlich, mit dem Fahrrad auf das Sportfest zu fahren, lassen wir uns auf die Pferde ein. Wir sehen gerade noch den Zieleinlauf des Pferderennens und werden wieder zurückgeführt. Andere Wettkämpfe werden uns nicht gezeigt. Absitzen dürfen wir nicht. Zum Abendessen fahren wir mit dem Fahrrad zurück in die Stadt und gehen in ein Restaurant. Da wir den ganzen Tag kaum etwas gegessen haben, lassen wir es uns ordentlich schmecken.

Um 4 Uhr morgens fängt es bei mir an mit Durchfall und Übelkeit, näher möchte ich darauf nicht eingehen. Um 8 Uhr habe ich kaum mehr Kraft, um aufzustehen. Später geht es etwas besser, nachdem ich mich gewaschen habe, bekomme ich sogar etwas Appetit und mache mir einen Kaffee, das hilft meistens auch. Danach werden wir angetrieben, unsere Sachen zusammenzupacken. Jerry will am Abend wieder zurück nach Ulan Bator, ich will eigentlich noch eine Nacht hier im Zelt bleiben und morgen weiter in den Nationalpark fahren. Also, schnell alles zusammengepackt und in das Ger eingeschlossen, denn sie wollen weg. Wir fahren diesmal mit den Fahrrädern zum Naadam. Auf dem Rad geht es mir wieder viel besser, aber auf dem Festplatz fängt es wieder an und schnell muss ich mir ein stilles Örtchen suchen. Das fühlt sich nicht gesund an. Ein Mediziner diagnostiziert später eine Lebensmittelvergiftung und von der Leiterin einer Touristengruppe bekomme ich Medikamente, die wenigstens die Symptome beseitigen, und eine ganze Flasche Wasser, die ich jetzt aber auch brauche. Da meine Kräfte gewichen sind, ziehe ich mich ins Zelt der Polizei zurück. Jerry zieht allein los. Die Polizisten sind sehr nett, bieten mir Essen und Getränke an, was ich aber lieber ablehne. Das Zelt ist auf einem erhöhten Platz, so habe ich eine schöne Aussicht auf das Geschehen. Nach zweieinhalb Stunden fühle ich mich wieder soweit fit, auch die letzten Ringkämpfe anzuschauen. Nur die Bogenschützen verpassen wir leider.

Zurück am Ger, ist niemand da. Wir warten in der Kälte noch eine Stunde, dann fängt es an zu regnen. Schließlich kommt die Familie wieder, und wir finden uns in der ungemütlichen Situation, dass wir uns absolut nicht willkommen fühlen, aber wegen des Regen trotzdem noch etwas in dem Ger ausharren müssen. Sobald es etwas besser ist, fährt Jerry zurück nach Ulan Bator. Ich baue nur schnell mein Zelt auf und lege mich sofort schlafen. Ein Glück, dass es am nächsten Morgen nicht mehr regnet und ich mich soweit wieder fit fühle, um weiterziehen zu können. Dies bleibt die einzig unangenehme und unfreundliche Situation mit den Mongolen, die ich aber durch die vielen positiven Erfahrungen bald wieder vergesse.

Ich lasse den Tag langsam angehen und fahre, so weit wie ich komme. Es geht über Berge und nur ab und zu kommt ein Auto vorbei. Es ist wunderschön und genau das, was ich jetzt brauche. An einem Ger ganz in der Nähe des Schildkrötenfelsens werde ich von einer mongolischen Familie freundlich hereingebeten. Jetzt ist die Welt für mich wieder in Ordnung. Ich bin integriert, kann beim Ausnehmen der Ziege und dem Zubereiten der Blutwurst helfen, spiele mit den Kindern Volleyball, gehe mit Susa, einem vierzehnjährigen Mädchen, nachts um den Felsen, um eine kleine Ziege zu suchen. Die Mädchen zwischen zehn und siebzehn Jahren finden besonderen Gefallen an mir und versuchen mir mongolisch beizubringen. Jetzt könnte ich auch wissen, was „Ich liebe dich" auf Mongolisch heißt, wenn ich es mir nur merken könnte. Da ich meinem Magen noch ein bisschen Erholung gönnen sollte, habe ich einen guten Grund die Köstlichkeiten abzulehnen, die mir angeboten werden, was sonst sehr unhöflich gewesen wäre. Während in den drei Gers noch gefeiert wird, ziehe ich mich in mein Zelt zurück und schlafe wunderbar bei mongolischen Gesängen ein.

Ganz fit fühle ich mich aber noch nicht. So trotte ich langsam zum Nationalpark Terelj. Im Ort fühlt man sich in eine andere Welt versetzt inmitten der alten Prunkhotels samt Golfplatz. Ich sitze meist nur herum und schaue. Heute tut das sehr gut.

Von einer Familie werde ich in das Ger eingeladen. Es tut gut, aus der Sonne zu sein, die ich immer noch nicht vertrage. Als die Frau den Kochtopf öffnet, zweifle ich sehr, ob ich das meinem Magen jetzt antun möchte: Milch mit Reis und Buuds, mongolische mit Fleisch gefüllte Teigtaschen. Aber man staune, es tut mir sehr wohl. Ich fühle mich auf einmal viel kräftiger.

Dann der langersehnte Tag, an dem ich endlich mein chinesisches Visum abholen kann. Irgendwie kann ich mich gar nicht so richtig darüber freuen. Ich bin einerseits schon froh, auf dem Landweg nach Vietnam zu kommen, aber ich muss vor dem 4. August nach China einreisen und dann habe ich nur 28 Tage Zeit. Wenigstens geht es weiter, und ich kann meinen Flug und das Hotelzimmer stornieren, kein Mensch fragt mehr danach. Mein Zugticket wird auch wieder zurückgebracht. Für meine Tour in das Innere der Mongolei bleiben mir noch zehn Tage. Mein Ziel ist Karakorum, einst im zwölften Jahrhundert die Hauptstadt der Mongolei, wo heute nur noch das buddhistische Kloster Erdene Dsuu steht. Die ersten zwanzig Kilometer kann ich mit Jerry fahren. Er möchte in den Nordwesten. Kurz darauf hört der Teer aber wieder auf. Ich kann mir aus circa hundert parallelen Spuren eine heraussuchen. Am Abend erreiche ich ein Ger mit drei Schwestern (elf, vierzehn und neunzehn Jahren) und gleich werde ich wieder zum Tee eingeladen. Die Eltern sind in Ulan Bator, während die drei den Laden schmeißen. Die jüngeren gehen wie üblich am Abend melken. Zuerst wird das Kalb zum Vorsaugen an die Kuh gelassen, dann muss die jüngste Tochter das Kalb wegzerren und festbinden. Die ältere melkt. Was das für eine Arbeit ist, merke ich erst, als ich es selbst versuche. Obwohl meine Finger eigentlich sehr kräftig sind, machen sie schnell schlapp. Ich weiß nicht einmal, ob ich genug Milch für meinen Morgenkaffee herausbringen konnte.

Dank des Regens der letzten Tage geht es im Schlamm und Matsch weiter. Es wird sehr heiß. Ein kleiner, sehr aufgeweckter Junge kommt auf mich zu und kann sogar meine Landkarte lesen. Er ist dabei seine Ziegen zu hüten und lädt mich gleich in sein Ger ein. Es sind vier Kinder, ein Mädchen, drei Jungs und wieder die gleiche Zeremonie, nur mit noch mehr Kühen und Ziegen. Wieder einmal muss ich meine Melkkünste unter Beweis stellen – aussichtslos.

Die Kinder haben von Ende Mai bis Anfang September Schulferien, denn anders könnten die Eltern das Ganze gar nicht bewältigen.

In Erdenesat bekomme ich Benzin für meinen Kocher. Die Frau von der Tankstelle sucht ganz interessiert mein Fahrrad nach einem Tank ab. Wo ich das nur einfülle?

Die Strecke von Ulan Bator nach Karakorum ist eine der am besten ausgebauten. Die Überreste der alten Hauptstadt und das Kloster sind ein paar der wenigen Touristenattraktionen des Landes. Hinter Rashaant zeigen sich die ersten Anzeichen der Wüste Gobi: Sanddünen, dazu natürlich die Kamele für die Touristen. Schon von weitem sehe ich die weißen Stadtmauern von Karakorum. Hier am Fluss gab es schon früh eine Siedlung. Unter Dschingis Khan und seinen Nachfahren aber wurde sie erst zur richtigen Stadt. Der Niedergang der Stadt kam, als ein Neffe Dschingis Khans beschloss, Peking zur Hauptstadt zu ernennen. Von der alten Stadt Karakoram ist nichts mehr erhalten. Aus den Überresten wurde im 16. Jahrhundert das buddhistische Kloster Erdene Dsuu errichtet, das es aber auch nicht mehr gibt. Es fiel einer sowjetischen Säuberungsaktion im Jahr 1937 zum Opfer. Wenigstens ließen sie die Stadtmauer mit den Stupas und insgesamt vier Tempel stehen. Inzwischen wurde und wird es renoviert und wieder als Kloster genutzt.

Auf der Suche nach einem Tourist-Camp, denn eine Dusche wäre vonnöten, treffe ich auf eine mongolische Großfamilie aus Ulan Bator, die am Fluss für ein paar Tage zeltet. Es ist eine sehr muntere Gesellschaft, und ich nehme ihre Einladung gerne an. Dusche hin oder her, waschen kann ich mich auch im Fluss. Es gibt ein sehr leckeres mongolisches Essen: Khorkhog. Steine werden zusammen mit Fleisch in einen großen Topf gefüllt, hinzukommen Wasser, Kartoffeln, Karotten und Kraut. Der Topf wird gut verschlossen und auf das offene Feuer gestellt. Nach einer halben bis ganzen Stunde ist es fertig. Die fetten, heißen Steine reicht man von einer Hand in die andere, das soll sehr gesund sein. Dazu wird Wodka getrunken. Alle sitzen im Kreis um das Feuer und fangen an zu singen. Ich gebe noch ein deutsches Abendlied zum Besten und verabschiede mich ins Zelt. Warum habe ich nur am Morgen so Kopfweh?

Meine Rückfahrt gestalte ich eher spontan. Die Brücken über den Fluss hat es weggespült. Zweimal wate ich durch tiefes Wasser. Die Landschaft wird wunderschön, die Hügel immer grüner und höher und die Täler schmaler. Ich genieße die Schönheit der Mongolei in vollen Zügen. Insgesamt kommen sieben Autos, davon die meisten Touristenbusse, an mir vorbei. Ein Zeichen, dass ich so falsch ja nicht liegen kann. Am Abend zelte ich bei einer Familie mit vielen Pferden. Hier gibt es nichts, was man nicht melkt. Kühe, Ziegen, Schafe und auch Pferde. Aus Stutenmilch wird Airag gemacht: gegorene Stutenmilch. In frischem Zustand schmeckt es ähnlich wie Buttermilch, je mehr Alkohol er aber enthält, desto gewöhnungsbedürftiger wird er. Die Kinder bekommen Luftballons, denn die kann ich gut transportieren. Das lockt viele Kinder an. Wenn sie noch nicht selbst laufen können, werden sie von ihren Großeltern zu mir getragen. Die bunten Luftballons vor der grünen Wiese geben ein schönes Bild ab.

Am Morgen mache ich mir immer mein eigenes Frühstück, hauptsächlich wegen meines Kaffees, denn den trinken Mongolen nicht. Zu essen gibt es das, was das Land bietet. Hier sind es große, mongolische Kekse. Im Ger darf ich nochmals frühstücken, reichhaltige Kost, wie Fleisch mit Reis.

In der Mongolei gibt es auch lästige Dinge. Dazu gehören die Hunde. Es gibt sie an jedem Ger, mehr oder weniger scharf, aber sie gehorchen, wenn sie zurückgerufen werden. Es ist gnadenlose 47 Grad heiß. Ein Reiter, der erste und einzige mit Sonnenbrille, will mich mit seinem Lasso einfangen. Zuerst finde ich es weniger witzig. Zwei Sachen kommen mir aber zum Vorteil, erstens, ich bin gleich wieder auf einer geteerten Straße, auf der ich wenigstens hoffen kann, dass ein Auto vorbeikommt, zweitens ist er so betrunken, dass die Chancen, mich zu fangen sehr gering sind. Erst später kann ich richtig über die Situation lachen. Es muss ein witziger Anblick gewesen sein. Zur Hitze kommen heute noch Sand und Staub. Meiner Ansicht nach ist es ein großes Problem, wenn immer neue Spuren auf die Wiese gefahren werden. Alles wird noch sandiger. Ob da in nächster Zeit wieder etwas wächst, ist zu bezweifeln. Bald werden die Mongolen in Ulan Bator die Wüste Gobi direkt vor der Haustür haben.

Am Abend zieht ein Unwetter auf, wie ich es nur von hier kenne. In jeder Richtung blitzt und donnert es, Hagel geht nieder und es fängt an zu stürmen! Zum Glück kann ich Vertrauen in mein Zelt haben und genieße das Naturschauspiel. Zurück bei Andrea im Ger-Hostel, wartet ein Brief von meiner Mutter auf mich. Ein weiterer Vorteil von längeren Aufenthalten an einem Ort ist es, eine Adresse zu haben. Sie kann keine E-Mails verschicken, darum freut sie sich immer, wenn sie mir wenigstens einen Brief zukommen lassen kann. Und ich freue mich auch.

Am letzten Tag in Ulan Bator kann ich meine Fahrradschuhe endlich wegwerfen und mich von warmer Kleidung und dem dicken Schlafsack trennen, da ich auch Sachen für wärmeres Klima zugeschickt bekommen habe. So kalt wie in Russland, wird es hoffentlich nicht mehr. Da ich das Leben der Nomaden, wenigstens im Sommer, jetzt kenne, ist es für mich an der Zeit, weiterzuziehen. Ich möchte wieder etwas ganz Neues kennenlernen.

Durch die Wüste Gobi nach China

Je weiter es nach Süden Richtung Gobi geht, desto spärlicher wird die Vegetation und seltener die Gers. Am Abend entdecke ich doch noch eines, halb hinter einem Hügel versteckt. Bewohnt wird es von einem älteren Ehepaar. Als „Teilzeitnomaden" sind sie die ersten, die nicht Viehzucht betreiben, sondern Kartoffeln anpflanzen. Vier Monate im Jahr verbringen sie im Ger, um die Pflanzen zu setzen, zu bewässern und zu ernten. Ansonsten leben sie in Ulan Bator.

Die Berge lasse ich langsam hinter mir und der Verkehr ist so gut wie überhaupt nicht vorhanden. Die Tatsache, dass nur diese eine Straße zum einzigen Grenzübergang nach China geht, sagt vieles über die Beziehungen der beiden Länder aus. Es gibt kaum mehr Gers, und es wird zum Fürchten einsam. Bisher habe ich wenigstens noch Teer unter dem Rad.
In der Nacht stürmt es wieder, aber diesmal wird es mir ganz anders. Wie lange mein Zelt den Sandstrahler noch aushält? Aber da zahlt sich Qualität dann aus. Es ist am nächsten Morgen noch komplett in Ordnung.

Am Vormittag komme ich nach Tschoir zu einem ehemaligen sowjetischen Militärstützpunkt. So sieht es auch noch immer aus, wie eine üble sowjetische Hinterlassenschaft mit sehr vielen Bauruinen. Sieben Kilometer nach dem Ort hört der Teer auf. Die Straße nach Sainshand, dem größten Ort in der Wüste Gobi, wird gerade geteert. Zuerst orientiere ich mich anhand der Baustelle. Der Sand ist schon fest gewalzt, nur muss ich ab und zu über Erdhügel fahren. Nach circa zwanzig Kilometern stehe ich dann aber im „Tiefsand". Es geht nichts mehr. Für die chinesischen Straßenarbeiter sind immer wieder Gers aufgebaut. Ein Mann meint, ich solle die Bahnschienen entlangfahren. Mir bleibt nichts anderes übrig, und ich schiebe „quersandein" einfach durch. Von weitem sehe ich ein Ger. Als ich näher komme, ist es so verlassen wie alles hier. Von den Bahnschienen ist noch immer keine Spur. Plötzlich sehe ich Rauch aufsteigen – mein nächster Orientierungspunkt. Bevor ich allerdings zu der Quelle des Rauches komme, treffe ich auf eine Piste. Gleich das erste Auto hält an. Die Piste führt nach Sainshand. Ich folge ihr vorerst, halte die Bahnlinie aber mehr oder weniger immer im Blick.

Die Bahnstrecke hat den Vorteil, dass ich immer wieder auf Siedlungen treffe. Manche sind nett, manche in einem üblen Zustand. Die eine Siedlung erscheint wie eine Fata Morgana: Moderne mehrstöckige Häuser, wie man sie sonst in der ganzen Mongolei nicht sieht. Die nächste ist eine Ger-Siedlung in einem verheerenden Zustand. Es stinkt und überall ist Dreck. Mittlerweile ist es zu spät, um weiterzufahren. Im Laden macht mich ein mongolischer Mann an, ich solle noch bei ihm vorbeikommen, er wolle Sex mit mir. No way! Ich kann da richtig wütend werden, was ihn schnell in die Flucht schlägt. Von einer sehr jungen Mutter werde ich eingeladen, in ihrem Ger zu schlafen. Nicht nur der Betrunkene, sondern auch das drohende Unwetter in der Nacht, lassen mich die Einladung gern annehmen. Hinter einer Bretterwand stehen drei Gers. In einem wohnt ihre Schwester mit der Familie, im zweiten leben ihre Eltern mit dem Bruder und im dritten Ger wohnt sie mit ihrem Kind. Ihr gehört außerdem ein Laden und ein „Hotel", eine Baracke mit drei Zimmern, die sie mir voller Stolz zeigt. Ich darf trotzdem auf dem Sofa in ihrem Ger schlafen.

Der Ursprung dieser Siedlung ist nicht eine Versorgungsstation für die Bahnlinie, sondern die vielen Abbauhalden in der Gegend. Deswegen kommen immer wieder ein paar Autofahrer, die ich nach dem Weg fragen kann. Von einer Straße kann man ja nicht mehr sprechen, es geht nur noch durch Kies und Sand. Ich muss höllisch aufpassen. Nur einmal lasse ich kurz meine Gedanken schweifen und schon liege ich neben dem Rad. Grober Sand, der abrupt abbremst, bringt mich circa neun Kilometer vor Dalanjargalan zu Fall. Gut, dass ich mit Helm fahre! Statt meines Kopfes, hat mein Helm nun eine Delle. Meine Rippen bekommen aber auch etwas ab. Vor allem beim Lachen

„Richtungsweisend" in der Gobi/Mongolei

ist das schmerzhaft. Auch nachts, wenn ich mich umdrehe, wache ich noch Wochen später vor Schmerzen auf. So ungefährlich ist es doch nicht, alleine durch die Wüste zu fahren.

Diesmal habe ich Glück, da der nächste Ort nicht mehr weit ist. Dort gibt es auch tatsächlich einen Laden und ich leiste mir ein Trostpflästerchen: einen Schokoriegel. Und der sorgt für das nächste Malheur, denn er kostet mich zusätzlich noch eine Plombe.

Es ist noch früh am Morgen, aber eigentlich reicht es mir schon jetzt. Bei Airag kommt aber schon die nächste Erschwernis, denn die Bahnlinie teilt sich einfach! Es gibt doch nur eine Richtung und zwar nach China, oder? Sicherlich ist irgendeine Mine das andere Ziel. Niemand kann mir sagen, welchem Schienenstrang ich folgen muss. Einige Kilometer wate ich durch den Sand und fahre auf Wellblech. Wenigstens treffe ich einen Mongolen, der ein wenig Englisch kann. Er meint, bis Sainshand passiere ich noch fünf kleine Siedlungen. Das erleichtert die Sache ungemein. Schlussendlich finde ich die richtige Bahnlinie, fahre aber auf der falschen Seite! Die „Straße" und die Häuser sind auf der anderen Seite. Die Bahnlinien sind mit Stacheldraht eingezäunt, da komme ich mit dem Fahrrad nicht rüber. Bei der ersten Siedlung krieche ich in einem Rohr unter den Schienen durch und frage eine Frau, wie ich mein Fahrrad auf die andere Seite bekomme. Sie weiß zum Glück ein „Geheimtürchen" und gemeinsam heben wir das schwer bepackte Fahrrad über die Schienen – prima Aktion. Anschließend bekomme ich noch einen Tee. Nun ist für mich die Welt wieder in Ordnung. Die Siedlungen entlang der Bahnlinie sind alle gleich: ein paar Häuschen, Kinderspielplätze, Wasserpumpe. Ein großes Auto bringt Lebensmittel. Ich darf mein Zelt in einer Umzäunung aufstellen. Es gibt viele Kinder, ein paar Jugendliche und Erwachsene und im Grunde gleicht die Szenerie einem Ferienlager.

Vor Sainshand wird es noch einmal so richtig heiß, weit über vierzig Grad. Die erste Freude in der Stadt ist der Teer unter den Rädern, die zweite dann ein Laden, in dem ich einen Jogurt und Saft erstehe. Das ist es dann auch schon mit den Freuden: Als ich zur Post mit Internet komme, heißt es „closed", bei der Bank ebenso „closed", und die Frage nach einem Geldautomaten wird mit „no, no" beantwortet. Eigentlich habe ich noch genug Geld, ich will mir nur heute das erste Mal ein mongolisches Hotel gönnen. So viel Auswahl habe ich nicht. Ich finde gleich ein Hotel und frage nach einer Dusche, eigentlich der einzige Grund für die Nutzung des Hotels, aber „no shower". Jetzt muss ich ganz schnell meinen Blutzuckerspiegel mit einem Schokoriegel wieder auf Höhe bringen, sonst werde ich ausfällig. Eine Frau, die Englisch spricht, erklärt mir, dass es drei Tage weder Strom noch Wasser gibt. Das erklärt auch, warum Bank und Post geschlossen haben. Später heißt es dann, ab 21 Uhr gibt es wieder Strom. Als ich wegen des Zimmers und der Dusche auf Deutsch vor mich hinschimpfe, werde ich prompt ebenso auf Deutsch angesprochen, wie peinlich! Sie ist Mongolin, lebt aber in Deutschland und macht gerade mit ihrer Familie hier Ferien. Sie erklärt mir die Wartungsarbeiten. Ich meine, dass ich mich dringend duschen sollte, als ob man das nicht auch so schon sehen könnte. Sie geht mit mir zurück ins Hotel und arrangiert, dass ich ein Zimmer bekomme und dann nach 21 Uhr duschen kann. Äußerst nett!

Glücklich, frisch geduscht und mit gewaschenen Haaren liege ich dann endlich gegen 22 Uhr im Bett. Allerdings bin ich es nicht mehr gewohnt, in geschlossenen Räumen zu schlafen, überhaupt stört es, wenn im Nebenzimmer die ganze Zeit der Fernseher läuft.

Nach Sainshand folge ich der Baustelle für die neue Straße. Größtenteils ist sie nur dadurch zu erkennen, da sie mit Fähnchen abgesteckt ist. Um die

Mittagszeit möchte ich in einem der Straßenarbeiter-Camps eigentlich nur Schatten finden und nach Wasser fragen. Gleich kommt ein älterer chinesischer Koch heraus, reicht mir Bao, 包, das weiße chinesische „Dampfnudelbrot" und bittet mich herein. Hätte ich nicht schon an ihren Strohhüten die Nationalität erkannt, dann spätestens an dem Essen, das mir vorgesetzt wird: Gemüse. Ein richtiger Leckerbissen nach den Wochen Schafsfleisch mit Reis oder Nudeln. Dazu gibt es Jasmintee und nicht den Buttertee der Mongolen. Zum Abschied füllt er mir zwei Plastiktüten voll Essen und zwei Packungen Instantnudeln. Obwohl niemand Englisch spricht, bekomme ich mit, dass das nächste Camp in circa fünfzehn Kilometern folgt.

Auch im nächsten Camp werde ich freundlich empfangen. Der Koch ist wesentlich jünger und spricht sehr gut Englisch. Es sind etwa sechzig chinesische Straßenarbeiter pro Camp und drei Frauen für die Küche. Innerhalb von vier Monaten sollen sie die neue Straße durch die Gobi bis an die Grenze bauen. Insgesamt circa vierhundert Kilometer. Morgens um 5 Uhr geht es los und 7 Uhr am Abend sind sie wieder zurück im Camp, das Ganze sieben Tage in der Woche und mitten in der Wüste. Der Koch steht morgens um 3 Uhr auf, bereitet das Frühstück, kann danach von 5 Uhr bis 8 Uhr wieder schlafen. Abends kann es schon mal 22 Uhr werden, bis er fertig ist.

Gemüse und Obst werden aus China importiert. Alles wird frisch zubereitet. Das Bao wird in mehrstöckigen, riesigen Bambusdampfgarern gegart. Da ist man schon ein Weilchen beschäftigt. Ein extra gebohrter Brunnen liefert frisches, kühles Trinkwasser. Dank eines speziellen Ofens steht ihnen ständig heißes Wasser für Tee zur Verfügung. In der Küche wurde ein spezieller Herd gebaut. So ist wenigstens für das leibliche Wohl gesorgt. Ich erfahre, dass der Koch schon jetzt Heimweh hat.

Durch die Freundlichkeit der Chinesen und das gute Essen fange ich langsam an, mich auf China zu freuen. Da die Straße noch weit davon entfernt ist, fertig zu sein, geht es wieder auf Sand- und/oder Wellblechpisten bergauf und bergab. Bei einer Hitze von mittlerweile weit über vierzig Grad habe ich so etwas Ähnliches wie Fata Morganas. Die Größe eines Gegenstandes zum Beispiel schätze ich komplett falsch ein. Was ich als Ger sehe, entpuppt sich als ein kleiner weißer Stein und ein zehn Meter Turm ist nur ein Pfosten am Wegesrand. Spätestens jetzt wird es Zeit, im nächsten Schatten eine Pause zu machen. Langsam ist die Natur wieder soweit grün, dass man den Unterschied zwischen Fahrspur und freiem Gelände erkennen kann. Weiterhin folge ich der breitesten Spur. Zu meiner Beruhigung sehe ich wenigstens in der Ferne ein paar Lastwagen. Ungefähr fünfzig Kilometer vor der mongolischen Grenzstadt Zamyn Uud gibt es auch wieder Gers. Hauptsächlich halten die Nomaden hier Kamele. Ich sehe aber auch ein paar Kühe und Ziegen, soweit es die spärliche Vegetation zulässt. Das letzte Mal stelle ich mein Zelt auf mongolischem Boden auf.

Am Morgen genieße ich die Ruhe. Kamele machen bei weitem nicht so viel Krach wie Kühe. Es ist windstill, wodurch die Hitze wesentlich deutlicher zu spüren ist. Auf geht es zur letzten Etappe durch Sand und auf Wellblech. Auf einem Hügel warten drei Chinesen auf mich. Sie gehören zu den Straßenarbeitern und haben mich sofort erkannt. Im Schatten des Lastwagens machen wir Rast und zu meiner Freude bekomme ich einen Apfel.

In Zamyn Uud habe ich endlich wieder festen Boden unter den Füßen – den kurzen Zwischenstopp in Sainshand ausgenommen, das erste Mal seit sechs Tagen. Nachdem ich mich im ersten Laden „satt" getrunken habe, mache ich mich auf die Suche nach einem Hotel. Dabei treffe ich auf einen jungen Herrn, der mir hilft, denn alle Hotels sind ausgebucht. Am Ende komme ich für einen kleinen Obolus bei einer Nachbarin von ihm unter. Das finde ich sehr nett und so bleibe ich gleich zwei Nächte. Den Tag Ruhe vor dem Start der Schnellfahrt durch China gönne ich mir. An meinem letzten Abend in der Mongolei gibt es eine Feier: Siebzig Jahre mongolische Eisenbahn! Alle Leute der Stadt und den umliegenden Gers sind auf dem Bahnhofsplatz versammelt. Verschiedene Sänger, darunter offenbar recht bekannte, aus der ganzen Mongolei treten auf. Dazu gibt es natürlich Reden und Feuerwerk – eine sehr bizarre Szene, so mitten in der Wüste.

Zur Grenze ist es nicht mehr weit, aber es ist verboten, zu Fuß oder mit dem Fahrrad die sieben Kilometer Niemandsland zwischen der Mongolei und China zu durchqueren. Am Bahnhof in Zamyr Uud stehen viele Jeeps und Busse bereit. Kaum bin ich dort, wird mir gleich ein Geländewagen angeboten, der mich zur Grenze fährt. Dort wartet schon der nächste Jeep, der mich dann über die Grenze bringt und der schon in der Schlange steht. Drei Erwachsenen und zwei Kinder mit Fahrer sind ebenfalls mit von der Partie. Mein Fahrrad und die Taschen finden gerade noch Platz. Nach längerem

Warten heißt es am mongolischen Checkpoint: Alle aussteigen und sämtliche Taschen mitnehmen. Das sind bei mir sehr viele. Die anderen scheinen die Prozedur zu kennen. Jeder schnappt sich eine meiner Taschen, so geht alles recht flott: Tasche kurz öffnen, einen Blick reinwerfen, wieder schließen, zurück zum Jeep und weiter zum chinesischen Grenzposten. Bis hierher bin ich 13.428 Kilometer gefahren.

China im olympischen Ausnahmezustand

Kurz vor Mittag kommen wir am chinesischen Büro für Immigration an. Die Sonne steht sehr hoch, die Strahlen stechen auf die Erde nieder. Im voll bepackten Auto staut sich die Hitze. Plötzlich stürzen alle heraus, schnappen sich das Gepäck – zu meiner Freude auch meines – und stürmen das Büro für Immigration. Je schneller wir drin sind, desto schneller sind wir auch wieder draußen. Ich bin gespannt, was mich jetzt erwartet. Von anderen Reisenden habe ich nichts Gutes gehört, manche wurden stundenlang verhört. Trotzdem bin ich zuversichtlich: Bisher hat alles geklappt, warum sollte es jetzt auf einmal Schwierigkeiten geben, die ich nicht bewältigen kann?

In einem separaten, voll klimatisierten Zimmer werde ich von einem Chinesen in Zivil verhört. Zuerst muss ich die üblichen Fragen beantworten.
„Where do you go?" – China ist nur ein Transitland für mich, ich möchte weiter nach Vietnam.
„Where will you sleep tonight?" – In einem Hotel in Erlian, aber ob das stimmt oder nicht, prüft niemand nach. In Jeans und T-Shirt sieht der Beamte nicht gerade furchteinflößend aus. Dann die Frage: „Why do you want to cycle in China?" – Ja, warum eigentlich? Im Grunde ja nur, weil ich nicht fliegen möchte und irgendwie von der Mongolei weiterkommen muss. Da gibt es nicht viele Möglichkeiten für mich, im Grunde nur China. Aber warum mache ich das alles überhaupt? Diese Frage stelle ich mir oft auf dem Fahrrad. Es gibt immer wieder Momente, Situationen und Begegnungen, die sind so genial, dass sie mir vollkommen als Grund meines Tuns ausreichen. Doch hier drängt ein Beamter auf Antwort. Er sieht nicht so aus, als würde er oft mit dem Rad fahren. Sobald man es sich leisten kann, kauft man sich ein Fahrzeug mit Motor. Es kommen zwar immer wieder Radreisende nach China, aber es ist wohl kaum alltäglich. Radfahrer sind die Einzigen, die ihr

eigenes Gefährt mit nach China bringen dürfen, ohne für teures Geld einen Guide anheuern zu müssen. Dadurch sind sie weniger leicht zu kontrollieren und können im Prinzip überall hinfahren. Dass man sich freiwillig den Strapazen des Radfahrens, noch dazu hier in der Wüste, aussetzt, versteht ohnehin kaum jemand, egal in welchem Land er lebt und welcher Kultur oder Religion er angehört. Der Beamte wartet noch immer auf eine Antwort. Ich sage irgendwas von Interesse an Kultur, vom Ziel, um die Welt zu fahren ... Er schnappt sich meine Kamera und schaut sich die Fotos an. Auf den meisten drängelt sich eine glückliche Kinderschar auf grüner Wiese mit bunten Luftballons, die ich immer als Geschenke im Gepäck habe.

„Schöne Fotos! Das sind ja viele Kinder!"

„Ja, die Mongolei ist voll von glücklichen Kindern und Eltern." Uuups! Da fällt mir ein: In China gibt es ja immer noch die Ein-Kind-Politik. Es sieht so aus, als hätte ich bei diesem Mann im besten Alter tatsächlich einen wunden Punkt getroffen.

„Very interesting photos", ist die einzige Bemerkung, die er noch dazu äußert. Ich stimme ihm zu und habe endlich auch einen plausiblen Grund für meine Reise: „Nicht nur die Fotos sind sehr interessant, sondern auch die ganze Reise. Darum mache ich sie. Ich bin überzeugt, China ist auch sehr schön und interessant." Ein paar Schmeicheleien über das Land können hier nicht schaden. Endlich hat er genug von mir und lässt mich gehen. Meine Erleichterung darüber hält nicht lange an, denn er verlangt, dass ich mein Fahrrad hole, es dem Zoll vorführe und auch den Zollbeamten noch erkläre, warum ich in China Fahrrad fahren möchte. Darauf habe ich natürlich nicht die geringste Lust, auch wenn die Räume klimatisiert sind und es drinnen gut auszuhalten ist. Die Grenzen sind für mich ein guter Platz, um mich in Geduld zu üben. Die braucht man dort nämlich, und zwar sehr viel davon. Wenn man ungeduldig wird, kann das den ganzen Prozess noch viel mehr in die Länge ziehen. Also immer freundlich und nett bleiben und jede Frage beantworten. Zum Glück kommt ein Beamter, diesmal in Uniform, und meint, ich könne sofort einreisen. Geschafft! Aufatmen, Stempel holen.

Das Büro für Immigration liegt noch in der „Sperrzone", das heißt, ich darf auch hier nicht einfach auf mein Fahrrad steigen und losfahren, sondern vorerst nur in den Jeep, in dem ich auch angekommen bin. Alle anderen Insassen warten schon lange auf mich. In Sachen Geduld sind sie mir ein großes Stück voraus. Ihnen macht das Warten nicht so viel aus.

Drei Stunden nachdem ich in Zamiin Uud in den Jeep gestiegen bin, darf ich in Erlian auf chinesischer Seite wieder allein und mit dem Fahrrad weiterfahren. Dann erst bemerke ich, dass ich mein langärmeliges Radtrikot und einen Radhandschuh verloren habe. Beides sind keine so großen Verluste. Bei der Hitze brauche ich das Radtrikot nicht und die Handschuhe wollte ich ohnehin langsam wegwerfen. Nach tausenden Kilometern durch Hitze, Sand und Dreck sind sie in einem nicht mehr vertretbaren Zustand. Dass ich aber nicht gleich mein Ersatzpaar heraushole, soll noch üble Folgen haben.

Wie immer in einem neuen Land heißt es auch hier: Zuerst muss ich einen Geldautomaten suchen, der VISA-Karten akzeptiert. In China hat nicht jede Bank und jede Filiale einen solchen Automaten, denn Kreditkarten sind in China nicht sehr verbreitet. Dank der Hilfe eines Englisch sprechenden Passanten finde ich schließlich eine Filiale der „Bank of China", die über einen Geldautomaten verfügt. Und ich kann als Sprache sogar „Englisch" auswählen. Das vereinfacht doch alles sehr, denn die chinesischen Schriftzeichen sind mir noch immer ein großes Rätsel. Ich decke mich gleich mit so viel Geld ein, dass es bis nach Peking reichen sollte. Dann flüchte ich in die Kühle eines Supermarkts und schaue, was es hier zu kaufen gibt. Nach anderthalb Monaten in der Mongolei bin ich vom Angebot und den vollen Regalen total überwältigt. Dazu befindet sich Erlian immer noch mitten in der Wüste Gobi, wo weit und breit nichts wächst. Hier reiht sich Glas an Glas, Konserve an Konserve, selbst meinen Instantnudeln, die ich mir normalerweise jeden Abend vor meinem Zelt zubereite, ist ein ganzes Regal gewidmet. Sie werden in verschiedenen Geschmacksrichtungen angeboten. Natürlich kann ich auf den Verpackungen nichts lesen, aber das ist auch gar nicht nötig, denn, wie in den meisten Ländern, kann man auf den Bildern ganz gut erkennen, was darin ist. Was ich allerdings vermisse, sind Käse und normales Brot. Dafür gibt es viele verschiedene Nusssorten und Trockenfrüchte – die sind aufgrund ihrer Haltbarkeit für das Radfahren viel geeigneter. Die chinesische Regierung subventioniert die Grundnahrungsmittel stark, sodass man hier sehr günstig leben kann.

Ich frage mich schon die ganze Zeit, warum mir so schwindelig ist. Kaum verlasse ich die Kühle eines Gebäudes und trete wieder auf die Straße, wird es mir schummrig vor den Augen. Ein Blick auf das Thermometer zeigt mir den Grund: Es sind vierundfünfzig Grad, allerdings in der Sonne. Für mich heißt das, viel zu trinken. Seit zehn Tagen fahre ich nun schon durch die Wüste. Die Temperaturen stiegen langsam an, darum konnte ich mich gut an die Hitze gewöhnen. Es ist also nichts, worüber ich mir Sorgen mache, denn ich vertrage diese trockene Hitze sehr gut, wenn ich genügend Flüssigkeit zu mir nehme. Alles Flüssige, das ich zu mir nehme, schwitze ich aber auch sofort wieder aus.

An den vielen Obstständen auf der Straße türmen sich verschiedene Arten von Melonen, Pfirsichen und Nashis, eine chinesische Birne. Danach habe ich mich in der Mongolei die ganze Zeit gesehnt, denn dort sind frisches Obst und Gemüse Mangelware. Trotz Hitze möchte ich nicht in der Stadt bleiben. Nach den Tagen in der Wüste ist es mir hier zu hektisch und zu laut. Ich sehne mich nach der Ruhe der Wüste.

Muss man sich in der mongolischen Gobi den Weg durch den Sand praktisch freischaufeln, stehen hier auf der chinesischen Seite wahre Prachtstraßen zur Verfügung. Vierspurig geht es durch die fast ebene Sandlandschaft. Noch immer liegen die Temperaturen bei über fünfzig Grad, aber mit dem Wind, der je nach Straßenverlauf zum Gegenwind werden kann, ist es auf dem Fahrrad erträglich. Die erste Provinz ist die „Innere Mongolei", ein autonomes Gebiet. Es gehört zwar zu China, ist aber unabhängig. Es leben hier hauptsächlich Mongolen. Die Wegweiser sind zweisprachig, mongolisch und chinesisch. Beide Sprachen sind für mich Hieroglyphen, doch durch meine chinesisch-englische Landkarte kann ich leicht die Schriftzeichen für meine nächsten Orte herausfinden.

An einer Mautstelle füllt man mir meine Wasserflasche mit Tee, das Beste gegen den Durst. Bei dieser Hitze hat das Wasser in der Flasche fast die gleiche Temperatur wie der Tee, man könnte direkt einen Kaffee damit aufbrühen, der allerdings widerlich schmecken würde, denn die Plastikflasche wird erstaunlich weich, löst sich fast auf und der Inhalt hinterlässt einen komischen Geschmack im Mund. Das ist sicherlich auch nicht allzu gesund. Noch ist der Himmel kornblumenblau. Wie mir berichtet wurde, sollte es den blauen Himmel über China so gar nicht geben. Der Kohleabbau legt normalerweise einen grauen Schleier darüber. Wegen der Olympischen Spiele in Peking gibt es jetzt strenge Maßnahmen, um die Luft im Einzugsbereich der

Hauptstadt zu verbessern. Noch bin ich etwa siebenhundert Kilometer davon entfernt.

In einem kleinen Ort kaufe ich Wasser und frage, wo ich übernachten kann. Das „Fragen" findet auch hier nonverbal, also nur durch Mimik und Gestik statt. Nach fünfeinhalb Monaten bin ich in dieser Art der Kommunikation sehr geübt. Der alte Mann nickt nur mit dem Kopf. Für zehn Yen – das ist nicht einmal ein Euro – bekomme ich ein Zimmer in einer Baracke. Toiletten gibt es allerdings nicht, Wasser bekomme ich in einer Schüssel und einem Wasserkessel. Privatsphäre gibt es auch nicht. Ein kleiner Junge und ein Mädchen weichen nicht von meiner Seite. Die Mutter bringt mir eine Schale mit leicht süßlicher Grießsuppe. Weil ich sie so schnell und hungrig esse, bekomme ich gleich noch eine zweite. Ich teile daraufhin meine Melone mit der Familie. Was das Obst angeht, ist China genial. Plötzlich steht jedoch die Polizei da. Sie gibt sich allerdings schon mit meinen Personalien zufrieden. Das ist der Vorteil einer autonomen Provinz. Hier werde ich noch weitgehend in Ruhe gelassen. Peking ist noch weit weg.

Bei dieser Hitze ist es ratsam, sehr früh morgens – am besten zwischen 5 und 6 Uhr – loszufahren. Das sind auch die schönsten Stunden, wenn die Sonne langsam über den Horizont kriecht und den Tag zum Leben erweckt. Nach anderthalb Tagen habe ich mich wieder an die geteerten Straßen gewöhnt, die Freude darüber tritt in den Hintergrund und der Ärger über Hitze und Gegenwind schlägt immer mehr aufs Gemüt. In Zhurihezhen, der nächstgrößeren Stadt, checke ich in einem der besten Hotels seit langer Zeit ein. Hier gibt es fließend Warmwasser! Mit einer heißen Dusche kann man einige Strapazen leicht abwaschen, auch von den Kleidern.

Langsam wird die Landschaft interessanter, es gibt immer mehr Berge und Vegetation. Unglaublich, wie man sich am Grün eines Grashalms erfreuen kann, wenn man tagelang nichts als braunen Sand gesehen hat. Leider ist es immer noch gnadenlos heiß. Vor einem kleinen Laden lasse ich mein Fahrrad in der Sonne stehen. Das bekommt dem Fahrradcomputer mit Temperaturanzeige überhaupt nicht. Er verweigert die Auskunft. Offenbar verträgt er keine Temperaturen über fünfundfünfzig Grad. Ich auch nicht. Am besten springe ich schnell wieder aufs Fahrrad und fahre weiter, der Fahrtwind kühlt immerhin ein wenig. Irgendwann funktioniert dann auch die Anzeige wieder. Entlang der Straße gibt es des Öfteren Brunnen, aus denen man aus tiefster

Tiefe kühles Wasser pumpen oder schöpfen kann. Ich frage mich nicht lange, ob es trinkbar ist. Nach dem deutschen Standard sicherlich nicht, aber wenn es das einzige Wasser ist, das man zur Verfügung hat, trinkt man es, um nicht zu verdursten. Hier sieht das Wasser sehr klar aus, und es schwimmen keine winzigen Tierchen darin.

Xianghuang Qi kommt mir vor wie ein aus der Asche steigender Phoenix. Nach all den Kilometern in der Wüste nun eine Stadt mit fast ausschließlich neuen weißen Gebäuden und schön angelegten Straßen. Alles ist so sauber! Kaum habe ich mein Fahrrad abgestellt, kommt schon eine junge Chinesin auf mich zu, die mich auf Englisch fragt, ob sie mir helfen kann. Schnell bekomme ich mit ihrer Hilfe etwas Kaltes zu trinken, finde ein Internetcafé und lande in einem netten, preiswerten Hotel. Als ich dort einchecken will, heißt es, die Polizei habe was dagegen, dass Ausländer in diesem Hotel absteigen. Ich müsse in das teuerste Hotel der Stadt. Das ist natürlich gar nicht in meinem Interesse. Die Polizei wird gerufen, sie muss es entscheiden. Dann geht die Diskussion los. Sie wollen mir nicht erlauben, in diesem netten, kleinen Hotel zu übernachten. Natürlich ist alles nur zu meiner eigenen Sicherheit. Ich fühle mich hier sicherer, als in so manch anderer Lokalität, in der ich bisher übernachtet habe. Bei der Diskussion erstaunt mich, wie freundlich und ruhig die Polizisten sind, und wie die junge Frau sich für mich einsetzt. Sie lassen aber nicht locker und bringen mich nach einer Stunde in ein mächtiges und weiß strahlendes Gebäude. Es ist ein Nobelhotel, wie ich es noch nie auf meiner Reise gesehen habe, zumindest nicht von innen. Bezahlen muss ich allerdings nichts. Ich verbringe eine Luxusnacht mit heißer Dusche, prima Kingsize-Bett und einem riesigen Fernseher auf Kosten des chinesischen Staates.

Als ich die Maximaltemperatur des Tages auf meinem Fahrradcomputer abrufe, zeigt er 58 Grad. 58 Grad!? Ich frage mich, wie die Einwohner diese Hitze aushalten.

Der nächste Tag startet mit einem chinesischen Frühstück, an das man sich direkt gewöhnen könnte, wenn nicht der Kaffee fehlen würde! Für mich ist es natürlich fast eine Katastrophe, keinen Kaffee zum Frühstück zu haben. Bevor ich meinen Instant-Kaffee holen kann, zaubert jedoch eine sehr nette Bedienung aus ihrer Handtasche ein „All-in-1"-Päckchen: Instantkaffee mit Milchpulver und Zucker. Mit unserem Frühstück hat das chinesische eigentlich nur das Ei gemein. Ansonsten esse ich Reis mit Rührei und Sprossen, dazu das chinesische Dampfnudelbrot Bao mit Frühlingszwiebeln und Fleisch gefüllt. Ich genieße es richtig, mal wieder ein Frühstück serviert zu bekommen. Danach bin ich aber wirklich pappsatt.

Nur wenige Kilometer hinter den Prachtstraßen und -bauten erwarten mich wieder die übliche Landstraße und die verfallenen Häuser. Die Temperaturen erreichen längst nicht den Höchststand des vorherigen Tages, dazu habe ich viel zu viel abkühlenden Gegenwind. Die Landschaft kann man hier kaum noch Wüste nennen, es gibt mehr Vegetation, sogar Bäume kann ich schon sehen.

Ich habe Schwierigkeiten den Weg zu finden, da die Straße in eine fast endlose Baustelle (über fünfzig Kilometer lang) mündet. Der Gegenwind bestätigt mir aber, dass die Richtung stimmt. Hier kommt sehr selten ein Tourist vorbei, denn immer, wenn ich auftauche, wird alles fallen gelassen – Harken, Schaufeln, Besen – und hinter mir her gestarrt. Es werden viel Kohl, Kraut und Kartoffeln angebaut, alles noch in Handarbeit, selbst auf diesen riesigen Feldern. An der Verladestelle gibt es einen Laden, der eine gute Gelegenheit für eine Pause bietet. Frauen, die gerade Kartoffeln ernten, laden mich zum Essen ein. Mit Handzeichen erkläre ich, dass ich auch noch einen Schlafplatz suche. Gleich wird mir ein Bett angeboten. Ganz wohl ist mir dabei allerdings nicht: Ein Mann beäugt mich skeptisch und ein anderer macht Zeichen, besser weiterzufahren. Das tue ich dann auch.

Heute ist der blaue Himmel tatsächlich hinter einer grauen Dunstglocke verschwunden und die Sonne geht weit über dem Horizont unter. Sehr früh wird es merklich kühler und dunkler und von meinem Zielort Dengyoufang, der groß genug sein sollte, um auch ein Hotel zu haben, gibt es noch keine Spur. Ich befahre immer noch die staubige Schotterpiste der Baustelle.

Dengyoufang liegt nicht, wie auf der Karte markiert, direkt an der Straße. Ein paar Jugendliche sagen mir, ich müsse nach links abbiegen. Das befolge ich auch, aber leider zu früh. Zum Glück sehen sie es und kommen mir mit einem Kleinbus hinterher, gefolgt von einem dunkelblauen VW Santana. Als sie mich einholen, hält auch der Santana. Ein Mann springt heraus und eine Diskussion beginnt: Was tun mit mir? Dem Mann, nennen wir ihn einfach Mr. Weng, ist es gar nicht recht, dass ich mich hier herumtreibe. Schließlich werde ich samt Fahrrad und Gepäck in den Kleinbus geladen, und wir folgen

Mr. Weng. So komme ich doch noch nach Dengyoufang. Es gibt sofort einen riesigen Auflauf, denn es kommen wohl nicht so oft Radreisende hier vorbei. Die Jugendlichen – sie können als einzige ein wenig Englisch sprechen – erklären ihm mein Anliegen. Sofort will man mir zeigen, wo ich übernachten kann, doch das wird gleich durch Mr. Weng unterbunden. Inzwischen ist es dunkel, ich habe Hunger und will nur noch essen und schlafen. Daraus wird aber vorerst nichts, denn ich muss warten, bis jemand kommt, der entscheidet, was mit mir passieren soll. Ein Mann möchte mich in die nächste, fünfzig Kilometer entfernte Stadt fahren. Das ist absolut nicht in meinem Interesse, und ich verstehe auch überhaupt nicht, warum. Schließlich werde ich von zwei Chinesinnen, ich werde sie Yin und Yang nennen, fortgeführt. Eine von ihnen hält entweder den Lenker oder meine Jacke fest. Erst später wird mir bewusst: Das waren Vorsichtsmaßnahmen, damit ich nicht einfach davonfahre. Wir kommen in ein abgeschirmtes Gebäude, es liegt hinter einem hohen Tor und einem Stacheldrahtzaun. Alles wird streng bewacht. Ich bin überzeugt, es ist eine Polizeistation oder ein Gefängnis. Bevor ich das Gebäude betreten darf, werden alle meine Taschen durchsucht, das dauert nochmals über dreißig Minuten. Dann wird mir ein „Zimmer" zugewiesen. Darin stehen nur vier Pritschen mit Matratzen, das sonstige Interieur ist kalter Beton. Yin und Yang bewachen mich auf Schritt und Tritt. Sie zeigen mir Toilette und Waschmöglichkeit. Ich weiß gar nicht, wie ich die sanitären Einrichtungen beschreiben soll. Es handelt sich um einen schmutzigen Raum mit nichts außer Rohren an den Wänden, an denen die einzelnen Wasserhähne angebracht sind. Die Toiletten sind noch schlimmer. Die für Frauen sind verschlossen, das Männerklo ist dreckiger als der Waschraum und stinkt fürchterlich. Mein „Zimmer", die Waschmöglichkeit und die Toilette sind in drei verschiedenen Gebäuden untergebracht. Da ich mein Klopapier nicht mitgenommen hatte, möchte ich zurück und sage zu meinen Begleiterinnen, ich fände den Weg schon selbst, aber keine Chance! Ich werde weiterhin bewacht, und auch beim Zähneputzen lassen meine „Schatten" mich nicht allein.

Als ich zurückkomme, ist eine dritte Chinesin da. Nennen wir sie Yo. Sie ist sehr jung und hat einen sehr ernsten Blick. Ihr Englisch ist äußerst schlecht, und sie ist sehr unfreundlich. Ihre Aufgabe ist es, mich zu verhören. In recht barschem Ton wiederholt sie immer wieder: „You must tell me …", warum ich hier bin, was ich mache usw. Ich versuche die ganze Zeit, ihr klarzumachen, dass ich einfach nur Fahrrad fahre, immer ungefähr hundert Kilometer am Tag. Am Morgen bin ich in Xianghuang losgefahren und deswegen bin ich jetzt hier. Aber sie versteht überhaupt nichts. Also noch einmal „You must tell me …" Wieder eine sehr große Geduldsprobe für mich. Natürlich ist alles nur zu meiner Sicherheit und wegen der Olympischen Spiele, und es gebe ja so viele böse Menschen auf der Welt, zu denen anscheinend auch ich gehöre. Außer den Chinesinnen sehe ich nur zwei Männer, wahrscheinlich höhere Polizeibeamte in Zivil. Sie sind gar nicht so unfreundlich und beide sprechen wesentlich besser Englisch als meine Fragerin. Ihnen ist die Situation nicht sonderlich angenehm, aber sie haben nun einmal Sicherheitsvorkehrungen zu treffen. Einer unterhält sich eine Weile mit mir. Er interessiert sich sehr für meine Reise. Ich erzähle ihm von meinen Erfahrungen mit der russischen Polizei und dass mich ein Polizist dort sogar zu sich nach Hause eingeladen hatte. Es sei ja alles nur wegen der Olympiade und zu meiner eigenen Sicherheit.

Während dieser ganzen Prozedur habe ich überhaupt keine Angst. Was soll mir auch schon passieren? Das Positive an der Olympiade ist: China steht im Fokus der Öffentlichkeit. Das gibt mir Sicherheit, sie können es sich nicht erlauben, mir ohne einen triftigen Grund etwas anzutun. Ich bin nur so wütend, weil mir ein Stück meiner Freiheit entzogen wird, und traurig, dass wir nicht ganz normal miteinander umgehen können. Zum Glück muss ich hier nicht leben. Plötzlich sagt Yo, ich könne hier nicht bleiben. Mittlerweile ist mir alles egal und ich packe zusammen. Aber es ist Fehlalarm, sie hat den zuständigen Polizisten wohl auch falsch verstanden. Ich ziehe mich aus, setze meine Kopfhörer auf, um ein bisschen Ruhe zu haben und besser abschalten zu können, und schreibe Tagebuch. Leider ist dies nur von kurzer Dauer. Yang nimmt mir meinen iPod weg und setzt die Kopfhörer auf. Ich wüsste zu gern, wie es für sie ist, auf einmal mit den symphonischen Klängen von Rossinis „Petite Messe Solennelle" konfrontiert zu sein. Ich verstehe aber nicht, wieso das nun wieder eine Gefahr für die Olympischen Spiele sein soll. Mir wird befohlen, alle meine Sachen zusammenzupacken und in einem anderen Zimmer einschließen zu lassen. Nur meinen Schlafsack, die Unterhose und das T-Shirt, eben was ich anhabe, darf ich behalten. Sonst nichts: keine Uhr, keine Lampe, nichts. Dann muss ich versprechen, dass ich das Zimmer nicht verlasse, worauf ich nur erwidere: „Natürlich gehe ich nicht raus, ich möchte nur schlafen." Spaßeshalber füge ich noch hinzu: „Außer ich muss aufs Klo." Daraufhin wird ein Eimer ins Zimmer gestellt, in den ich pinkeln soll - oh, vielen Dank, unter Beobachtung von Yin, Yang und Yo. Diese Nacht ist eine der schlimmsten der ganzen Reise. Die drei unterhalten sich und haben keine Hemmungen, in den Eimer zu pinkeln. Nach sechs Monaten auf dem Fahrrad sehe ich vielleicht so aus, als könnte ich zwei Chinesinnen leicht überwältigen, falls eine mal aufs Klo geht. Ich kam nicht dazu, viel zu trinken, darum bleibt mir der Eimer erspart. In der Morgendämmerung frage ich, wie spät es ist. Yo sagt 4 Uhr. Das ist zwar etwas früh, aber da ich sowieso nicht schlafen kann, möchte ich aufstehen und so schnell wie möglich hier weg. Als ich meine Sachen zurückbekomme und auf meine Uhr schaue, sehe ich, dass es schon 5:30 Uhr ist. Nicht einmal die Uhrzeit kann sie auf Englisch richtig sagen … Notdürftig wasche ich mich an der Schüssel, die sie mir ins Zimmer stellen. Zum Frühstück müssen zwei Tassen von meinem Instantkaffee ausreichen, damit ich mich nach dieser schlaflosen Nacht auf dem Fahrrad halten kann.

Natürlich darf ich nicht allein losfahren. Ein Polizist mit einem Moped fährt voraus und bringt mich über Feldwege sieben Kilometer weit bis zur Hauptstraße, die hier immer noch eine Baustelle ist. Auf den sieben Kilometern fahren wir an vier Absperrungen vorbei. Man muss sich das vorstellen: Mitten im Nichts – etwa fünfhundert Kilometer von Peking entfernt und im Umkreis von fünfzig Kilometern keine größere Stadt – stehen Wachposten im Feld. Auch gestern sind mir die Absperrungen schon aufgefallen und auch diese sollen wegen der Olympischen Spiele sein, die in zwei Tagen beginnen. Ganz glauben kann ich es nicht. Seither frage ich mich natürlich: Was verstecken sie hier im Norden? Später erfahre ich, hier sollen „Umerziehungslager" sein. Das wäre natürlich eine Erklärung. Dieses Erlebnis dämpft mein Interesse an diesem Land und auch die Lust, hier Rad zu fahren. Habe ich mir gestern noch überlegt, wie ich mein Visum verlängern könnte, schaue ich jetzt, dass ich so schnell wie möglich wegkomme. In einem Land, wo ich so wenig willkommen bin, möchte ich nicht länger als nötig bleiben.

Obwohl ich manchmal das Gefühl habe, die Paranoia des Staates greift auf das Volk über, gibt es doch vereinzelt nette Chinesen, zum Beispiel schenkt mir ein Angestellter an einer Tankstelle eine Landkarte.

In Zhangbei in der Provinz Hebei mache ich eine längere Pause. An jedem Laden hängt ein Zettel. Als ich etwas kaufen möchte, zeigt die Verkäuferin nur auf die chinesische Notiz, die ich natürlich nicht lesen kann. Auf jeden Fall darf oder will sie mir nichts verkaufen. Total frustriert fahre ich weiter.

Später versuche ich noch einmal, etwas einzukaufen. Hier werde ich sehr freundlich empfangen und kaufe tüchtig ein: Wer weiß, was mich noch so erwartet. An einer Polizeikontrolle bekomme ich zuerst einen Stuhl und zwei Flaschen Wasser. Dann nehmen sie wieder einmal all meine Daten auf. Nach einer halben Stunde ist alles geklärt. Ich kann weiterfahren.

Danach erwartet mich eine der schönsten Strecken in China. Die meisten Autos fahren auf dem Express Highway, so bin ich auf der Nebenstraße fast allein. Nach den Wochen in der Wüste genieße ich den Anblick von Mais und Sonnenblumen. Die Landschaft wird bergig und sieht aus wie auf den Fotos, die man von der Chinesischen Mauer kennt. Zehn Kilometer lang geht es nur bergab. Es ist ein wahrer Genuss und entschädigt mich für einige der erlittenen Strapazen. Nur die Chinesische Mauer sehe ich nirgends, das heißt, ich bin mir nicht ganz sicher, denn laut Landkarte müsste sie schon ein paarmal die Straße gekreuzt haben. Zumindest Überreste hätte ich links und rechts der Straße doch sehen müssen. Ab und zu sehe ich Mauern, auch große Mauern, aber keine, die ich als die „Chinesische Mauer" identifiziert hätte.

Am Abend spielt sich wieder das gleiche Theater: Kaputt und müde nach der kurzen Nacht komme ich in Zhangjiakou, einer größeren Stadt, an und möchte in einem kleinen Familienhotel einchecken. Wieder wird es mir von der Polizei verboten. Die Hoteliers sind verpflichtet, alle Ausländer bei der Polizei zu melden. Ich will nur noch duschen, essen, schlafen. Aber zuerst muss ich wieder auf die Polizei warten. Die Leute vom Hotel sind sehr freundlich und lassen mich während der Wartezeit in einem Zimmer ausruhen. Stunden später, in denen die Polizei herumtelefoniert, diskutiert und was weiß ich was macht, heißt es dann, ich könne doch bleiben. Das Nobel-Luxushotel sei ausgebucht. Ich freue mich, nicht nur für mich, sondern auch für Mutter und Tochter, die sich sehr für mich eingesetzt haben. Diese ewigen Diskussionen am Abend sind einfach lästig.

Die Olympischen Spiele werden eröffnet. Ich bin noch circa 260 Kilometer von der Hauptstadt entfernt.
Der 8. August 2008 scheint auch hier ein beliebtes Datum für Hochzeiten zu sein, trotz des ersten Regens seit Tagen. Ich merke sofort, ich bin ein paar Höhenmeter tiefer: Das Klima wird tropischer, der Feuchtigkeitsgehalt der Luft nimmt immer mehr zu. Der blaue Himmel gehört inzwischen

der Vergangenheit an, alles ist rußig und staubig. In den Kleinstädten gibt es Märkte, wo ich gekochtes Gemüse, Salate, Obst und sonstige Leckereien kaufen kann. Ich setze mich auf ein paar Stufen, um es sofort zu essen. Das ist natürlich schon wieder verdächtig, es könnte wohl die Eröffnungsfeier am Abend gefährden. Zum Glück gibt es genug Hilfssheriffs, die alles genau beobachten und sofort die Polizei rufen. Einen sehe ich aus dem Augenwinkel telefonieren. Als ich fertig bin, läuft er mir mit dem Handy am Ohr nach, um zu schauen, in welche Richtung ich fahre. Kurz darauf ist mir die Polizei auf den Fersen. Schön langsam fahren sie hinter mir her. Ich halte an, zeige ihnen meinen Ausweis, damit sie sehen, dass alles in Ordnung ist, und wieder umdrehen können. So etwas verdirbt wirklich den Spaß.

Fast jede Abzweigung in die Felder ist abgesperrt und wird von Freiwilligen streng bewacht. Ich kann nicht einmal anhalten, um etwas zu fragen, denn sofort werde ich scharf angeschaut. Mit der Zeit entwickle ich eine Art Verfolgungswahn. Überall sehe ich Menschen, die mich beobachten. Zum Glück treffe ich aber auch hier nette und hilfsbereite Personen. Als ich merke, dass ich kaum noch Luft im Hinterreifen habe, was hier kein Problem ist, denn es gibt überall Reparaturwerkstätten, nimmt ein Chinese die Sache gleich in die Hand. Ich sehe sofort, er macht das nicht zum ersten Mal. Ich überlasse ihm vertrauensvoll mein Rad und kann dabei sogar noch etwas lernen. Innerhalb von wenigen Minuten ist der Schlauch geflickt, und der Reifen gleich mit. Er möchte nicht einmal etwas dafür haben.

Um am Abend das Warten auf die Polizei zu vermeiden, fahre ich direkt zur nächsten Polizeistation. Die wissen ja am besten, wo ich übernachten darf. Im dicksten Verkehr fahre ich dann hinter einem Polizeiauto her bis zum einzigen Drei-Sterne-Hotel weit und breit. Auch hier zahle ich nur fünfzig Yuán für ein Zimmer, das eigentlich 380 Yuán kostet. Dafür hat mich die Polizei stets unter Kontrolle. Diese Hotels haben nicht nur ständig eine Person an der Rezeption, es gibt auch überall Überwachungskameras.

Im Luxus schwelgend schaue ich mir die Eröffnungsfeier der Olympiade an. Das Bett ist überbreit und weich und der Fernseher hat einen ganz modernen, riesigen Flachbildschirm. Solche Zeremonien beherrschen die Chinesen: Tausende von Menschen im Gleichschritt, sie sehen fast aus wie geklont. Hier zählt nur die Masse, nicht das Individuum. Ich hoffe, die Engländer nehmen sich das nicht zum Vorbild für die nächsten Spiele.

Die erste Polizeikontrolle kommt heute im richtigen Moment, denn es ist gerade Mittagszeit und ich werde in die Kantine eingeladen. Das erste Mal, dass ich mit dem scharfen chinesischen Essen in Berührung komme. Leider kann ich kaum etwas essen, denn es brennt furchtbar auf den Lippen. Der Freundlichkeit der Polizisten kann ich nicht mehr trauen. Die ganze Zeit habe ich das Gefühl, sie durchsuchen meine Taschen, was sie aber gar nicht machen. Nach einer Stunde kann ich mit vollen Wasserflaschen weiterfahren. Bei der zweiten Kontrolle genügt nur ein kurzer Check. Alle meine Daten mit Foto müssen sie mittlerweile zugriffsbereit haben.

Endlich komme ich in die Provinz Peking und die Straßenkontrollen haben ein Ende. Da ich die Chinesische Mauer immer noch nicht gesehen habe, beschließe ich nach Badaling zu fahren, dem bekannten Touristenort an der Mauer. Als ich einem jungen Mann mein Vorhaben erzähle, meint dieser, dass dort am nächsten Tag das Olympische Radrennen startet. Vielleicht ist es doch keine so gute Idee, nach Badaling zu fahren. Ich habe keine Lust mehr auf Polizeikontrollen, und von der großen Mauer werde ich unter diesen Umständen vielleicht auch nicht viel sehen. In Changping wird in ein paar Tagen der Triathlon-Wettkampf stattfinden. Meine Vermutung, dass es schwer sein wird, ein Hotelzimmer zu bekommen, erweist sich als Irrtum. Dafür gibt es Regen über Regen und als es endlich aufhört, ist es immer noch alles andere als trocken. Die Luftfeuchtigkeit muss bei knapp unter hundert Prozent liegen.

Ich fahre auf der Straße, auf der auch das olympische Radrennen stattfinden wird, nach Peking ein, natürlich wesentlich langsamer. Dank Patrick, einem Radfahrer, den ich in Ulan Bator getroffen habe und der mit seiner Familie hier wohnt, weiß ich genau, wie ich fahren muss. An den Verkehr muss ich mich allerdings erst noch gewöhnen. Es gibt Fahrradwege, die werden aber auch von sämtlichen anderen Verkehrsteilnehmern in beiden Richtungen befahren. Autos scheinen immer Vorfahrt zu haben, egal, woher sie kommen und wohin sie fahren. Dabei soll es ja jetzt, während der Olympischen Spiele mit dem Verkehr nicht so schlimm sein wie normalerweise. Nur wenige Autos besitzen die Erlaubnis, in der Innenstadt zu fahren. Auch in Peking selbst ist es kein Problem, ein leeres Hotelzimmer zu bekommen. Die Visa-Politik der Chinesen hat offensichtlich viele Touristen abgeschreckt, zu den

Olympischen Spielen zu fahren und auch die Preise sind extrem überteuert. Für ein Bett in einem Schlafsaal der Jugendherberge wollen sie statt den üblichen fünf nun fünfzig Euro. Sicherlich würde ich den ganzen Schlafsaal für mich allein zur Verfügung haben. Patrick empfiehlt mir ein Motel, das noch normale Preise bietet. Für dreißig Euro bekomme ich dort ein kleines Zimmer mit Dusche und WC. Später kommt er mit seiner Familie und bringt mir eine neue Fahrradkette samt Pedale, die wir sofort montieren. Somit bin ich mit der ersten Kette mehr als 14.000 Kilometer gefahren!

Zuerst fallen mir in der Stadt die vielen Voluntcers, also die Freiwilligen auf, die hier für Recht und Ordnung sorgen. Ich teile sie in drei verschiedene Kategorien ein: Freiwillige, die eigentlich gar keine „Freiwilligen" sind, sondern nur arme Schweine, die dazu verdonnert wurden. Sie sind harmlos. Dann gibt es die Freiwilligen, die ohnehin immer herumsitzen, sich unterhalten oder Spiele machen, dafür jetzt aber ein T-Shirt bekommen haben. Wenn man sie was fragen will, hat man das Gefühl, man stört nur. Die dritte Kategorie sind jedoch die Schlimmsten: Sie freuen sich, nun endlich etwas zu sagen zu haben und pfeifen die ganze Zeit andere zurecht. Viele Straßen und Parks sind sowieso während der Spiele für Radfahrer gesperrt, auch das Schieben des Fahrrads ist verboten. Abstellen darf man es nur an ganz bestimmten Stellen, bestimmt nicht da, wo man eigentlich möchte. Falls man es trotzdem versucht, steht sofort jemand da, der einen wegschickt. Es gibt wesentlich mehr Freiwillige als Touristen. Ich fahre ja nur mit Helm, hier hat es noch den Vorteil, dass gleich jeder sehen kann: Vorsicht, hier kommt ein Tourist. Das ist ganz nützlich, denn die Fahrradregeln werde ich wohl nie verstehen, sofern sie überhaupt existieren.

Da ich laut meinem Visum nur achtundzwanzig Tage Zeit für China habe und kein Interesse zur Verlängerung verspüre, möchte ich so schnell als möglich und so weit wie möglich von hier weg. Ich beschließe, mit dem Zug nach Wuhan zu fahren. Das sind tausend Kilometer südlich von Peking und noch 1.500 Kilometer bis zur vietnamesischen Grenze. In den achtzehn Tagen, die mir noch für China bleiben, sollte das reichen. Verständlich, dass ich nicht lange in der Stadt bleiben möchte. Nach dem Besuch des vietnamesischen Konsulats für mein Visum fahre ich schnell zum Bahnhof, um ein Zugtikket zu kaufen. Außerdem brauche ich unbedingt neue Fahrradhandschuhe

– mein ganzer linker Arm tut mir weh. Nachdem ich an der chinesischen Grenze mein altes Paar verloren hatte, fuhr ich lange ohne, bevor ich das Ersatzpaar herausgeholt habe. Das hat sich gerächt.

Dann möchte ich natürlich trotzdem auch etwas von der Altstadt sehen. Es gibt eigentlich nicht viele Touristen in der Stadt, außer natürlich bei den bekannten Sehenswürdigkeiten, wie etwa der Verbotenen Stadt. Wie immer, gefällt es mir am besten, mich einfach durch die kleinen Gässchen treiben zu lassen, dort, wo es eigentlich nichts Besonderes zu sehen gibt. Für mich ist aber alles etwas Besonderes.

Zurück im Hotel, schaue ich mir das Synchron-Turmspringen an. Diese Figuren allein zu springen, ist ja schon schlimm genug, aber dann auch noch synchron! Wer das erfunden hat, war erbarmungslos.

„Why don't you take a taxi?"

Gleich am Morgen mache ich mich auf zum Bahnhof. Vom Hauptbahnhof schickt man mich etwa zehn Kilometer quer durch die Stadt weiter zum Westbahnhof. Dort spricht kaum jemand Englisch. Eine Frau sagt mir schließlich, dass ich das Fahrrad im Zug mitnehmen kann, aber schon vier Stunden vor Abfahrt des Zugs mein Gepäck aufgeben muss. Oh je, schnell zurück zum vietnamesischen Konsulat, meinen Pass mit Visum abgeholt, Sachen gepackt, ausgecheckt und zurück zum Bahnhof. So unter Zeitdruck verfahre ich mich ständig. Wenn ich nach dem Weg frage, bekomme ich immer die gleiche Gegenfrage gestellt: „Why don't you take a Taxi?" oder „Why don't you take the bus?" – auch nicht sehr hilfreich. Sie sind nicht nur zu faul, mir den Weg zu erklären, sondern allein die Idee, zehn Kilometer mit dem Fahrrad zurückzulegen, übersteigt das Vorstellungsvermögen so mancher Chinesen.

Ich schaffe es gerade noch in der Zeit, nur um dann gesagt zu bekommen, dass ich mein Fahrrad doch nicht im Zug mitnehmen kann. Ich müsse vier Tage in Wuhan auf mein Gepäck warten. So etwas bringt mich schon gar nicht mehr aus der Ruhe, inzwischen weiß ich, es gibt immer auch noch andere Lösungen. Ich bitte sie, nochmals nachzufragen. Der nächste Vorschlag ist dann, dass ich es am selben Tag, aber vier Stunden später bekommen kann.

Das klingt doch schon wesentlich besser. Dafür zahle ich auch einen Stange Geld extra, obwohl es zuerst hieß, dass es nichts kosten würde. Ich mache alles, um die Stadt so schnell als möglich verlassen und so weit weg von den Olympischen Spielen als möglich sein zu können. Jetzt bleibt nur noch zu hoffen, dass alles heil in Wuhan ankommt.

Da die billigen Sitze alle schon ausverkauft waren, fahre ich sehr komfortabel in einem richtigen Schlafwagen. Sanft werde ich in den Schlaf geruckelt und komme gut ausgeruht am nächsten Morgen in Wuhan an. Sofort merke ich, dass ich wesentlich südlicher bin, es ist nun tropisch, sehr feucht und heiß. Die Zugfahrt nach Wuhan war das Beste, was ich machen konnte. Gleich am Bahnhof werde ich von einer Frau angesprochen, ob ich ein Zimmer suche. Mit Hilfe einer sehr netten Studentin, die sehr gut Englisch spricht ver-ständigen wir uns und gehen zusammen in ihr „Hotel", das in einem engen schmuddeligen Gässchen liegt. Überall liegt Müll zwischen den Garküchen. Die Luft ist von einem scharfen Geruch geschwängert und durch die Gassen hallt das ratternde Dröhnen der Mopeds. Das Zimmer hat die übliche chine-sische Ausstattung: Betonböden, Betonwände und die Strohmatte auf dem Bettgestell. Das war es. Eigentlich ist es total überteuert, aber ich freue mich riesig, dass ich wieder in solchen „Löchern" übernachten darf, ohne dass die Polizei eingreift. Nicht einmal meinen Pass wollen sie sehen. Endlich wieder in Freiheit!

Punkt 13 Uhr stehe ich an der Gepäckausgabe. Laut Plan sollten mein Fahr-rad und das Gepäck jetzt da sein. Während sie meine Zettel überprüfen und hin und her rennen, werde ich immer nervöser. Nach zehn Minuten ist es endlich soweit, alles wird mir gebracht. Selten freute ich mich über den Anblick meines Fahrrads so sehr. Sofort bringe ich das ganze Gepäck samt Fahrrad in mein Zimmer.

Am nächsten Morgen finde ich durch die Hinweise eines Englisch sprechen-den Studenten schnell den Weg aus dem Großstadtdschungel. Immer wieder regnet es, was bei der Luftfeuchtigkeit keinen großen Unterschied macht, denn ich bin ohnehin nass. Ich bin sehr guter Dinge und so weit entfernt von Olympiade und Polizeikontrollen geht es mir wieder richtig gut. Auch hier im Hotel wollen sie keinen Ausweis sehen. Die Leute sind äußerst nett und hilfsbereit. Einzig der Verkehr und die Hupen nerven. Je größer die Autos, desto lauter die Hupen. Busse sind besonders schlimm. Außerdem gibt es wahrscheinlich ein Gesetz, das besagt, man müsse Radfahrer grundsätzlich anhupen, bevor man sie überholt. Manche tun dies gleich mehrmals, bei anderen scheint die Hupe zu klemmen oder mit dem Gaspedal verbunden zu sein – es hört überhaupt nicht mehr auf. Vor Yueyang hält ein Pärchen auf einem Traktor-Moped-Hybriden mit Anhänger an und fragt, ob sie mich mitnehmen können. Da es schon am späten Nachmittag ist und ich nicht weiß, ob ich es bis zur Stadt schaffe, nehme ich das Angebot gern an. Das Gefährt rattert in einer Lautstärke, sodass eine Unterhaltung schon aus diesem Grund nicht möglich wäre. In der Stadt angekommen, fragen sie per Handzeichen, wo sie mich absetzen sollen. In der gleichen „Sprache" antworte ich: irgendwo, wo ich übernachten kann. Nach einer kurzen Unterredung mit ihrem Mann fragt sie mich, ob ich mit ihnen mitkommen möchte. Natürlich möchte ich. Sie wohnen in einem Neubaugebiet, das für mich noch nicht ganz fertiggestellt aussieht, aber wahrscheinlich so bleiben wird. Auch hier überwiegt der pure Beton. Es gibt nur ein paar Stühle, eine Liege (Bettgestell mit Bastmatte), einen Fernseher natürlich und einen Tisch. Außergewöhnlich ist das Vorhandensein einer Dusche und auch einer Waschmaschine. Und so bekommt sogar meine Kleidung mal wieder eine Wäsche. Voller Stolz führen sie mich in der Nachbarschaft herum, die sich fast vollzählig später bei ihnen im Wohnzimmer einfindet. Teppichböden wären hier äußerst deplatziert, denn die Chinesen spucken überall herum, selbst in der eigenen Wohnung. Das ist sehr gewöhnungsbedürftig. Zum Schlafen legt man sich einfach wie die Ölsardinen auf den Boden im einzigen Zimmer mit Klimaanlage. Ich lege mich mit meinem Schlafsack dazu. So einfach ist das.

Das Gewitter am nächsten Morgen lässt meine Gastfamilie hoffen, dass ich noch einen Tag länger bleibe. Den Gefallen kann ich ihnen aber leider nicht tun, auch wenn mein gesamter linker Arm schon am Morgen sehr schmerzt. Es sind Nervenschmerzen, die von der Hand herrühren. Die Finger kann ich kaum bewegen. Das Enddatum meines Visums rückt aber immer näher, und ich muss weiter, um rechtzeitig die Grenze zu erreichen.

Die Bewohner eines Dorfes scheinen oft im selben Metier tätig zu sein. Nach einem Dorf voll von Erdnüssen und einem Dorf voll von Bambus folgt nun eines voll von Müll, genauer gesagt, Mülltrennung. Vor dem Dorf stapeln sich die Müllsäcke. Vor einem Haus liegt ein Berg alter Schuhe, beim anderen stapeln sich die Fahrradreifen, dann Autoreifen, Kleider, etc. Das ist viele Kilometer so zu beobachten und sehr unangenehm – ich möchte nur schnell durch. Nicht einmal zum Fotografieren halte ich an. Die Städte sind hier so riesig, dass sie kaum zu umfahren sind. Beispielsweise Changsha, die Hauptstadt von Hunan, mitten in China mit sieben Millionen Einwohnern: In den letzten Jahren sollen hier achthundert Hochhäuser gebaut worden sein und hunderte sind noch im Bau. Mich wundert, dass sich die Einheimischen noch zurechtfinden. Sehr positiv ist das Hupverbot in der Stadt, sodass es trotz des immensen Verkehrs doch sehr angenehm ruhig ist.

Xiangtan ist zwar auch eine Millionenstadt, aber mit seinen circa zwei Millionen Einwohnern direkt noch beschaulich. Nachdem ich im Hotel angekommen bin, ruft jemand eine junge Frau herbei, die sehr gut Englisch spricht. Kurz darauf erscheint Ling und lädt mich zum Abendessen ein. Wie ich mich freue! China ist immer wieder für solche Überraschungen gut. Ling ist Englischlehrerin, und wir können uns richtig gut unterhalten. Hier am Xiang Fluss hat sich viel Industrie angesiedelt, unter anderem auch Pharmaindustrie, welche die Betelnuss, die hier alle kauen, verarbeitet. Zum Abschied bekomme ich eine ganze Tüte voller Kuchen geschenkt.

Es geht mit den dorfspezifischen Arbeiten weiter: Zuerst kommt ein Dorf mit „Holzverarbeitung", hier werden hauptsächlich Stühle hergestellt, denn überall stehen Liege-, Klapp- und Schaukelstühle herum. Dann kommt ein Dorf mit Steinmetzen, die alle exakt die gleichen Figuren herstellen. Diese sehen aus wie eine Mischung aus Buddha und Micky Mouse. Von Kreativität kann man da nicht sprechen. Im nächsten Dorf sind die Straßen ganz rot, denn hier wird der rote Chili zum Trocknen ausgebreitet. Danach wird es noch ländlicher, der Verkehr lässt nach und das erste Mal seit zwölf Tagen sehe ich strahlend blauen Himmel. Auf den Terrassen an den Bergen leuchten Reisfelder in einem unglaublich satten Grün. Die Reisernte ist in vollem Gange. Alles wird noch von Hand gemacht. Tief gebeugt laufen die Bauern mit ihren Sicheln über die unter Wasser stehenden Felder und binden die Reishalme in Büschel. Die Reiskörner werden zum Trocknen auf der Straße ausgebreitet. So heiß wie es hier ist, geht das sehr schnell.

Reisernte in China

In einem der nächsten Dörfer wird der allgegenwärtige Reis durch Bast abgelöst. Kaum eine Garage, in der nicht ein Webstuhl steht und Bastmatten produziert werden. In China sind Bastmatten noch immer die häufigste Schlafunterlage.

So langsam wird die Hitze unerträglich. In der Wüste war es heißer, aber auch trockener. Die feuchte Hitze hier macht mir viel mehr zu schaffen. Ich stehe immer früher auf, da vor 9 Uhr die beste Zeit zum Radfahren ist. Als ich heute Morgen um 5 Uhr das Licht anmache, scheuche ich eine Ratte auf.

Je näher ich Guilin komme, desto häufiger kommen die spitzen, zuckerhutartigen Karstberge. Es wird immer heißer und die Abstände zwischen den Trinkpausen werden immer kürzer. Nachdem ich für zehn Kilometer zweieinhalb Stunden gebraucht habe, beschließe ich, es ist an der Zeit, dem Ganzen ein Ende zu setzen. Der öffentliche Transport in dieser Gegend ist sehr gut. Ich halte einen kleinen Bus an. Zum Vergnügen aller Insassen nimmt er mich mit. Fahrrad und Taschen werden schnell zwischen Autoreifen und riesigen Marktkörben verstaut. Die Frage, die mir gestellt wird, verstehe ich natürlich nicht, aber was soll man sonst fragen, wenn man in einen Bus einsteigt, als „Wohin wollen Sie?". Ich zeige einfach auf meiner Landkarte mit dem Finger auf die nächste Stadt. Das war Xing'an und das soll sich als wahrer Glückstreffer herausstellen. Sie ist die erste Touristenstadt und wunderschön. Dank meiner Busfahrt ist es noch hell, als ich in der Stadt ankomme. Souvenir- und Essensstände sind für Touristen hergerichtet. Wie es aussieht bin ich allerdings die einzige Ausländerin. In der historischen Altstadt am Kanal sehe ich Chinesinnen beim Malen zu. Das Bild zeigt das bekannte Motiv „Tiger im Bambus".

Ich stelle fest, dass an meinem Arm, wo die Kruste vom Sturz in der Wüste Gobi schon vom Ellenbogen gefallen war und neue zarte Haut sich gebildet hatte, jetzt eine Brandblase prangt. Das muss von der Sonne kommen, anders kann ich mir es nicht erklären.

Noch vor der Mittagszeit und der großen Hitze komme ich heute in Guilin, der bekanntesten Touristenstadt in China am Fluss Li an. Auf dem Fluss liegen viele Bambusflöße, am Rand stehen mehrstöckige Pagoden und in der Ferne sieht man die Karstfelsen. Die Stadt macht ihrem Ruhm alle Ehre – sie ist einmalig. Guilin ist eine Universitätsstadt mit vielen Fahrrädern, für die es

Li-Fluss mit Karstbergen bei Yanshou

kostenpflichtige Parkplätze gibt. Nur die Verantwortung für mein bepacktes Fahrrad möchte kein Parkwächter übernehmen. Was mich fasziniert, sind die Hosen der kleinen Kinder. In diesen Kleidungsstücken befinden sich Löcher, sodass man den ganzen Hintern sieht. Die Gefahr, in die Hose zu machen, ist somit auch ohne Windeln gering. Bei den Temperaturen über vierzig Grad ist das sicher sehr angenehm.

Bis Yanshou sind die meisten Straßenschilder zweisprachig, also auf Chinesisch und Englisch, was auch als Zeichen gewertet werden kann, dass ich nicht die erste Touristin sein kann, die hier entlang fährt. Es ist auch bisher die schönste Strecke in China. Yangshou ist nicht so nach meinem Geschmack. Vor lauter Souvenirständen sieht man kaum den Li-Fluss. Auf einmal sind viele ausländische Touristen um mich herum. Sie müssen eingeflogen worden sein, denn seit Peking habe ich keine Europäer mehr gesehen.

Weiter geht es den Li-Fluss entlang Richtung Süden nach Lipu. Überall werden Bambusfloßfahrten und Höhlenbesichtigungen angeboten. Mit den Fahrrädern, die man in Yangshou mieten kann, fährt man scheinbar auch nur in diese Richtung. Bei einem Stopp an einem Laden, um Wasser zu kaufen, sehe ich zufällig die Zieleinfahrt und den Sieg von Sabine Spitz beim olympischen Mountainbike-Rennen. Das freut mich riesig. Auf die Frage der Ladeninhaberin, woher ich denn komme, kann ich nun sagen: aus Deutschland, wie Sabine Spitz. So schnell hat das noch kaum jemand kapiert.

Die Hitze wird vom Regen abgelöst. Ich bin richtig froh, denn mein Hitzeausschlag in den Kniekehlen verschwindet langsam. Dafür habe ich die ganze Zeit eine aufgequollene Haut, da ich ständig nasse Füße und Hände habe.

Am Abend finde ich in Liuzhou ein Hotel gleich neben einem Internetcafé. Internet gibt es hier an jeder Ecke sehr günstig. Da ich nichts anderes zu tun habe, lese ich meine E-Mails und interessante Artikel über die Olympiade auf „Spiegel Online". Normalerweise lösche ich immer alle Cookies, den Verlauf und die temporären Dateien und starte den Computer nochmals neu, bevor ich gehe. Ausgerechnet hier vergesse ich es. Ich bin gerade etwa eine halbe Stunde wieder in meinem Hotelzimmer, es ist schon spät und ich möchte eigentlich schlafen, klopft es an meine Tür – Polizei: „Passport, Visa". Das erste Mal seit Peking muss ich meinen Pass zeigen und da man ihn mit all den Visa nicht gut fotografieren kann, muss ich zum Kopieren mitkommen. Ich bin mir sicher, das hat mit meinem Besuch im Internet zu tun. Muss ich wieder Verfolgungswahn bekommen?

Bis ich wieder zurück im Hotel bin, ist die Abschlussfeier der Olympiade fast vorbei. Bei dieser Überwachung wundert es mich nicht, dass sie sehr schnell Blogger festnehmen können. Nicht nur aus Zeitgründen schreibe ich hier keine neuen Blogbeiträge.

In China sieht man sehr viele alte Leute, oder sie sehen wenigstens sehr alt aus – hauptsächlich Frauen. Wegen der lebenslangen Arbeit auf den Reisfeldern laufen sie sehr gebeugt. Meistens passen sie auf das eine Kind auf, während die Eltern arbeiten. Es gibt insgesamt zweiundfünfzig verschiedene Minderheiten. Wenn man zu einer von ihnen gehört, darf man zwei Kinder haben. Oder aber man bekommt zuerst ein Mädchen, dann darf man sein Glück mit dem Nachwuchs noch einmal probieren. Mich erstaunt, dass alle das so hinnehmen.

Meinem Arm geht es noch nicht besser, meist muss ich einhändig fahren. Da die Chinesen sehr gut in der Schmerztherapie sind, lasse ich mich in einem Dorf versorgen und bekomme große Pflaster auf dem eine grüne Paste, ein Heilmittel, verteilt ist.

Wie gerne würde ich auch einfach einmal ausschlafen! So lange ich in China bin, ist es allerdings besser, sehr früh aufzustehen, denn es wird am Tag gnadenlos heiß. Die Straßen werden immer schlechter. Nur noch Baustellen, das heißt Sand, Steine und Kies, wie man es eigentlich nicht von China kennt. Es gibt viele Anlässe, um ein paar Flüche loszuwerden. Auch der Verkehr ist so schlimm, dass ich völlig entnervt in Binyang ankomme. Das ist keine gute Voraussetzung, um mich mit meiner Gastgeberin Cherry zu treffen. Aber als sie mit dem Fahrrad angefahren kommt, lässt ihre sehr nette, natürliche, junge und burschikose Art meine schlechte Laune schnell verfliegen. Ihr Vater ist Staatsanwalt oder vielleicht auch Strafverteidiger, so genau habe ich das nicht verstanden. Sie wohnen in einem Polizeighetto, in einer wunderschönen großen Wohnung. Endlich kann ich mal wieder ausgiebig duschen und meine Kleider kommen sofort in die Waschmaschine. Da sie auch zu einer der Minderheiten gehören, hat sie noch einen kleinen Bruder. Für ihre Eltern bin ich die erste Ausländerin, die sie sehen. Mir zu Ehren wird ein typisch chinesisches Mahl serviert. Wie das Angebotene heißt, habe ich nicht verstanden. Die Schildkrötensuppe lehne ich aber gleich ab, Reis und Gemüse sind mir viel lieber. Dazu gibt es eine Art Wein, der selbst angesetzt ist. Als Geschäftsmann oder auch -frau muss man hier trinken können, ansonsten wird man nicht ernst genommen. Ich muss da aber nicht mithalten. Die Mutter spricht ein paar Worte Englisch. Sie möchte, dass ihr Sohn, gerade einmal zehn Jahre alt, in den USA studiert, darum lernt sie mit ihm jeden Tag fünf Wörter. Ich konnte mir die Frage nicht verkneifen, was ist, wenn er überhaupt nicht studieren will? Solche Fragen kommen hier nicht auf. Kein Wunder, dass ein solches Volk von Fleiß, Gehorsam und Disziplin bei den olympischen Spielen so erfolgreich ist. Cherry darf „nur" in Australien studieren, zwei Kinder in den USA studieren zu lassen, wäre zu teuer. Für sie ist es selbstverständlich, dass dann ihr Bruder in den USA studiert.

Danach geht es in die Stadt. Für einen Dienstagabend ist es ein reges Nachtleben. Es gibt Tanz und Karaoke. Auch Cherry singt für mich ein Lied über Sehnsucht und Liebe, da hat sie keine Hemmungen. In einem anderen Stadtteil wird gegessen. Hier ist es kein „Fressgässchen" wie in mancher deutschen Stadt, sondern eine richtige „Fress-Straße"! An vielen Ständen kann man aber auch Sachen bekommen, die man lieber nicht einmal genauer ansehen möchte. Die Provinz Guangxi ist ein autonomes Gebiet, in dem die Leute alles essen, was fliegt, auf Erden ist oder im Wasser. Hier wird meine Vermutung bestätigt, warum China das einzige Land ist, in dem mir keine Hunde hinterher rennen. Nach den Eindrücken auf dem Markt habe ich sehr wirre Träume.

Zum Frühstück kommen die angenehmere essbaren Dinge zum Vorschein, die die Gegend zu bieten hat: viel Obst, Bananen, Melonen und Litschis. Mit Polizeieskorte werde ich aus der Stadt geleitet. An einer Stelle, die eigentlich für Radfahrer verboten ist, verabschieden wir uns. Der Vater versichert mir, dass ich da ruhig fahren darf. Also, wenn ein Staatsanwalt das meint! Außerdem kommen auch hier ein paar Radfahrer angeradelt. Da es parallel noch einen Express Highway gibt, ist die Strecke schön ruhig.

In Nanning, der nächsten größeren Stadt wird es wieder so richtig heiß. „Why don't you take a taxi?" werde ich wieder gefragt. In einer Straße, an der sich ein Elektrobike-Shop an den anderen reiht, setze ich mich in den Schatten und habe gleich eine amüsante Unterhaltung mit einem Verkäufer. Wie fast alle Menschen kann auch er nicht verstehen, dass es Spaß macht, mit dem Fahrrad durch China zu fahren. Hier tritt kaum jemand mehr selbst in die Pedale. Die Elektroräder sind zumindest für unsere Verhältnisse mit gerade einmal zweihundert Euro sehr günstig. Allerdings hat die Batterie nur eine Reichweite von fünfzig Kilometern. Da ist meine Beinmuskulatur besser.

In Pingxing, der Grenzstadt, habe ich etwas Zeit, meine letzten Yuáns zu verprassen. Nach den schlechten Unterkünften der letzten Nächte, gönne ich mir mal wieder ein besseres Hotel. Kaum dort angekommen, geht ein Hagelschauer nieder. Ich gehe einkaufen und gönne mir eine chinesische Massage. Die ist allerdings kein Vergnügen, denn ich habe das Gefühl, der Masseur trampelt mir mit seinen Füßen auf dem Rücken herum. Mit tut alles weh.

Am nächsten Tag ist davon nichts mehr zu spüren, im Gegenteil, ich fühle mich richtig entspannt. Die letzten Kilometer bis zur Grenze sind ein Vergnügen: eine wunderbare Straße und kein Verkehr. Das ist der schönste Grenzübergang, den ich bisher passiere. Er ist wunderschön in den Bergen gelegen. Ganz im Norden Vietnams kann ich nicht über die Grenze, da die Straßen aufgrund von Überschwemmungen und Erdrutschen gesperrt sind. So fahre ich jetzt durch das wundervolle „Friendships-Gate", wie sie die Grenze hier nennen. Es geht ganz malerisch durch einen Regenbogen. So schnell war ich noch nie durch die Kontrollen, keine einzige Tasche wird inspiziert und offenbar bin ich auch die einzige, die hier die Grenze passieren will. Ich kann praktisch durchradeln. Ich freue mich immer, wenn ich in ein neues Land komme, aber ich habe mich noch nie so gefreut, endlich ein Land verlassen zu können. Eigentlich schade, weil China trotzdem faszinierend ist, aber die Leute gehören hier nicht zu den freundlichsten, die mir seit Beginn meiner Reise begegnet sind. Es gibt aber sehr erfreuliche Ausnahmen, für die es sich dennoch lohnt.

Genussradeln in Vietnam

Nach einer Fahrt von 15.915 Kilometern bin ich in Vietnam. Nach dem Stress in China ist hier jetzt erst einmal Ruhe angesagt, denn auch meine Hand hat es verdient. In der nächsten Stadt nehme ich mir gleich ein Hotel und schlafe. Der größte und wichtigste Unterschied zu China ist die Schrift: Endlich kann ich alles wieder lesen, auch wenn ich es nicht unbedingt verstehe. Das Erbe der Franzosen zeigt sich auch in Baguette und erstaunlich vielen Peugeot-

Fahrrädern. Und ich sollte mich schnell daran gewöhnen, dass viele Vietnamesen mich einfach nur hemmungslos anstarren und betatschen möchten.

Je mehr ich mich Hanoi nähere, desto stärker wird der Verkehr, allerdings nicht durch Autos, sondern durch Mopeds. Vor allem „Honda Dream". Zuerst fahre ich auf einer Nebenstraße durch Dörfer. Heerscharen von Mopeds kommen mir entgegen oder überholen mich. Wenn dann noch ein Bus kommt, ist es nur ein einziges Gehupe. Da wechsle ich doch lieber zum vierspurigen Highway, denn dort habe ich den breiten Seitenstreifen für mich. Es gibt kaum Mopeds und schon gar keine Fahrräder, nur ein paar LKWs und wenige Busse. Das kann ich bis zu den Vororten von Hanoi auskosten, dann wird es aber wieder kriminell. Kaum zu glauben, durch welch enge Gässchen die Motorroller rasen, und ich daneben mit meinem voll beladenen Fahrrad. In der Altstadt kann ich es nirgends abstellen. In einem Reisebüro finde ich einen Stadtplan und verlasse die Innenstadt in Richtung des Treffpunkts mit meinem Gastgeber am West-Lake. Es ist noch viel zu früh, aber vielleicht finde ich dort ein ruhiges Plätzchen. Plötzlich hält ein Motorrad neben mir. Es ist Holger aus Deutschland, der hier mit seiner Frau lebt. Beide arbeiten für die GTZ (jetzt GIZ: Gesellschaft für internationale Zusammenarbeit). Er gibt mir gleich seine Adresse und lädt mich zum Kaffee ein.
Sie haben ein wunderschönes Haus fast direkt am See. Im ruhigen, kühlen Schatten bekomme ich einen echten Cappuccino (ich weiß schon gar nicht mehr, wie man das richtig schreibt), eine gekühlte Kokosnuss und mein erstes Brot mit Camembert seit ich unterwegs bin. So vergeht die Zeit wie im Flug, bis zum Treffen mit Edwin, meinem eigentlichen Gastgeber. Er ist Holländer und Lehrer an der Internationalen Schule. Auch er hat ein schönes Haus, mit toller Dachterrasse, wo es als erstes ein kühles Bier gibt. Meine Hand macht mir immer noch Probleme, ich sollte ein Weilchen hier bleiben. Edwin ist zwar nett, aber länger als drei Nächte bleibe ich selten bei einer Einladung. Da er zudem außerhalb wohnt, ist es besser, gleich eine Bleibe in der Stadt zu suchen.
Langsam reift mein Plan, wie ich ab hier weiterfahren werde: Zuerst nach Osten ans Meer, auf die Insel Cát Bà in der Halong-Bay und dann zurück nach Hanoi. Später geht es nach Westen in die Berge, dann in den Süden bis Kambodscha im Mekong-Delta und schließlich nach Laos im Norden und von dort aus weiter nach Thailand.

Die Prozedur für das Kambodscha-Visum ist eine wahre Freude. So schnell und einfach hatte ich noch nie ein Visum ausgestellt bekommen. Ein paar Stunden nach dem Antrag kann ich es abholen. Das Laos-Visum ist auch unproblematisch, dauert aber einen Tag. Ein geniales Gefühl, eine richtige Erleichterung, denn es sieht so aus, als hätte ich in der nächsten Zeit keine Probleme mit Visa mehr.

Hanoi ist sehr interessant und gefällt mir mit seinen engen Gässchen, schönen Fassaden, vielen Märkten, Seen und Tempeln. Es gibt aber definitiv zu viele Mopeds und Mototaxis, aber auch sonst noch recht viel, was man Touristen anbieten kann. Überall und an jeder Ecke heißt es „Madame Moto", „Madame dies, Madame das" ... nur, wenn ich mit dem Fahrrad durchdüse, habe ich meine Ruhe.

Bevor ich Hanoi wieder verlasse, möchte ich unbedingt zum Zahnarzt, um das, was ich in der Wüste Gobi gelassen hatte, endlich zu ersetzen. In meinem Hostel in der Altstadt von Hanoi kann man mir einen sehr guten Zahnarzt empfehlen. Ich erwische ihn in seiner Mittagspause. Er ist der wahre Glückstreffer, spricht sehr gut Englisch und Französisch und hat in Paris studiert. Sofort zieht er sich um und behandelt mich. Ich habe keine Zahnfüllung, sondern eine Krone verloren. Nachdem er den Abdruck gemacht hat, bringt er ihn gleich ins Labor. Am Mittag des nächsten Tages statte ich ihm wieder einen Besuch ab. Mit größter Präzision setzt er mir die Porzellankrone ein, für die er am Tag zuvor erst den Abdruck gemacht hatte. Eine ganze Stunde bohrt und feilt er, bis sie prima sitzt. Ich kann gar nicht sagen, wie dankbar ich ihm bin. Ich hoffe, nun habe ich den Rest der Reise Ruhe mit meinen Zähnen. Die ganze Behandlung hat 65 US-Dollar gekostet und fand innerhalb eines Tages statt!

Am Nachmittag erlebe ich noch etwas Kultur in Form eines Wasserpuppentheaters. Es ist zwar alles auf Vietnamesisch, man versteht aber trotzdem ganz gut, worum es geht. Begleitet von einem vietnamesischen Orchester werden verschiedene Szenen aus dem Alltag der Fischer, aber auch Drachenkämpfe gezeigt.

Am Abend verfasse ich meinen Blogeintrag über China. Es tut richtig gut, mir alles von der Seele zu schreiben.

Eigentlich sollten zwei Päckchen für mich auf dem Postamt sein. Sie sind entweder wirklich nicht da, oder aber sie können dort einfach nicht gefunden

Fischerboot und Kalkfelsen in der Halong-Bay, Vietnam

werden. Nachdem ich mir ein Schmerzgel besorgt habe, verlasse ich trotz-dem vorerst die Stadt. Mittlerweile schmerzt nicht nur die Hand, sondern der ganze Arm.

Die Strecke von Hanoi bis zum Hafen Haiphong in der Halong Bay ist pott-hässlich – zu viel Verkehr und Industrie. Die hundert Kilometer sind zum Glück eben, ich kann sie schnell hinter mich bringen. Dann geht es auf die Fähre und endlich in den Urlaub auf Cát Bà. Gleich am Hafen werden mir äußerst günstige Hotels angeboten, denn es ist gerade keine Hauptsaison. Ich entscheide mich für ein wunderschönes Zimmer mit Balkon direkt zum Hafen. Genau das Richtige, um Urlaub zu machen. Die Erholung kann begin-nen und zuerst geht es an den Strand. Welche Freude, diese Bucht und das Wasser! Ganz im Gegensatz zu dem, was mir erzählt wurde, gibt es keine Plastikflaschen oder sonstige Verschmutzungen. Eine schöne ruhige Bucht. Das Wasser ist prima zum Schwimmen geeignet, nicht zu kalt, nicht zu warm auch nicht wellig und tief. Der Anteil brauner Haut beschränkt sich, wie bei jeder Fahrradfahrerin, auf Teile der Extremitäten. Der andere, vorher noch weiße Teil ist jetzt weitgehend rot – ein prima Anblick. Zum Glück gibt es nicht viele Spiegel.

So richtig auf Touristenart mache ich eine Halbtagestour. Ich bin zu faul, selbst etwas zu planen. Am Nachmittag geht es zuerst mit dem Moped zu einem kleinen Hafen. Die Bootsfahrt zur Affeninsel durch die vielen Kalkfelsen ist einmalig. Auf der Insel sind einige aggressive Affen und einige Touristen. Warum verstehen die Leute nicht, dass sie den Tieren keinen Gefallen tun, wenn sie sie füttern? Einer der Jungs wird gleich gebissen. Ich bin froh, gleich auch ein Kajak mitgebucht zu haben. Ich kann aufs Meer und um die Kalkfelsen paddeln, wo es schön ruhig ist. Nur meiner Hand gefällt diese Aktion überhaupt nicht. Nach zwei Stunden geht es wieder zurück. Selbst ich kann mich sehr schnell an das Nichtstun gewöhnen. Da die Insel so klein ist, habe ich sie zügig erkundet. Das Naturschutzgebiet ist ein richtiger kleiner Dschungel, mit vielen bunten Pflanzen, Schmetterlingen und Vögeln. Obwohl mich die Moskitos bald vertreiben (ich habe mein Spray vergessen), konnte ich alles sehen.

Nur sehr früh am Morgen geht die einzige „normale" Fähre. Später sind es nur noch Schnellboote, die keine Fahrräder mitnehmen. Das heißt für mich, ich muss sehr früh raus, aber dafür ist dann auch noch nichts los. Da die Fahrt von Hanoi nach Haiphong nicht gerade berauschend war, nehme ich den Zug. Ich muss eine Strecke auch nicht zweimal gefahren sein. Gleich nachdem ich in einem Hotel in Hanoi eingecheckt habe, ist mein erster Gang zum Postoffice, meine Päckchen sollten ja nun wirklich langsam da sein. Sind sie aber nicht! Das kann nicht sein! Eigentlich will ich ein lieber Mensch sein, aber leider muss ich manchmal zu anderen Mitteln greifen und so mache ich ganz schön Rabatz.

Am letzten Tag in Hanoi steht wieder Kultur auf dem Programm: der Tempel für Literatur. Dieser uralte konfuzianische Gebäudekomplex aus dem Jahr 1070 ist eigentlich gar kein Tempel, sondern eine Akademie, trotzdem ist sie Haupttheiligtum von Vietnam – merkwürdig. Hier wurde bis 1915 die männliche Elite ausgebildet. Für mich ist der Ort eine Oase der Ruhe inmitten der hektischen Stadt. Er ist in fünf Höfe unterteilt. Je nach Standeszugehörigkeit hat man Zugang durch die Tore mit den bildhaften Namen „Tor des Erworbenen Talents (Dat Tai Mon)" und „Tor der Gewonnenen Tugend (Thanh Duc Mon)". Durch das „Tor des großen Erfolgs" kommt man in den vierten Innenhof, dem Tempelbereich mit einem großen, bombastischen Konfuzius-

Tempel. Hier spielt eine Vietnamesische Musikgruppe auf mir bisher unbekannten Instrumenten, zum Beispiel auf dem Monochord „Dan Bao". Eine
Saite ist über einen länglichen Resonanzkörper gespannt und an einem senk-
rechten Stab befestigt. Je nachdem, wo man die Saite zupft oder wie stark der
Stab gebogen wird, entsteht ein anderer Klang. Das andere Instrument, ein
„Klong put", sieht aus wie ein Bambusröhren-Xylophon, nur wird nicht auf
die Röhren geschlagen, sondern vor der Rohröffnung geklatscht und mit dem
erzeugten Luftstrom ein Ton erzeugt. Diese traditionelle Musik gefällt mir
sehr gut, sie hat etwas Beruhigendes. Am Ho Chi Minh Tempel komme ich
auch vorbei, nur hat die Mumie gerade Mittagspause.

Am Nachmittag steht dann der übliche Gang zum Postamt an. Ich weiß nicht,
wie oft ich dort schon war. Mittlerweile kennen sie mich schon. Zuerst heißt
es wieder, die Päckchen sind nicht da. Ich erkläre ihnen, dass ich morgen
Hanoi verlasse und in einem der Päckchen Medikamente sind, die ich unbedingt brauche. Schließlich habe ich eine der Damen soweit, dass sie mal in
den vielen Säcken, die da herumstehen, nachschaut. Tatsächlich habe ich
nach zwanzig Minuten das Päckchen von Kathrin, das andere von Manu
ist leider weiterhin unauffindbar, aber das ist auch nicht ganz so dringend.
Kathrin hat mir mein Kontaktlinsenmittel geschickt, das ich in ganz Asien
nicht finden konnte.

Dank der Marktfrauen unter meinem Hotelfenster wache ich am nächsten Tag wieder sehr früh auf. Mit dem guten Gefühl, wieder einen Plan,
der sicherlich noch ein paarmal verändert wird, und Visa für die nächsten
Monate zu haben, verlasse ich Hanoi. Mittlerweile kann ich durch die Altstadt
radeln, ohne absteigen zu müssen. Der Verkehr auf den größeren Straßen ist
der pure Wahnsinn. PKWs gibt es kaum, dafür Millionen von Rollern. Es
erinnert mich an einen Massenstart beim Marathon, wenn die Ampel grün
wird. Wehe, die Kreuzung hat keine Ampel, dann ist nur noch Chaos angesagt. Nicht einmal ein Schutzmann mit seiner Pfeife kann da noch durchgrei-
fen. Erst nach vierzig Kilometern beruhigt es sich etwas. Ich fahre Richtung
Südwesten. Das Bergdorf Mai Chau in circa 135 Kilometern Entfernung ist
mein Ziel. Es ist so bergig, dass ich erst am nächsten Tag ankomme, aber
ich genieße es, wieder auf dem Land zu sein. Ein Unterschied zu China fällt
auf: Hier werde ich gegrüßt, dort haben sie nicht einmal zurückgewunken.

Die chinesischen Kinder, wenn es sie überhaupt gab, standen apathisch am Straßenrand. Hier ist es ein ewiges Hallo. Um die Mittagszeit bin ich endlich glücklich in Mai Chau. Sofort bekomme ich viele Kärtchen, auf denen Übernachtungen in Pfahlhäusern angeboten werden. Einem der Kärtchen verteilenden Burschen folge ich zum Lac Bac. Fast an jedem Haus hängen Tücher, Taschen oder andere in Handarbeit gefertigte Souvenirs.

Meine Pfahlhütte ist sehr einfach, aber dafür genial. Es ist die schönste Schlafstätte auf meiner bisherigen Reise. Einfach eine dünne Matte auf den Fußboden, Moskitonetz darüber, fertig. Rundherum sind Fenster ohne Glas, aber mit wunderschönem Blick auf die Berge, Palmen und Teiche. Anstatt der Hupen der Busse oder Mopeds, höre ich hier nur Zikaden und quakende Frösche. Am Ende des Dorfes treffe ich drei Elsässer, mit einer Flasche Elsässer Riesling. Ich bin leider zu spät, die Flasche ist schon leer. Wie es sich für Elsässer und gute Weintrinker gehört, habe sie ihren Wein von Zuhause mitgebracht. Wir verabreden uns zum Abendessen. Das ist der Vorteil von Touristenorten, man trifft andere Reisende und hat sehr viel Unterhaltung. Dann fängt es wieder an zu regnen und zu stürmen. Ich beobachte die Palmen und wie sie sich im Winde wiegen. Um 18 Uhr bekomme ich in meiner Unterkunft das Essen serviert: Reis mit Ei, Gemüse und Huhn. Es ist so viel, aber auch so gut, dass ich alles wegputze. Verständlich, dass es mir danach nicht mehr so gut geht, denn ich kann mich kaum mehr bewegen. Trotzdem habe ich ja noch meine Verabredung mit den Elsässern. Ich bekomme beim besten Willen nichts mehr hinunter, außer natürlich den Wein, aber keinen elsässischen, sondern vietnamesischen Rebensaft.

Am nächsten Morgen habe ich schon das Fahrrad gepackt, überlege aber immer noch, ob ich nicht doch noch eine Nacht bleiben soll. Hier ist es so schön ruhig und man kann gut schreiben. Aber mich zieht es wie so oft doch weiter. Hier zu bleiben, wäre nur noch für ein paar Stunden interessant, wenn ich jedoch weiterfahre, wird der ganze Tag interessant. Die Strecke ist wunderschön, und es wird nach der Mongolei mein schönster Tag. Die Straße ist für den starken Verkehr viel zu schmal, es passt gerade ein Auto darauf. Überall Kinder, die mir zuwinken, ich habe das Gefühl, alleine meine Anwesenheit und dass ich hier fahre, bereitet ihnen die größte Freude. Auch die Erwachsenen lachen mir entgegen, wie kann ich hier schlechter Laune sein?

Anders als in Mai Chau gibt es hier überhaupt keine Touristen, und das Leben ist noch viel traditioneller. Haben die Frauen in Mai Chau hauptsächlich die „Vietnamesische Uniform" (eine Art Schlafanzug) an, ist es hier mehr die alte, bunte und lange Tracht, dazu die dunkelrot gefärbten Lippen und Zähne. Jedem Land seine Droge. Hier kauen in erster Linie die Frauen Betelnüsse. Männer sehe ich damit nicht, sie rauchen wohl lieber ihre Bambuspfeife. Ansonsten überschlägt sich hier die Vegetation. Alles ist grün über grün. Am späten Nachmittag werde ich von einem Gewitter und einem tropischen Regenschauer, durch welchen die ganze Straße in wenigen Minuten unter Wasser gesetzt wird, ausgebremst. Die zwanzig Kilometer bis zum nächsten Ort sind vor der Dunkelheit nicht mehr zu schaffen. Denn die kommt hier jetzt sehr früh und schnell. Und wenn es hier dunkel ist, dann ist es hier wirklich dunkel, richtig zappenduster. In einem überdachten Hauseingang suche ich Zuflucht. Ein sehr magerer, krank aussehender älterer Mann erlaubt mir nicht nur mich unterzustellen, sondern zeigt auch sofort in dem einzigen Raum auf das Bett in der Ecke, wo ich schlafen kann. Bett bedeutet hier einfach ein Bettgestell mit Bambusrost oder Strohmatte, vielleicht noch mit ein paar Kissen. Tagsüber wird es von Kindern und Erwachsenen für ein Nickerchen benutzt. Mit dem Mann ist kaum Konversation möglich. Seine Frau ist fröhlicher, aufgeschlossener, da geht es mit dem Handzeichenspiel viel leichter. Im Haus gibt es zwei Altäre für zwei verschiedene Götter, jeder Gott bekommt die Hälfte einer Packung Kekse und eine Kerze. Auch an den Tempeln sieht man, dass man den Göttern sehr viel Essen opfert. Dann gibt es auch für uns etwas zu essen: Reis, Gemüse und Fleisch. Auf das Fleisch verzichte ich jedoch lieber. Der Mann und seine Frau gehen sehr früh in ihrem „Zimmer" hinter dem Schrank schlafen. Auch ich bin sehr müde.

Am nächsten Morgen gegen 3 Uhr geht es los. Ständig läuft jemand an meinem Bett vorbei. Im Hof werden Pumpen oder so etwas Ähnliches angestellt. Das Ganze bekomme ich nur im Halbschlaf mit, denn 3 Uhr ist definitiv zu früh für mich. Um 6 Uhr stehe ich dann aber auch auf und gehe in den Hof. Nicht schlecht staune ich, was ich da zu sehen bekomme. Stapelweise steht der frische Tofu schon bereit. Dieses Gerät, das um 3 Uhr angestellt wurde, ist keine Pumpe, sondern eine Mühle für Sojabohnen. Die gemahlenen Bohnen werden in Etappen auf dem Feuer mit Wasser und für mich undefinierbaren anderen Zutaten gekocht, dann in einer Holzkiste gepresst, nach einiger Zeit wieder herausgeholt und in Blöcke geschnitten. Zum Frühstück gibt es frische Sojamilch. Einfach lecker, nicht zu vergleichen, mit dem, was es in Deutschland zu kaufen gibt. Bald darauf kommen ständig Frauen, die große Mengen von Tofu oder Sojamilch kaufen, um es später auf dem Markt zu verkaufen.

Von mir abgesehen, sind nur Schulkinder unterwegs, die einen Spaß daran haben, mit mir ein Wettrennen zu fahren. Ich weiß nicht, wie hier die Schulzeiten sind, aber die Schüler mit ihren langen weißen Hemden sind immer unterwegs. Ebenso wenig weiß ich, wie weit sie täglich fahren müssen, denn sie begleiten mich mit ihrem Gelächter immer über mehrere Kilometer. Das Zuwinken kann ich gut zum Ausschütteln der Hände benutzen. Vielleicht wird es deshalb mit meiner Hand immer besser.

Dann komme ich auf den Ho Chi Minh Highway. Diese Straße ist noch sehr neu und unbekannt. Außer mir sind auch hier hauptsächlich Schulkinder und radfahrende Händler unterwegs.
Sehr häufig komme ich an gut besuchten Internet Cafés vorbei. In jedem Dorf gibt es mindestens einen Schuppen, in dem ein paar PCs stehen. Das Durchschnittsalter der Nutzer schätze ich auf zwölf bis vierzehn Jahre. Zu neunzig

Radelnde Händlerinnen auf dem Ho Chi Minh Highway, Vietnam

Prozent spielen sie, in der restlichen Zeit wird gechattet. Ungefähr ebenso neunzig Prozent der Kinder sind Jungs. Mädchen sind selten anzutreffen. Die E-Mail ist offenbar, wie ich selbst, total veraltet. Kein Wunder, dass jeder mir über die Schulter schaut, wenn ich mich hier hinter einen PC setze. Mit der Privatsphäre nehmen sie es auch sonst nicht so genau. Beispielsweise ist weiße Haut das Schönheitsideal – je weißer, desto besser. Meine braunen Arme und Beine finden sie ganz hässlich, rümpfen die Nase und müssen mich natürlich auch betatschen.

Bei Tan Ap verlasse ich den Ho Chi Minh Highway und fahre quer nach Osten auf dem Highway 1. Das ist eine der genialsten Strecken, wunderschön und sehr anstrengend. Wieder einmal herrscht eine große Diskrepanz zwischen meiner Karte und der Wirklichkeit.

Ich vertraue darauf, dass es die richtige Strecke ist, selbst als der Teer auf einmal aufhört und es im Geröll und Dreck steil bergauf geht. Straßenarbeiter helfen mir, mein Fahrrad hochzuschieben. Die Strecke der neuen Straße ist schon auf der anderen Seite des Berges sichtbar. In ein paar Monaten werden den Radlern nach mir diese Strapazen erspart bleiben, aber auch der schönste Teil der Strecke. Die Landschaft gleicht einem Film über Vietnam – mitten durch den Dschungel mit wunderschönen Pflanzen. Ab und zu kommt mir ein Moped entgegen, was mich auf solchen Strecken schon sehr beruhigt.

Es geht durch den Ke Bang Nationalpark. Seit 2003 ist er Weltkulturerbe. Da wird natürlich kräftig investiert und neue Straßen werden gebaut. Die Stätten des Weltkulturerbes sind die besten Touristenattraktionen. Die größte Höhle der Welt namens Hang Son Doong befindet sich ebenfalls hier, ist aber für die Öffentlichkeit nicht zugänglich. Die Landschaft mit den Karstfelsen entlang des Rado Nay Flusses ist wunderbar.

Bei Dong Hoi komme ich das erste Mal seit Hanoi wieder auf den gefürchteten Highway 1. Hier finde ich ihn gar nicht so schlimm. Zwischen 11 und 14 Uhr hängen die meisten Menschen ohnehin in ihrer Hängematte. Für mich hat das den Vorteil, wieder kalte Getränke und Süßes bekommen zu können. Der Highway hat einen schönen, breiten Seitenstreifen. Nicht jeder Busfahrer findet es deswegen nötig zu hupen, bevor er mich überholt. Immer wieder regnet es leicht. Ob die Luftfeuchtigkeit bei achtzig oder hundert Prozent liegt, spielt keine Rolle, denn nass bin ich sowieso.

Dong Hoi ist jetzt wieder eine sehr schöne Stadt, als Grenzstadt zu Nordvietnam hat es aber schon ganz andere Zeiten gesehen.

Wieder auf dem Ho Chi Minh Highway geht es nach Ben Quan. Es ist sehr wenig bevölkert, und ich muss genau hinschauen, um hinter den Büschen die Hütten und somit etwas Trinkbares zu finden. Diese Stadt war die Nordgrenze der „entmilitarisierten Zone". Sie liegt am einstigen Grenzfluss Ben Hai, der Nord- und Südvietnam bis 1976 trennte.

Es ist Sonntag als ich wieder auf den Highway 1 komme. Er ist voll von Lastwagen. Je weiter ich reise und je mehr ich sehe, denke ich, dass so etwas wie ein Wochenende sich nur die westlichen Industrieländer leisten können. Im Rest der Welt wird sieben Tage die Woche gearbeitet. Das Christentum hat schon was für sich: „Am 7. Tage sollst Du ruhen!"

Gleich im Norden des ehemaligen Südvietnams liegt Hue, die ehemalige Hauptstadt Vietnams, am Parfümfluss. Auch hier gibt es wieder ein Weltkulturerbe zu sehen: die Zitadelle der verbotenen Stadt. Gerade einmal zweihundert Jahre alt, wurde sie immer wieder zerstört. Sie ist trotzdem beeindruckend mit all den Palästen und Tempeln.

Nach Hue zeigen sich viele Flüsse und Seen. Kinder hüten Wasserbüffel und freuen sich, wenn ich ihnen zuwinke und ihnen meine Wasserflaschen schenke. Bisher habe ich noch keinen Schulbus gesehen, alle Kinder fahren Fahrrad. Man kann sich vorstellen, was dann nach Schulschluss auf den Straßen los ist.

Nun kommen zwei Pässe, die nicht einmal zwei Kilometer lang sind, aber zweihundert Höhenmeter überwinden. Ich nehme sie nicht sehr ernst. Dann kommt aber der Hai Van Pass. Als ich hundert Höhenmeter hinter mir habe, merke ich, dass es noch nicht das Ende ist. Ich denke, wenn es zweihundert Höhenmeter sind, dann habe ich eine längere Abfahrt. Zum Glück ist es bedeckt und somit nicht so heiß. Hinter jeder Kurve merke ich, das Ende ist noch weit entfernt. Außer mir ist niemand mit dem Fahrrad unterwegs. Busse und LKWs fahren durch den Tunnel, der für zweirädrige Fahrzeuge gesperrt ist. So sind nur Mopeds und zwei bis drei Touristenbusse unterwegs, was das Ganze sehr erträglich macht. Nach acht Kilometern ist dann doch ein Ende in Sicht. Ich bin noch nicht ganz oben, da kommt mir schon eine

Frau entgegen: „Madame, Kaffee?". Fast nirgendwo bleibe ich verschont. Das ganze Plateau auf dem Pass ist voll von Souvenirshops und Cafés. Ich kann sie gerade noch abwimmeln, fahre durch und kann ganz am Rande noch ein bisschen ausruhen und die Aussicht genießen. Dann geht es zehn Kilometer hinunter nach Danang, der viertgrößten Stadt Vietnams. Kurz vor Dunkelheit finde ich ein sehr angenehmes Hotel und gönne meiner Hand endlich wieder einen Tag, an dem ihr der Lenker erspart bleibt.

Der lange Strand hier ist komplett leer, es gibt keine Menschenseele, nur einen Aufseher über Liegestühle und Sonnenschirme. Er spricht sehr gut Englisch und möchte mir meine Fragen über Vietnam beantworten, wenn ich welche habe. Natürlich haben sich bei mir in den drei Wochen im Land, dreiunddreißig Jahre nach deren Wiedervereinigung, einige Fragen angesammelt. Er ist alt genug, um noch Erinnerungen an das geteilte Vietnam zu haben. Jetzt verstehe ich sogar, wie es damals mit Nord- und Südvietnam mit den Franzosen und Amerikanern war und warum so viele aus dem Süden geflohen sind. Dann kommt er gleich über die Kirche auf Gott zu sprechen und fängt an mir eine Predigt zu halten. Da ich in den letzten Tagen kaum Konversationen hatte und die letzte Diskussion auch schon eine Weile her ist, schaffe ich es kaum, ihm zuzuhören. Plötzlich kommt ein Krebs daher, bleibt vor ihm stehen und starrt ihn mit seinen großen schwarzen Augen an. Voller Freude predigt der Aufseher dann dem Krebs das Evangelium. Dieser hält es aber nicht so lange aus, läuft schnell seitlich davon und buddelt sich im Sand ein. Das kann ich natürlich nicht, aber zum Glück wird auch ein Prediger mal hungrig und als er zum Essen geht, habe ich meine Ruhe.

Direkt an diesem Strand namens China Beach geht die Straße nach Hoi An entlang. Hier reiht sich ein Ressort an das andere. Die meisten sind noch Baustellen mit hohen Bauzäunen. Etwa nach der Hälfte der Strecke kommt der Marble Mountain. Schon seit ein paar Kilometern fahren Mopeds neben mir her und bieten mir Führungen an. Auch allein finde ich auf den Berg. Dort befinden sich fünf Marmorspitzen, jede mit einem Tempel gekrönt: Jeder Tempel steht für ein Naturelement: Wasser, Holz, Feuer, und Erde bzw. Metall oder Gold. Einzelne lustige Buddha- Figuren sind zu sehen. Von den Tempeln ist es nicht mehr weit bis Hoi An. Die Innenstadt mit den alten, historischen Gebäuden ist Weltkulturerbe. Und was fast noch besser ist:

Sie ist für Autos gesperrt! Sie ist für mich die schönste Stadt Vietnams. Das Angebot an günstigen, aber guten Hotels ist sehr groß. Obwohl sich hier viele Touristen aufhalten, scheinen fast alle Hotels und Restaurants leer zu sein. Im Hotel kann ich einen Antrag für die Verlängerung meines Visums stellen und bekomme sie innerhalb eines Tages genehmigt – einfach genial.

In der historischen Altstadt gibt es sehr gut erhaltene, alte Holzhäuser von chinesischen Händlern. Heute sind dort meist Schneiderwerkstätten untergebracht. Für wenig Geld kann man sich Anzüge, Kostüme, und Kleider nähen lassen, aber es gibt keine „Fahrradkleider". Gleich daneben existieren Geschäfte mit bunten Seidenlampen und -laternen. Hier sieht man die Mädchen in ganz weißen „Schuluniformen". Für mich ist es schleierhaft, wie diese so weiß bleiben, weil sie ja immer mit dem Fahrrad unterwegs sind. Zufällig treffe ich die Elsässer von Mai Chau wieder. Wir verabreden uns für den nächsten Tag zum Abendessen.

Nicht weit von Hoi An ist ein viertes Weltkulturerbe zu finden: die alte Tempelstadt My Son. Da ich meine Hand noch einen Tag schonen möchte, unternehme ich für einen halben Tag einen Touristenausflug dorthin. Vom Königreich Champa ist nicht mehr viel übrig geblieben, obwohl es vom vierten bis zum dreizehnten Jahrhundert bestand. Im Vietnamkrieg wurde es von den Amerikanern ausgebombt, aber dennoch ist genug übrig, um als Weltkulturerbe zu bestehen. Am Abend treffe ich die zwei Elsässer in einem der alten Restaurants. Allein gehe ich nie essen, darum genieße ich das traditionelle vietnamesische Essen mit netter Unterhaltung umso mehr.

Gut genährt und mit verlängertem Visum geht es am nächsten Tag weiter in den Süden. Am Abend, ich bin noch nicht lange im Hotel, geht ein heftiger Regenschauer nieder. Binnen Minuten sind wieder alle Straßen unter Wasser. Tags darauf regnet es immer noch, aber nicht mehr so stark. Trotzdem bin ich nach kurzer Zeit patschnass. Das sind die Tage, an denen ich keine Lust habe, anzuhalten und einfach durchfahre. Der Highway 1 ist in dieser Gegend bezüglich des Verkehrs erträglich und landschaftlich sehr schön. An der Küste entlang gibt es auch viele Möglichkeiten, dem Highway auszuweichen.

Hinter Song Cau bewältige ich mal wieder einen Pass, nicht sehr lang, dafür ganz schön steil. Am Ende der wunderbaren Abfahrt höre ich, dass eine Tüte hinter mir auf die Straße fällt. Ich registriere es, denke aber, das kann nicht von mir sein. Viele Kilometer weiter auf einem der nächsten Pässe merke ich, dass mein Rollsack offen ist und ein paar Sachen herausgefallen sind. Die meisten sind momentan unwichtig, etwa die Regenkleidung, die ich ohnehin bei den Temperaturen nicht anziehe, aber sie sind schwer zu ersetzen. Umdrehen und zurückfahren kommt aber nicht in Frage. Dann habe ich eine Idee: Ich könnte einen Mopedfahrer fragen, ob er mich zurückfährt. Gedacht, getan! Das ist gar nicht so schwierig, denn Mopedfahrer gibt es genug. Ich kann ihm zwar den Grund des Ausflugs nicht klarmachen, aber er ist sehr schnell bereit, mir zu helfen. Tatsächlich finde ich fast alles wieder, außer meinem Seidenschlafsack. Die gibt es hier aber an fast jeder Ecke, zwar nicht aus Seide, wie es draufsteht, aber immerhin brauchbar.

Um die Mittagszeit bin ich in Nha Trang, einem Touristenort mit Tauchzentrum. Hier habe ich eine Einladung von Tauchlehrern. Zuerst „esse ich mich" langsam zum Tauchzentrum vor. Es ist offenbar Schlafenszeit, denn fast alle Verkäuferinnen muss ich wecken: zuerst die Baguetteverkäuferin, dann den Eisverkäufer und schließlich die Leute vom Obststand. Gerade zur rechten Zeit komme ich am Ziel an, die Lehrer sind soeben fertig. Hier kann ich anderthalb Tage einfach nur herumhängen und nichts Großes tun, außer schwimmen, lesen, im Internet stöbern, Wäsche waschen und natürlich essen. Zum Tauchen lasse ich mich nicht überreden, das ist nichts für mich. Ich bleibe lieber über der Wasseroberfläche. Alle sind eine Generation jünger als ich und trotzdem fühle ich mich hier wohl. Ich schätze ihre unkomplizierte Art und ihre Open House-Mentalität.

Als wir am Abend ausgehen, sehen wir einen Stand mit einer vietnamesischen Spezialität: Duck Eggs, Enteneier. Das sind halb angebrütete Eier, das heißt es sind Entenembryonen drin, die man ausschlürft. Ich muss wirklich nicht alles mitmachen und essen. Nein Danke!

Egal wie spät es am Abend wird, die Tauchlehrer stehen um 5:30 Uhr auf. Das kommt mir natürlich sehr gelegen. Da ich mich nicht vom Meer trennen kann, bleibe ich auf dem Highway 1. In Ca Ni mache ich einen kurzen Halt und springe in einer kleinen Bucht ins Wasser. Es ist wie ausgestorben. Ein paar hundert Meter entfernt richten Fischer ihre Netze. Sonst ist niemand zu sehen. In aller Ruhe kann ich mein Bad genießen. Das Wasser ist glasklar, und mit meiner Schwimmbrille kann ich schöne bunte Fischchen und farbenprächtige Korallen beobachten. In Nha Trang hätte ich dafür sehr weit mit dem Boot rausfahren müssen und die Korallen wären auch viel tiefer gewesen. Nach der Badepause geht es nur noch mit halber Kraft weiter. Das macht aber nichts, denn ich habe es nicht eilig. Hauptsache ich konnte das Meer nochmal einmal genießen.

Plötzlich sind alle Reisfelder verschwunden und Sand prägt das Landschaftsbild. Statt Palmen, gibt es Kakteen. Federvieh hüpft herum, mehr Vieh als Feder und davon auch nicht viele. Hier kann man richtig zum Vegetarier werden. Gänse und Schweine sehen noch am gesündesten aus. Im Unterschied zu Nordvietnam sieht man im Süden immer mehr dickere Leute, vor allen Dingen Kinder, und auch häufiger Autos, Elektrofahrräder und Müll am Straßenrand. Jeder ist seine eigene Müllabfuhr. Vom Moped aus landen die Plastiktüten im hohen Bogen im Straßengraben (in Ho-Chi-Minh-City gibt es allerdings eine Müllabfuhr).

Bis Saigon ist es so nur noch ein „Herunterreißen von Kilometern" mit immer dichterem Verkehr. Wenigstens ist auf der vierspurigen Straße ein Seitenstreifen, sodass die Busse und Lastwagen nicht zu nah kommen, dafür die Motorroller umso mehr. Glücklicherweise beschleunigt der Rückenwind das Ganze, so dass ich sehr zeitig in Ho-Chi-Minh-City, früher Saigon, ankomme.

Saigon und das Mekong Delta

Die Stadt ist auf den ersten Blick wie eine normale Großstadt. Sie hat zwar nicht das Flair von Hanoi, dafür gibt es teure Einkaufspassagen und Galerien. An den Verkehr habe ich mich mittlerweile gewöhnt und kann gut mitmischen: einfach durch, bloß nicht anhalten oder zögern und vor allem nicht mitten auf der Straße umdrehen. Plötzlich hält ein Motorroller hinter mir: „Dorothy?" – natürlich, wer soll es sonst sein? Hier sind kaum Fahrradfahrer mit Ortlieb-Satteltaschen beladen. Es ist Sam auf seinem Heimweg. Lin und Sam sind US-Amerikaner, bei denen ich wohnen kann. Lin ist vietnamesischer Abstammung. Sie wohnen ein bisschen außerhalb in einem Labyrinth von kleinen Gässchen. Wie in Hanoi hängen auch hier die zahllosen Kabel überall herum und ziehen sich wie Spinnweben durch die ganze Stadt.

Nachdem ich nun schon über einen Monat lang in Vietnam bin, brauche ich keine Tempel oder Pagoden mehr zu sehen. Auch das Ho Chi Minh-Museen finde ich nicht mehr anziehend. Wieder einmal ein Zeichen, dass es Zeit wird, das Land zu verlassen und weiterzuziehen. Die einzige Sehenswürdigkeit, die ich mir noch anschaue, ist der Wiedervereinigungspalast. Früher hieß er noch Unabhängigkeitspalast. Ein sehr interessanter Bau, der erst 1966 errichtet wurde. Er ist heute noch fast so erhalten, wie er 1975 verlassen wurde. Nur der Zaun wurde repariert und der Rasen wieder hergerichtet, über den die Panzer eingerollt sind, um Südvietnam zu befreien.

In der Gegend, wo Sam und Lin wohnen, gönne ich mir eine Kopfmassage, das hat mir Sam wärmstens empfohlen. Es sei das Beste, was man hier machen kann: einfach nichts tun und sich verwöhnen lassen. Zuerst krault die Masseurin mir sehr lange Zeit den Kopf und just in dem Moment, als ich denke, eine Gesichtsmassage wäre auch nicht schlecht, geht sie zu selbigem über. Danach darf ich mich auch noch auf den Rücken legen. Sie krault weiter und legt mir eine Gesichtsmaske auf. Das ganze dauert ungefähr siebzig Minuten und ist einfach nur genial.

Die Vietnamesen lassen mich hier weitgehend in Ruhe, sie sind hier an „Nicht-Asiaten" gewöhnt. Ich werde weder angestarrt, noch betatscht und keiner schreit „Madame hier, Madame da…"

Bevor ich Vietnam verlasse, möchte ich noch ins Mekong Delta. Dieser Fluss wird auch „Fluss der neun Drachen" genannt – nach den neun Hauptarmen des Mekong Deltas. Er ist aber viel weiter verzweigt, denn es gibt zudem viele Kanäle. Für mich bedeutet das, ich muss ab und zu „öffentliche Verkehrsmittel" benutzen. Rauf auf die Fähre, runter von der Fähre … meistens weiß ich gar nicht so genau, wohin sie geht, aber sehr viele Möglichkeiten gibt es nicht. Man zahlt tausend Dongs, also nur ein paar Cents, und schon ist man dabei. Wartezeiten existieren praktisch auch nicht. Über kleinere Seitenarme oder Kanäle führen ab und zu sehr abenteuerliche Holzbrücken, die mir in dieser absoluten Ebene wenigstens ein paar Höhenmeter einbringen.

Auf der Strecke von Ben Tre bis Vinh Long geht es auf kleinen und guten Straßen mit kaum vierrädrigem Verkehr durch Kokospalmenalleen und Bananenstauden weiter. Für Früchtefreaks ein Paradies. In Vietnam wächst im

Allgemeinen alles, aber hier im Mekong Delta wächst absolut alles in rauen Mengen. Mangos, Litschies, Papayas etc. werden am Straßenrand angeboten.

Can Tho ist die größte Stadt im Mekong Delta und auch die touristischste. Besucher kommen hauptsächlich, um die Märkte auf dem Fluss, die sogenannten „floating markets", zu besuchen. An jeder Ecke werden Bootstouren angeboten. Ich fahre lieber mit dem Fahrrad. Hier kann ich „river cruising" direkt an Land betreiben, denn die Straße führt direkt am Fluss entlang. Bis ich in Cai Rang ankomme gibt es mehr „floating" als „market" – nur noch ein paar Händler sind übrig. Weiter geht es entlang des Flusses und bald ist nicht mehr viel von der Straße übrig. So dicht wie die Straße auf gleicher Höhe mit dem Wasser am Fluss entlang geht, nimmt der Fluss öfters Besitz von der Straße, die somit kaum instand zu halten ist. Die Population im Mekong Delta ist enorm hoch. Zum Glück gibt es noch nette, ruhigere Seitenstraßen. Über siebzig Kilometer geht es entlang der Kanäle. Am Ufer hat knapp ein Haus auf Stelzen Platz, dahinter ist wieder Wasser. Kaum Wohnraum, kein Platz für Läden – deshalb gibt es fahrradfahrende Händler, deren gesamte Ware irgendwie auf ihrem Gefährt verpackt ist.

Meine letzte Nacht in Vietnam verbringe ich kurz vor Ha Tien in einer kleinen Stadt am Meer, fast schon an der Grenze zu Kambodscha. Die Grenze ist hier noch nicht lange für Touristen geöffnet, aber es wird auf einen großen Touristenstrom gehofft. In dem kleinen Ort sind richtig nette, preiswerte und neue Hotels zu haben.

Der letzte Abschnitt in Vietnam geht noch einmal so richtig schön am Meer entlang. In Ha Tien, der Grenzstadt, decke ich mich mit Essen und Trinken ein und tausche die letzten vietnamesischen Dongs in US-Dollar um. Wer weiß, was mich hinter der Grenze erwartet. Dorthin gibt es keine Wegweiser oder nur auf Vietnamesisch und die verstehe ich nicht. So gut es geht, frage ich mich durch. Die Vietnamesen an der Grenze sind froh, endlich etwas zu tun zu haben, endlich können sie das Computerprogramm und die Stempel benutzen. Für diesen Zweck werden sie extra gesäubert und neu eingefärbt. Deswegen dauert das Ganze etwas länger als notwendig. Erst seit Kurzem kann man hier an der Grenze das Visum für Kambodscha bekommen. Vorsichtshalber habe ich es mir aber lieber schon vorher in Hanoi besorgt. Der

Zollbeamte ist sehr enttäuscht darüber und fragt, wie viel ich dafür gezahlt hätte. Ich kaufe ihm dafür eine nagelneue Landkarte von Kambodscha ab.

Kambodscha - Schöne Strände im Ländle

Nach 18.727 Kilometern komme ich nach Kambodscha. Die Sonne strahlt wieder in voller Pracht und hat das Meiste vom letzten Regenguss getrocknet. Es ist Ende der Regenzeit und die beste Zeit überhaupt. Es ist nicht so staubig, wie in der Trockenzeit und nicht so schlammig, wie in der Mitte der Regenzeit. Entlang der unbefestigten Straße gibt es keine Wegweiser. Ich könnte sie ohnehin nicht lesen. Die Schrift sieht zwar sehr schön aus (ព្រះរាជាណាចក្រកម្ពុជា), ich habe aber keine Ahnung, wie ich sie entziffern soll. Erstaunlicher Weise gibt es in den entlegensten Gegenden junge Leute, die ein recht passables Englisch sprechen. Kaum die neu erstandene Karte rausgeholt, bin ich umzingelt von Jung und Alt.

Die erste Ort Kampot ist ein verschlafenes Städtchen ohne großartige Touristenattraktion. Es ist ein Ort, an dem man guten Gewissens einfach nur herumhängen kann. Hier finde ich endlich auch eine Bank. In Kambodscha gibt es zwei Währungen, US-Dollar und Kambodscha Rial. Fast jeder Geldautomat spuckt ausschließlich Dollar aus. Die kann man dann in der Bank tauschen. Ich kann aber auch immer und überall mit beiden Währungen zahlen. Hier sind viel mehr Touristen, als ich angenommen hätte. Als ich zum Guesthouse komme, höre ich zum ersten Mal „sorry, we are full". Aber dann haben sie doch noch ein Einzelzimmer frei. Ich kann mich nicht aufraffen, gleich am nächsten Tag wieder weiterzufahren. Von der Wartung des Fahrrads über Blogschreiben habe ich genug Gründe, einfach hierzubleiben. Wie in Vietnam, gibt es auch hier Plätze, wo man Mopeds und Fahrräder waschen lassen kann. Mit Hochdruckstrahler wird zunächst der gröbste Dreck weggespritzt, dann mit Omo und verschiedenen Bürsten, von der Wurzelbürste bis zur Zahnbürste, auch der letzte Dreck weggeschrubbt, dann nochmals abgespritzt und mit Druckluft trockengeföhnt. Eigentlich möchte ich mein Fahrrad selber putzen, aber ich kann ihnen den Spaß und die Chance ein paar Rials zu verdienen, nicht nehmen. Für sie ist es wichtig, dass es nachher wieder glänzt. Als sie fertig sind, mache ich weiter. Ich versuche ihnen klarzumachen, dass das wichtigste die Ölung danach ist. Das kennen sie überhaupt nicht.

Um nochmals das Meer zu sehen, beschließe ich nicht direkt nach Phnom Penh, sondern vorher noch nach Sihanoukville zu fahren. Obwohl die Straße nicht weit von der Küste entfernt ist, sicht man vom Meer nichts. Unterwegs gönne ich mir einen ausgepressten Zuckerrohrsaft, lese dabei in meinem Reiseführer, versuche die weitere Tour zu planen und breche dann wieder auf. Nach ein paar hundert Metern fällt mir ein, dass ich total vergessen habe, zu zahlen. Sofort drehe ich um. Die Frau liegt immer noch in aller Seelenruhe in ihrer Hängematte, als ob es ihr egal wäre, ob ich nun zahle oder nicht. In einem Garten findet eine Leichenverbrennung statt. Der Sarg liegt zwischen aufgeschichteten Baumstämmen. Neben dem Feuer sitzt ein junger Mann, dem die Haare geschoren werden. Als zwei ältere Männer mich sehen, holen sie aus einem Gebüsch einige Bambusstäbe, in denen eine Schlange eingeklemmt ist. Zuerst zeigen sie auf die Schlange, dann auf die Wade. Wollen sie mir jetzt sagen, dass der Tote von einer Schlange gebissen wurde? Nicht gerade aufmunternd, wenn man nachts zelten möchte. Ich weiß, dass – obwohl noch unzählige Landminen in Kambodscha herumliegen – trotzdem mehr Beinamputationen aufgrund von Schlangenbissen gemacht werden müssen. Für manche kommt aber selbst eine Amputation scheinbar zu spät.

Als ich in Sihanoukville ankomme, geht es mir nicht mehr so gut. Obwohl ich schwitze, bekomme ich Gänsehaut, gar kein gutes Zeichen. Eine Erkältung ist im Anmarsch. Seit Monaten bin ich bei circa vierzig Grad unterwegs, ständig nass geschwitzt, dazu überall die Ventilatoren. Eigentlich habe ich schon lange mit einer Erkältung gerechnet. Hier finde ich gleich eine Unterkunft in einem Bungalow-Ressort. Kurz nach meiner Ankunft geht ein heftiger tropischer Regenschauer nieder. Ich bin froh, ein Dach über dem Kopf zu haben und erleichtert, dort nicht mehr weg zu müssen. Am Abend geht es mir noch schlechter, ich habe Kopfweh und die Nase ist zu, beides wird mit Tigerbalsam therapiert. Grund genug, gleich ins Bett zu gehen.

Am nächsten Morgen geht es mir gleich viel besser. Schlafen ist doch, neben Fahrradfahren, die beste Therapie. Trotzdem dauert es lange, bis ich am nächsten Morgen in die Gänge komme. Mein Instantkaffee hat sich in meinen Satteltaschen ausgebreitet. Eigentlich ist das kein Problem, aber bei dieser Luftfeuchtigkeit wird alles zu einem ekligen, klebrigen Zeug, das man kaum mehr entfernen kann. Viel zu tun gibt es hier nicht. Ein Strandbesuch hat sich wegen meiner Erkältung und den Regenschauern, die immer wieder niedergehen, erübrigt. Die Stadt ist nach dem König Norodom Sihanouks benannt. Es ist hauptsächlich eine Strand- und Hafenstadt.

Das erste große Stück der Strecke nach Phnom Penh ist das gleiche, das ich auch gekommen bin. Meine Lust diese Strecke nun auch wieder zurückzufahren, hält sich in Grenzen. Darum habe ich mir einfach ein Busticket besorgt und zur Entschuldigung habe ich ja auch noch meine Erkältung. Der Bus ist fast zweistöckig, der untere Teil ist nur für Gepäck. Mitsamt den Fahrradtaschen wird das Fahrrad einfach hineingestellt, sehr luxuriös. Ich genieße die Fahrt mit dem Bus, vorallem weil uns auch alle Fahnen entgegen flattern. Auf der ganzen Strecke herrscht Gegenwind – das wäre nichts gewesen. Das Einzige, was jedoch nervt ist, dass der Fahrer die ganze Zeit hupt. Im Bus ist es ja einigermaßen erträglich, aber ich leide mit den Menschen draußen mit.

Phnom Penh und andere interessante Erfahrungen

Gut erholt, komme ich in Phnom Penh, der Hauptstadt Kambodschas, an. Doch diesen Verkehr wie er mich hier erwartet, bin ich nicht mehr gewohnt: Autos ohne Ende, aber wenige Mopeds. Ich komme kaum mehr über die Straße, denn Autos können nicht so leicht ausweichen und die Fahrer denken im Traum nicht daran, einer Fahrradfahrerin Platz zu machen. Die meisten Autos sind nicht alt und klapprig, wie man es sich vielleicht für ein armes Land wie Kambodscha vorstellt. Es sind große und neue Geländewagen. Der Unterschied zwischen arm und reich ist sehr auffällig: Entweder man ist reich, dann kauft man ein teures Auto, oder man ist arm, dann reicht es nicht einmal für ein Moped. 10.000 bis 20.000 Kinder leben und arbeiten hier auf der Straße. Seit Jahren wird über ein Korruptionsgesetz diskutiert und wahrscheinlich wird diese Diskussion nie erfolgreich abgeschlossen. Da ist es doch so viel einfacher, Gesetze zu erlassen, die das Haarfärben verbieten, etwa zum Schutze der Kultur. Hinzu kommen die zwei Währungen, US-Dollar und Rial. In „Dollar-Läden" kann man alles bekommen, muss aber auch dafür blechen. Ich frage mich, wie ein „normaler" Kambodschaner überleben kann. Milch beispielsweise habe ich noch nie in einem „normalen" Laden gesehen. Im Dollar-Shop kostet der Liter bis zu drei Dollar. Ich treffe einen Motorrikscha-Fahrer, der sehr gut Deutsch spricht. Er war einige Jahre in Jena und hat für Zeiss Optik gearbeitet. Hier gibt es keine optische Industrie und somit auch keinen Arbeitsplatz für ihn. Die Stadt lebt von den Gegensätzen, nicht nur arm und reich, dunkel und hellhäutig, sondern auch von jenen der dunklen sowie der glorreichen Vergangenheit. Pol Pots „Hinterlassenschaften" kann man sich auf den „Killing fields" anschauen. Zwischen 1975 und 1978 wurden hier circa 17.000 Frauen, Männer und Kinder auf brutalste Art hingerichtet. Heute sind dort in einer Erinnerungs- stupa einige Totenköpfe ausgestellt, die sie in den letzten Jahren aus den Mas- sengräbern geborgen haben. Damit ist mein Bedarf an der Vergangenheit von Khmer Rouge gedeckt. Der russische Markt hier ist einer der interessantesten Märkte, auf dem ich je gewesen bin. Man bekommt hier zwar keine Kalasch- nikows oder Marihuana mehr, aber sonst haben sie fast alles zu bieten. Das Nationalmuseum ist voller Khmer-Skulpturen, aber auch vom Innenhof mit den vielen schönen Pflanzen bin ich sehr angetan. Der Palast und die Silber- pagode sind wahre Schatztruhen der Khmer-Kultur und in wunderschöne Gärten eingebettet. Nur ein kleiner Teil ist der Öffentlichkeit zugänglich, aber es reicht, um ein Gefühl zu bekommen, was noch alles so hinter den Mauern steckt. Die Kambodschaner sind sehr stolz auf ihren König. Auch die Khmer Rouge, die sonstige Kulturschätze niedergemacht hat, ließ den Palast und die Silberpagode in Ruhe. Diese trägt ihren Namen zurecht. Der Boden besteht aus Silberfliesen, insgesamt fünf Tonnen. Man sieht aber nur einen kleinen Teil, der große Rest ist mit Teppichen geschützt. Ein Mitarbeiter von Child- safe erzählt mir von ihrem „Think"-Projekt. Bettelnden Kindern Geld zu geben, ist der absolut falsche Weg. Die Hilfsorganisationen muss man unter- stützen, von denen die Kinder und auch die Eltern dann Hilfe bekommen, und zwar nicht nur Essen, sondern auch Erziehung. Sie sollen nicht nur an Heute und Morgen denken, sondern auch an Übermorgen. Lieber sollen sie heute kein Geld verdienen, dafür eine Existenz als Koch oder Näherin für die Zukunft aufbauen, denn sonst kommen die Kinder nie von der Straße weg.

Dann geht es endlich wieder auf mein Fahrrad. In Anbetracht dessen, wie lange ich schon im Land weile, bin ich bisher sehr wenig gefahren und war eigentlich nur an Touristenorten. Kein Wunder, dass ich mit dem Land nicht richtig warm werde. Es ist Vietnam sehr ähnlich und doch ganz anders. Von Klima und Vegetation sind sie fast gleich, darum verstehe ich nicht, weshalb die Kühe in Vietnam normal sind, aber hier so mager. Nach all den Kriegen waren fast alle Reisfelder zerstört, das heißt es gab keine Nahrungsgrundlage und somit eine Hungerkatastrophe. Das ist jetzt fast zwanzig Jahre her. Es gibt Kinder mit rotbraunen Haaren, was auf falsche Ernährung zurückzuführen ist. Dank des Tourismus' sind die Wegweiser und so manch andere Schilder nicht nur in Khmer, sondern auch in lateinischer Schrift und mit arabischen Ziffern beschriftet. Ich finde meinen Weg den Mekong aufwärts problemlos. Leider sehe ich den Fluss nie.

Bei Einbruch der Dunkelheit erreiche ich gerade Kampong Cham. Hier wartet ein Abenteuer ganz anderer Art auf mich. Ich kann bei Jess, einer sehr netten jungen Amerikanerin, wohnen. Sie arbeitet für eine der 3.000 NGOs im Lande, mit unzähligen Mitarbeitern, die mehr oder weniger Hilfreiches beitragen, aber jeder will von den Geldern profitieren, die in das Land fließen. Schon per E-Mail fragte ich sie, ob sie nicht einen Job für mich wüsste. Gleich am nächsten Tag führt sie mich zu einem buddhistischen Kloster. Hier treffe ich Vandong, Direktor der „Buddism and Society Development Association" (BSDA). Bisher wusste ich nur, er möchte, dass ich seinen Lehrern beibringe, wie man Unterrichtsplanung macht. Die Organisation hat sich hauptsächlich zum Ziel gesetzt, den Ärmsten mit Bildung zu helfen. So können Kinder zum Beispiel Englisch lernen. Die Leistungen der Lehrer soll nun mit Unterrichtsplanung verbessert werden. Obwohl mein Lehramtsstudium sehr lange her ist, kann ich Vandong nichts ausschlagen. Sein Lachen, seine Überzeugung und Energie sind einfach mitreißend. Deswegen ist er so erfolgreich. Im Internet lese ich mich zum Thema ein und kann schnell mein Wissen vom Lehramtsstudium auffrischen. Beim Treffen mit den Lehrern merke ich dann aber, mit einer Vorlage und einem Training, wie sie es auszufüllen haben, ist es nicht getan. Die Grundfrage ist, wie sie bessere Lehrer werden können. Sie wollen viel mehr über Methodik und Didaktik wissen. Damit war ich so spontan eher überfordert. Obwohl ich denke, dass es eine ganz schöne Herausforderung wird, sage ich zu. Auch wenn mein Wissen noch so gering ist, es ist doch bei weitem mehr als sie wissen. Und wann werde ich je wieder so interessierte, motivierte und dankbare Schüler haben? Wegen meines Visums für Laos ist meine Zeit hier auf eine Woche beschränkt.

Nach 17 Uhr, wenn der normale Unterricht beendet ist, können die Lehrer die Räume der naheliegenden Schule benutzen. Hier drängen sich vierzig bis fünfzig Schüler in relativ kleine Unterrichtsräume bei noch immer sehr warmen Temperaturen. Die Klassen sind in Leistungsstufen unterteilt und die Schüler meist in unterschiedlichstem Alter. Nicht jedes Kind kann sich ein Schulbuch leisten. Sie nehmen Zeitungsartikel durch und das im totalen Frontalunterricht. Der Lehrer liest den Artikel auf Englisch, und ich verstehe leider kein Wort. Die Übersetzung in Khmer klingt für mich fast gleich. Solchen Unterricht sind sie gewohnt. Etwas selbst zu erarbeiten, kennen sie wohl nicht. Und woher sollen sie auch eine gute Aussprache haben? Mit der starken Motivation der Lehrer können wir einiges zusammen erarbeiten. Die deutschen Unterrichtsmethoden lassen sich hier nicht einfach übertragen. Die Situation ist komplett verschieden.

Außer am Sonntag habe ich jeden Morgen ein Treffen mit Vandong, der mich mit seinem Wissen und seinen Ideen immer mehr fasziniert. Nachmittags sitze ich mit drei Lehrern zusammen, um ein Konzept zu entwickeln, weitgehend basierend auf dem schon vorhandenen. Mich erstaunt, was die Schüler hier alles lernen müssen, nur weil sie ein paar Lehrbücher haben, die aus England gesponsert wurden. In ihrem Leben haben sie noch nie Schnee

Workshop mit Mönchen, Kampong Cham, Kambodscha

gesehen, und lernen jetzt „ski" und „snowboard". Genauso wenig angebracht erscheinen die Themen „leisure" und „lifestyle". Es kann kaum einen krasseren Gegensatz geben. Es gibt keine Freizeit in Kambodscha, wenigstens nicht auf dem Land. Hier werde ich auch das erste Mal mit dem Wort „clubbing" konfrontiert. Da ich weiß, was ein Club ist, kann ich „clubbing" – also Ausgehen in eine Bar – verstehen. Ich habe allerdings keine Ahnung, was die Bauern und Mönche hier damit anfangen sollen und können.

Ich verbringe viel Zeit in Internetcafés, um Unterlagen für den Workshop zusammenzustellen und nach weiteren Ideen zu suchen. Ein paar Amerikaner telefonieren über Skype. Warum mache ich das eigentlich nicht auch schon längst? Schnell richte ich mir einen Account ein und telefoniere für fast nix (zwanzig Cents) mit meiner Mutter und dann noch mit einer Freundin. Es ist ein sehr komisches Gefühl, nach so langer Zeit wieder mit ihr zu sprechen. Danach bin ich mir nicht mehr sicher, ob ich das überhaupt möchte. Ich bin einfach zu weit weg, in einer ganz anderen Welt. Ein Austausch per E-Mail sollte genügen.

Den Abschluss bildet ein Workshop mit zehn Lehrern, in dem die verschiedenen Unterrichtsmethoden und Probleme gesammelt und diskutiert werden. Das Gesammelte wird auf die Unterrichtsvorlage übertragen. Jeder soll die Unterrichtsplanung verstehen und selbst schreiben können. Ich bin froh, dass zwei fortgeschrittene Lehrer dabei sind, die jetzt als Multiplikatoren eingesetzt werden können.

Die Mittagspause muss 11 Uhr beginnen, da die Mönche ab 12 Uhr nichts mehr essen dürfen. Für mich ist das Projekt ein voller Erfolg. Ich habe sehr viele wunderschöne Erfahrungen gemacht, viel gelernt und hatte einfach Spaß.

Es war richtig gut, mich nach acht Monaten Fahrradfahren mal wieder intensiv mit etwas anderem zu beschäftigen. Ich hoffe, auch die Lehrer haben etwas gelernt. Ich werde diese Mönche vermissen, ihr Lachen, ihr Interesse und ihre Dankbarkeit. Vandong ist eine der am meisten beeindruckenden Persönlichkeiten, die ich auf meiner Reise treffe. Ich muss zugeben, nach diesen Tagen bin ich ganz schön ausgelaugt und lege noch einen Ruhetag ein.

Weiter nördlich geht die Bevölkerungsdichte gegen Null. Die Breite des Mekongs ist so variabel, dass die Straße einen großen Bogen bis in die Berge hinein macht. Ein langes Stück führt durch Kautschuk-Plantagen. Die Urwälder werden abgeholzt, um Kautschukbäume zu pflanzen und die Reichen noch reicher zu machen. Meine Beine machen nach einer Woche Ruhe gut mit. Nur meine Haut bereitet mir Probleme. Ich bin selbst schuld, denn ich habe mich nicht eingecremt. Das Ergebnis ist kein Sonnenbrand, sondern eine Sonnenallergie, die nach dem Duschen unglaublich juckt ...

An einer Stelle, wo eine Straße Richtung Osten abzweigt, gibt es endlich wieder eine Art Ort, Snoul, sogar mit Unterkünften. Ich möchte nur wissen, wer in dem nagelneuen Hotel übernachten soll. Touristen kommen hier so gut wie gar nicht vorbei. Ein Hotelangestellter fragt mich, ob ich am nächsten Tag in seine Englischklasse kommen möchte. Er ist Lehrer für Geschichte und Geographie. Damit verdient er gerade einmal fünfzehn Dollar pro Monat. Nur für Essen und Trinken habe ich in den letzten zehn Tagen das Dreifache ausgegeben. Deswegen unterrichtet er privat Englisch, obwohl er kaum Englisch spricht, aber jeder Schüler zahlt drei Dollar pro Monat. Bei zwanzig Schülern lohnt sich das. Am Nachmittag und Abend arbeitet er im Hotel. Ein sehr ausgefülltes Leben. Natürlich sage ich zu.

Der Unterricht ist sehr kurz. Gestern war der Geburtstag des Königs, der drei Tage lang gefeiert wird. An staatlichen Schulen findet dann überhaupt kein Unterricht statt. Die Schüler wohnen in den einfachsten Verhältnissen, in Pfahlbauten in den Wäldern. Internet gibt es in dieser Gegend überhaupt nicht, nicht einmal das Fernsehen ist verbreitet. Deswegen kann ich ihnen auch nicht die üblichen Fragen über deutsche Fußballer stellen, die sonst in der ganzen Welt bekannt sind. Ihr Englisch ist in einem absoluten Anfängerstadium.

Die Strecke zur Grenze ist ganz neu geteert. Die Brücke ist ganz neu, fast wie extra mich errichtet. Nach wenigen Kilometern werde ich von einer Prozession überholt. Die Musikgruppe wird auf einem Lastwagen mitgeführt. Sie besteht fast nur aus verschiedenen Schlagzeugen: große Trommeln, kleine Trommeln, irgendeine Art von Xylophon und kleine Gongs. In den anderen Wagen und Bussen des Konvois sind Frauen mit weißen, langärmligen

Blusen und braungelb gemusterten Röcken, Männer mit weißen Hemden und schwarzen Hosen. Nur wenige Kilometer weiter ist die Pagode, vor der sich alle versammeln. Es ist ein großes Fest mit Luftballons und Tanz. Zwei riesige Puppen bilden den Anfang des Umzuges. Männer mit einer Art Glockenbaum aus Geldscheinen stehen Spalier. Ein Fotograf mit sehr gutem Englisch spricht mich an. Sofort überhäufe ich ihn mit Fragen. Die Veranstaltung findet statt, um Geld für eine neue Pagode zu sammeln.

Ab und zu sehe ich noch Hütten, in denen ich etwas Essbares kaufen kann. Die verschiedenen Zubereitungsmethoden für Bananen sind faszinierend: gegrillt, frittiert oder in Bananenblättern gekocht. Alles muss natürlich probiert werden.

Mein nächstes Ziel ist Kratie am Mekong. Die Attraktion ist der Süsswasser-Irawadidelfin. Es wimmelt nur so von Touristen. Auch hier heißt es im ersten Hotel „alles belegt". Beim zweiten habe ich mehr Glück. Wegen zu viel Lärm und Hitze im Zimmer schlafe ich sehr schlecht.

Am nächsten Tag wache ich mit Halsweh, Kopf- und Gliederschmerzen auf. Jetzt hat es mich erwischt. Trotzdem fahre ich mit dem Fahrrad zur Bootsanlegestelle. Sie ist circa fünfzehn Kilometer nördlich von Kratie, eine der schönsten Strecken, die ich bisher in Kambodscha gefahren bin: Flüsse, Palmen und Pfahlbauten prägen das Bild. An der Bootsanlegestelle habe ich wieder einmal Glück. Ein ganzer Bus voll gut betuchter Touristen aus der Schweiz, den USA und Australien kommt angefahren, und ich kann mit in eines der Boote.
Während der Khmer Rouge Zeit wurden die Delfine fast ausgerottet, da man ihr Öl brauchte. Heute gibt es in diesem Abschnitt ungefähr zweiunddreißig, die sich langsam, aber stetig wieder vermehren. Die Delfine springen nicht ständig aus dem Wasser, denn sie können fünf bis zehn Minuten aushalten. Kommen sie hoch zum Atmen, sieht man vielleicht gerade einmal den Rücken und die Flosse, wenn man in die richtige Richtung schaut. Tierfotografin wäre kein Beruf für mich, so viel Geduld bringe ich nicht auf.

Ich wollte mit dem Boot weiter nach Stung Treng, der letzten Stadt vor der Grenze zu Laos. Seit die Straße durchgehend geteert ist, wurde jeglicher Bootsverkehr eingestellt. Das ärgert mich etwas und bei mir hat die Erkältung

zugeschlagen. Mir ist überhaupt nicht mehr nach einer Fahrt von 145 Kilometern bis in die nächste Ortschaft. Da es unterwegs keine Übernachtungsmöglichkeit gibt, kann ich es nicht in zwei Etappen fahren. Und in einem
Land voller Schlangen und Tretminen ist Wildzelten nicht ratsam. Also kaufe
ich mir ein Busticket. Ich merke aber wieder, dass Busfahren absolut nichts
für mich ist. Es schränkt meine persönliche Freiheit zu sehr ein und ich bin
den Launen anderer ausgesetzt. Wenigstens geht es sehr schnell vorüber.

Schon um die Mittagszeit sind wir in Stung Treng, auch so ein Ort, wo es
nicht viel zu tun gibt und auch kein brauchbares Internet vorhanden ist. Bei
einem längeren Spaziergang sehe ich finstere Gestalten. Sogar den Kindern
vergeht das Lachen. Ein Kind, das selbst Narben auf der Stirn hat, peitscht
seine Geschwister aus. Es ist mir hier überhaupt nicht geheuer, weil es zu viel
Verwahrlosung gibt. Ich fahre die letzten sechzig Kilometer bis zur Grenze.
Nach den zwei Tagen ohne Fahrrad bin ich wieder ganz wild darauf.
Jetzt säumen nicht einmal mehr die sonst üblichen Obststände die Straßen.
Ab und zu sind einzelne Hütten hinter den Sträuchern zu sehen. Nach einigen Kilometern finde ich einen Stand, an dem ich immerhin Wasser kaufen
kann. In meinem Reiseführer aus dem Jahr 2000 lese ich, die Straße ist so

Friedliche Idylle zwischen den „Viertausend Inseln" im Mekong, Laos

schlecht, dass sie nur von LKWs und Jeeps passierbar ist. Außerdem soll sie
sehr gefährlich sein, weil es wegen der Schmuggelei viele Banditen in Grenz-
nähe gibt. Geschmuggelt werden noch immer Waffen, Drogen und was weiß
ich nicht alles. Aber die Straße ist eine der besten und neuesten in Kambodscha und die Banditen wurden wahrscheinlich zwangsumgesiedelt, wie so
manch anderer hier, der in den Wäldern lebte, die jetzt aber Gummiplanta-
gen sind.
Punkt 12 Uhr erreiche ich eine Hütte mit einer Schranke: Es ist die Grenze.
Alles läuft völlig unkompliziert: Stempel in den Pass und weiter.

Nichts los im Süden von Laos

Nach 19.560 Kilometern erreiche ich die laotische Einreisehütte. Da Sonntag ist und die Grenzbeamten eigentlich Wochenende haben, muss ich zwei
Dollar Überstundenzuschlag zahlen. Auch keine schlechte Idee, zusätzlich
zu Geld zu kommen, nachdem sämtliche illegalen extra Stempel sowie Ein-
und Ausreisegebühren unterbunden wurden. Die größten Banditen stecken
in den Uniformen.

Auf guter Straße mit wenigen Leuten und kaum Verkehr geht es weiter. Dann
eine Abwechslung: Khone Phapheng, die Mekong Wasserfälle. Sie sollen die
größten Wasserfälle Südostasiens sein, zumindest was die Wassermassen
betrifft. Ich würde sie eher als Stromschnellen bezeichnen, denn der Mekong
hat hier kaum Gefälle. Es gibt einen riesigen Park mit Souvenirshops und
Restaurants, als ob sie jederzeit mit Massen von Touristenströmen rechnen
würden. Ich bin die einzige weit und breit und fahre auch bald weiter, denn
ich möchte zu einer der „viertausend Inseln" (Si Phang Don) im Mekong.
Nach der Abzweigung fahre ich drei Kilometer durch roten Matsch bis zur
Fähre. Da lernt man die neu geteerte Straße erst so richtig zu schätzen. Die
Überfahrt ist ein Abenteuer für sich. Fahrrad und alle Packtaschen werden
in das schmale, lange Boot verfrachtet. Die Fahrt ist nicht nur sehr schön,
sondern auch sehr kurz. Auf Don Det ist man gleich von kleinen Bungalows
und Restaurants für Rucksackreisenden umgeben. Ich fahre quer über die
Insel auf schmalen Feldwegen und über Stock und Stein weiter. Über eine
alte Eisenbahnbrücke, eine Hinterlassenschaft der Franzosen, geht es auf die
Insel Don Khone. Dort finde ich einen schönen ruhigen Bungalow, direkt an

einem der Arme des Mekongs. Die Insel ist ohne Strom, nur von 18 bis 22 Uhr wird ein Generator eingeschaltet. Der richtige Ort also, an dem ich mich so richtig ausruhen kann. Ich treffe einen Franzosen, der sich auf der Insel verlaufen hat. Nun sind seine Füße total blutig: Blutegel! So was brauche ich nicht, da ruhe ich mich lieber aus.

Kaum fahre ich aber einen Tag nicht, können die Viren sich wieder austoben. Sofort bekomme ich Schnupfen, Husten und mir ist schwindelig. Ich liege in meiner Hängematte auf der Veranda über dem Fluss und schaue den Fischern in ihren schmalen Booten zu. Bevor es zu heiß wird, gehe ich noch einmal nach Don Det. Die erste Frage der Kinder hier ist „What's your name?". Unter den Reisenden aber scheint der Name nicht so wichtig zu sein. Ich vergesse immer, danach zu fragen. Dann geht es aber schnell zurück in die Hängematte, denn ich möchte einfach nur lesen. Plötzlich fängt es an zu stürmen, zu regnen und zu donnern. Es ist das erste Mal seit Monaten, dass ich richtig friere, obwohl die Temperaturen noch bei dreißig Grad liegen. Das erste Mal seit der Mongolei, dass ich mein Sweatshirt anziehen muss.

Am nächsten Morgen geht es mir wieder gut. Ich kann gleich früh zurück aufs Festland. Es ist fantastisch, durch die 4.000 Inseln zu düsen. Da es direkt von Don Krone ausgeht, dauert die Fahrt diesmal auch etwas länger. Mein Fahrrad hat sie ebenfalls gut überstanden. An den Ständen am Bootsanlegeplatz esse ich zwei in Teig frittierte Bananen. Das war es dann aber auch für die nächsten achtzig Kilometer. Ich weiß auch nicht, warum sie hier nicht mehr Obst haben. Überall sonst werden Früchte am Straßenrand verkauft, nur nicht hier. Nach achtzig Kilometern gibt es dann noch einmal Bananen, dieses Mal gegrillt und mit Öl übergossen. Im nächsten größeren Ort finde ich zwar etwas zum Übernachten, aber nichts zu Essen. Es gibt zwei Restaurants, beide haben aber nichts anzubieten. Sehr merkwürdig. Es herrscht doch keine Hungerkatastrophe, und es wächst hier doch alles. Ich muss mich an meinem letzten Keks mit Erdnussbutter laben. Bis Pakse, der ersten größeren Stadt, sind es jetzt nur noch fünfzig Kilometer.

Es ist nichts los. Ich lasse mich von der Ruhe und Gelassenheit der Leute mitreißen. Hier habe ich eine Einladung von einem französischen Ehepaar. Er arbeitet in einem Kaffeebepflanzungsprojekt und kann mir einiges über das Land erzählen. Als zweites laotischen Wort nach „Sabadi", was „Hallo" bedeutet und jeder hinterher ruft, lerne ich „Bo mi", was so viel wie „Gibt es nicht" heißt. Sie sind nicht sehr arbeitswütig hier im Süden von Laos. Pakse ist hauptsächlich heiß und staubig. Die Abendstimmung am Mekong ist sehr romantisch mit den alten französischen Häusern entlang der Uferpromenade. Es gibt auch Supermärkte, wo ich mich wieder mit Nahrungsmitteln, etwa Instantnudeln, eindecken kann.

Von Pakse aus fahre ich eine Schleife über das Bolovan Plateau. Über vierzig Kilometer geht es stetig von hundert auf eintausendzweihundert Höhenmeter hinauf. Die ersten fünfzehn Kilometer mit den ersten paar hundert Höhenmetern gehen sehr schnell vorbei, dann wird es aber mühsamer und mühsamer und sehr heiß. Immer wieder kann ich mich im Schatten einer Hütte ausruhen. Die Leute sind hier so geruhsam und schläfrig, da findet sich immer ein Plätzchen, wo ich mich hinsetzen kann. Männer und Frauen haben oft irgendetwas zum Rauchen im Mund, Pfeifen oder in Bananenblätter gewickelten Tabak. Ob das wohl schmeckt?

Kurz vor dem Tad Yuang Wasserfall geht ein ganz schön heftiger Regenschauer nieder. Da oben auf über tausend Höhenmetern ist es sehr kühl. Das erste Mal ziehe ich mit Freuden meine Regenjacke an. Mein Fahrrad stelle ich an einem Guesthouse ab und gehe zu Fuß bis zum Wasserfall. Das ist eine ganz schön rutschige Angelegenheit, die sich aber lohnt. Endlich ein Wasserfall, der den Namen auch verdient. Zwei Ströme mit sehr viel Wasser stürzen weit in die Tiefe. Im Gebiet um den Wasserfall wuchern die verschiedensten Pflanzen. Es ist das Wochenende vom 8. November 2008. Hier ist es das Wochenende der Hochzeiten, da das Datum, die Sterne und sonstige Konstellationen stimmen, ist dem Brautpaar das Glück sicher.
Den ganzen Nachmittag höre ich Musik und die ersten Betrunkenen torkeln durch das Gebüsch. Als die Frau vom Guesthouse vom Markt zurück ist, bereitet sie mir ein Essen: Reis mit Gemüse, nichts Besonderes, aber viel! Die Musik hört auf und da es hier in der Dunkelheit nichts zu tun gibt, schlafe ich über meinen Büchern ein. Endlich wieder eine Nacht mit Bettdecke und ohne Ventilator oder Klimaanlage. Ich weiß nicht, ob die Musiker überhaupt geschlafen haben, denn gegen 5:30 Uhr wache ich von der Musik auf. Ich möchte ohnehin früh los, denn mir stehen noch zehn Kilometer bergauf nach Pakxong bevor.

Um meine angeschlagene Verdauung wieder in Griff zu bekommen, decke ich mich gleich mit Bananen und einer großen Flasche Cola ein. Auf dem Plateau gibt es hauptsächlich Kaffeeplantagen und wunderbare Büsche mit gelben Blumen. In Thateng zweigt eine Straße ab und alle Busse halten hier. Deswegen gibt es einen Markt und ein reichhaltiges Essensangebot. Eine willkommene Pause, bevor es auf dem Feldweg über Stock und Stein weitergeht, vorbei an den rauchenden Bergvölkern. Ich möchte lieber nicht wissen, was sie in ihre Blätter gewickelt haben, die wie Tüten in jedem Mund stecken. Mit Mountainbike ohne Gepäck wäre es ein wahres Vergnügen, so ist es aber eine größere Herausforderung.

Nach circa zwanzig Kilometern bin ich wieder auf geteerter Straße. Bis zu meinem nächsten Ziel, Tadlo, sind es nur noch sechs Kilometer. Es ist ein kleines Ressort, wieder mit einem Wasserfall. Die teuren Lodges haben sehr schön angelegte Gärten mit fantastischen Blumen. Die Mehrzahl aber sind billige Bungalows für Backpacker. Da die Natur auch ohne großes Zutun hier sehr schön ist, sind jedoch auch diese sehr reizvoll.

Inzwischen habe ich wieder an Höhe verloren, es ist aber immer noch angenehm kühl. Zuerst geht es wunderschön auf kleiner Straße nach Saravan. Hier decke ich mich mit Wasser und Cola ein, bevor es die nächsten fünfundsiebzig Kilometer auf Feld-, Wald- und Wiesenwegen weitergeht. Ab und zu gibt es Siedlungen, in denen ich zu meinen Bananen komme. Es sind nur ein paar Mopeds unterwegs, keine Autos, so ist es nicht so staubig. Auf der Strecke gibt es viele „protected areas" und immer wieder agrarwissenschaftliche Hilfsprojekte. Auf einmal ändert sich der Straßenzustand, als ob die Straße hier öfters überflutet wäre. Tiefe Spurrillen und Matsch machen nun die Straße aus. An der Einmündung in die Hauptstraße gibt es wieder viele Essenstände und dann auch gleich ein Hotel. Ich bekomme ein neues, sauberes Zimmer und schlafe sofort ein.

Gleich am Morgen erreiche ich meine ersten 20.000 Kilometer. Eigentlich ein Grund zum Feiern. So alleine habe ich aber gar keine Lust dazu. Bei starkem Gegenwind geht es nach Savannakhet. Da die Brücke über den Mekong nach Thailand hier wieder aufgebaut wurde, ist auch die Straße nach Savannakhet schön touristisch angelegt. Der Wind hat endlich wieder ein Einsehen mit mir und die letzten vierzig Kilometer sind direkt ein Genuss.

Savannakhet ist die zweitgrößte Stadt in Laos, was nichts zu sagen hat, denn es gibt hier keine großen Städte. Diese hat auch nur 120.000 Einwohner. Auf Anhieb gefällt sie mir sehr gut, sie hat richtig Flair. Es gibt alles, was das Radlerherz begehrt, sogar ein Hostel, in dem schon zwei Radfahrer aus Stuttgart gelandet sind. Leider wollen sie am nächsten Tag weiter. Da wir dieselbe Route haben, werden wir uns anderswo sicher wieder treffen.

Am Morgen freue ich mich richtig auf einen Tag ohne Fahrrad. Nach einem Frühstück, bei dem ich sogar Milch für meinen Kaffee bekomme, folgt das übliche Ruhetag-Programm: Blogschreiben und Fahrradputzen. All die roten Dreckklumpen vom Bolovan Plateau möchte ich nicht weiter mit mir herumschleppen. Das Fahrrad ist jetzt sicherlich ein Kilo leichter. In einem richtig guten Fahrradgeschäft finde ich sogar eine kleine Flasche Öl – welch eine Freude, denn jetzt läuft es mit dem Fahrrad wieder richtig gut. Nach einem Rundgang durch die schöne Stadt mit den alten Bauten im französischen Kolonialviertel gehe ich zum Friseur. In den Monaten seit meinem letzten Friseurbesuch in der Ukraine, wo mir der superkurze, sowjetmäßige Haarschnitt verpasst wurde, hat sich doch Einiges auf meinem Kopf angesammelt. Ich bin richtig froh, dies alles wieder loszuwerden. Jetzt sehe ich wieder richtig gesittet aus.

Nach dem schönen, ausgefüllten Tag, freue ich mich, wieder auf dem Fahrrad zu sitzen. Sanftes Auf und Ab, wieder starker Wind, ab und zu auch im Rücken. Nach dem Ruhetag bin ich wieder fit und kann die 135 Kilometer durchfahren.
Viel früher als ich dachte bin ich in Thakek. Eine Touristin führt mich gleich zum Traveller Lodge. Ich stelle nur kurz mein Gepäck ab und fahre in die sehr schöne Innenstadt. Auch hier gibt es viele alte Häuser aus der französischen Kolonialzeit entlang des Mekong Ufers. Im schönsten Sonnenuntergang über dem Fluss genieße ich meine Nudelsuppe. Am anderen Ufer liegt schon Thailand. In der Lodge sind mittlerweile einige Touristen. Die Berge mit Höhlen ganz in der Nähe sind die touristische Attraktion. Es wird ein sehr unterhaltsamer Abend.

Am Morgen sind die Straßen wie ausgestorben. Nachdem sich der Nebel verzogen hat, sehe ich die Karstberge mit den Höhlen. Solche Berge und Höhlen habe ich schon in China und Vietnam gesehen und werde sie im Norden

Laos auch noch sehen können.

Ich fahre einfach auf der RN13 weiter, (fast) ganz allein für mich und nur von Schmetterlingen begleitet.

In der letzten Nacht vor Vientiane kann ich die Gastfreundschaft der Landesbewohner austesten. Ich frage in einem Dorf, ob ich mein Zelt aufstel len kann. Nein, ich werde weitergeschickt. Wie ich später erfahre, hängt das damit zusammen, dass viele Flüchtlinge, vor allem aus Myanmar, mit ihren Zelten nach Laos kamen. Sie blieben dort, wo sie ihr Zelt aufschlugen. Deswegen hatten die Bewohner Angst, wenn ich jetzt mit meinem Zelt komme, gehe auch ich nicht mehr. Darum sollte man lieber nicht das Wort „Zelten" benutzen.

Im dritten Dorf werde ich dann doch noch sehr nett eingeladen. Es ist das Haus des Ortsvorstehers. Hinter einer Wand werden Bastmatten zum Schlafen unter einem Moskitonetz ausgerollte. Ich kann mich auf meiner Matte und mit dem Schlafsack dazulegen. Es gibt genug Matratzen und Kissen für ein paar Gäste, aber kein fließendes Wasser. In großen Bassins wird das Regenwasser gesammelt. Als ich sehe, dass darin ein Fisch schwimmt, ziehe ich es vor, zum Zähneputzen Trinkwasser zu nehmen. In der Nacht kommen Männer in den Raum. Sie tragen irgendwelche Tiere an den Schwänzen herein und legen sie neben den Kühlschrank. Ich kann es kaum glauben, denn es sind Ratten! Schon auf der Straße habe ich so kleine gehäutete, aufgespießte und gegrillte Tiere zum Essen gesehen und habe mich immer gefragt, was das denn ist. Den Gedanken, es könnten Ratten sein, habe ich immer weit von mir geschoben. Jetzt muss ich der Tatsache ins Auge schauen: Sie essen Ratten.

Wie bei jeder Hauptstadt rechne ich auch vor Vientiane mit viel Verkehr. Der bleibt aber aus. Alles ist genauso geruhsam wie im Rest des Landes, nur ein paar Baustellen wirbeln ein bisschen Staub auf. Die erste Nacht in Vientiane möchte ich in der Innenstadt bleiben. Ich mache mich auf die Suche nach einem Zimmer. Aber so etwas habe ich während meiner ganzen neunmonatigen Reise noch nicht erlebt. Die ersten Hostels haben alle schon außen ein Schild hängen: „Full". Und immer noch ziehen Heerscharen von Rucksacktouristen durch die Straßen auf Zimmersuche, alle mit dem „Lonely Planet" vor der Nase. Jeder geht die gleiche Tour ab, von Hostel zu Hostel. Ein Einheimischer zeigt mir in einer Seitenstraße ein kleines, sauberes und bezahlbares Einzelzimmer. Wunderbar, vielen Dank. Ich streife durch die Stadt, kann mich mal wieder richtig schön durch die vielen Essenstände in der Straße durchfuttern. Todmüde komme ich in mein Zimmer zurück und schlafe gleich über meiner Bierflasche ein.

Ich bin jetzt neun Monate lang unterwegs. Wenn ich insgesamt drei Jahre weg sein werde, ist jetzt schon ein Viertel der Zeit vorbei. Und so schön wie es momentan ist, kann es ruhig weiter gehen.

Heute gehe ich mit Anne und Ollie, den zwei Stuttgarter Radfahrern, die auch gerade in der Stadt sind, frühstücken. So viel, wie wir uns zu erzählen haben, wird es ein sehr langes Frühstück.

Erst sehr spät fahre ich die vier Kilometer vor die Stadt zu Chris, meinem Gastgeber. Er ist Australier und wohnt mit seiner Frau, zwei kleinen Kindern und drei Hausangestellten – je ein Kindermädchen pro Kind und eine Haushälterin – in einem relativ großen Haus. Er ist so unkompliziert und großzügig, dass ich mich gleich sehr wohl fühle. Hier gibt es prima Essen, Internet und meine Wäsche wird gleich gewaschen. Einfach eine Oase wie man sie sich auf so einer Reise nur erträumen kann. Chris ist sehr viel in Laos unterwegs und kann mir gute Tipps für meine weitere Route geben. Bis in die Nacht trinke ich mit seiner Frau Gin Tonic, er bleibt bei Bier. Eine schöne Feier zu meinem „Viertel Reise" und meinen ersten 20.000 Kilometern hatte ich ja bisher auch noch nicht gefeiert und stand noch aus.

Das einzige, was ich mir hier in der Gegend anschauen möchte, ist der Buddha-Park. Ich weiß nur, dass er am Mekong südöstlich von Vientiane liegt. Also fahre ich einfach los, immer schön den Fluss entlang. Es ist nicht der direkte, aber ein sehr schöner Weg. Es gibt viele kleine Hütten und alle hundert Meter einen Wat (Tempel). Hier inmitten von fast Nichts, treffe ich einen Jungen, der sehr gut Englisch spricht. Dank der Skizze, die er in mein Heft malt, finde ich schließlich den Park. Es hat sich gelohnt! Er ist nicht nur sehr schön gelegen, sondern auch voll von sehr fantasievollen Buddha-Figuren. Er wurde vor nicht allzu langer Zeit erst errichtet.

Am Abend kramt Chris sehr alte Landkarten, aber mit exakten Höhenlinien hervor. Wir planen meine weitere Reise. Der Abend geht entsprechend schnell vorbei.

Mein Traum ist es ja, ohne fliegen um die Welt zu kommen. Er meint allerdings, dass ich kein Boot nach Australien bekomme, da die australische Regierung nicht zulässt, dass von irgendeinem Land, Leute über See einreisen. Zu viele Flüchtlinge versuchen nämlich so, in das Land zu kommen. Nun, wir werden sehen.

Fahrrad EldoRADo Nord-Laos

Der Abschied von Vientiane fällt mir nicht leicht. Mir ist aber bewusst, wenn ich jetzt nicht gehe, bleibe ich hier ewig hängen, wie Chris, der ursprünglich von Australien nach Irland wollte und noch immer in Laos ist.

Am ersten Tag geht es noch gemütlich ohne viel Steigung entlang an Flüssen und Stauseen. Chris meinte, auf der Route 10 sei viel weniger Verkehr. Das bedeutet zwar einen Umweg von vierzig Kilometern, der hat sich aber gelohnt, denn es ist eine ruhige und prima Straße. Zum nächsten Ort ist es noch weit, zudem geht es bergauf. Plötzlich steht mitten in der Pampa ein Schild mit der Aufschrift „Guesthouse". Auf einem Hügel etwas abseits der Straße befinden sich ein paar kleine Häuser, unten an der Straße gibt es ein Restaurant. Ein Glückstreffer! Es ist alles total neu und sauber, und die Leute sind sehr nett. Ich bekomme zwei Mahlzeiten: Einmal meinen klumpigen Reis mit Ei, den ich bestellt habe. Und da ich danach lange sitze und schreibe, werde ich auch zu ihrem Essen noch eingeladen.

Diese wunderbare Landschaft tröstet mich darüber hinweg, nicht mehr in Vientiane zu sein. Ich freue mich auch immer, wenn ich mitten in der Natur aufwache und nur Bananenstauden um mich herum sind. Langsam sehe ich immer mehr von den fantastischen Bergen, bis ich sie in Vang Vieng direkt vor der Nase habe. Der Norden von Laos ist ein Eldorado für Fahrradfahrer. Radler aller Welt treffen sich hier, ob von China, Vietnam, Kambodscha oder Thailand kommend, der Norden von Laos ist das Highlight. Drei holländische Pärchen, alle so zwischen fünfundfünfzig und fünfundsechzig Jahre alt, treffe ich heute. Einem begegne ich direkt in Vang Vieng. Hier haben wir die Möglichkeit gemütlich zusammenzusitzen und Informationen auszutauschen. Sie erfahren von mir die besten Plätze zum Schlafen Richtung Vientiane, und ich kenne jetzt meine Etappen bis Luang Prabang. Da es noch sehr früh ist, habe ich genug Zeit, mich umzusehen. Schnell ist mir klar, hier brauche ich keine zwei Nächte bleiben. Die Stadt besteht aus einem Pub an dem anderen, in jedem läuft eine andere DVD, dazwischen befinden sich Reiseagenturen, in denen man Tubing, Kayaking, Rafting und solche Sachen buchen kann, daneben gibt es noch Internetcafés und Backpacker-Hostels. Der Fluss hat allerdings kaum Wasser und Strömung, eine Schlauchfahrt wäre somit eher uninteressant. Aber ohne Frage, das Tal mit den hohen Bergen rundherum ist wunderschön. Am allerschönsten ist aber mein Schlafplatz auf der anderen Seite des Flusses. Abseits vom ganzen Rummel kann ich endlich wieder mein Zelt aufstellen. Der Platz ist nur über eine schmale Bambusbrücke erreichbar. Für meinen Adrenalinschub brauche ich kein Rafting.

Je weiter ich nach Luang Prabang komme, desto mehr wird mir bewusst, warum dies ein Fahrradfahrerparadies ist. Vor lauter Schönheit der Landschaft vergisst man schnell jegliche Strapazen. Die eigentlich geteerte Straße wird immer wieder durch steinige, staubige Abschnitte unterbrochen. Sehr unangenehm, besonders, wenn dann gerade ein Auto vorbeikommt. Für die Verpflegung gibt es wieder Stände mit Wassermelonen. Eine recht große, die locker für zwei Personen reichen würde, kann ich alleine verputzen. Richtig verwöhnt werde ich am Abend mit einen Bungalow und heißen Quellen im Bor Nam Oom Ressort. Sofort sind alle Mühen des Tages wieder weggewaschen.

Hinter den heißen Quellen, fängt die Steigung aber erst richtig an. Das muss man erst einmal schaffen, sechsundzwanzig Kilometer in fünf Stunden! Nein, nicht zu Fuß, mit dem Fahrrad! Ich habe es überhaupt nicht eilig. Die vielen Kindern erleichtern das Fahrradfahren sehr. Einerseits ist es erheiternd, sie nackt winkend am Straßenrand zu sehen. Andererseits haben die etwas größeren von ihnen ein sehr hartes Leben dort oben. Was sie bergauf und bergab schleppen müssen, dagegen ist das bisschen Fahrradfahren nichts. Was sie alle besonders mögen, ist, die Hand auszustrecken, damit ich mit meiner im Vorbeifahren dagegen schlagen kann. Manche holen richtig aus, sodass es trotz meiner Handschuhe weh tut. Die Kleinen aber lachen und freuen sich. Bei meinem Tempo den Berg hoch, können sie gut neben mir herlaufen.

Es ist erst kurz nach Mittag als ich im Ort mit der nächsten Übernachtungsmöglichkeit ankomme. Weiterfahren würde jetzt in Stress ausarten. Die

einzige Daseinsberechtigung des Ortes ist die Abzweigung der Straße zum
„Plain of Jars" (Ebene der Tonkrüge). Er liegt auf 1.300 Höhenmetern und
es ist sehr kühl.

Täglich fahren hundert Busse hier durch und halten in der Stadt. Sie besteht
hauptsächlich aus Marktbuden, Essensständen und Restaurants. Zwei kleine
Gasthäuser gibt es auch noch. Kaum jemand verbringt die Nacht hier, alle
wollen schnell weiter zu den Touristenattraktionen. Für mich gibt es auch
nicht viel zu tun, ein paarmal schlendere ich um die Marktbuden und
bestaune die Frauen in den bunten Trachten der Bergvölker. Eines der wichtigsten Küchenutensilien ist ein Bambuskorb, in dem wird das gemacht, was
jeder guten Hausfrau passieren kann, nämlich klumpiger, klebriger Reis. Hier
ist es ein echter Leckerbissen namens „khao niau".

Am nächsten Tag bleibt der Weg mehr oder weniger auf dieser Höhe. Nur
wenig geht es bergauf und bergab. Der nächste kleine Ort, in dem ich übernachte, hat das gleiche Ambiente, nur dass hier keine Straße abgeht, sondern
die Busse nur halten. Ich beobachte die Touristen, wie sie aus den Bussen zu
den Sandwiches und wieder zurück in den Bus stürmen. Ich überlege gerade,
wo ich wohl Anne und Ollie wieder treffen werde. Sie haben von Vientiane

Rast im bergigen Nord-Laos

den Bus nach Luang Prabang genommen und wollen mit den Fahrrädern wieder zurückfahren. Und plötzlich stehen sie vor mir, welch eine Freude. Sie sind völlig erledigt, trotzdem werden die Erfahrungen bei einem netten Abendessen mit Reis und Ei noch ausgetauscht.

Der letzte Abschnitt nach Luang Prabang ist einer der schönsten. Ich sehe es als vorgezogenes Geburtstagsgeschenk. Dank Anne und Ollie weiß ich ganz detailliert, was mich erwartet. Lange Anstiege und lange Abfahrten, wobei die Abfahrten überwiegen sollen. Ich starte bei Kälte im Nebel. Ungefähr einhundertundfünfzig Höhenmeter tiefer bin ich zwischen den Wolkenschichten. Es sieht fantastisch aus, wie der Nebel unter mir in den Bergen hängt. Kurz darauf geht es durch diese Nebelschicht, bis ich tausend Meter tiefer über den Fluss fahre, der für dieses tiefe Tal verantwortlich ist, um auf der anderen Seite wieder tausend Höhenmeter hochfahren zu können. Dabei kann ich die Landschaft genießen, und alles ist kein Problem.

Eine Frau kommt mir den Berg hoch entgegen mit einem Korb voll Bananen auf dem Rücken. Schnell halte ich sie an und mache ihr klar, dass ich ein paar Bananen möchte, woraufhin sie mir eine ganze Staude gibt. Recht entgeistert schaut sie, als ich ihr dafür Geld gebe. Vielleicht wäre sie schon damit zufrieden gewesen, dass ich ihr mindestens ein Kilogramm Last abnehme.

Schon kurz nach 13 Uhr bin ich Luang Prabang, dabei hatte ich mich so sehr auf einen ganzen Tag Fahrradfahren gefreut. Diese Stadt hat keine Straßenschilder. Man kann sich nur an den hunderten von Wats (Tempeln) orientieren, die auch auf dem Stadtplan eingezeichnet sind. Der Vorteil, wenn man so früh in einer Touristenstadt ankommt, ist, dass die letzten Gäste schon ausgecheckt und die neuen Busladungen von Touristen noch nicht angekommen sind. So finde ich ein sehr nettes Guesthouse ein bisschen außerhalb der Altstadt. Jens, ein junger deutscher Radler, sieht mich, folgt mir und landet so in der gleichen Unterkunft. Er kommt von der Türkei, Iran, Pakistan und China nach Laos. Ich freue mich richtig, wieder einen Fahrradfahrer zu sehen. Zusammen erkunden wir die Stadt und futtern uns durch den Nachtmarkt, wie es sich für Fahrradfahrer gehört. Leider fährt er am nächsten Tag weiter in Richtung Vientiane. Sein Ziel ist Bangkok. Ich hänge am nächsten Tag nur schlapp herum.

Gestern Abend bin ich einfach zu hemmungslos mit meinem Verdauungssystem umgegangen. Das bedeutet wieder einmal einen Tag hauptsächlich mit Bananen und Cola. Im Internet wird auf einmal gemunkelt, in Thailand seien wieder Unruhen. Der Flughafen wurde gestürmt und alle Flüge gestrichen. Wieder einmal bin ich froh, mit dem Fahrrad unterwegs zu sein. Meinem Magen geht es schon viel besser, und ich bin fit genug, um mich zu den schönsten Wasserfällen, Kuang Si, aufzumachen. Auf dem Weg treffe ich Klaus, einen deutschen Radler. Wir sind so ins Gespräch vertieft, dass wir die Berge kaum bemerken. Außerdem ist es ein Vergnügen, ohne Gepäck zu fahren. Es ist tatsächlich einer der schönsten Wasserfälle, die ich jemals gesehen habe. Zuerst läuft man die Kaskaden entlang, die immer wieder durch Pools unterbrochen werden, in denen man auch baden darf. Da ich gehört habe, dass es hier Blutegel geben soll, verzichte ich aber besser darauf. Lieber genieße ich den Anblick des Wasserfalls.

Dann ist mein Geburtstag. Ich wollte ihn hier in diesem Touristenort verbringen, da es viele Einrichtungen gibt, in denen ich mich verwöhnen lassen kann. Allerdings ist es schon komisch, Geburtstag zu haben und niemand um mich herum weiß es. Zuerst schaue ich mir ein paar Wats an, gehe ins Internet, um meine Geburtstagsgrüße abzurufen und mit meiner Mutter zu telefonieren, damit sie mir persönlich gratulieren kann. Wegen der Unruhen in Thailand liegt das Internet zeitweise brach. Viele Touristen stürmen die Internetcafés, wollen Flüge umbuchen und Neuigkeiten erfahren. Mir ist das alles egal, ich werde nur noch zwei Tage in Laos sein. Im Norden Thailands ist sicher von den Unruhen nichts zu spüren. Als Geburtstagsgeschenk gönne ich mir eine Massage und, wie soll es auch anders sein, ein gutes Essen: Curry-Nudeln mit Knoblauchbrot. Jetzt esse ich schon drei Tage lang ordentlich und werde erst in drei Tagen wieder auf dem Fahrrad sein. Ob das ein gutes Ende nimmt?

Die ersten zwei Tage meines neuen Lebensjahres verbringe ich endlich auf einem Boot im Mekong. Als ich dort ankomme, liegen die Fahrräder eines deutschen Paares schon auf dem Dach. Meines wird einfach dazu gebunden. Die Landschaft ist fantastisch – als würde man durch ein Gemälde fahren. Als dann auch noch die Sonne herauskommt und es ein bisschen wärmer wird, kann ich die Fahrt richtig genießen. Neben mir sitzt eine ältere Französin, die seit einiger Zeit in Luang Prabang Lehrerin ist. Sie macht mit Gästen eine Tour durch den Norden von Laos. Ich habe eine sehr amüsante Unterhaltung mit ihr. Das Ende der Regenzeit ist schon ein Weilchen vorbei und man sieht, wie weit sich der Wasserspiegel in der Zwischenzeit gesenkt hat. Auf den meist sandigen Ufern sind sehr interessante Konturen zu sehen. Auf diesem Sand wird zum Beispiel auch Mais angebaut. Die Siedlungen entlang des Ufers sind nur mit dem Boot zugänglich, denn es gibt keine Straßen.

In Pat Beng wird zum Übernachten Halt gemacht. Es gibt hier genügend Gasthäuser und Restaurants, um dem Ansturm der Touristen gerecht zu werden.

Der zweite Tag auf dem Mekong unterscheidet sich nicht sehr vom ersten. Nur, je enger der Fluss wird, desto stärker wird natürlich die Strömung. Mit all den Felsen im Wasser hoffe ich doch sehr, der Bootsmann fährt die Strecke nicht zum ersten Mal. Die hohen Brocken ragen aus dem Wasser, die nicht so hohen von ihnen enden noch unterhalb der Wasseroberfläche. Es ist eine ganz schöne Slalomfahrt.

Zu spät, um noch die Grenze nach Thailand passieren zu können, kommen wir in Huay Xai an. Ich bin sehr müde und frage mich, warum das so ist nach all den ruhigen Tagen.
Am nächsten Tag geht es dann das letzte Mal auf den Mekong, nur um den Fluss nach Thailand zu überqueren. Sabadi Laos, es war sehr schön hier!

Thailand - Die große Überraschung: Der Norden

Nach 21.293 Kilometern komme ich nach Thailand. Alles, was ich bisher über dieses Land gehört habe, war Strand, Tsunami und natürlich Sextourismus. Aber zuerst einmal werde ich mit einem ganz anderen Thailand überrascht. Nach zwei Tagen auf dem Boot und drei Tagen in Luang Prabang sitze ich endlich wieder auf dem Fahrrad. Am Grenzübergang Huay Xay (Laos) – Chiang Kong (Thailand) setze ich gleich mit der ersten Fähre über. Alles verläuft absolut unproblematisch. Ich bekomme den Stempel für ein Dreißig-Tage-Visum in den Pass. Schon nach wenigen Metern wundere ich mich, warum alle auf der falschen Seite fahren. Dann merke ich, dass ich auf der falschen Seite bin. In Thailand ist Linksverkehr! Gleich werde ich mit absolut steilen Straßen konfrontiert, zwölf bis vierzehn Prozent Steigung über mehrere Kilometer sind hier keine Seltenheit.

Im Norden, wo Thailand, Laos, China und Myanmar aufeinandertreffen, liegt das „Goldene Dreieck". Durch den Opiumschmuggel ist es weltberühmt geworden. Heute ist es eine Touristenattraktion. Hier heißt es nach zweieinhalb Monaten nun Abschied vom Mekong zu nehmen.

Auf dem Weg nach Mae Sai kommt mir Tricia, eine Australierin und die erste allein reisende Frau auf dem Fahrrad, entgegen. Sechs Monate ist sie bisher unterwegs, möchte aber bald wieder heim. Da langsam die Sonne untergeht, ist der Erfahrungsaustausch leider relativ kurz. Hauptsache, wir haben die E-Mail Adressen ausgetauscht.

In einem goldenen Sonnenuntergang geht es sehr schnell nach Mae Sai. Einmal den Nachtmarkt rauf und runter gelaufen und ich bin auch wieder satt. Das Essensangebot dort ist überwältigend. Es gibt Maiskolben und Bananen jeglicher Art. Endlich kühlt es nachts wieder soweit ab, dass ich mich schön in meinen Schlafsack einmummeln kann.

Das „Goldene Dreieck" von Laos, China und Myanmar

Bevor ich weiterfahre, decke ich mich in einem der westlichen Supermärkte mit Lebensmitteln ein. Vollbepackt geht es dann in den Westen und in die Berge. Hier befindet sich ein Wasserfall nach dem anderen, dazwischen blubbern heiße Quellen und fast alle haben ihr eigenes Ressort. Es ist aber kaum etwas los. Wie sollen die Touristen auch herkommen, wenn die Flughäfen in Bangkok und Chiang Mai geschlossen sind? Es kann ja nicht jeder mit dem Fahrrad anreisen. Ich freue mich über die kühleren Temperaturen und darüber, endlich wieder etwas Langärmeliges anziehen zu können.

Der Geburtstag des Königs steht bevor, und ganz Thailand bereitet sich auf das Fest vor. Überall wird geprobt, getanzt und getrommelt. Gutes Kartenmaterial ist hier leider nicht zu erhalten. Straßen, die ich fahren möchte, existierten nicht, Straßen, die ich fahre, sind hingegen gar nicht eingezeichnet. Nie weiß ich, wie steil und wie lang es nach oben geht. Die Strecken sind für mich immer Überraschungen – auch nicht schlecht. Vielleicht würde ich mich von manchen Abschnitten abschrecken lassen, obwohl sie sich im Nachhinein immer als sehr schön herausgestellt haben. Und nach einem Anstieg kommt ja auch immer wieder eine Abfahrt.

Noch 139 Kilometer bis Chiang Mai und es ist ein fantastischer Tag. Mit Blick auf die wunderschöne Landschaft geht es an einem plätschernden Bächlein entlang. So werden wieder ganz neue Energien geweckt.
Chiang Mai ist die größte Stadt im Norden, mit unzähligen Tempeln. Da es ein Ausgangspunkt für Bergtouren ist, gibt es hier sehr viele Guesthouses und Restaurants. Die größte Attraktion ist der Nachtmarkt. Früher stoppten hier die Yunnanesen auf ihrer Handelsroute von China nach Myanmar. Heute wird der Markt von großen Konsumtempeln eingesäumt. Die wohlbekannten Fast-Food-Ketten fehlen auch nicht. Frauen in der Tracht der Bergvölker versuchen ihre Souvenirs an die Touristen zu bringen.

Dann ist der Geburtstag des Königs. Im ganzen Land finden Veranstaltungen statt. Morgens vor 6 Uhr werde ich von buddhistischem Gesang geweckt. Alle Mönche der Region versammeln sich auf der anderen Straßenseite vor meinem Guesthouse. Viele Leute kommen mit Plastiktüten voller Lebensmittel als Spende. Die Mönche stehen in einer Reihe und nehmen alles dankbar entgegen. Abends gibt es nochmals Tanz für den König mit schöner Beleuchtung und einem Feuerwerk.

Zwischen Chiang Mai und Bangkok gibt es hauptsächlich nur große Straßen mit viel Verkehr. Ich finde aber eine kleine Straße ohne viel Verkehr, weil sie für Lastwagen gesperrt ist. Sie ist natürlich nicht auf meiner Karte eingezeichnet. Kurz vor Lampang gibt es ein „Elephant Conservation Center". Hier werden Elefanten für den Arbeitseinsatz im Wald trainiert und gepflegt. Bevor ich mir die Show anschaue, gehe ich zum Elefantenkrankenhaus. Es ist schrecklich die alten Elefanten mit ausgerenkten Schulterblättern und gebrochenen, krummen Beinen zu sehen. Die Elefanten müssen hart arbeiten. Es ist nicht alles nur Spielerei, wie es in der Show dargestellt wird. Zuerst sieht man die Tiere, wie sie Baumstämme aus dem Wald ziehen und aufeinander schichten. Der zweite Teil ist eher eine Touristenattraktion, die Elefanten machen auf Trommeln und Xylophonen Musik und malen Bilder. Erstaunlich wie sie das machen, denn die Dickhäuter sind fast blind.

In Lampang schieben sich Autoschlangen durch die engen Gassen, und es ist definitiv keine gute Zeit, um ein Zimmer zu suchen. Drei bepackte Räder sehe ich vor einer Bar stehen, sie gehören drei netten jungen Polen. Auf meine Frage, ob sie schon eine Unterkunft haben, lachen sie nur los und meinen, alles ist absolut ausgebucht. Ein Einheimischer hat gerade noch ein Zimmer für sie gefunden. Die Polin meint, wenn ich nichts mehr finde, kann ich auch noch bei ihnen im Zimmer übernachten. Sofort ziehe ich los. Entweder ist schon ein großes Schild „Full" angebracht oder man ruft es mir gleich entgegen. Einheimische, die mir helfen wollen, geben auch bald auf. Morgen findet hier ein riesiger Schülerwettbewerb im Trommeln statt. Schüler, Lehrer und Eltern belegen jedes Bett in der Stadt. Keine Chance. Also komme ich auf das Angebot von Gabriela, Stefan und Robert zurück und zu viert beziehen wir ein Zweibettzimmer. Mit meiner Isomatte und dem Schlafsack ist das kein Problem.

Nicht nur der Nachtmarkt, sondern die ganze Stadt gefällt sehr gut. Es gibt viel weniger europäische Touristen als in Chiang Mai, dafür mehr Leben, Esprit und Künstler. Es werden wesentlich originellere Sachen angeboten. Hier floriert eine Art Subkultur. Es gibt auch Pferdekutschen und die alten Holzhäuser, die in Chiang Mai schon lange abgerissen wurden.

Da die drei Polen noch in Lampang bleiben und das Festival anschauen, richte ich mich ganz leise um 6 Uhr auf, packe und stehle mich davon. Eine zweite Nacht möchte ich ihre Gastfreundschaft nicht in Anspruch nehmen. Im weiteren Verlauf sind weniger Touristen unterwegs, und ich bin wieder einmal die Attraktion. Ein Auto hält an und die Fahrerin schenkt mir eine Flasche Wasser, das ist mir seit China nicht mehr passiert. Von den Leuten, bei denen ich meine Nudelsuppe esse, bekomme ich sogar einen ganzen Strunk Bananen geschenkt. Die negative Seite von fehlenden Touristen ist, dass nur alles in Thai ausgewiesen ist. Auch mit den Straßennummern nehmen sie es nicht so genau. Normalerweise bin ich ja flexibel aber diesmal weiß ich von den Polen, dass irgendwo ein Campingplatz sein muss, den ich schließlich auch finde. Das Ressort ist ganz neu und hat noch gar nicht geöffnet, aber die Frau ist sehr freundlich und lässt mich in der wunderschönen Umgebung mein Zelt aufschlagen. Zuerst bekomme ich ein Empfangsbier, dann ein Essen und ein Fußbad mit Wasser aus den Mineralquellen. Es tut gut, sich ab und zu so verwöhnen zu lassen.

Nach einer angenehm ruhigen Nacht, ist das Erwachen leider nicht so angenehm. Dummerweise habe ich die süßen Teile, die ich am Abend vorher gekauft habe, in den Fahrradtaschen gelassen. Es gab eine richtige Ameiseninvasion. Nun ist alles ganz schwarz und überall wuselt es. Taschen, die wasserdicht sind, sollten doch auch ameisendicht sein, oder etwa nicht? Sofort leere ich die Taschen aus und reinige sie. Mein Frühstück überlasse ich den Tieren. Es dauert allerdings nicht lange, da ist wieder alles voll von den Krabbeltieren. Erst dann bemerke ich, dass mein Fahrrad an einem Ameisennest steht. Langsam fühle ich mich richtig verfolgt und einer Paranoia nahe. Nichts wie weg hier, so schön es landschaftlich auch ist.

Langsam verschwinden die Berge, es wird eben und nicht mehr so interessant. Um keine Langeweile auf den ebenen, geraden Strecken aufkommen zu lassen, nutze ich sie als Trainingseinheit. So bin ich sehr schnell in Sukhothai – eine der ersten Überraschungen hier im Norden Thailands. Ich bin richtig froh, dass ich aufgrund meiner Raserei jetzt hier so viel Zeit habe. Der Geschichtspark mit den Ruinen der alten Hauptstadt des ersten thailändischen Königreichs ist äußerst interessant. Unglaublich, wie viele Tempel und Buddhas hier herumstehen. Es ist ersichtlich, warum der Park zum Weltkulturerbe ernannt wurde.

In Kamphaeng Phet erwartet mich fast das Gleiche, denn historisch gehören Sukhothai und Kamphaeng Phet zusammen. Im riesigen Park kann ich wunderbar fahren und die Ruinen bewundern. Auf den Stufen der Tempel darf man rauf und runter steigen, aber bei jedem Schritt bröckelt etwas ab und bald ist nichts mehr von den Tempeln übrig.

Eine meiner Leibspeisen ist Reis mit Kokos, Zuckerrohr und Bohnen. Die Pampe wird in ein Bambusrohr gesteckt und auf dem offenen Feuer gegart. Danach wird die Bambusstange abgehobelt, damit man, wenn man an den Inhalt kommen will, einfach den restlichen Bambus abschälen kann. Als ich ein paar Frauen am Wegesrand sitzen und diese Delikatesse zubereiten sehe, möchte ich eine Stange kaufen. Das geht aber leider nicht, denn sie wollen sie mir unbedingt schenken. Die Haltbarkeit dieser Köstlichkeit in meinen Händen ist sehr kurz. Wegen meines hungrigen Auftritts, bekomme ich gleich noch eine für den Weg.

Im Gegensatz zu Laos merke ich hier schon hunderte Kilometer vor der Hauptstadt, wie der Verkehr zunimmt. So viel Verkehr bin ich einfach nicht mehr gewohnt. Ich fahre also lieber einen Umweg auf kleineren Straßen. Auf der Suche nach einer Möglichkeit zum Übernachten, werde ich in Ban Mi zu einer Tempelanlage gebracht. Ich bin nicht die Erste, die hier ihr Zelt aufschlägt, denn es stehen schon etwa vier Zelte da. Einige Thais mit ihren riesigen Pickups haben es sich hier schon gemütlich gemacht. Leider sprechen sie kein Englisch. Außer meinem Vorrat an Instantnudeln habe ich nichts mehr zu essen und für meinen Kocher auch keinen Brennstoff. Das ist aber kein Problem, denn die Thais kochen mir schnell Wasser. Dafür teile ich mit ihnen meine Melone. Mit Handzeichen und rudimentärem Englisch kann wenigstens die Basiskommunikation stattfinden. Die wichtigsten Fragen sind aber immer noch, ob ich allein reise, ob ich verheiratet bin und ob ich Kinder habe. Ich bin so müde, dass ich bald in mein Zelt krieche. Mit dem Gesang der Mönche schlafe ich schnell ein.

Leider werde ich auch mit dem Gesang wieder viel zu früh geweckt, bei Sonnenaufgang um 4:30 Uhr. In Lop Bure gibt es nur ein paar Tempelruinen. Dafür springen überall Affen herum. Meine Laune lässt zu wünschen übrig. Die meiste Zeit sitze ich tagebuchschreibend im Park. Vielleicht bin ich in letzter Zeit zu viel Fahrrad gefahren? Ganz gut, dass ich mich heute etwas erholen kann. Die letzte Stadt vor Bangkok ist Ayutthaya, ebenfalls Weltkulturerbe, ebenfalls ehemalige Hauptstadt Thailands und sehr lohnenswert anzuschauen. Sie liegt auf einer Insel, umschlossen von drei Flüssen. In der Tempelanlage Wat Phra Mahathat befindet sich der von Wurzeln umrankte Buddha-Kopf, der so einige Postkarten ziert.

Sehr früh stehe ich auf, um noch vor der großen Hitze und dem Verkehr in der Hauptstadt zu sein. Der erste Teil der Strecke ist auch noch sehr schön, auf schmalen Straßen führt sie an kleinen Kanälen entlang. Da Sonntag ist, sind auch viele Rennradler aus Bangkok unterwegs, die mir die besten Wege sagen können. Ungefähr dreißig Kilometer vor der Hauptstadt ist es dann vorbei mit dieser Herrlichkeit. Bis zur Stadt gibt es nur noch sechsspurige Autobahnen, auf denen man auch als Fahrradfahrer unterwegs sein darf. Das richtige Chaos beginnt in einem Vorort von Bangkok. Wie komme ich auf einer mehrspurigen Straße mit Grünstreifen und Hecke in der Mitte auf die andere Seite? Für Fußgänger gibt es Brücken, aber die sind für mich mit dem beladenen Fahrrad unüberwindbar. Mir bleibt nichts anderes übrig, als kilometerweit bis zum nächsten U-turn zu fahren. Sehr nervig! Irgendwann bin ich endlich auf der richtigen Straße und auch auf der richtigen Seite, die mich geradewegs zu meiner Herberge bringen soll. Sie ist nicht weit von der Haupttouristenmeile Khao San.

Bangkok ist schon ein ganz anderes Pflaster, und es entspricht eher dem, was man so von Thailand hört. Eine Bar an der anderen. Hier möchte ich wieder einmal ein Visum für meine weitere Reise besorgen. Die Visapolitik der verschiedenen Länder entzieht sich meiner Logik. Für Indonesien bekommt man ein Zweimonatsvisum, wenn man mit dem Flugzeug einreist. Kommt man mit dem Boot, hat man nur einen Monat zur Verfügung und darf auch nicht verlängern. Ähnliches macht jetzt auch Thailand, denn an der Grenze bekommt man nur noch ein Visum für vierzehn Tage, am Flughafen hingegen für dreißig Tage. Das ist nicht sehr erfreulich. Immerhin macht man mir in der australischen Botschaft Hoffnung, dass es nicht aussichtslos ist, ein Jahresvisum für diesen Kontinent zu bekommen. Die kambodschanische Botschaft wurde inzwischen vierzehn Kilometer außerhalb der Stadt verlegt. Für heute reicht es mir.
Hier möchte ich mir einen Wunsch erfüllen, und zwar möchte ich mir ein Netbook kaufen. Also geht es los in die riesigen Einkaufszentren. In den

ersten beiden werde ich nicht fündig. Meine Laune wird immer düsterer, denn auch im dritten bin ich nicht erfolgreich. Erst im vierten Shopping-Center habe ich Glück. Es gibt mein Netbook und auch einen kleinen Reise-Tauchsieder, mit dem ich mir auch im Zimmer mein Wasser für Kaffee kochen kann. Letzteren kaufe ich gleich, das mit dem Netbook überlege ich mir noch bis zum nächsten Tag. Inzwischen bin ich so müde, dass ich nur noch mein Fahrrad in das Hostel bringe und mich dann an den vielen Buden satt esse. Selbst für diese einfachen Snacks sind die Preise hier doppelt so hoch wie auf dem Land.

Mit einer Tasse Kaffee auf dem Zimmer fängt der Tag doch gleich ganz anders an. Mit Freuden weihe ich meinen neu erworbenen Tauchsieder ein. Dann geht es die vierzehn Kilometer zur kambodschanischen Botschaft. Der Verkehr ist äußerst unangenehm und ein großes Durcheinander. Plötzlich überholt mich ein großer, schwarzer Volvo, biegt direkt vor mir links ab (Linksverkehr) und schneidet mich so, dass ich in seiner Seite lande. Außer ein paar blauen Flecken und einem blutigen Ellbogen habe ich keine Blessuren. Aber das Auto hat einen schönen langen Kratzer, was mich natürlich ungemein freut! Der Fahrer behauptet doch tatsächlich, er hätte mich nicht gesehen und meint: „I am sorry, but accidents happen every day." Idiot! Die Polizei steht daneben, interessiert sich aber überhaupt nicht für den Unfall. Zum Glück verläuft auf der Botschaft alles unkompliziert. Innerhalb von zwanzig Minuten bekomme ich das Visum für Kambodscha, ich muss den Weg also nur einmal zurücklegen.

Der nächste Punkt: mein Netbook! Ich erstehe es tatsächlich und es ist einfach genial! Jetzt kann die (Internet-)Arbeit richtig beginnen. Ich bin so stolz und glücklich, weil ich mich nun nicht mehr in den Spielhöllen rumdrücken muss.

In der Zwischenzeit ist auch Jens, den ich in Luang Prabang getroffen habe, in Bangkok. In Rekordzeit ist er durch Laos, Kambodscha und Thailand gerast. In zwei Tagen ist er von Siem Reap (Kambodscha) nach Bangkok geradelt, also sollte ich es in fünf Tagen gut schaffen können. Nach sechs Monaten auf dem Fahrrad ist auch für ihn in Bangkok Schluss. Es tut richtig gut, einen „alten Bekannten" wiederzusehen. Meist trifft man die Radfahrer nur einmal und über die Standardfragen geht kaum ein Gespräch hinaus. Sieht man jemanden zum zweiten Mal, kann man gleich ein interessanteres Gespräch starten.

Nachdem ich zwei Tage durch Bangkok gedüst bin, sämtliche Botschaften und einige Konsumtempel abgeklappert habe, beschließe ich am dritten Tag mein Fahrrad stehen zu lassen und zu Fuß die Sehenswürdigkeiten der Stadt zu erkunden. Nach all den Tempeln im Norden Thailands und auch in Laos erweckt nur noch der Palast mein Interesse. Die ganze Anlage umfasst mehr als hundert Gebäude, auch da sind natürlich einige Tempel darunter, zum Beispiel Wat Phra Kaeo mit dem Smaragd-Buddha. Das ist wirklich spektakulär. Ich möchte nicht wissen, wie viel Gold hier verarbeitet wurde, alles glänzt, auch durch die Smaragde.

Danach schaffe ich Platz für meinen Computer in meinen Taschen. Ein Teil wird weggeworfen, ein anderer mit Weihnachtsgeschenken nach Hause geschickt. Wäre ja gelacht, wenn ich für mein kleines Netbook, auf das ich ab sofort nicht mehr verzichten möchte, keinen Platz finden würde.

Endlich kann ich diese Stadt verlassen. Es ist kein ideales Territorium für Radfahrer. Auf dem Weg aus der Stadt drücke ich einer armen, alten Frau ein Paket in die Hand mit den Sachen, die ich weder heimschicken noch wegwerfen möchte. Wie die Fahrt hin nach Bangkok, ist auch die Fahrt weg kein Vergnügen. Ich fahre einfach durch, bis ich wieder halbwegs durchatmen kann. Der Gegenwind macht das Fahren auf den schnurgeraden Straßen auch nicht einfacher. Inzwischen sind meine Oberschenkel dick genug, sodass ich trotzdem vorwärts komme.

Am nächsten Tag stehe ich wieder vor der Grenze. So viel war hier noch nie los. Händler kommen von Kambodscha, kaufen in Thailand Waren ein und ziehen diese wieder mit ihren Handkarren zurück. Ich werde überall durchgewunken.

Kambodscha - Vom Dschungel umschlungen - Angkor Wat

Nach 22.982 Kilometern komme ich wieder nach Kambodscha. Mit gemischten Gefühlen kehre ich in das Land zurück, in dem ich mich beim ersten Besuch nicht sehr wohl fühlte, außer natürlich während meiner Zeit in Kampong Cham. So sehr mir die „westliche" Welt in Thailand gefiel, so sehr freue ich mich jetzt wieder auf den kleinen Straßen zwischen Bananenstauden, winkenden Kindern und Strohhütten fahren zu können. Was mir aber immer noch nicht gefällt, sind die hupenden Autos. In Thailand gibt es zwar viel Verkehr, es ist aber wesentlich ruhiger und somit stressfreier. Die ersten fünfzig Kilometer bis zur nächsten größeren Stadt, Sisophon, sind noch geteert. Zwischen Sisophon und Siem Reap folgt die härteste Strecke seit langer Zeit. Von den mehr als hundert Kilometern sind circa fünfundsiebzig nicht geteert, nur Staub und Steine. Zum Glück treffe ich Leif, einen älteren Schweden auf dem Fahrrad. So habe ich wenigstens nebenher eine nette Unterhaltung und geteiltes Leid, ist bekanntlich halbes Leid. Sein deutscher Wortschatz bereichert sich an diesem Tag um einige Kraftausdrücke. Fünf Stunden fahren wir in einer Staubwolke. Ständig Sand in den Augen zu haben, kann nicht gesund sein. Wenn meine Lunge genauso aussieht wie meine Kleidung, also total rotdreckig, werde ich bald ein Problem haben. Ab und zu fährt ein Wasserwagen entlang und besprizt die Straße. Bei Temperaturen um die vierzig Grad ist alles gleich wieder verdunstet. Die letzten zwanzig Kilometer vor Siem Reap sind wieder vom Feinsten. Bald wird auch das letzte Zwischenstück geteert sein, dann kann man ohne gesundheitliche Bedenken die Strecke durchfahren – wie langweilig.

Vor den Toren Angkor Wats

In Siem Reap finde ich gleich ein Guesthouse. Bei einer stundenlangen Dusche befreie ich all meine Poren und Ohren vom Staub. In der Stadt gibt es schöne alte Häuser im französischen Stil und wunderbare Märkte. Hier kann ich es gut ein paar Tage aushalten. Ich möchte bis Weihnachten hier bleiben. Den ersten Tag lasse ich gemütlich an mir vorüberziehen. Erst am zweiten Tag mache ich mich dann zu den Tempelanlagen von Angkor auf.

Um 7 Uhr bei sehr schönem Licht und kaum vorhandenen Touristen komme ich an. Stundenlang wandle ich zwischen den Reliefs des größten religiösen Gebäudes der Welt umher. Auf gut achthundert Metern und im Inneren des Tempelkomplex stellen sie Götter dar oder ganze Szenen der hinduistischen Mythen. Schon erstaunlich, was die Leute vom 9. bis 13. Jahrhundert dort alles zustande gebracht haben. Heute ist es eine der wichtigsten Pilgerstätte für Menschen nicht nur aus Kambodscha.

Als ich weiter zum Angkor Thom fahre, wird mir langsam das Ausmaß des ganzen Gebietes bewusst. Es sind immer ein paar Kilometer, die man zwischen den Tempeln radeln kann und davon gibt es ja einige. Die meisten Touristen nehmen ein TukTuk, ein „Mopedtaxi", oder man kann auch auf einem Elefanten reiten. Ich bevorzuge immer noch mein Fahrrad. Der imposanteste Tempel von Angkor Thom ist Bayon, er hat circa 52 Türme und auf jedem Turm sind vier Gesichter – jedes schaut in eine andere Himmelsrichtung, aber alle lächelnd. Im Gegensatz zu Angkor Wat ist Bayon nicht so gut erhalten. Die verschachtelte, symmetrische Struktur ist aber noch zu erkennen. Es sieht so aus, als ob ein Tempel in den anderen gebaut wurde. Die Wände sind teilweise sehr dicht aufeinander, sodass man die Reliefs kaum mehr erkennen kann. Heute möchte ich nur noch einen Tempel sehen: Tha Phrom. Dort macht dann die Batterie meines Fotoapparates schlapp, aber ich kann das Wurzelgeflecht auch einfach so genießen.

Wie verbringt man Weihnachten in einem buddhistischen Land? Den Heiligen Abend starte ich erneut mit einem Besuch des Tempels Tha Phrom. Im Morgenlicht sieht alles ganz anders aus als am Abend zuvor. Dieser Tempel ist am dichtesten vom Dschungel umschlungen. Über die Jahrhunderte, bis die ersten französischen Entdecker Ende des 19. Jahrhunderts kamen, hatte die Natur viel Zeit sich auszubreiten. Vor lauter Wurzelbeschauung übersieht man fast die einzigartigen Reliefs, die auch hier zahlreich vorhanden sind. Kaum ein Stein blieb von der Bearbeitung verschont. Auch hier ist die symmetrische Struktur noch gut erkennbar.

Das Radfahren zwischen den Tempeln ist immer sehr entspannend. Der nächste ist Takea. Obwohl er der älteste ist, wurde er nicht fertiggestellt. Blanke Steinquader bilden den steilsten und höchsten Tempel. Wo Touristen, meist sehr beleibt, mit Mühe hoch und wieder hinunter steigen, hüpfen die Khmer Kinder flink und geschickt hin und her, um ihre Ware zu verkaufen. Es existieren mehrere Theorien, warum die Steine nicht auch mit Reliefs versehen wurden, zum Beispiel dass ein Blitz eingeschlagen sei oder der Tod des Königs die Ursache war.

Preah Khan ist noch viel „unaufgeräumter" als Ta Prohm, aber deshalb auch noch viel aufregender, wilder und schöner. Er sieht wohl am ehesten noch so aus, wie die Forscher ihn vorgefunden haben.

Dann gehe ich nur kurz zurück ins Guesthouse, um mich für die Kirche herzurichten, denn es ist ja schließlich Heiligabend. Das wunderbare Krippenspiel findet in Khmer mit traditionellen, schillernden Kostümen und Tanz statt. Ich habe noch nie einen so schönen Erzengel gesehen. Die Kirche ist brechend voll. Es sind hauptsächlich Touristen und Ausländer, die hier arbeiten. Das war es dann aber auch schon mit der weihnachtlichen Stimmung. In einem Land, in dem der Buddhismus dominiert, ist auch nichts anderes zu erwarten. Immerhin gibt es für mich noch Weihnachtslebkuchen, den mir Freunde zugeschickt haben. Und mein Fahrrad bekommt zu Weihnachten immerhin neue Bremsklötze. Am Abend gehe ich in mein erstes Konzert, seit ich auf Tour bin. Ein Schweizer Kinderarzt, Beat Richner, ist nicht nur Arzt, sondern er hat auch fünf Krankenhäuser aufgebaut. Da er noch dazu sehr gut Cello spielen kann, gibt er Benefizkonzerte, um Geld für seine Projekte zu sammeln. Er spielt nicht nur, sondern er informiert auch über seine Arbeit. Es wird ein sehr eindrücklicher Abend. Trotz des Ernstes der Lage, ist es auch sehr humorvoll und positiv.

Es geht wieder los, einmal um den Tonle Sap-See. Da es hier sehr eben ist, kann ich auch ein wenig schneller fahren. Von dem größten See Südostasiens ist zur Trockenzeit nicht mehr viel zu sehen. Ein kurzes Stück bin ich in die andere Richtung schon einmal gefahren, als ich von Phnom Penh nach Kampong Cham unterwegs war. Nun ist es aber erheblich trockener als Mitte Oktober, die Vegetation nicht mehr so leuchtend grün, sondern eher gelblich. Kampong Luang, eine auf Booten im See erbaute Stadt, schaue ich mir wenigstens von weitem an. Die Einwohner sind hauptsächlich vietnamesischer Abstammung. Der Weg dorthin ist nicht gerade angenehm, denn hier ist alles sehr verwahrlost und überall liegt Abfall und es stinkt. Darum fahre ich nur bis ans Ende des Weges. Der Gedanke, mein bepacktes Fahrrad hier irgendwo stehen zu lassen und mit dem Boot weiter zu fahren, ist mir nicht gerade angenehm.

Nach fünf Tagen komme ich in Battambang auf der anderen Seite des Sees an. Bei zwei jungen Frauen, die frittierte Bananen verkaufen, halte ich an. Eine von beiden spricht gut Englisch. Ich frage sie, ob sie Silvester feiern, bekomme aber nur erstauntes Kopfschütteln zur Antwort. Ich gönne mir zur Feier des Tages ein schönes Zimmer. Es ist aber wirklich nichts los. Silvester interessiert sie genauso wenig wie Weihnachten. Es gibt allerdings viele Hochzeiten und deshalb auch ein bisschen Feuerwerk, aber eben nicht um Mitternacht. Nur an einer Sache merke ich, dass ein neues Jahr beginnt: am Run auf die Motorradhelme, denn ab 2009 ist auch hier Helmpflicht.

Am Neujahrstag mache ich mich wieder zur thailändischen Grenze auf. So wie die Autos fahren, müssen die Fahrer doch ganz schön gefeiert haben. Ansonsten gibt es keine Anzeichen von einem Feiertag oder ähnlichem, alles ist ganz normal. Ich wünsche trotzdem allen beim Vorbeifahren ein „Happy New Year", ob sie es verstehen oder nicht. Es macht wieder richtig Spaß, durch Winken oder ein „Hallo" ein Lächeln auf das Gesicht der Kinder zu zaubern. In der Grenzstadt Poipet finde ich ein Zimmer. Das Haus sieht nicht sehr einladend aus, das Zimmer auf den ersten Blick aber schon. Als ich mir am Abend noch einen Film anschaue, krabbelt auf einmal eine riesige Ratte auf dem Satellitenkabel entlang. Unter der Decke ist ein sehr großes Loch. Beinahe bekomme ich einen Tobsuchtsanfall. Das ist etwas, was ich am wenigsten ertragen kann. Mein Geschrei vertreibt die Ratte wieder. Sie macht auf dem Kabel schnell kehrt und ist ruckzuck wieder auf der anderen Seite der Mauer. Obwohl ich sie nicht mehr sehe, schlafe ich sehr schlecht. Für die Ausreise am nächsten Tag habe ich mal wieder viel zu wenig Geduld. Es dauert mir alles viel zu lang.

Wind, Sand und Sonne: Der Süden Thailands

Mittlerweile bin ich 23.936 Kilometer gefahren. Wenn das Jahr so weiter geht, wie es angefangen hat, bin ich in ein paar Monaten wieder Zuhause, denn es gibt Rückenwind ohne Ende. So angenehm kann sich die Zeit ruhig fortsetzen. Aber die Straßen Thailands haben mich wieder, mit all den (Un-) Annehmlichkeiten: viel Verkehr auf mehrspurigen Straßen, dafür einen breiten Seitenstreifen für mich, kein Gehupe und Tankstellen mit benutzbaren Toiletten – eine Frau weiß das zu schätzen! Ich fordere mein Schicksal nochmals heraus und stürze mich in den Verkehr Bangkoks. Wenn man mit Gepäck vollbeladen Fahrrad fährt, scheinen die Autofahrer mehr Respekt zu haben. Ohne größere Probleme komme ich bis zu den ersten Konsumtempeln. Samstagnachmittag ist da das reinste Chaos, so etwas kann man sich auf europäischen Straßen gar nicht vorstellen. Ich schlängele mich einfach mit dem Fahrrad irgendwie durch, nur nicht zögern oder hilflos herumschauen, sondern voller Selbstbewusstsein einfach machen. Ich komme an jener Bar vorbei, die in der Silvesternacht gebrannt hat. Nicht nur ein Gebäude sieht ganz anders aus als bei meinem ersten Besuch, denn da ist offenbar einiges zu Asche geworden. Es ist vielleicht doch besser, wenn Silvester hier nicht allzu sehr gefeiert wird.

Sonntagmorgen um 7 Uhr gibt es selbst in Bangkok kaum Verkehr. Es ist richtig schön, an Palast und den Tempeln einmal ohne Verkehr vorbeizufahren. Auch jetzt lässt der Rückenwind mich nicht im Stich. Es geht meist auf einer Nebenstraße entlang der Autobahn. Die Strecke ist nicht gerade inspirierend, dafür gut um Weg und Tempo zu machen. Kurze Zeit geht es sogar nahe am Meer entlang und an Salinen vorbei.

Der Wind unterstützt mich. Ich fliege nach Petchaburi. In Hua Hin sehe ich zum ersten Mal das Meer. Mein erster Blick fällt allerdings auf die klischeehaften Bettenburgen. Der Stadtkern mit den engen Gässchen und alten Holzhäusern gefällt mir sehr gut. Ich überlege nicht lange, obwohl es gerade einmal Mittag ist, bleibe ich. Der Strand ist mir viel zu bevölkert, als dass er mich zum Schwimmen animieren könnte. Ich genieße es einfach, wieder am Meer zu sitzen. Es ist schon sehr merkwürdig, in einem Guesthouse zu übernachten, in dem fast ausschließlich westliche, ältere Männer untergebracht sind. Ein Schelm, der Böses dabei denkt.

Mit Rückenwind die Küste vom Golf von Thailand entlang nimmt der Verkehr langsam ab und die Schönheit der Landschaft zu. Es gibt es immer mehr Berge. Als es wieder so richtig heiß wird, und ich mir vorstelle, wie lecker jetzt eine Ananas wäre, fangen die Obststände wieder an – einer nach dem anderen, etwa zwei Kilometer lang. So eine saftige Ananas ist schon etwas Geniales.

Am Abend lande ich in einer kleinen Stadt. Auf meine Frage, nach einer Übernachtungsmöglichkeit, schickt man mich zum Strand. Was mich hier erwartet ist der krasse Gegensatz zu Hua Hin. Am endlosen Sandstrand ist kein Schwein, sondern sind nur Hunde. Auch in der Hotelanlage gibt es absolut keine Touristen. Diese Ruhe nutze ich gleich aus: schlafe, schlafe und schlafe.

Richtig gut gelaunt, fahre ich am nächsten Tag bei Sonnenaufgang weiter. Guter Schlaf wirkt Wunder! Auf schönen kleinen Seitenstraßen geht es nach Chumphon, auch so eine Stadt, in der Touristen nur kurz „zwischenlanden", um am nächsten Tag auf irgendeine der Inseln zu weiterzureisen. Deswegen gibt es auch genügend Zimmer.

Hinter Chumphon biege ich nach Westen ab, der Highway mutiert bald zur kleinen Landstraße, die ohne viel Verkehr durch die Berge führt. Auf der anderen Seite der Halbinsel kommt man am Isthmus von Kra heraus, das ist die Grenze zu Myanmar, also fahre ich wieder eine Kurve und gen Süden. Bis Ranong wird es immer bergiger. Wieder errege ich mit meinem bepackten Fahrrad Aufmerksamkeit. Diesmal ist es mir sogar recht, denn so kann ich gleich nach einem Zimmer fragen. Ein Deutscher mit thailändischer Lebensgefährtin rät mir von den ganz billigen Zimmern ab. Dort seien Käfer in der Matratze, nein danke. Anstatt weiterhin durch Thailand zu rasen, mache ich lieber den „Visa-run" nach Myanmar, um nochmals vierzehn Tage länger bleiben und auch einmal ausruhen zu können.

Dies läuft folgendermaßen ab: um 8:30 Uhr öffnet das thailändische Immigration Office, direkt am Hafen gelegen. Dort bekomme ich einen Stempel, steige mit zwei anderen „Visa-runners" zu einem Fischer in ein Langboot, der uns dann damit nach Myanmar bringt.

Dort angekommen, gehen wir ins Büro von Myanmar, bekommen wieder einen Stempel und zahlen zehn US-Dollar. Danach geht es wieder zurück in das Thai Büro, wieder gibt es einen Stempel und ich habe für vierzehn Tage eine Aufenthaltsgenehmigung. Wer weiß, für was die neue Vierzehn-Tage-Regelung gut sein soll. Natürlich, Myanmar freut sich, täglich kommen hunderte von Touristen, geben zehn Dollar ab und verschwinden wieder. Auch die Bootsbesitzer freuen sich, sie kassieren ebenso ganz schön ab. Nur Thai-

land, das Land, das die Regel aufgestellt hat, bekommt nichts, hat nur den
Ärger und die Arbeit, denn „Langzeitaufenthaltler" lassen sich davon nicht
abhalten.

Die Landschaft durch den Urwald ist einfach wunderbar. Wie auf allen
schönen Strecken, bin ich auch hier nicht alleine. Zuerst kommt mir ein
Schweizer, dann ein deutsch-schweizerisches Pärchen entgegen. Sie haben
fast die gleichen Räder wie ich, gleiche Schaltung, gleiche Bremsen, gleicher
Rahmen, gleiche Reifen. Da das schon fast eine eigene Philosophie ist, heißt
es nun: „Zeige mir dein Fahrrad, und ich sage dir, wer du bist." So fühlen wir
uns gleich sehr verbunden. Sie sind auf Bali gestartet und wollen innerhalb
von zwei Jahren nach Japan. Leider trifft man solche Leute meistens auf der
Straße in die andere Richtung. Wäre nett gewesen, mit ihnen einen Abend zu
verbringen. Wir unterhalten uns sehr lang mitten auf der Straße, tauschen
Landkarten und E-Mail-Adressen aus.

Hier gibt es überall Hinweise auf Tsunami-Schutzräume und Fluchtwege.
Der Tsunami 2004 war aber ungefähr hundert Kilometer weiter südlich. Bei
Khao Lak fingen die Verwüstungen an. Heute ist das ein Dorf, durch das ich
sehr schnell durchradle. Die Straße ist gesäumt von Hotels, Pubs und Restaurants. Über Kilometer hinweg Ressorts, Diving- und Travel-Clubs. Von den
Zerstörungen sehe ich heute, vier Jahre später, nichts mehr. Danach geht es
wieder in den Dschungel, und ich fühle mich gleich wohler. Bis nach Phuket
ist es nicht mehr weit. Der Verkehr verstärkt sich wieder erheblich. Dann
radele ich endlich über die Brücke in das Urlaubsparadies Phuket. Ich verspüre immer diese Ungeduld, wenn ich mich einer Einladung nähere, müde
bin, ausruhen möchte oder wieder das Bedürfnis nach ausgiebiger Kommunikation habe.

Am Abend zuvor hat Stefanie, meine Gastgeberin auf Phuket, angerufen
und mir den Weg zu ihrem Haus erklärt. Wir sind für 14 Uhr verabredet.
Aufgrund der Berge und des Windes dauert aber alles etwas länger und ich
fühle mich fast schon gestresst. Das lasse ich aber nicht zu, da ich darauf
absolut keine Lust habe. Wenn es sehr viel später wird, rufe ich sie einfach
noch einmal an.
Sie empfängt mich in Chalong mit leckeren europäischen Köstlichkeiten, das
heißt mit richtigem Brot, Camembert und Schinken. Wie lange hatte ich das

schon nicht mehr? Zwei Päckchen sind schon für mich angekommen. Meine Schwester schickte mir neue Kleidung, endlich neue Radlerhosen, die alten haben jetzt nach 15.000 Kilometern im Einsatz ausgedient. Außerdem wird die Gegend immer muslimischer. Wenn immer mehr Frauen verschleiert herumlaufen, möchte ich wenigstens kniebedeckt weiterfahren. Eng anliegend sind meine Radlerhosen sowieso nie, sondern sehen eher aus wie kurze Hosen. Und jetzt gehen sie eben bis über das Knie. Neben der Hose und dem langärmeligen Radlertrikot sind noch Unmengen von Schokolade im Paket, damit die Hose auch passt (vielen Dank an meine Schwester). Im anderen Päckchen liegt, neben prima Landkarten, ein wundervolles Buch mit dem Titel „Die Eleganz des Igels" (vielen Dank an Familie Grienenberger). Und als wäre das nicht schon des Guten genug, gibt es am Abend noch bestes, deutsches Essen: Schweinebraten mit Kartoffelknödel, dazu Wein. Endlich habe ich mit Stefanie und ihrem anderen Gast die Gelegenheit, auf all die Ereignisse der vergangenen Tage anzustoßen: Weihnachten, Neujahr und meine ersten 25.000 Kilometer. Klar, dass da ganz schön viel Wein fließt. Ich bin froh, am nächsten Tag nicht viel tun zu müssen. Endlich habe ich einmal wieder einen Kater und den ganzen Tag hänge ich nur herum. Nach 25.000 Kilometern darf das auch sein. Später gehe ich doch noch zum Strand und finde sogar ein nettes schattiges Plätzchen. Mit diesem tollen Buch und dem klaren Wasser zum Schwimmen, halte auch ich es hier ein paar Stunden am Strand aus.

Zum Abendessen gibt es Wiener Schnitzel. Fragt sich noch jemand, ob ich etwas aus Deutschland vermisse? Diesmal sind die Nachwirkungen vom Wein nicht so schlimm. Ich verbringe fast den ganzen Tag am Strand. Was gibt es Besseres als mit einer interessanten Lektüre an einem ruhigen, schattigen Sandstrand zu liegen, ab und zu ins Wasser zu springen und ein paar Runden zu schwimmen, um das Gelesene zu verdauen. Zum Glück gibt es am Abend nicht allzu viel Wein. Ich gehe früh ins Bett, denn morgen möchte ich weiter.

Wohlgenährt und völlig ausgeruht geht es Richtung Malaysia. Kurz vor Phang Nga passiert dann das lang Vorhergesehene: Ich habe einen Platten – natürlich wie immer – im Hinterreifen. Zuerst versuche ich, mit wenig Erfolg, den Reifen aufzupumpen. Sofort hält ein Kleinlaster an und nimmt mich bis nach Phang Nga mit, wo er mich direkt vor einer Reparaturwerkstatt herauslässt.

Mir ist klar, da ist nicht mehr viel zu reparieren. Der Reifen ist porös und von innen schon durchgescheuert. Auch der Schlauch ist schon mit einigen Flikken versehen. Jetzt kommt endlich mein Ersatzmaterial, das ich seit Samarkand (Russland, 20.000 Kilometer) mit mir rumschleppe, zum Einsatz.

Um Phang Nga und Richtung Krabi gibt es Kalksteinfelsen, von denen mir viel vorgeschwärmt wurde. Der Nachteil ist, wenn man soweit reist und so viel sieht, dass manche Dinge einfach nichts Besonderes mehr sind. Kalksteinfelsen habe ich schon größere und schönere gesehen, zum Beispiel in Südchina oder natürlich in Halong Bay in Vietnam. Ich breche jetzt nicht mehr so in Begeisterung aus, wie jene Touristen, die gerade hier angekommen sind. Dafür kann man mich nun mit Kartoffelknödeln und Wiener Schnitzel beglücken.

Manche Orte sollte man schon allein deswegen besuchen, weil es so gut tut, wenn man sie wieder verlassen darf. Mit dem Fahrrad geht es ja recht schnell. Allein die Tatsache, dass man da nicht bleiben muss, macht einen zum glücklichsten Menschen der Welt. AoNang ist so ein Ort. Keine Frage, die Landschaft, das Meer, die Felsen sind sehr schön, nur haben das wieder einmal vor mir schon Millionen andere entdeckt. Entlang der Straße reihen sich Filialen aller Fast-Food-Ketten, Pubs, Hotels, Designer- und Souvenirshops. Dazwischen drängen sich Touristen im Brathähnchen-Outfit.
In Krabbe finde ich gerade noch eine Unterkunft. Mein Kommentar zu den asiatischen Billighotels:

Mäuse, Ratten, Kakerlaken im Gesicht,

brauch' ich nicht.

Sonntage erkenne ich sehr schnell an den Sonntagsradlern mit ihren bunten Radtrikots und schnellen Rädern. Die Strecke ist wunderbar und führt zuerst durch Kautschukwälder, dann durch die Berge an Felsen entlang. Die Straße wird immer kleiner, am Ende ist mir sogar mein Seitenstreifen abhandengekommen. Gleich hinter der Abzweigung nach Satun geht eine kleine Straße zum Thale Ban Nationalpark. Dort oben befindet sich auch ein kleiner Grenzübergang. Nach einer circa achtundzwanzig Kilometer sanft ansteigenden und immer tiefer in den Dschungel hineinführenden Fahrt, komme ich schließlich zur Grenze. Bis zum Schluss habe ich meine Zweifel, ob der Grenzübergang überhaupt für Touristen offen ist. Aber wieder mal ist das gar kein Problem. Es sind außer mir noch ein paar andere Touristen da, die nur für ein neues Thailand-Visum kurz nach Malaysia ausgewichen sind.

Multi-Kulti: Malaysia Nordwest

Nach etwas mehr als elf Monaten und 25.636 Kilometern stehe ich wieder an einer Grenze. In Malaysia bekomme ich gleich eine sechsmonatige Aufenthaltsdauer genehmigt. Ich bin gespannt, wie es in der eher muslimischen Gegend wird. Malaysia ist das erste Land seit Kroatien, in dem ich zuvor schon einmal war. Dieses Mal möchte ich nur die Westküste entlang nach Singapur fahren. Berge mag ich eigentlich erst richtig, wenn ich oben bin. Es ist ein wunderbares Panorama. Sonst stecke ich immer mitten drin und kann gerade ein paar Bananenstauden weit sehen. Das Ganze von oben zu betrachten, ist atemberaubend. Mit den neuen Bremsklötzen, die ich auf Phuket angebracht habe, kann ich die Abfahrt wieder richtig genießen.

Weiter geht es durch die wunderbare Landschaft bis ich in Kangar lande. Die Essenstände am Straßenrand bieten kaum Speisen, die ich gleich „auf die Hand" essen kann. Man setzt sich hier an den Tisch und isst gesittet, wenn auch von Plastiktellern. So stelle ich in jedem Land meine Ernährung um. Statt buddhistischen Wats, gibt es jetzt fast nur noch Moscheen, aus denen ganz andere Klänge und Gerüche kommen. Die Frauen sind oft verschleiert. Im Vergleich zum Osten der Halbinsel, ist es im Westen aber gemäßigt. Hier leben chinesische und indische Malaien mit den Muslimen in Eintracht zusammen. Das ist auch ein Grund, weshalb ich beschlossen habe, die Westküste entlang zu fahren. Auch wenn immer mehr Frauen Kopftücher tragen, gibt es noch genug chinesische Malaien in Shorts. So kann ich problemlos in Radlerhosen (kniebedeckt) und Trikot (schulterbedeckt) herumfahren.

In Malaysia gibt es wieder eine Zeitumstellung: Es sind jetzt sieben Stunden Unterschied zu Deutschland. Es ist länger hell, was mir sehr entgegen kommt. Georgetown ist eine Stadt des Weltkulturerbes. Im alten Stadtkern befinden sich, neben Häusern der chinesischen Händler, auch einige viktorianischen Villen der Briten, die sich hier Ende des 18. Jahrhunderts niederließen. Da hier einige Backpacker unterwegs sind, gibt es auch entsprechende Unterkünfte mit netten Leuten, Restaurants und freiem Internet. Hier bin ich wieder in einem Land, in dem „normal" geschrieben wird. Endlich wieder alles lesen zu können, ist eine unglaubliche Freude und Freiheit. Erstaunlich, wie viele Wörter ich beim Vorbeifahren aufschnappe und so auch mehr über das Land lernen kann. In Thailand sagte ich mir, was ich nicht lesen kann, geht mich nichts an. Das hatte zur Folge, dass ich mich ausgeschlossen fühlte. Am Abend habe ich eine E-Mail von David, einem indisch-malaysischen Fahrradfahrer, der in der Nähe wohnt. Er ist auch gerade in Georgetown und wird mir helfen, das indonesische Visum zu besorgen.

Da ich recht schlecht und wenig geschlafen habe, bin ich sehr froh, dass er mit seinem Moped aufkreuzt. Kreuz und quer geht es durch die große Stadt fast ausschließlich auf Einbahnstraßen. Ich hätte wahrhaftig meine Probleme gehabt, das indonesische Konsulat zu finden. Für ein zweimonatiges Visum muss ich eine Kopie von irgendeinem Ticket vorlegen. David meint, das sei überhaupt kein Problem, sein Bruder hat ein Reisebüro. Schnell düsen wir dorthin. Es ist inzwischen schon 11 Uhr vorbei, und das Embassy schließt 12 Uhr. Hier wird mir ein Dummy-Ticket für einen Hin- und Rückflug nach Indonesien ausgestellt. Damit und mit einer Kopie vom Reisepass geht es zurück. Gerade noch bevor das Tor schließt, komme ich an. Alles wird akzeptiert. Das ganze kostet mich einhundertsiebzig Ringit (circa sechsunddreißig Euro). So teuer war noch kein Visum, allerdings war auch noch keines für zwei Monate gültig. Nach dieser Odyssee geht es zunächst zum Essen. Dann folgt eine Siesta, denn es ist einfach zu heiß, um irgendetwas zu unternehmen.

Um 16 Uhr holt mich David wieder ab. Wir fahren ganz gemütlich mit der „Seilbahn" den Penang Hill hinauf, von wo wir die Aussicht genießen. Danach geht es zum Botanischen Garten, der voll von Affen ist. Da sie von den Touristen gefüttert werden, sind sie sehr aggressiv, wenn sie nichts bekommen. Sie vermehren sich ohne Ende, weswegen man jetzt einen Teil der Affen auf das Festland aussetzt. Nach der Besichtigung ein paar indischer und chinesischer Tempel geht es zu einem Open Air Food Court, direkt am Meer, wo ich mir aus kulinarischen Leckereien aller Länder etwas aussuchen kann. Zum Abschluss steht noch der „Heritage"-Bezirk von Georgetown auf dem Plan. Die großen, weißen Gebäude im viktorianischen Stil sind einfach wunderschön. So viele touristische Aktionen bin ich kaum mehr gewohnt. Nach diesem Tag schlafe ich wieder prima und bin am nächsten Tag fit für eine Radtour einmal rund um die Insel.

Im dichten Verkehr fahren wir zuerst zum indonesischen Konsulat, um meinen Pass abzuholen. Alles ist wie gewünscht eingetragen: In den nächsten drei Monaten kann ich einreisen und zwei Monate bleiben. Vielen Dank an David – ohne ihn wäre es nicht so einfach gewesen. Danach fahren wir über

Zubereitung von „Aschura"

den ersten Hügel nach Batu Feringi mit dem schönsten Strand der Insel. Dann lässt der Verkehr nach, und es geht nur noch durch den Dschungel und durch verschlafene Fischerdörfer. Es gibt viele farbenfrohe Schmetterlinge und die buntesten Pflanzen. Ich koste es sehr aus, dass ich jemanden dabei habe, der die Landessprache spricht.

In einem Garten bereiten Muslime in einem riesigen Topf eine Speise zu. Mit David kann ich nachfragen lassen, was das ist. Es ist Aschura, was „der Zehnte" auf islamisch bedeutet und zu Ehren Mohammeds zubereitet wird. Es ist eine Art Pudding, aus Bohnen, Zucker und Kokos, der nur für einen bestimmten Tag im Jahr gekocht wird. Verständlich, denn es ist sehr mühsam und zeitaufwendig. Zwei Stunden muss das Ganze gekocht und gerührt werden, aber es schmeckt prima.

An einem wunderschönen Wasserfall machen wir eine Pause. Außer uns sind nur ein paar junge Musliminnen da, die sich in voller Montur im glasklaren Wasser tummeln. Gerne würde ich mich dazusetzen, nur mit einer nassen Radlerhose danach weiterzufahrenist sicherlich nicht nur für den Ledersattel unangenehm.

Nächster Stopp ist ein alter chinesischer Schlangentempel, in dem sich lebendige Schlangen tummeln. Genüsslich schlängeln sie sich auf und um die Äste. Früher war die Insel in britischem Besitz, heute füllen die Briten die

Hotelburgen. Als Freihandelshafen kam Penang zu Reichtum, heute ist die Stadt ein kleines Silicon Valley. Auf der Rückfahrt wäre ich so gerne über die Penang Bridge gefahren. Vom Festland aus werden Fahrradfahrer an der Mautstelle abgefangen. In Gegenrichtung ist es kostenlos und ohne Kontrollen. Der immense Verkehr – wegen des nahenden chinesischen Neujahrs besonders groß – schreckt mich aber dann doch ab. Mit David geht es also wieder mit der Fähre zurück auf das Festland. Er hat mich eingeladen, bei sich und seiner Familie, circa vierzig Kilometer südlich von Penang, ein Weilchen zu bleiben.

Davids großes Haus steht am Ende einer Sackgasse, dahinter befinden sich nur noch Ölpalmplantagen, es ist wunderbar ruhig. Sofort werde ich sehr herzlich von seiner Frau und seinen elfjährigen Zwillingssöhnen empfangen. Am Abend sind wir bei seinem Freund eingeladen. Da er eine Toddy-Plantage hat, serviert er diesen Palmwein. Es ist fermentierter Saft aus Kokospalmblüten und schmeckt sehr merkwürdig. Es ist der günstige Alkohol des armen Mannes (indischer oder chinesischer Malaien, aber nicht für islamische), der streng vom Staat kontrolliert wird. Sie dürfen das Getränk nicht mit nach Hause nehmen. Entweder sie trinken es gleich auf der Plantage oder in speziellen Toddy-Shops. Der Besitzer einer Toddy-Plantage kann den Toddy aber offenbar doch mit nach Hause nehmen. Dann gibt es Essen, aber nur David mit seiner Familie, der Gastgeber und ich sitzen am Tisch. Die Frauen bedienen uns – sehr befremdlich. Erst als wir fertig sind, dürfen die Frauen dann den Rest essen.

Die Sterne stehen wieder günstig und das Datum hat viele Glückszahlen. An jeder Ecke finden Hochzeiten statt. Sofort werden wir eingeladen. Während die Gesellschaft auf das Brautpaar wartet, wird sie köstlich versorgt. Egal ob islamisch, hinduistisch oder chinesisch, bei einer Hochzeit wird das ganze Dorf eingeladen Die Anzahl der Gäste ist dann ohnehin nicht mehr überschaubar, da kommt es auf zwei mehr oder weniger auch nicht an. Köche kochen in riesigen Töpfen vor Ort und man bedient sich am Buffet. Als wir gehen, darf ich dem Brautvater noch die Hand schütteln und gebe ihm zwei Ringit-Noten.

Am Nachmittag kommt Anja aus North Carolina an. Sie erhält von David ein Fahrrad und kann gleich mit auf unsere zweite Tour. Als es am späten Nachmittag wieder kühler wird, geht es Richtung Berge, durch kleine Dörfer,

Palmöl- und Kautschukplantagen. Hier gibt es die riesigen Vogelhäuser, Betonklötze, in denen vom Band Vogelgezwitscher zu hören ist, um die Schwalben anzulocken. Die bauen dann in einem Haus aus Speichel und Federn ihre Nester, welche von Chinesen „geerntet" und als Delikatesse verkauft werden. Ein Kilogramm wird für dreitausend Ringit verkauft, was in etwa siebenhundert Euro entspricht. Die „Birdsnest Soup" soll medizinisch sehr wirksam sein und sogar Krebs heilen. Abends geht es wieder zu einer Hochzeit. Es ist eine Großveranstaltung in einer riesigen Halle. Während die Festgesellschaft isst, sitzt das Brautpaar auf der Bühne, schüttelt Hände und lächelt in die Kameras. Dafür können sie den einen oder anderen Briefumschlag einstecken. Später gibt es Karaoke und Tanz. Das Brautpaar bekommt jetzt endlich etwas zu essen. Sie sind die einzigen, die dazu Wein trinken.

Während meiner Zeit hier, sehe ich erstaunlich viele Tiere, nicht nur Affen,die hier ausgesetzt wurden. Es gibt auch Fischotter, Leguane und viele bunte Vögel, darunter auch Eisvögel.
Es ist das Chinesische Neujahr, und das Jahr des Büffels bricht an. „Dem Büffel ist das frische Gras in der Ferne lieber als eine goldene Futterkrippe daheim." Das passt doch mal wieder zu meiner Reise.
Wir sind erneut bei einem Freund eingeladen, es gibt ein „Steamboat", eine chinesische Spezialität, eine Art Meeresfrüchte-Fondue oder Feuertopf. Nicht gerade mein Fall. Dazu gibt es gleich Alkohol in verschiedenen Variationen. Zu meiner Freude ist auch ein guter australischer Rotwein dabei, der aber zu meinem Entsetzen mit Eiswürfeln gekühlt wird. Bei Anja und mir bleibt es bei einem Glas, die anderen trinken wild durcheinander. So geht es von einem Freund zum anderen, überall wird gegessen und getrunken. Da Anja ein bisschen chinesisch spricht, können wir uns mit dem abseits sitzenden weiblichen Teil der Gäste unterhalten. Ich habe mir die Neujahrsfeier viel festlicher vorgestellt. Das einzig Besondere sind kleine, rote Briefumschläge, die an Bäumen hängen. Zuerst meine ich, sie beinhalten chinesische Weisheiten oder kluge Sprüche, aber es sind kleine Geldscheine darin. Später erfahre ich, dass die Frau, die bei David noch im Haus wohnt, nicht wie vorgestellt, die Schwester der Frau ist, sondern seine zweite Frau. Es ist eine ganz andere Kultur. Hier kann man eine zweite Frau haben, braucht dazu aber das Einverständnis der ersten Frau. Im Notfall nimmt man den dafür benötigten Fingerabdruck im Schlaf. Wenn es ohnehin keine Liebesheirat ist, ist man vielleicht dann über jede weitere Frau froh.

Nach vier Tagen bei David und seiner Familie, geht es Richtung Kuala Lumpur. Es wird höchste Zeit, dass ich allein weiterkomme. Der Verkehr an der Küste ist immens. Aufgrund der vielen Feiertage möchte jeder wegfahren. Die Nacht verbringe ich am Strand von Teluk Batik im Zelt. Langsam nähere ich mich Kuala Lumpur. Die Landschaft ist nicht gerade spektakulär, meistens Palmölplantagen, die von ein paar Kautschukbäumen und Bananenstauden unterbrochen werden.

Kuala Lumpur

Schon einige Kilometer vor Kuala Lumpur wird die Straße dreispurig. Es gibt kein Schild, Fahrradfahren sei verboten. Da die Highways breite Seitenstreifen haben und recht wenig los ist, fühle ich mich sehr sicher. Plötzlich stehe ich aber vor einem langen Tunnel! Und das mit meiner Tunnelphobie! Ich denke ernsthaft daran, ein Auto anzuhalten, das mich mitnehmen soll. Ein Straßenarbeiter meint, da könne ich gut durchfahren. Dessen bin ich mir nicht so sicher, vor allem, nachdem er mir gesagt hat, der Tunnel sei drei Kilometer lang. Zum Glück ist er beleuchtet und der Verkehr nicht allzu stark. Also nehme ich allen Mut zusammen und fahre los. Die Durchfahrt ist dann bei weitem nicht so schlimm, denn es ist hell und Frischluft wird auch zugeführt. Das Beste aber ist, der Tunnel ist nicht einmal einen Kilometer lang.

Zuerst statte ich natürlich den Twin Towers einen Besuch ab. So gigantisch wie sie sind, habe ich überhaupt keine Probleme, sie zu finden. Natürlich wird gleich ein authentisches Foto vor dem Wahrzeichen mit bepacktem Fahrrad gemacht. Die Touristeninformation befindet sich gleich nebenan. Dort kann ich einen Stadtplan kaufen und mich dann auf den Weg zu meiner Unterkunft machen. Ich bin maßlos erstaunt, wie sich die Stadt in den letzten zehn Jahren, seit meinem letzten Besuch, verändert hat. Sie ist wesentlich sauberer und nobler. Überall gibt es jetzt die schicken, teuren Einkaufszentren und Restaurants.

Leider fängt es an, in Strömen zu regnen. Da dies länger anhalten kann, fahre ich einfach weiter. Bald ist nicht der Regen von oben das Problem, sondern die Wassermassen, die sich auf den Straßen sammeln und die dann bei jedem vorbeifahrenden Auto wie aus Kübeln über mich ergossen werden.

Triefend nass treffe ich bei Elma ein. Obwohl ich all die Wassermassen und den Dreck von der Straße mitschleppe, verstehen wir uns vom ersten Augenblick an sehr gut. Nach einer Dusche, einem Tee und etwas zu essen, geht es mir wieder richtig gut.

Der Antrag für mein australisches Visum treibt mich am frühen Morgen heraus. Meine Lust dazu hält sich aber in Grenzen. Die Botschaft ist gegenüber den Twin Towers und somit leicht zu finden. Die Sicherheitsvorkehrungen sind krasser als in jeder anderen bisher besuchten Botschaft. Meine Kamera kann ich beim Wachposten lassen, das Messer muss aus dem Gebäude zur Polizei vor die Tür. Das ist für meine Nerven schon fast zu viel am frühen Morgen. Da ich das Visum möchte, sollte ich lieber die Ruhe bewahren und schön brav den Anweisungen folgen. Ich bekomme nur das Formular für ein Jahresvisum. Da ich länger als drei Monate in Südostasien war, muss ich wegen Tuberkuloseverdachts auch ein Röntgenbild vorlegen. Also muss ich so schnell als möglich einen Arzt finden. Es ist Freitag kurz vor Mittag und am Montag ist Feiertag und alles geschlossen. Sofort gehe ich zum nächstbesten Arzt, der mich gleich zum nächsten schickt. Mit dem Fahrrad düse ich schnell dorthin und bin kurz vor der Mittagspause dort, werde aber von den Sprechstundenhilfen abgewimmelt. Ich brauche noch ein anderes Formular von der australischen Botschaft. Die ist aber mittlerweile geschlossen und bis Dienstag nicht mehr geöffnet. Zum Glück gibt es noch das Internet, wo ich das Formular herunterladen kann. Da die Praxis sich in einem hypermodernen Schickimicki-Einkaufszentrum befindet, bin ich gleich von lauter Hotspots umzingelt. Ja, so ist das heute in Kuala Lumpur. Mit meinem Laptop, den ich zum Glück dabei habe, finde schnell heraus, dass das Formular, das sie mir nannten, einen gesamten Medical Check beinhaltet, den Leute über siebzig brauchen, aber ich noch lange nicht. Zurück in die Arztpraxis, wo ich endlich zum Doktor vorgelassen werde, nennt dieser mir dann das richtige Formular. Während der Mittagspause suche ich einen Internetzugang mit Drucker. Das ausgedruckte Formular gibt mir endlich die Berechtigung, auch zum Röntgen vorgelassen zu werden. Um 16 Uhr komme ich fix und fertig aus der Praxis heraus. Für den Tag reicht es mir total. Ich gehe nur noch Lebensmittel einkaufen und zurück zu Elma, von der ich mich verwöhnen lasse.

Samstag ist Ruhetag. Elma lädt ein paar Leute ein und wir kochen zusammen. Die Gäste bringen auch kulinarische Leckereien verschiedener Nationalitäten mit. Es wird ein sehr unterhaltsames Fest − bunt gemischt mit indischen, chinesischen und islamischen Malaien verschiedenen Alters, aber mit der Gemeinsamkeit, dass wir alle gerne und viel reisen. Ich ergattere eine Karte für die Skybridge, die Brücke zwischen den Twin Towers. Am späten Nachmittag kann ich hinauf. Zuerst wird ein Film über den Mineralölkonzern Petronas und den Bau der Türme gezeigt. Danach geht es „nur" bis zum 41. Stockwerk (circa 140 Meter hoch). Zehn Minuten darf ich oben bleiben und das Ausmaß der Stadt bewundern.

Ein Feiertag jagt den anderen. So hat Elma frei und wir machen eine „Tour de Temple et Mosque". Wenn vier Religionen an einem Ort aufeinandertreffen, kann man sich vorstellen, wie viele Gotteshäuser es gibt. Wir fangen mit Thean Hou an, einem der schönsten und reichsten chinesischen Tempel Malaysias. Hier wird noch immer mit Drachentänzen und Trommeln Neujahr gefeiert. Wesentlich ruhiger geht es in den Moscheen zu. Die älteste Moschee im Zentrum der Stadt ist komplett leer. Obwohl mir eine Kutte übergestülpt wird, darf ich nur in die Außenanlagen. Der Gebetsraum ist für Frauen nicht zugänglich. Etwas spektakulärer ist die „Blaue Moschee", die größte und neueste Moschee Malaysias. Etwas außerhalb der Stadt angelegt auf einem schönen Hügel mit viel Wasser und Wasserfällen rundherum. Da gerade Gebetszeit ist, hat sich der Besuch schnell erledigt. Als letzte Moschee besichtigen wir die Staatsmoschee. Sie zieht die meisten Touristen an. Danach ist es mit den Gotteshäusern aber vorbei, nur der Fernsehturm, der Kuala Lumpur Tower, muss noch als Sightseeing-Objekt mitgenommen werden. Da sich ein fürchterliches Regenwetter ankündigt, werden jedoch keine Besucher hochgelassen.

Am Abend stelle ich alles zusammen, was sie auf der Australischen Botschaft wissen wollen. Dazu kommen noch ein paar Artikel über mich und von mir aus den Zeitungen, die auch eine Weltkarte mit eingezeichneter Route etc. zeigen. Um Mitternacht bin ich fix und fertig.

Bevor ich mich am nächsten Morgen zur Botschaft begebe, muss ich alles ausdrucken. Nach all den Feiertagen ist jetzt der Andrang sehr groß, und ich darf lange warten. Seit Ulan Bator habe ich darin ja Übung. Mir reicht es, gerade noch vor 12 Uhr dranzukommen. Die Frau hinter dem Schalter ist ganz froh, dass ich alle Fragen schon im Brief beantwortet habe, so braucht sie keine mehr zu stellen. Meinen Pass kann ich wieder mitnehmen. Ich soll wiederkommen, wenn das Röntgenbild vom Arzt da ist. Dann wird es noch zwei oder drei Tage dauern, bis ich das Visum endlich bekomme. Das ist doch schon einmal ganz positiv. Bevor der allmittägliche Regen mit Gewitter einsetzt, fahre ich schnell zurück.

Ich habe das Gefühl, meine Reise geht langsam zu Ende. Indonesien wird das letzte Land sein, dessen Sprache ich nicht spreche, Thailand war das letzte Land, dessen Schrift ich nicht lesen konnte. Alles wird einfacher und nach meinem Gefühl auch langweiliger, obwohl natürlich Australien mit dem Outback nochmals ganz anders sein wird. Wenn ich das Jahresvisum bekomme, habe ich für das kommende Jahr auch keine Behördengänge mehr. Wenn sie einerseits lästig sind, sind sie doch immer wieder spannend. Ich werde diese zusätzlichen Herausforderungen vermissen.

Am Abend überrascht uns Elma mit einem Ausflug. Wir fahren nach Putrajaya. Vor zwanzig Jahren war hier alles noch Dschungel. Dann hat die Regierung diese Planstadt bauen lassen, um die Büros aus der Stadt auszulagern. Jetzt ist hier eine riesige, moderne Stadt mit vielen Grünanlagen entstanden – die sauberste Stadt Malaysias. Nirgends gibt es Essenstände oder kleine Läden. Alles ist sehr steril und sehr ruhig. Wohnen wollte ich hier nicht, aber ein kurzer Besuch ist auf jeden Fall interessant und lehrreich.

Am Mittwochmittag sollten die Röntgenbilder bei den Australiern sein. Gleich am Donnerstagvormittag bin ich in der Botschaft, gerade, als ich den Anruf von ihnen bekomme: „Sie können jetzt ihren Pass vorbeibringen." „Bin schon da", erwidere ich. Diesmal muss ich mich nicht in die Schlange stellen, sondern kann gleich ins Büro meiner Kontaktperson. Überall heißt es: „Ach, wieder die Fahrradfahrerin".
Innerhalb von fünf Minuten habe ich mein Jahresvisum für Australien im Pass. Ich würde sie am liebsten umarmen. Wieder einmal bin ich der glücklichste Mensch der Welt. Dann kann ich mich gleich am nächsten Tag Richtung Singapur aufmachen. Also geht es zurück zu Elmas Haus und zum Packen. Am Abend fahren wir noch einmal zu den Twin Towers, um die

beleuchteten Türme bei Nacht zu bewundern. Sie sehen fast so aus wie zwei riesige Christbäume.

Mit einem lachenden und einem weinenden Auge kann ich nach einer Woche, also am 6. Februar 2009, Kuala Lumpur wieder verlassen. Ohne Elma hätte ich es kaum so lange ausgehalten.

Südmalaysia: Palmölplantagen ohne Ende

Schon als ich mir am Tag zuvor einen Weg aus Kuala Lumpur auf der Karte suchen wollte, merkte ich, dass es nur Highways gibt. Ich beschloss, einfach loszufahren bis mich jemand stoppt. Der Vorteil eines Landes, in dem es kaum Radfahrer gibt, ist, dass es auch kaum Verbotsschilder für Radfahrer gibt. Sehr schnell bin ich auf dem Highway Richtung Süden. Ich fühle mich hier viel wohler als im Stadtverkehr von Kuala Lumpur. Hier habe ich einen breiten Seitenstreifen für mich allein, kein Auto kommt mir zu nahe, der Verkehr nimmt immer mehr ab und später geht es durch die reine Natur. Diese Highways sind nicht mit den Autobahnen Deutschlands zu vergleichen. Hier wird noch im gemäßigten Tempo gefahren.

Von Port Dickson nach Melaka gibt es leider keine Autobahnen mehr, nur schmale, kurvenreiche und hügelige Straßen. Hier bin ich den Autofahrern viel mehr im Weg als auf dem Highway. Ständig müssen sie wegen mir abbremsen. Ein Highway hat auch den Vorteil, dass keine Hunde unterwegs sind. Auf den Nebenstraßen kommen sie wieder bellend aus den Höfen herausgeschossen. Die Landschaft wird wieder hauptsächlich von „Sime Darby" geprägt. Diesem Mischkonzern mit den vielen Palmölplantagen gehört wohl fast das ganze Land. Nur kurzfristig werden sie von Bananenstauden und Kautschukbäumen unterbrochen. Das macht das Radfahren sehr eintönig. In Melaka, wo ich vor zehn Jahren schon einmal war, erkenne ich nur den historischen Stadtkern wieder. Heute besteht das Zentrum hauptsächlich aus zwei großen Einkaufszentren. McDonalds, KFC und Burger King sind auch mehrfach vorzufinden. Nur die reich mit Blumen geschmückten Fahrradrikschas mit den schrecklichen Lautsprechern und der lauten Musik sind noch immer die alten. Ohne den Wind wäre die Hitze kaum erträglich. Die meisten Shops und Stände, an denen man sonst etwas zu trinken bekommt, sind geschlossen. Malaysia ist das erste Land, wo ich das Gefühl habe, dass der Sonntag ein Feiertag ist. Es gibt auch keine Straßenarbeiten.

Von Johor Bahru folge ich am frühen Morgen auf mehrspurigen Straßen den Schildern nach „Woodlands", der Grenze zwischen Malaysia und Singapur. Vor der Grenze splittet sich die Straße, ein paar Spuren für LKWs, PKWs und Motorräder, aber Fahrräder haben sie vergessen. Ich ordne mich in eine der vielen, schmalen Spuren für Motorräder ein. Es gibt massenweise Pendler mit Motorrädern, aber kaum LKWs, die Güter werden hier größtenteils auf dem Wasserweg transportiert. Zuerst erkenne ich nicht, ob es das Malaysische Büro für Immigration oder eine Mautstelle ist. Ich fahre einfach mal an den Schalter und zur Belustigung der nett lächelnden Dame frage ich, ob ich etwas zahlen muss. Das muss ich nicht, aber meinen Pass möchte sie sehen. Anhand der Stempel sehe ich dann gleich, wo ich bin.

Singapur

Auf der anderen Seite der Brücke in Singapur gibt es eine ähnliche Prozedur wie in Malaysia. Fünf bis zehn Spuren für Motorräder, etwa vierzig Schalter, wieder eine nette Dame hinter der Glasscheibe. Diesmal fragt sie nach meiner Arbeitsgenehmigung. Ich bin um diese Uhrzeit die Einzige, die nur zum Vergnügen einreist. So bin ich dann auch die Einzige, die das obligatorische Einreiseformular ausfüllen muss. Das dauert natürlich etwas länger und hinter mir staut es sich. Die Motorradfahrer warten geduldig, bis ich fertig bin.

Singapur, wo ich nach 26.991 Kilometern ankomme, ist das erste Land seit Österreich, in dem ich eine der Landessprachen beherrsche, wie angenehm! Schön gemütlich fahre ich über die Hügel bis ans andere Ende von Singapur, zum Hafen, wo Richard wohnt, mein Gastgeber hier. Im Hafengebiet wurden aus alten britischen Militärgebäuden Brauereien mit Feinschmeckerlokalen und aus Möbellagern Weinstuben mit Urwaldgärten. Alles sehr nobel und sehr teuer.

Der Hauptgrund meines Abstechers nach Singapur ist die Rohloff-Vertretung. Endlich jemand, der sich mit der Schaltung auskennt. Nicht, dass ich Probleme haben würde, aber nach 27.000 Kilometern und bevor ich mich in den Dschungel von Indonesien begebe, möchte ich sie nur durchchecken lassen. Es gibt auch gleich eine neue Kette und Ritzel. Das dürfte jetzt die nächsten 15.000 Kilometer halten. Ansonsten lasse ich es mir in Singapur nur gut gehen und genieße den westlichen Standard. Vor zehn Jahren war ich schon einmal für ein paar Tage hier. Die schönen Anlagen um den Boat Quay, wo ich bei einem fantastischen italienischen Essen Stefanie aus Phuket mit ihrer Familie wiedertreffe, gab es damals noch nicht. Auch an die wunderschöne Markthalle „Lau Pa Sat" kann ich mich nicht mehr erinnern. Stundenlang könnte ich einfach nur so herumfahren und schauen. Singapur hat eine sehr gute Luft, wesentlich angenehmer als in Malaysia, rücksichtsvolle Autofahrer, überall Straßenschilder, es ist einfach sehr angenehm.

Nach drei Nächten drehe ich wieder um und fahre zurück nach Malaysia. An der Grenze weiß ich jetzt gleich, wo ich mich einzuordnen habe – einfach den Motorradfahrern nach. In dieser Richtung ist viel weniger Andrang.

Malaysia - Zurück nach Melaka

Statt wieder quer durch Johor Bahru zu fahren, radele ich diesmal an der Waterfront entlang. Eine weise Entscheidung, denn sie ist wunderschön mit vielen schmucken Gebäuden auf der einen und dem Meer auf der anderen Seite.

Auf der Rückfahrt ist es nicht nur öde, sondern es ist auch den ganzen Tag trüb und überhaupt nicht inspirierend. Dazu ist heute noch Samstag. Die Cafés sind voll von Männern, die mir schon von weitem zugrölen. Das ist nicht animierend, Halt zu machen.

Nach Batu Pahat ist es zum Glück nicht sehr weit. Meine Gastgeber Justin und Patsun sind froh, endlich einmal einen Gast zu haben. Normalerweise hält niemand in dem kleinen Dorf. Voller Stolz zeigen sie mir die ganze Gegend. Zuerst geht es zu einer Organic Fruit Farm. Auch hier hat man in der Zwischenzeit festgestellt, dass Pestizide nicht gerade gesund sind und versucht, ohne das Gift auszukommen. In Malaysia wird die Anwendung von Pestiziden überhaupt nicht kontrolliert, darum kommen immer mehr Leute zu den Organic Fruit farms. Besonders die Passionsfrüchte gedeihen hier prächtig. Dann geht es weiter zu einem chinesischen Tempel. Nach den unzähligen Tempeln, die ich mittlerweile gesehen habe, breche ich nicht mehr so in Begeisterung aus, aber dieser ist einmalig. Er ist mit vielen witzigen Figuren ausstaffiert. Schildkröten und Ananas sind zahlreich vorhanden, denn sie stehen für langes Leben und Reichtum. In einem Teich schwimmen riesige Karpfen. Jung und Alt hängen über dem Geländer und versuchen die Fische zu berühren, was ebenfalls Glück bringen soll. Als später kaum mehr jemand da ist, gehe ich auch kurz hin und ein Fisch schwimmt mir praktisch in die Hände. Kann jetzt noch etwas schief gehen? In Batu Pahat lebt jeder in Käfigen, alle Häuser sind mit doppelten Gittern umgeben, aus Angst vor indonesischen Einbrecher. Unzählige Schlösser muss man öffnen und schließen, bevor man hinaus oder hinein kann. Natürlich warnen sie mich vor Indonesien, anscheinend ein Land voller Diebe und Verbrecher. Aber ich kann ja nicht nur durch wunderbare, einfache Länder fahren und anschließend behaupten, die Welt ist nur schön, und es gäbe keine Probleme. Außerdem erinnere ich mich an all die Warnungen, die ich über Osteuropa und Russland hörte. Danach hatte ich in diesen Ländern die schönsten Erlebnisse.

Am nächsten Tag geht es auf meine letzte Etappe in Malaysia und zurück nach Melaka. Ungefähr auf halber Strecke treffe ich Frankie mit seiner Fahrradrikscha. Das ist ein recht seltsamer Anblick, denn erstens sieht man sie nie außerhalb geschlossener Ortschaften und zweitens ist Frankie kein islamischer, sondern ein chinesischer Malaie. Aber er trainiert für eine Benefizfahrt nach Penang. Er möchte unterwegs Blinde einladen mit ihm zu fahren. Wegen der unerträglichen Hitze hat er Probleme mit seiner Oberschenkelmuskulatur. Im Schatten wartet er auf einen Freund. Ich versorge ihn mit Salztabletten und mache den Vorschlag, ich könne ja mit seinem Gefährt und er mit meinem Fahrrad weiterfahren. Das funktioniert leider aus zwei Gründen nicht: Erstens habe ich Schwierigkeiten mit seinem Beiwagen geradeaus zu fahren und zweitens ist mein Fahrrad nicht wesentlich leichter und also auch keine Erleichterung für ihn. Er lädt mich ganz spontan zu sich nach Melaka ein. Später treffen wir uns in der Stadt und fahren zusammen zu seinem Haus. Er sitzt diesmal auf einem uralten und sehr schön hergerichteten englischen Fahrrad. Da er lange Zeit in England als Programmierer gearbeitet hat, konnte er für sich und seine Eltern, trotz seines jungen Alters, dieses prächtige Haus erbauen. Alle sind wieder sehr nett zu mir. Spät am Abend kommt ein Freund, ein Reporter von einer lokalen Tageszeitung, um mich zu meinem „Einjährigen" zu interviewen.

Am Morgen des 17. Februars, meinem Jubiläumstag, bringt mich Frankie zur Fähre nach Sumatra. Malaysia ist bisher eines der gastfreundlichsten Länder, mit den meisten und nettesten Gastgebern.

Kaum zu glauben, dass nun schon ein Jahr vorbei ist. Wenn ich allerdings bedenke, was ich alles erlebt habe, könnten es auch fünf Jahre sein. So kann es ruhig weitergehen.

Indonesien - Hello Mister: Durch den Dschungel Sumatras

Den größten Teil meines ersten Jahrestages verbringe ich auf der Fähre von Malaysia nach Indonesien zur Insel Sumatra. Im ersten Jahr bin ich 27.387 Kilometer gefahren. Beim ersten Blick auf die Insel sehe ich Fabrikanlagen und braunes Wasser. In Dumai, der Hafenstadt, sieht es auch nicht besser aus: kaputte Straßen und Häuser. Zwischen Melaka, Malaysia und Dumai, Sumatra sind nur ein paar Seemeilen – die Straße von Melaka. Aber in Wirklichkeit liegen Welten dazwischen. Zur Feier meines ersten Reisejahrestages gönne ich mir ein besseres Hotel.

Früh am nächsten Morgen ist sogar das WiFi einigermaßen stabil. Gestern gab es ständig Unterbrechungen und auch drei bis vier Stromausfälle. Welcome to Indonesia. Die Busse und LKWs benutzen wieder die verhassten Hupen. Wenn sie Gas geben, fahre ich in einer schwarzen Rauchwolke. Die Luft ist sehr trübe und immer knirscht es zwischen den Zähnen. In einer Art Toddy-Shop finde ich während eines Regenschauers Unterschlupf. Auch hier gibt es dieses milchige, alkoholische Getränk, nur heißt es hier anders. Einen Polizisten, der mich begrüßt, frage ich sofort nach einer Übernachtungsmöglichkeit. Er bietet mir die Polizeistation oder diesen Toddy-Shop an. Die Familie hier bewohnt mit vier Kindern eine Zwei-Zimmer Hütte. Da möchte ich lieber nicht auch noch Platz wegnehmen. Eine der anwesenden Frauen bietet mir an, in ihrem Haus zu schlafen. Dieses Angebot nehme ich an. Später versammelt sich bei ihr im Wohnzimmer das ganze Dorf. Ich überblicke überhaupt nicht mehr, wer wohin gehört. Anstatt froh zu sein, mich wieder loszuwerden, bitten sie mich, noch einen Tag zu bleiben. In der Zwischenzeit wird mir leider bewusst, wie groß dieses Land ist und dass zwei Monate für all die Inseln gar nicht so viel sind. Also fahre ich wieder einmal weiter.

Die Straße ist viel zu schmal, um den Autos und auch mir Platz zu bieten. Am Rand hat sie einen Absatz oder sonst ein Hindernis, dem ich nicht ausweichen kann. Den knapp überholenden Autos bin ich hilflos ausgeliefert. Es

Fantastische Abfahrt in den „Harau Canyon", Sumatra

kommen wenige Touristen auf diese Insel und überhaupt in diese Gegend. Ich muss mich wieder daran gewöhnen, von jedem angestarrt zu werden. Ganze Schulklassen stehen mit offenen Mündern vor mir. In Pekanbaru gibt es alles, was ich so brauche: ein nettes Hotel und einen Supermarkt. Hier ist Endstation für all das Öl, das in Pipelines aus dem Hafen hochgeleitet wird. Als ich aus der riesigen Stadt heraus bin, kann ich endlich aufatmen. Bald darauf finde ich mich im dichtesten Dschungel wieder. Weiter geht es durch diesen dichten Dschungel, bergauf, bergab, an Flüssen entlang, über Flüsse und an Seen vorbei. Es gibt keine Stadt, nur manchmal ein paar einzelne Häuser.

Übernachten kann ich in Restaurants. Das scheint hier für Fernfahrer ganz normal zu sein. Für mich räumt die Tochter des Hauses extra ihr Zimmer. Die Hütte steht auf Stelzen an einem Abhang. Durch alle Ritzen, durch die Holzlatten und auch durch die Bodendielen kann ich dichtes Blattwerk sehen. Allerdings gibt es auch jede Menge Getier, vor allem Fliegen. Die Klebefolie, die über die Glühbirne gehängt wird, ist ruckzuck voll. So müde wie ich mal wieder bin, schlafe ich trotzdem schnell ein.

Begleitet mit dem Duft der Frangipani geht es durch den dichten Dschungel auf 1.900 Höhenmeter. Wieder einmal bestätigt sich mein Leitspruch: Wenn man neben dem Radfahren genießen kann, ist alles nur halb so schlimm. Irgendwo auf dieser Strecke überquere ich den Äquator, merke davon aber rein gar nichts – es gibt kein Zeichen oder Hinweis.

Schließlich habe ich einen wunderbaren Blick in den Harau Canyon. Danach ändert sich die Landschaft aber schlagartig, denn der Dschungel wurde gerodet und das Land kultiviert. Überall gibt es die leuchtend grünen Reisfelder bis dicht an die hohen Felsen. Die letzten Kilometer bis zum ersten Touristenort Bukittinggi gehen wieder einmal knackig den Berg hoch. Nach dem Anstieg hätte ich gerne eine Erholung. Es ist aber Sonntag und dann sind die Schüler auf der Jagd nach Touristen, um ihr Englisch zu trainieren – im Prinzip eine lobenswerte Aktivität, aber leider bin ich so ziemlich die einzige Touristin. Ist die erste Gruppe mit ihren Fragen fertig, steht schon die zweite Schülerschar vor mir. Ich versuche, alles geduldig über mich ergehen zu lassen. Bei der zehnten Gruppe von Schülern schwindet meine Gelassenheit dann aber langsam. Es sind immer die gleichen Fragen, mit einer seltsamen Anrede: „Hello Mister, what's your name?", „How are you?", „Where do you come from?", „Where do you go to …". Wenn sie damit durch sind, fangen sie wieder von vorn an. Wehe, man stellt eine Gegenfrage, dann sind sie hilflos aufgeschmissen. Wieder einmal, dass ich mir sehnlichst mehr Touristen herbeiwünsche.

Dank des Muezzins wache ich sehr früh auf. Bei dieser Hitze ist es auch ganz gut, sehr zeitig loszukommen. Zunächst geht wieder steil nach oben, aber dann werde ich mit der genialsten Abfahrt aller Zeiten belohnt. Auf der fast neuen Straße kann ich es richtig schön laufen lassen. Der Steigung sind mal wieder keine Grenzen gesetzt. Es geht durch dichten Urwald, an Wasserfällen vorbei und an Bächen entlang.

Auf meiner Fahrt aus Padang heraus sehe ich nach den vielen „beinahe"-Unfällen, meinen ersten richtig schlimmen Unfall. Ein Moped überholt in der Kurve eine Autoschlange und stößt frontal mit einem Moped aus der anderen Richtung zusammen. Zwei Mopeds und drei Menschen fliegen durch die Luft. Der Schuldige hat einen Sturzhelm auf und steht auch gleich wieder auf. Die zwei Frauen, die noch beteiligt sind, liegen regungslos am Boden. Für mich ist das wieder eine Warnung, in Zukunft noch vorsichtiger zu fahren.

Die Westküste am Indischen Ozean entlang hat es ganz schön in sich. Es fängt mit sanften Hügeln sehr harmlos an, dann aber geht es immer zweihundert Meter hoch und wieder zweihundert Meter runter. Auch wenn es anstrengend ist, sind auf Sumatra alle Schönheiten der anderen Länder vereint: Berge, Meer und Strand. Mangels sonstiger Touristen habe ich leider keine Ruhe. Ständig stehen die Indonesier in Scharen um mich und starren mich an. Eltern schleppen ihre kleinen Kinder herbei, um ihnen auch einmal eine Touristin zu zeigen. Dieses „Hello Mister", finde ich nicht mehr so witzig. Sie wollen auch gar nicht meinen Namen wissen, es ist offenbar die einzige Anrede, die sie kennen. Am Abend finde ich nach Mukomuko ein ziemlich abgelegenes Guesthouse. Hier habe ich endlich meine Ruhe, keiner der mich anstarrt oder die immer gleichen Fragen stellt.

Dann fängt der Spaß aber erst richtig an: Es geht bergauf und bergab, aber so unglaublich steil, dass ich ständig vom kleinsten in den größten Gang und zurückschalten muss. Am Anfang kann ich noch alles fahren, dann gebe ich aber auf. Besonders ärgerlich ist, dass in der Senke meistens der Teer fehlte, das bedeutet absolutes Abbremsen und vom Stand aus dann die Steilwand hoch ohne Schwung oder Anlauf.
Nach hunderten dieser Auf- und Abfahrten geben meine Beine auf. Sie zittern und sind wie aus Gummi. Im Straßengraben esse ich meinen letzten Keks. Das muss bis zur nächsten Herberge reichen, die zum Glück nicht mehr weit ist. Leider gibt es im Dorf kein Stromnetz. Der Strom für das Hotel muss mit einem Generator erzeugt werden, der furchtbar laut ist. Erst nachdem er nach Mitternacht abgeschaltet wird, schlafe ich endlich ein.

Auch hier gibt es riesige Ölpalmplantagen, wie ich sie schon von Malaysia zur Genüge kenne. Ein äußerst nettes Erlebnis muntert mich aber wieder auf. Da der Geldautomat in Mukomuko nicht funktionierte, und es in der nächsten größeren Stadt, Ipoh, keinen gab, möchte ich wenigstens auf der Bank ein paar Dollar tauschen. Damit sind die Bankangestellten restlos überfordert. Sie kennen den Wechselkurs nicht. Internet oder sonst ein Medium, durch das sie ihn herausfinden könnten, haben sie nicht. Der Filialleiter kommt hinzu. Ich erkläre ihm, wie viel ungefähr zwanzig Dollar in indonesischen Rupien sind. Sie geben mir das indonesische Geld, wollen aber meine Dollar nicht. Jetzt stehe ich da, mit offenem Mund und starre nur noch. So etwas ist mir noch nie passiert: „Ein Geschenk des Hauses". Dazu gibt es noch eine Flasche Tee und ein Fitnessgetränk. So viel zur Aussage, auf Sumatra gebe es nur Diebe und Verbrecher.

Eines Abends komme ich auf dem Dachboden eines Restaurants unter. Mit von der Partie sind ein paar jungen Männer, die nach Kohlevorkommen suchen. Endlich habe ich mal wieder eine nette Unterhaltung mit jemandem, der ein bisschen mehr Englisch kann.

Es ist wieder einmal gnadenlos heiß, bis zu sechsundvierzig Grad. Hinter Bintuhan komme ich durch einen Nationalpark mit Steigungen und Schlaglöchern, die ich beim besten Willen nicht mehr fahren kann. Beim ersten Stück hilft mir ein junger Bursche schieben. Da ahne ich noch nicht, dass das nur der Anfang ist. Es kommen so steile Streckenabschnitte, dass selbst manche Lastwagen nicht mehr hochkommen und gezogen werden müssen. Für mich ist selbst das Schieben kaum mehr möglich. Nach einer Stunde, in der ich kaum zwei Kilometer vorwärts komme und das Gefühl habe, selbst die Insekten aus dem Wald rufen mir „ein Tourist, ein Tourist" zu, weiß ich, jetzt ist es wieder einmal so weit, das muss ich nicht länger mitmachen. Kurz darauf hält ein Lastwagen an und nimmt mich mit. So ein Glück, denn das war wirklich erst der Anfang. Es geht noch Stunden bergauf. Im Gegensatz zu den anderen Abschnitten, ist hier überhaupt keine Verpflegungsmöglichkeit. Da hätte ich ganz schönen Wassermangel erlitten. So aus dem Fahrerhaus kann ich endlich den Naturpark genießen. Von oben hat man eine wunderschöne Aussicht auf die Küstenlandschaft. Leider ist die Brandung hier zum Schwimmen zu stark, aber es ist wohl ein Geheimtipp für Surfer.

Mitten in dem Fischerdorf Krui werde ich wieder abgesetzt. Da ich noch immer so fertig bin, setze ich mich vor das nächste Haus und knabbere mal wieder meinen letzten Keks. Natürlich sitze ich nicht lang allein dort. Diesmal ist die Erscheinung sehr positiv und fängt nicht mit „Hello Mister" an. Ein älterer Muslim fragt mich in einem sehr guten Englisch mit witzigem Akzent, woher ich komme. Und gleich fängt eine rege Unterhaltung an. Schließlich frage ich ihn, ob er mir ein gutes Hotel empfehlen kann. Daraufhin meint er nur: „Warum Hotel? Das ist mein Haus, du kannst hier schlafen." Seine Frau und der erwachsene Sohn wohnen auch dort. Das Haus ist groß genug, so dass ich sogar ein eigenes Zimmer bekomme.

Am nächsten Tag ist mir überhaupt nicht danach, weiter zu fahren. Yon und seine Frau freuen sich, dass ich länger bleibe. Ich genieße einen Tag lang nur die Ruhe. Die Leute im Dorf sehen ab und an Touristen, die hier zum Surfen herkommen. Ich treffe auch zwei australische Surfer. Mit meinem muslimischen Gastgeber Yon führe ich lange Diskussionen über Islam und Christentum. Offen und interessiert reden wir über Gemeinsamkeiten und Unterschiede. Nachbarn kommen und hören interessiert zu. Yon übersetzt für sie. Er ist ein strenggläubiger Muslim und akzeptiert es durchaus, dass ich Christin bin. Die Nachbarn sind darüber eher sehr verwundert. Durch die offenen Gespräche und die gegenseitige Toleranz lernen wir sehr viel voneinander.

Die ersten Kilometer sind ein wahrer Genuss. Mit etwas Rückenwind geht es über eine fast ebene Strecke. Ab und zu kann ich einen Blick auf das Meer werfen. Ich habe keine Ahnung, wie lang der Sandstrand ist, aber schon einige Kilometer. Dann fängt es wieder an: Steile Berge, teilweise nur noch Schotterpisten. Ich habe keine Ahnung mehr, wo ich genau bin, die Orte sind nicht mehr auf meiner Karte eingezeichnet. Später ist das ohnehin egal, denn es kommen gar keine Ortschaften mehr, dafür aber starke Steigungen. Nach dem Ruhetag bin ich wieder voll Energie und nehme die Herausforderungen zunächst an. Es ist aber keine Besserung in Sicht. Als ein Lastwagen neben mir anhält und mich mitnehmen möchte, lehne ich nicht ab. Wunderschön geht es durch den Nationalpark Barisan Selatan, wo es auch noch Tiger geben soll. Die Straßen sind eng und links und rechts Farne, die ihre Wedel bis tief in die Straßen hängen. Vom Fahrerhaus kann ich die Fahrt und die Aussicht über die Vulkanlandschaft sehr genießen. Auf dem Fahrrad hätte ich bestimmt wieder sehr geflucht, selbst bei der Abfahrt, denn es ist die schlimmste Straße seit Kambodscha. Über Kilometer hinweg gibt es nur groben Schotter. Im Lastwagen werden zum Glück nur die Stoßdämpfer des LKWs strapaziert, nicht aber meine Nerven.

In Tanggamus bekomme ich sogar ein Hotel mit Schwimmbad. Nur ist das Schwimmen in einem muslimischen Land so eine Sache. Ich errege sowieso schon genug Aufmerksamkeit, da muss ich nicht auch noch im Badeanzug auftauchen. Die riesige Hafenstadt Lampung animiert mich überhaupt nicht, zu bleiben. Die Fähre nach Java geht von einem kleineren Fährhafen circa fünfundachtzig Kilometer weiter, dort gibt es dann aber keine Hotels mehr.

In einem Restaurant bekomme ich ein Zimmer, das auch noch von anderen genutzt wird. Es ist ein ständiges Kommen und Gehen. Immer wieder werde ich geweckt. Als auch noch das Bett von anderen belagert wird, packe ich meine Isomatte aus und versuche, auf dem Boden zu schlafen. Als dann aber auch noch ein rauchender Mann im Zimmer sitzt, muss ich mich sehr zusammenreißen und bin froh, als es dann endlich Zeit ist, aufzustehen.

Ich folge der Straße und komme am Sonntag, den 9. März, endlich zum Fährhafen wo ich auch gleich die Fähre nach Java finde. Zwei Stunden dauert die Überfahrt – eine schöne lange Mittagspause. Ich war nicht ganz drei Wochen auf Sumatra und bin mehr als 1.670 Kilometer gefahren. Insgesamt habe ich bisher 29.046 Kilometer absolviert.

Indonesien - Die verkehrschaotische Insel Java

Java hat zehnmal mehr Einwohner als Sumatra. Diese Insel wird wohl ganz anders sein als die Dschungellandschaft von Sumatra. Der Verkehr nimmt stark zu und die Straße ist mittlerweile nur noch Schotter. Direkt unter dem Leuchtturm von Anyer finde ich ein nettes Plätzchen, an dem ich unter ständiger Beobachtung einiger Männer mein Zelt aufschlagen kann. Langsam werden die Nächte zu heiß zum Zelten.

Ich habe kaum geschlafen. Als ich wieder aus dem Zelt gekrochen komme, sitzt auch schon der Besitzer des Platzes wieder da und beobachtet mich. Er darf mir dann gleich zweimal heißes Wasser für meinen Kaffee bringen.

Die ersten paar Kilometer führen an der Küste entlang. Auch hier ist die Strömung zum Schwimmen viel zu stark und auch sonst animiert mich überhaupt nichts, ein paar Tage am Strand zu verbringen. Phuket war einfach zu genial. Im Landesinneren gibt es wieder Berge, aber alle Steigungen sind nicht so schlimm wie auf Sumatra, dafür ist der Verkehr umso schlimmer. Die Busfahrer lehren mich mal wieder das Fürchten. Java ist die am dichtesten besiedelte Insel der Welt und jeder Einwohner ist hier unterwegs. Da viele kein eigenes Gefährt haben, gibt es unzählige kleine und große Busse. Die großen Busse sind the „Kings of the Road", Hupe rein und einfach durchgeschossen, sodass alles links und rechts zur Seite springen muss. Dazu benutzen sie natürlich die von mir geliebten Presslufthupen, nach deren Ertönen man ein Weilchen gar nichts mehr hört. Die kleinen Busse fahren an und halten, wie und wo es ihnen gefällt, egal ob man gerade vor hinter oder nebenan ist. In jeder größeren Ortschaft legen sie den ganzen Verkehr lahm, indem sie in so viel Reihen wie der Platz hergibt einfach halten. Zum Lärm gesellen sich noch die schrecklichen Abgase. Die privaten „Müllverbrennungsanlagen" verstärken die Luftverschmutzung noch zusätzlich. Ständig habe ich einen Reiz in der Kehle. Dazwischen gibt es auch kurze, aber ruhige Momente, in denen ich die Aussicht über die Berge genießen kann bis sie wieder wolkenverhangen sind und es kräftig anfängt zu regnen.

Man merkt, dass es auf Java mehr Touristen gibt. Das „Hello Mister" (hier mit rollendem „r", statt gedehntem „ä" am Schluss), höre ich seltener, dazwischen sogar ein „Hello Misses". Je näher ich Bogor komme, desto mehr blaue Kleinbusse erscheinen auf der Bildfläche, die beinahe meine Satteltaschen streifen. Ärgerlich ist das vor Allem dann, wenn ich den tiefen Schlaglöchern ausweichen will. Alles wird noch schlimmer, als es anfängt zu regnen. Nach zwei Schauerregen stehen die Straßen unter Wasser, sodass ich das Ausmaß der Schlaglöcher nicht mehr abschätzen kann. Ich ertappe mich dabei, wie ich zu den blauen Bussen schiele. Ich wäre darin besser aufgehoben. So schnell gebe ich aber nicht auf! Patschnass komme ich in Bogor an. Es ist die Stadt des Regens. Nass und fertig gehe ich gleich in das erste Hotel und in ein trockenes Bett. Für heute reicht es mir.

Am nächsten Morgen ist meine Kleidung noch immer tropfnass. Am Pancake-Pass lege ich eine zweistündige Zwangspause ein, denn es stürmt und schüttet wie aus Kübeln. Die ganze Straße wird von Essensständen gesäumt. Bei einem heißen Tee kann ich die sehr schöne Aussicht genießen. Ausgeruht nehme ich das letzte Stück bis zum Gipfel in Angriff. Wieder einmal nimmt der Verkehr zu, da ich mich Bandung nähere. Die Stadt ist einfach furchtbar, die schlimmste, in der ich je war. Wohlweislich habe ich Jakarta schon lange gestrichen, Bandung steht der Hauptstadt aber in nichts nach. Drei Millionen Menschen zwängen sich durch die engen Gassen, die fast nur Einbahnstraßen sind. Ich finde mich kaum zurecht. Es ist egal, in welche Richtung ich fahre, vorwärts komme ich auch mit dem Fahrrad nicht. Jeden Abend bin ich erstaunt, dass ich den Tag überlebt habe. Millionen von Bussen und Lastwagen überholen mich so knapp, dass sie mich beinahe streifen. Mein Gehör leidet unter den lauten Hupen und den extrem lauten Mopeds. Der Witz ist,

die Auspuffe heißen hier „Knalpots". Überall hängen Reklameschilder für
Flüge nach Australien. Ich frage mich immer häufiger, warum ich mir das
eigentlich antue. Auch Gespräche zur Aufmunterung mit anderen Radfahrern, vermisse ich sehr. Irgendetwas muss sich ändern. Ein paar Tage Ruhe
wären auch nicht schlecht. Nur hat mich hier noch kein Ort zum Bleiben
animiert.

Der nächste Tag ist zum Glück um Welten besser. Morgens schlafe ich bis 5:40
Uhr, das ist hier sehr lang. Da Samstag ist, begleiten mich ein paar Rennrad-
ler-Wochenendfahrer aus der Stadt. Der Belag der Straße ist auf einmal von
bester Qualität. Es läuft einfach gigantisch. Der Verkehr ist auch nur noch
ein Bruchteil vom gestrigen. Auch die zweiundfünfzig Grad betrüben meine
Laune heute wenig. Fröhlich kann ich alle Grüße erwidern. Auch die Strecke
ist fantastisch, hauptsächlich durch Felder und dschungelartige Wälder und
kaum Ortschaften. Es wird wieder knapp, vor Sonnenuntergang im nächsten Ort anzukommen. Ich habe folgende Optionen: Erstens kann ich einfach
ruhig weiterfahren und schauen, dass ich es doch noch vor Sonnenuntergang
schaffe. Zweitens kann ich mein Zelt aufschlagen, sollte es vorher dunkel
werden. Und eine letzte Option wäre der Bus!

Borobudur Tempelanlage auf Java

Doch ich erreiche tatsächlich noch vor Sonnenuntergang ein fantastisches Hotel. Mein Fahrrad kann ich direkt ins Zimmer schieben. Zum Gepäckschleppen wäre ich wirklich zu erledigt. Glücklich kann ich mir wieder auf die Schulter klopfen, denn ich habe es wieder einmal geschafft. Manchmal ist es ganz gut, zu sehen, was man noch alles leisten kann, wenn man muss.

Mit wunderbarem Blick auf all die Vulkane geht es nach Borobudur, einer der größten Tempelanlagen Asiens. Erbaut im achten Jahrhundert, lag sie ewig unter dem Schutt und der Asche des Vulkans Merapi, bis sie Ende des neunzehnten Jahrhunderts von europäischen Forschern wiederentdeckt wurde. Die neunstöckige Pyramide ragt gigantisch aus dem Urwald empor. Insgesamt steht sie Angkor Wat natürlich in der Größe um einiges nach, was man natürlich keinem Indonesier sagen darf. Für sie ist es der größte Tempel. Einzigartig ist hier aber tatsächlich die Umgebung zwischen Vulkanen, Urwald und Palmen. Am frühen Morgen bei Sonnenaufgang ist es ein einmaliger Anblick. Pünktlich 6 Uhr zur Öffnungszeit bin ich dort und kann in Ruhe die Morgenstimmung genießen und bin noch vor der großen Hitze oben bei den Stupas. Das ist mein Highlight auf Java, für das sich all die Mühen und Strapazen sehr gelohnt haben.

Von Borobudur sind es nur ein paar Kilometer nach Yogyakarta. Von weitem kann ich schon das große „M" von McDonald's erkennen. Unter dem Vorwand, einmal wieder ein gutes Klo aufsuchen zu müssen, kehre ich dort tatsächlich ein. Zur Belohnung stopfe ich mich auch gleich noch mit Eis voll. Yogyakarta ist endlich einmal wieder eine Stadt, die mir gefällt. Hier kann ich es sehr gut einen Tag lang aushalten, denn einen Ruhetag habe ich bitter nötig. Dank der anderen Touristen kann ich ohne großes Aufsehen zu erregen durch die Gassen schlendern. Sie sind fast so eng, dass nicht einmal ein Moped durchkommt. Ich muss nur aufpassen, aus dem Labyrinth der Gassen auch wieder herauszufinden. In seinem Wasserschloss genoss der Sultan mit Frau und Konkubinen die Frische im Sommer bis ein Erdbeben im Jahr 1867 dem Ganzen ein Ende setzte. Obwohl alles sehr zerfallen und verwahrlost ist, kann man sich durch die erhaltenen Mauern und die ausgetrockneten Pools das Treiben des Sultans gut vorstellen. Der Sultanspalast Kraton ist voller Schulklassen, aber die Kinder haben mehr Interesse an mir, als an dem historischen Gebäude. Selbst der Lehrer hüpft um mich herum und will mich fotografieren. So bekomme ich auch nicht viel vom Palast zu sehen und verschwinde bald wieder.

Die Straße Richtung Osten führt zwischen zwei Vulkanen hindurch: Mt. Merapi und Mt. Lawu. Trotz der beträchtlichen Höhe um die 3.000 Meter, sehe ich sie nur auf der Landkarte. Es ist alles verbaut und sehr diesig. Nur in den sehr frühen Morgenstunden kann ich einen Blick erhaschen.

Stolze 30.000 Kilometer bin ich jetzt gefahren und habe nichts und niemandem zum Anstoßen. Hoffentlich kann ich das auf Bali nachholen. Der Versuch, abseits von der Hauptstraße eine Seitenstraße zu fahren, schlägt fehl, denn sie endet im Nichts. Trotzdem ist es eine sehr schöne, kleine Straße durch Reisfelder, kaum mit Autos, sondern nur mit Mopeds befahren. Ich hatte mich schon die ganze Zeit gewundert, dass es gegen 18 Uhr schon stockdunkel wird, aber am Morgen erst um 6 Uhr hell, aber daran merke ich, dass ich auf der Insel schon über tausend Kilometer gefahren bin und zwar meist Richtung Osten. Das macht sich natürlich bemerkbar. Ich hoffe, es kommt bald wieder eine Zeitumstellung.

Die letzten anderthalb Tage auf der Insel sind ein Genuss. Ich nehme die Route ganz im Norden. Auf der einen Seite liegt das Meer, auf der anderen Seite sind das Jien Plateau und der Baluranberg zu sehen. Es ist ein pittoreskes Panorama mit erstaunlich wenig Verkehr und der besten Straße auf ganz Java. Endlich wieder mehr Bäume um mich als Autos. Doch als der Verkehr wieder zunimmt, kann ich Bali schon sehen und fahre schnell darauf zu. Ruckzuck bin ich auf der Fähre und lasse zuerst einmal einen Freudenschrei los.

Der Abschied von Java am 24. März fällt mir sehr leicht. Ich kann immer noch nicht glauben, dass ich zwei Wochen und zwei Tage sowie fast 1.400 Kilometer auf dieser Insel überlebt habe. Insgesamt bin ich nun bis hierher 30.429 Kilometer gefahren.

Indonesien - Bali: Insel der Götter und somit auch der Tempel

Schon von weitem sehe ich, auch auf Bali gibt es Berge und zwar sehr hohe. Vorerst lasse ich sie links liegen, ich möchte so weit wie möglich Richtung Denpasar und Sanur kommen. Die ersten paar Kilometer auf Bali sind wie im Paradies. Auf guten Straßen mit wenig Verkehr fahre ich entlang des Bali Barat National Parks durch dichtes Grün. Es ist eine Wohltat, statt Autoabgasen wieder Blumen und Blüten zu riechen, statt Hupen Vogelgezwitscher und das Zirpen von Insekten zu hören. Ich bin hier zwar auch in Indonesien, aber in einem komplett anderen Kulturkreis. Es gibt wieder Hindu-Tempel, aber leicht anders als die bisherigen. Jetzt, vor dem balinesischen Neujahr Nyepi, sind die Zeremonien in vollem Gange und alles ist reich geschmückt. Während der Feier zu Nyepi geht auf Bali nichts mehr. Es ist ein Tag absoluter Ruhe, man darf nicht einmal das Haus verlassen und auch kein Licht entzünden. Wenn man auf der Straße erwischt wird, gibt es hohe Strafen. George, meine Kontaktperson in Denpasar, hat mich schon darauf vorbereitet und deshalb möchte ich so schnell als möglich dort sein.

Dann, an einem späten Nachmittag, ich bin gerade auf der Suche nach einem Hotel, überholt mich ein Moped, von dem eine rothaarige Frau herunter springt und sich mir vorstellt. Es ist Mirjam aus Holland, die seit drei Jahren allein mit dem Fahrrad unterwegs ist. Ob ich nicht Lust hätte, in das gleiche Hotel wie sie zu kommen. Und ob ich das habe! Endlich wieder eine Fahrradfahrerin, eine Gleichgesinnte. Da ich sehr müde bin, Mirjam und ich aber noch einiges auszutauschen haben, beschließe ich schnell, nicht mehr weiter nach Denpasar zu hetzen, sondern einfach Nyepi hier in Medewi Beach zu verbringen. Es leben hauptsächlich Muslime in Medewi Beach, was bedeutet, dass die Regeln des hinduistischen Feiertages nicht so eng gesehen werden und man zum Beispiel an den Strand darf. Es ist der einzige Ort auf ganz Bali, wo Surfer an diesem Tag ins Wasser können. Schon einen Tag eher kommen sie angeströmt. Der sonst recht ruhige Ort wird auf einmal richtig belebt. Mirjam und ich teilen uns einen kleinen Bungalow direkt am Strand, sitzen am Meer und schauen den sich im Wasser tummelnden Surfern zu.
Am Abend genießen wir den wunderbaren Sonnenuntergang. Mirjam beschließt, noch länger in Medewi Beach zu bleiben, für mich wird es aber Zeit, weiter nach Denpasar Sanur zu fahren.

George wartet dort auf mich, zudem muss ich endlich meinen Transfer nach Australien klären.

Nach einem Tag absoluter Ruhe können die Balinesen endlich wieder ihrer Lieblingsbeschäftigung, den Zeremonien, nachgehen. Überall hört man Gamelan-Musik. Tempel und „beseelte" Objekte, etwa Bäume und Bäche, sind mit Tüchern geschmückt. In einem großen Bogen fahre ich um Denpasar nach Sanur. George kommt mir im Labyrinth von engen Gässchen entgegen. Sein Haus ist typisch balinesisch: Es besteht aus mehreren Häusern mit noch mehr kleinen Tempeln in einem wunderschönen Garten umringt von einer bewachsenen Mauer. Das Gästehaus hat ein wunderschönes Bad mit der ersten Badewanne seit langer Zeit. Alleine die Fensterläden mit den reich verzierten Holzschnitzereien sind sehr beeindruckend.

Leider muss ich meinen Wunsch, mit dem Schiff nach Australien überzusetzen, bald aufgeben. Auch meine letzte Hoffnung, ein Fischer, hat seine Lizenz für die Personenbeförderung verloren. Endlich buche ich einen Flug. Er ist spottbillig und schon ab 26 US-Dollar zu bekommen. Für mich wird es etwas teurer, da ich an einem anderen Tag fliegen möchte und für mein Fahrrad noch zwanzig Kilogramm zusätzliches Gepäck buche. Es ist aber immer noch sehr günstig. Danach bin ich so erleichtert! Endlich ist das geregelt.

Auch hier steht mal wieder ein Zahnarztbesuch an. Eines dieser Kaubonbons, die man bekommt, wenn es keine Münzen mehr gibt, hat meine Brücke aus den Angeln gehoben. Es ist nicht schmerzhaft, aber sehr unangenehm. Meinen ersten Platten im Vorderrad habe ich dann auch noch. Ich bin aber zu faul, diesen gleich zu reparieren und bin froh, einen Grund zu haben, mein luxuriöses Gästehaus noch ein wenig auszukosten.

Nach vier Tagen bin ich wieder bereit für neue Abenteuer. Die Ruhetage waren nötig und taten mir richtig wohl. Ich sage George und seiner Familie vorerst ade. Ungefähr die Hälfte meines Gepäcks kann ich dort lassen. Bevor ich von Denpasar nach Australien fliege, darf ich hier wieder vorbeikommen.

So ausgeruht und mit Leichtgepäck macht es doppelt so viel Spaß, wieder auf dem Fahrrad zu sitzen. Locker kann ich es mit jedem Vulkanberg auf-

Pura Ulun Danu Bratan Wassertempel auf Bali

nehmen. Die 1.200 Höhenmeter Richtung Bratan sind kein Problem. Der Vorteil, wenn man den Berg hochfährt ist, dass es immer kühler wird. Bali ist eine sehr kleine Insel, alles liegt sehr nah beieinander. Trotz einer Regenpause bin ich sehr früh am Bratan See. Der Dunst des Morgens steigt noch von ihm auf und ich schaue ich mir Pura Ulun Danu Bratan an, einen Tempel im Wasser. Ist das eine Ruhe! Nur ein Fischer sitzt ruhig am Ufer, als die Sonne noch hinter den Bergen ist. Mein Drang zu fotografieren nimmt erst mit den leeren Batterien ein Ende.

Als ich den Kraterrand erklimme, werde ich von einer Vielzahl Affen beobachtet, die auf der Leitplanke sitzen. Alle haben eine Punkfrisur, bei den Jüngeren noch ausgeprägter als bei den Alten. Das sieht wirklich ganz schon „affig" aus.

Auf der anderen Seite des Kraterrandes geht es fantastische zwanzig Kilometer abwärts zur Nordküste Balis. Kaum zu glauben, was die Höhe an Temperaturunterschieden ausmacht. Unten in Singaraja ist wieder eine Bruthitze. Ich fahre gleich weiter zum Lovina Beach. Sofort bin ich wieder von Leuten umzingelt, die mir Unterkünfte anbieten. Ich sammle alle Visitenkärtchen ein und bekomme einen neuen und sauberen Bungalow direkt am Strand.

Abends treffe ich tatsächlich noch einen anderen Touristen. Der Schweizer ist ganz erfreut, dass alles hier so billig ist. Im Vergleich zur Schweiz ist es aber überall auf der Welt billig. Im Vergleich zum Rest von Indonesien ist es hier jedoch extrem teuer, aber woher soll er das wissen.

Bevor ich den nächsten Vulkan, Gunung Batur, in Angriff nehme, suche ich noch den weltweit einzigen Tempel auf, an dem ein Fahrradfahrer abgebildet ist: Maduwe Karang wurde um 1890 erbaut. Im Jahr 1904 kam ein Holländer vorbei und fügte dem Relief einen Fahrradfahrer hinzu. In der buddhistischen Religion spielen Fahrräder sonst keine große Rolle, da benutzt man eher Schwäne, Elefanten oder von Rossen gezogene Wagen. Danach geht es los: vierzig Kilometer bergauf – von null auf 1.700 Höhenmeter. Und wieder einmal beweist sich, dass alles halb so schlimm ist, wenn man es nebenher noch genießen kann. Außerdem bin ich George wieder sehr dankbar, dass ich mit so wenig Gepäck unterwegs sein kann. So ist es mit der akzeptablen Steigung, der reichhaltigen Vegetation und dem Blick auf die Küste das reinste Vergnügen. Leider fahre ich ab tausend Höhenmeter wieder in den Wolken. Ab und zu gehen richtige Schauer nieder. Die Wolken verbergen den Gipfel des Mount Batur. Bei der Abfahrt friere ich richtig. Die Temperaturen hier oben sind circa zwanzig Grad geringer als am Strand. Wieder einmal ist Ende gut, alles gut! Ich habe ein wunderschönes Zimmer direkt am See, sogar mit heißer Dusche, auf die ich heute nicht verzichten will.

Am nächsten Morgen sieht es ganz anders aus, verschwunden sind Regen und Nebel. Der Vulkan Mount Batur zeigt sich in voller Schönheit. Ich fahre weiter zu den heißen Quellen weiter hinten am See. Der Weg dorthin führt wunderbar durch Wälder, vorbei an Feldern und über Hügel. Die Quellen selbst sind nicht so fantastisch. In den öffentlichen Quellen seift sich ein Mann von oben bis unten ein. Eine Frau ist mit ihrer Wäsche samt Waschpulver beschäftigt. Das ist nicht nach meinem Geschmack. Die beiden anderen Optionen sind sehr touristisch. Unzählige Massagen, Trekking Tours und Transporte rauf auf den Krater (Fahrräder zählen nicht ernsthaft zu Transportmitteln) werden angeboten, aber dass man mal einen Badesteg in den See baut, darauf ist noch keiner gekommen.

Trotz aller gegenteiligen Prophezeiungen der Transportanbieter, schaffe ich es am nächsten Morgen die dreihundert Höhenmeter bis zum Kraterrand sehr gut. Wieder einmal erfreue ich mich an der Aussicht, denn ich weiß, dass es danach bis Ubud nur bergab geht. Ich kann mir richtig schön Zeit lassen. Vulkane haben die Eigenschaft, dass die ersten Kilometer sehr steil sind, danach geht es aber etwas langsamer durch die wunderschöne Landschaft mit leuchtend grünen Reisfeldern. Am Hindutempel Tirta Empal kann ich gerade noch bremsen. Dieser Tempel ist an einer großen Wasserquelle gebaut und besteht fast nur aus Wasserbecken und Springbrunnen. Viele Gläubige sind mit Beten, Waschungen und Opfergaben beschäftigt. Aus Respekt möchte ich nicht stören und fahre bald weiter. Ein paar Kilometer weiter kommt aber schon der nächste Tempel: Gunug Kawa ist in Stein gehauen. Er liegt in einem engen Flusstal, umgeben von Reisterrassen.

Ubud ist der erste Ort seit langer Zeit, an dem es massig Touristen gibt und fast so viele Tempel, aber das ist ja für Bali nichts Neues. Der Markt könnte ganz schön sein, wenn er nicht voll von Souvenirs wäre, die einfach zu peinlich sind. Das zeigt aber nur, welche Art von Touristen sich hier tummeln. Am Abend treffe ich Mirjam mit ihrer Cousine, die bei ihr auf „Besuch" ist. Das ist mal wieder richtig erfrischend und eine aufbauende Abwechslung. In letzter Zeit hatte ich ja nicht so viel Unterhaltung.

Am Morgen fahre ich früh zum Hafen, um die Fähre nach Lombok zu nehmen. Nach fast zwei Wochen und immerhin 545 Kilometern, über die Höhenmeter kann ich nichts sagen, verlasse ich vorübergehend Bali. Insgesamt bin ich bisher 30.977 Kilometer gefahren.

Ferien auf Lombok

Langsam tuckert das Boot zwischen den Inseln Bali und Lombok. An Bord sind entweder Surfer, die nach Kuta auf Lombok wollen, oder aber Urlauber auf dem Weg zu den Gili-Inseln. Ich habe noch keine genauen Pläne. Schon die Hafeneinfahrt auf Lombok ist ein Genuss. Wir umrunden eine lange, schmale Landzunge, auf der nur ein paar Fischerhütten Platz finden.
Nach den Stunden auf dem See bin ich richtig froh, mich wieder auf das Fahrrad schwingen zu können. Im schönen Sonnenuntergang geht es zur größten Stadt auf Lombok: Mataram. Der erste Traumstrand, Senggigi, ist auch nicht mehr weit. Hier kann ich mich zum ersten Mal seit langer Zeit richtig ins Meer stürzen, Fischlein beobachten und Korallen bewundern. Da ich hier nicht zu viel Fahrrad fahren möchte, denn das kann ich in Australien noch genug, beschließe ich, zunächst auf die Gili-Inseln zu gehen. Auf

schmalen Straßen mit Steigungen über zwanzig Prozent geht es nach Bang-
sal. Die Aussicht auf die Gilis und die Berge ist grandios. Hier legen die Boote
zu den drei Inseln Gili Air, Gili Meno und Gili Trawangan ab. Die reicheren,
älteren Touristen fahren nach Meno, die jüngeren, party-orientierten nach
Trawangan. Meine Wahl fällt auf Gili Air.
Die Boote starten erst dann, wenn sie voll sind mit mindestens zwanzig Personen. Immer wieder kommen Durchsagen, dass Boote bereitstehen, aber
immer nur für die beiden anderen Inseln. Schließlich komme auch ich los.
Ich finde mich als einzige Touristin in einem Boot mit lauter Marktfrauen
und ihren riesigen Körben mit Obst und Gemüse wieder und merke gleich,
dass ich mich für die richtige Insel entschieden habe.

Auf Gili Air angekommen fühle ich mich wie in einen Werbespot versetzt,
nicht wegen der Eiscreme oder des Rums, sondern weil die Insel einfach ein
Traum ist. Aber zum Fahrradfahren ist es hier nicht so paradiesisch, denn
es gibt nur Sandwege. Neben Booten gibt es hier Pferdekutschen. Zu meiner
Beruhigung bietet ein Secondhand-Buchladen seine Waren an. Lesen wird
hier eine meiner Hauptbeschäftigungen sein. Den Vormittag verbringe ich
mit Schnorcheln und Lesen. Daran könnte ich mich gewöhnen, aber solche

Marktfrauen auf dem Weg nach Gili Air, Lombok

Traumstrände zum Schnorcheln werde ich kaum so schnell wieder finden. Am Nachmittag, nachdem die größte Hitze hätte vorbei sein sollen, schiebe ich mein Fahrrad um die Insel. Fahren ist nur auf sehr kurzen Strecken möglich, meistens bleibe ich im Sand stecken. Nach fünf Kilometern bin ich auch schon wieder zurück. Eine gute Übung für Australien, da wird mir das sicher auf weit längeren Strecken passieren.

Der nächste Tag verläuft fast gleich. Was anderes gibt es ja nicht zu tun, außer zu lesen, zu schwimmen und zu schnorcheln. Man muss nicht einmal viel schwimmen. An einer Seite vom Strand geht man ins Wasser, lässt sich parallel zu diesem über die Korallen treiben und schaut den bunten Fischlein zu. Am anderen Ende vom Strand geht man wieder heraus, läuft zurück und wiederholt das Ganze so oft man möchte. Am Nachmittag hole ich Mirjam und ihre Cousine von der Fähre ab, um mit ihnen am Abend gemeinsam zum Essen auszugehen. Es gibt meine Leibspeise Gado Gado: Gemüse mit Erdnusssoße und Reis. Mirjam wird zwei Wochen nach mir auf dem gleichen Weg nach Australien kommen. Wahrscheinlich treffen wir uns dort wieder.

Um den Fischlein ade zu sagen, gehe ich am nächsten Tag noch vor dem Frühstück schwimmen. Danach geht gleich ein Boot zurück auf die Hauptinsel Lombok. Auf kleinen Straßen durch sattes Grün geht es durchs Landes-innere nach Kuta. Plötzlich werde ich von einigen Polizeifahrzeugen überholt. Da die Leute auf der Straße nicht besonders reagieren, nehme ich es als normal hin. Im nächsten Dorf sagt mir ein Mann, ich müsse vorsichtig sein, denn in einem Dorf weiter wäre ein Kampf. Mehr ist nicht aus ihm herauszubekommen, denn sein Englisch ist nicht sehr gut. Bis ich in das Dorf komme, ist aber alles wieder vorbei, nur das Polizeiaufgebot ist noch riesig. Da sie mich lächelnd weiter winken, mache ich mir nichts daraus und fahre ruhig durch das Spalier von Polizei- und Panzerfahrzeugen. Nachdem ich den letzten und einzigen Hügel überwunden habe, geht es nur noch runter nach Kuta. Kuta Lombok hat mit Kuta Bali nur eines gemein: Es ist ebenfalls ein Surfgebiet, sonst gleichen sie sich aber in absolut nicht. Zuerst lande ich in einem Fischerdorf. Außer einem kleinen Hotel und zwei Bungalowanlagen gibt es hier nur Strohhütten. Da bin ich doch etwas überrascht: Das soll also das Kuta sein? Bis ich merke, dass da ja noch eine andere Straße abbiegt und ich nach circa zwei Kilometern im touristischen Kuta bin. Ein paar Hotels und Bungalows auf der einen, der Strand auf der anderen Straßenseite. Hier verbringe ich nochmals zwei Tage mit Lesen und Schwimmen. Zwischen Stränden, Palmen und Bergen ist es wunderbar und richtig erholsam.

Auf dem Weg zurück nach Lembar, dem Fährhafen nach Bali, genieße ich es zum letzten Mal durch die Reisfelder mit Kokospalmen zu fahren und durch die Marktstände, die links und rechts der Straße aufgebaut sind, mit ihrer Farbenpracht und den fantastischen Gerüchen. Ich winke den Kindern zu und sie grüßen zurück. Bei jedem „Hello Mister" muss ich nur lachen, das wird mir in Australien sicher nicht mehr nachgerufen.

Zurück auf Bali

An meinem letzten Tag auf Bali und in Asien bereite ich alles für den Flug vor. Mein Fahrrad kommt in einen Fahrradkarton, die Fahrradtaschen in eine große Tasche. Beides darf je zwanzig Kilogramm maximal wiegen. Von einigem muss ich mich verabschieden.

Am Tag des Abflugs werde ich doch noch nervös. Es ist immer aufregend, bis das Fahrrad eingecheckt ist. Ich möchte früh am Flughafen sein, da ist alles noch entspannter und das Bodenpersonal lässt eher ein paar Gramm mehr durchgehen. Ich habe zweimal zwanzig Kilogramm gebucht. Das Fahrrad mit der Box hat ein bisschen mehr als einundzwanzig Kilogramm, meine riesige Tasche wiegt zwanzig Kilogramm. Gerade noch so komme ich durch. Obwohl ich mich sehr auf Australien freue, werde ich doch einiges aus Asien vermissen. Nach 31.290 Kilometern in einem Jahr und zwei Monaten fliege ich das erste Mal.

Von Kakadus und Wallabys: Der Norden Australiens

Es ist einfach noch viel zu dunkel, und ich bin viel zu müde, um gleich groß in Aktion zu treten, als ich circa 3 Uhr morgens von den Security Checks entlassen werde. Die Zollbeamten haben erstaunlich wenig Interesse an meinem Fahrrad, nachdem ich sechs Monate durch all den Mist (Kuh-, Schaf-, Pferdemist etc.) in ganz Südostasien gefahren bin. Ein kurzer Blick in die Bikebox genügt, um zu sagen: „Ok, weiter".

Nach über einem Jahr „auf der Straße" kann ich fast immer und überall schlafen. Ich lege mich in die Eingangshalle und döse ein. Mein ganzes Gepäck samt Fahrrad ist noch in der Box und um mich herum gestapelt. Kurz vor Morgengrauen, so circa gegen 5 Uhr, werden mir die Durchsagen zu laut und ich fange an, mein Fahrrad zusammenzubauen.

Schöne ruhige Straßen mit gutem Belag und kaum Verkehr, alles duftet so gut, alles ist so sauber – welch ein Unterschied zu Asien. Mein Gastgeber hier in Darwin namens „Noodle" hat mir eine genaue Beschreibung zu seinem Haus gegeben. Es ist gerade einmal 7 Uhr am Samstagmorgen, als ich ankomme. Nach einer Türklingel oder Namensschild kann man hier lange suchen. Im Garten steht ein Liegestuhl bereit in dem ich weiterschlafe, bis die Nachbarn kommen und Noodle wecken. Obwohl ich noch nicht ganz zurechnungsfähig bin, fahre ich in die Stadt, um Ersatzteile für mein Fahrrad zu besorgen. Auch hier sind die Straßen breit, leer, ruhig und sauber. Es kommt mir so vor, als sei ein Feiertag. Supermärkte gibt es hier, so etwas habe ich seit Deutschland nicht mehr gesehen. Gleiches gilt auch für die Preise – nach all den Monaten in Südostasien ein wirklich hartes Brot.

Vier Tage bleibe ich in Darwin und gebe vielleicht mehr Geld aus als in den zwei Monaten Südostasien. Ich brauche Fahrradkleidung, Ersatzteile, Landkarten und Nahrungsmittelvorräte für die nächsten Tage. Die Distanzen von einem Ort zum anderen sind in Australien wesentlich größer als in Asien. Das erfordert eine genauere Planung. Auch hier gibt es Strände, aber schwimmen kann man nicht. Entweder ist es die Strömung oder sind es die Quallen oder Krokodile, die zum Verbot führen. Einen Grund finden sie immer.

Zuerst fahre ich Richtung Kakadu-Nationalpark. Auf dem Stewart Highway habe ich die ersten Begegnungen mit den riesigen Roadtrains. Alles kein Problem, denn die Straßen haben einen breiten Seitenstreifen. Vor der Abzweigung zum Nationalpark kommt tatsächlich noch ein Laden, wo ich mich mit Getränken eindecken kann. Auf dem Arnheim Highway komme ich zuerst durch die Wetlands, ein flaches, mit Seen und Flüssen zersetztes Gebiet. Im Besucherzentrum gibt es frisches Trinkwasser. Sofort fülle ich alle Wasserflaschen auf. Solche Gelegenheiten darf ich mir nicht entgehen lassen. Hier gibt es zwar viele Tiere und Pflanzen, aber keine Ortschaften, geschweige denn Läden. Das nächste Geschäft ist ungefähr zweihundert Kilometer entfernt. Mir begegnet ein Tier, von dem ich zuerst meine, es sei ein Känguru, bis mir gesagt wird, es gibt in Northern Territory keine Kängurus, sondern „nur" Wallabys. Der Kakadu-Nationalpark ist wegen seiner vielfältigen Natur und der Aborigines-Kultur, in Form von Wandmalerein, Weltkulturerbe. Seit 2004 wird für den Nationalpark keinen Eintritt mehr verlangt. Nur ein Hinweisschild am Straßenrand deutet darauf hin, dass ich jetzt im Nationalpark bin.

Es ist zwar schon sehr trocken, aber offiziell ist immer noch „wet season", also Regenzeit. Vieles wird noch für den Touristenansturm im Juni hergerichtet und ist geschlossen, ebenso der nächste Campingplatz. Bei all den Warnschildern vor Krokodilen, Schlangen etc. ist mir nicht gerade nach Wildcampen, was im Nationalpark sowieso nicht gern gesehen wird. Bei Dunkelheit zu fahren gehört auch nicht gerade zu meinen Lieblingsbeschäftigungen. Also versuche ich ein Auto anzuhalten. Bei diesem mageren Verkehr ist das keine schweißtreibende Aktivität. Die ersten zwei Autos sind leider schon voll bis oben hin. Nach fast zwei Stunden kommt das dritte Auto mit zwei Anglern, die auch auf den nächsten Campingplatz möchten und nur „kurz" einkaufen waren. Auf all den Bierdosen hat mein Fahrrad samt Gepäck noch Platz. Gerade noch bei Tageslicht kommen wir an. Als mein Zelt endlich steht, ist es aber dann stockdunkel. Direkt über meinem Zelt auf einem Baum sitzt der erste weiße Kakadu. Er gehört nicht zu meinen Lieblingsvögeln, denn er macht viel zu großen Lärm. Er ist aber nett anzuschauen.

Die erste Station ist Mamukala. Normalerweise sollte man von der Plattform, die über das Wasser gebaut ist, die Vögel beobachten können. Dafür bin ich aber bezogen auf die Tageszeit zu spät und auf die Jahreszeit zu früh dran. Auf dem Fahrrad sehe ich die meisten Vögel sowieso. Die einzige Stadt im Park ist Jabiru. Zu meiner Freude gibt es eine Bäckerei mit herrlichen Leckereien und einen Laden, um meine Vorräte aufzustocken. Die Felsenmalereien an den Nourlangie Felsen ist ein absolutes „Muss". Am Burdulba Campingplatz lade ich nur kurz mein Gepäck ab. Der Platz ist nicht mehr als eine Wiese, auf der Zelten erlaubt ist. Immerhin hat er ein Klohäuschen, aber kein Wasser. In den Spätnachmittagsstunden fahre ich recht flott, so leichtgewichtig wie mein Fahrrad jetzt ist, zu den Felsen. Die Gegend ist im Spätnachmittagslicht einfach genial. Ich mag diese Felsen mit ihren verschiedenen Schattierungen, Strukturen und Spalten, die in diesem Licht knallrot leuchten. Die jahrtausendealten Felsmalereien sehen mir teilweise aber zu frisch aus.

Auf dem Zeltplatz sind inzwischen drei andere Zelte aufgestellt. Eines davon gehört einem jungen Deutschen, Till, der mit dem Auto durch Australien fährt. Er ist so begeistert von meiner Tour, dass er mich bekocht und mich mit Trinkwasser versorgt. Eigentlich hätte es ein netter Abend am Lagerfeuer mit Geschichten werden können, aber leider werden wir von den Moskitos geplagt – so etwas habe ich wirklich selten erlebt. Einsprühen hilft da auch nicht mehr. Mein ganzer Rücken wird durch das T-Shirt hindurch zerstochen. Um den Kopf binde ich ein Tuch. Schließlich fliehe ich ins Zelt und bin richtig froh, dass das Surren nun ein paar Zentimeter von meinem Kopf weg ist.

Auch am nächsten Morgen werde ich von den kleinen fliegenden Ungeheuern angetrieben. Das junge Paar ist schon weg, als nächster ergreift Till die Flucht. Trotzdem, ohne Kaffee fahre ich keinen Meter! Später wird es so richtig heiß: neunundvierzig Grad. Das spärliche Gebüsch bietet kaum Schatten. Die Rangerstation am Ende des Nationalparks ist wie ausgestorben, nicht einmal Trinkwasser gibt es hier, dafür kann ich kurz der Sonne entfliehen. Am Spätnachmittag erreiche ich das nächste Dorf Pine Creek am Stuart Highway. Die Freude auf kühles Getränk ist leider verfrüht, denn der einzige Laden ist geschlossen. Frustriert mache ich mich auf die Suche nach einem Campingplatz, denn eine Dusche ist dringend nötig. Der Platz, auf dem ich schließlich lande, gehört glücklicherweise zu dem Laden. Die Tochter des Besitzers schließt ihn extra wieder für mich auf. Sie ist Chinesin der vierten Generation hier in Australien. Pine Creek hat etwas von einer Goldgräberstadt und war es ja auch einmal. Als es noch Goldminen gab, war es größer als Darwin. Das ist keine Kunst, denn in Darwin leben nicht sehr viele Menschen. Heute hat Pine Creek nur noch siebenhundert Einwohner.
Bei Gegenwind geht es auf dem Stuart Highway bis Katherine. Dort habe ich eine Einladung von Kate und Phil. Er ist auch Fahrradfahrer. Kurz vor Katherine merke ich, dass er mich schon des Öfteren versucht hat, zu erreichen. Das Mobilnetz in Australien ist sehr schlecht, es existiert vielleicht gerade einmal im Umkreis von zehn Kilometern der größeren Städte. Solange ich auf Phil vor dem Supermarkt warte, kann ich schön die Menschen beobachten. Aborigines, Australier europäische Abstammung, Junge, Alte, Arme, Reiche – hier tummelt sich alles. Phils Anwesen ist dagegen erstaunlich ruhig und umgeben von Mangoplantagen. Im Garten schwirren diverse Arten von Hühnern umher, drei Hunde, eine Katze, Pferde und Esel – alles, was man

so braucht. Seine Frau Kate kommt auch gerade nach Hause und kocht ganz prima für uns.

Am nächsten Tag ist ein Besuch der Katherine Gorge angesagt. Leider ist dort weder Schwimmen noch Kanufahren erlaubt, denn es ist immer noch Regenzeit. Wegen der Salzwasserkrokodile ist es viel zu gefährlich, ins Wasser zu gehen. Ab dem 1. Mai beginnt die Trockenzeit, dann ist es wohl möglich. Hoffentlich kennen die Krokodile das Datum auch. Auch zum Wandern ist das Gebiet sehr attraktiv. Von den Aussichtspunkten habe ich einen grandiosen Blick in die Schlucht. Zurück bei Kate und Phil kann ich mich nur noch zum Testen des Pools aufraffen. Endlich ein vor Krokodilen sicheres Gewässer. Wieder einmal heißt es, Vorräte einkaufen. Mich erwarten über fünfhundert Kilometer ohne eine Stadt, nur zwei Roadhäuser gibt es dazwischen. In Katherine Gorge gibt es das „größte Klassenzimmer der Welt". „Zimmer" stimmt nicht ganz, denn es ist eine „School of the air". Alle Kinder in fast ganz Northern Territory, die draußen im Outback auf der Station wohnen, werden so unterrichtet. Nur zwanzig Prozent der Schüler sind Aborigines. Was 1966 mit Funkgeräten anfing, wird heute über modernste Computertechnik und Satellitenschüsseln betrieben. Zurück auf die Straße? Will ich das? Es muss wohl sein, und ich möchte es auch! Es ist zwar sehr schön, gutes Essen und gute Unterhaltung zu haben, aber Gastfreundschaft möchte ich auch nicht überstrapazieren.

Mit zusätzlichen sechs Litern Wasser im Gepäck mache ich mich wieder auf den Weg. Die nächsten Tage werden einfach ein Genuss. Fast die ganze Zeit habe ich einen hervorragenden Rückenwind. Es passiert auf der ganzen Strecke nicht viel. Alle dreißig Minuten kommt ein Auto. Ich genieße die Ruhe. Ein junges deutsches Paar in einem Wohnmobil hält an und schenkt mir eine Flasche Wasser. Sie halten mich wohl für ein bisschen verrückt. „Es ist ja schon schrecklich mit dem Auto durch diese Einöde zu fahren", meinen sie. Im Auto möchte ich die Strecke aber auch nicht fahren. Auf dem Fahrrad ist es genial, wenn es so gut läuft. Der Vorteil ist, dass man etwas rascheln hören, zur Seite schauen und so viele interessante Dinge entdecken kann. Viele verschiedene Arten von Vögeln bekomme ich so zu Gesicht.

Als ich nach Timber Creek komme, macht der Supermarkt gerade zu. Das ist auch so eine Sache, an die ich mich erst gewöhnen muss. In kleinen Orten schließen die Läden Samstagmittag und machen erst Montagmorgen wieder auf. Es gibt noch Pubs und Tankstellen, in denen ich im Notfall auch etwas bekomme. Für mich hier die letzte Möglichkeit für die nächsten zweihundertzwanzig Kilometer etwas einzukaufen. Im Gregory-Nationalpark schlage ich mein Zelt unter Baobabs auf. Für die afrikanischen Brotbäume ist die Gegend sehr berühmt.

Was macht man mit einem Brot voller Ameisen, wenn der nächste Laden mehr als zweihundert Kilometer entfernt ist? Man popelt jede einzelne Ameise heraus! Das Brot wegzuwerfen, geht einfach nicht! Mittlerweile bleibe ich in solchen Situationen sehr ruhig.

Am 4. Mai erreiche ich die Grenze zu Western Australia. Hier gibt es richtige Grenzposten, die nachsehen, ob man kein Gemüse, Obst, Honig etc. in den Staat einführt. In Western Australia gibt es keine „Cane Toats" (Aga-Kröte), Fruchtfliegen und so manche Krankheiten, die sie auch nicht haben wollen. Die drei Äpfel, die ich am Abend zuvor geschenkt bekommen habe, hatte ich schon lange gegessen, den restlichen Honig lasse ich auf dem Parkplatz. Bisher bin ich 32.524 Kilometer gefahren.

Die Kimberleys im Nordwesten: Australien vom Feinsten

Hinter der Grenze fangen die Kimberleys an, die bezaubernde und hügelige Landschaft mit den roten Felsen. Angetrieben vom Gedanken an einen Supermarkt, bin ich sehr schnell in Kununurra, der ersten größeren Stadt. Hier gönne ich mir wieder einmal einen richtigen Campingplatz. Er liegt fantastisch direkt am Mirima National Park, wegen seinen bizarren Felsformationen auch „Mini-Bungle-Bungle" nach dem berühmteren Bungle-Bungle-Nationalpark genannt. Der Zeitunterschied zwischen Northern Territory und Western Australia beträgt anderthalb Stunden. Ich sollte jetzt um 4 Uhr aufstehen und 8 Uhr im Schlafsack verschwinden, denn 5 Uhr ist es nun schon dunkel, aber was geht mich die Uhrzeit an, im Prinzip lebe ich nach der Sonne. In der Stadt treffe ich Christian, einen australischen Fahrradfahrer. „You must be Dorothee, the German cyclist, who cycled through Russia and Mongolia." Das ist schon das zweite Mal, dass ich das zu hören bekomme. Langsam bin ich hier bekannt. Als ich zum Campingplatz zurückkomme, ist ein anderer Radfahrer da. Er heißt Graeme und fragt: „Are you

Dorothee on your way to Broome?". Graeme möchte auch die Gibb River Road fahren, eine sechshundert Kilometer lange alte Schotterpiste durch die Kimberleys. In den sechziger Jahren wurde sie angelegt, um das ganze Vieh von den entlegenen Stations nach Derby zu führen. Heute ist die Strecke bei Geländewagenfahrern sehr beliebt. Es gibt gerade einmal zwei Einkaufsmöglichkeiten und ein paar Mal muss man durch die Flüsse, welche jetzt, zu Beginn der Trockenzeit, noch sehr viel Wasser führen. Graeme fragt, ob wir die Strecke nicht zusammen fahren sollen. Trotz meiner Bedenken, da ich ja nicht gerade die Schnellste bin und der Schotter daran auch nichts ändern wird, stimme ich zu. Zu zweit ist es in dieser Abgeschiedenheit sicher auch netter. Kurz vor Sonnenuntergang leuchten die roten Felsen im Mirima National Park wunderbar in der Abendsonne.

Am nächsten Tag starte ich gleich nach Sonnenaufgang, also kurz nach 5 Uhr. Graeme möchte noch zur Post, und so kann ich wenigstens am ersten Tag in Ruhe mit einem Vorsprung gemütlich vor mich hin radeln. Zuerst geht es auf die Parry Creek Road. Hier gibt es absolut keinen Verkehr mehr, dafür umso mehr Tiere. Die Straße ist relativ gut zu befahren. An der Boot-Rampe warte ich auf Graeme. Der Boden ist hier voller Pflanzen mit langen Dornen, und da ich auf dem Vorderrad keine guten Reifen habe, sondern nur meinen Ersatzreifen aus Malaysia, ist dieser sofort platt. Der Platz an der Boot-Rampe ist so schön, dass wir hier gleich zelten. So habe ich genug Zeit, mein Fahrrad zu richten. Der Schlauch sieht aus wie Schweizer Käse, da ist nichts mehr zu flicken und so muss der Ersatzschlauch her. Da ich nur noch einen Ersatzreifen habe und der nächste Fahrradladen erst nach achthundert Kilometern kommt, sitze ich den ganzen Abend da und ziehe all die Dornen mit einer Pinzette aus dem alten Reifen. Auch hier gibt es in den Flüssen Krokodile. Wir stellen unsere Zelte in einem großen Abstand zum Wasser auf. Bei Dunkelheit spüren wir mit Taschenlampen die Krokodile auf. Die leuchtend roten Augen sind in der Dunkelheit gut zu erkennen.

Am nächsten Morgen habe ich auch im Hinterrad einen Platten. Um Zeit zu sparen, gibt mir Graeme einen von seinen Ersatzreifen. Manchmal ist es ganz praktisch, zu zweit zu sein. Direkt am Ufer entdecken wir tatsächlich noch ein Krokodil – so klein und friedlich wie es am Ufer liegt, wird es wohl ein Süßwasserkrokodil sein. Später sehen wir Guanas, riesige Echsen mit einem amüsanten Gang – ein Zwischending zwischen der Fortbewegungsart einer Schlange und eines Reptils.

Gratis-Waschung der Beine im Pentecost Fluss

Von Wyndham geht es über die Old Kanji Road Richtung Diggers Station, denn dort möchte Graeme ein paar Freunde treffen. Der Anfang ist noch sehr angenehm, gut befahrbar und sehr eben. Ich brauche wohl nicht zu erwähnen, dass die Vegetation hier gegen Null geht. Dann kommt etwas, das aussieht, wie ein ausgetrockneter See. Ein paar Spuren führen über diese Ebene. Auf Diggers Station können wir leider nicht übernachten. Der Ort wird schon von einem Kinderchor und einem Fernsehteam mit wunderbaren männlichen und weiblichen Modells, insgesamt fast hundert Leute, belagert. Sie sind dabei, einen Werbespot für Qantas aufzunehmen. Nach einem Tee ziehen wir weiter, aber nicht mehr weit, denn der Weg wird immer schlechter und ich immer müder, bis ich im Tiefsand sogar immer wieder vom Fahrrad falle. Bei Sonnenuntergang finden wir ein idyllisches Plätzchen an einem Wasserloch. Im Osten geht die Sonne knallrot unter, im Westen geht der Vollmond leuchtend orange auf und rundherum sind die Kimperley Ranges, die rote Felsen, zu sehen. Das ist Australien vom Feinsten.

Nachdem wir von Vögeln geweckt werden und bevor die Kühe zur Tränke schreiten, brechen wir auf. Der Weg, wenn man ihn überhaupt als solchen bezeichnen kann, ist nicht gerade in einem für Fahrradfahrer freundlichen Zustand. Zu Wellblechpisten, Sand und großen Steinen kommen noch zwei neue Unannehmlichkeiten hinzu: Bulldust, ganz feiner, roter Sand, und getrockneter Matsch, in dem vorher eine Horde Kühe gewatet hatte. Das ist schlimmer als Wellblechpisten. Graeme ist sehr geduldig mit mir. Trotzdem möchte ich keinen Meter missen, denn es ist einfach traumhaft schön – ganz ungewöhnlich. Bei der Überquerung des Pentecost-Flusses kommen wir auf die Gibb River Road. Eine Autofahrerin möchte uns über den Fluss bringen. Graeme lehnt sofort ab, was mich zuerst ärgert. Schließlich ist es nicht ungefährlich, und ich bin ganz schön kaputt.

Aber dann ist es die reinste Wohltat am Ende des heißen und stressigen Tages das Fahrrad durch tiefes Wasser zu schieben. Das ist nicht nur sehr erfrischend, sondern die Beine sind danach auch wieder sauber. An die Krokodile, die hier auftauchen könnten, sollte man lieber nicht denken. Die Gibb River Road ist anders, als ich erwartet habe: Die „Straße" ist weit schlechter, denn auch hier gibt es Bulldust, Sand und große Steine, außerdem wird es viel bergiger. Wenn es allzu steil ansteigt, ist die Straße immerhin geteert. Schließlich müssen hier auch die Viehtransporter durch. Graeme sieht alles locker. Er ist ein sehr angenehmer Fahrradpartner. Meist bleibt er hinter mir und fotografiert. Nach dem Pentecost-Fluss müssen wir noch ein paar kleinere Flüsse überqueren. Bei manchen schieben wir durch, andere können wir wenigstens versuchen, fahrend zu durchqueren. Einer hält immer Ausschau nach Krokodilen. Später werden wir nachlässiger und fahren einfach durch. Homestead Ellenbrae bietet eine der wenigen Möglichkeiten, wo man Geld ausgeben kann. Offiziell haben sie noch geschlossen, denn der Weg dorthin wird neu gerichtet. Mit dem Fahrrad kommen wir gut durch und bekommen Scones, Sandwiches und kühle Getränke – paradiesisch. Der Campingplatz an dem wunderschön angelegten Homestead ist unser! Den Nachmittag verbringen wir in dem natürlichen Pool am Fluss. Später bekommen wir Fleisch und Würstchen zum Grillen. Zum Abschluss des Tages gibt es ein heißes Bad unter freiem Himmel. Ist das alles mal wieder einmal prima!

Der Anfang des nächsten Tages läuft wie gehabt, doch dann kommen Bulldust und Sand. Fahren ist nicht mehr möglich. Vor dem Mt. Barnett Roadhouse kommt aber wieder rote, feste Erde. Dieses Rot, dann das Grün der Gummibäume und der Duft sind einfach herrlich, aber auch die Abgeschiedenheit. Aufgrund der Aussicht auf kalte Getränke und Essen, insbesondere Kekse, kommen wir schnell dort an. Es ist das einzige Roadhouse auf dieser Strecke und liegt auf der Hälfte der Gibb River Road. Wie immer brauche ich zuerst etwas Trinkbares und dann Süßes. Nachdem ich den Laden gestürmt habe, sitze ich vor selbigem und verdrücke eine Packung Kekse und eine 1,25 Liter-flasche kalte Limonade. Der Besitzer steht mit aufgerissenen Augen vor mir und meint nur: „So etwas habe ich ja noch nie gesehen!". Graeme ist etwas höflicher. Er kann sich schon mit Leuten unterhalten, noch bevor er etwas getrunken hat. Autofahrer kommen an und stellen uns die immer selben Fragen, noch bevor wir das Fahrrad abgestellt haben. Sieben Kilometer hinter dem Roadhouse befindet sich ein Zeltplatz, also schieben wir sieben Kilometer durch den Sand. Armer Graeme, aber er ist wieder sehr geduldig mit mir. Es wird sehr kalt, und es gibt auch nur kaltes Wasser. Mein Begleiter macht mir dafür etwas Warmes zu essen. Danach schlafe ich sofort ein.

Über Stock und Stein, Felsen rauf und runter geht es am nächsten Tag zur Manning Gorge. Es ist paradiesisch schön. Im Becken, in das sich ein großer Wasserfall ergießt, können wir hervorragend in einem sehr erfrischenden Wasser schwimmen und uns in die Sonne legen. Was für eine Wohltat nach dem gestrigen Tag! Nach wenigen Kilometern kommt die nächste Schlucht. Camping ist hier nicht offiziell erlaubt, darum haben wir hier unsere Ruhe. Am Abend laufen wir zu den Wasserfällen, die schönsten, die wir seither sahen. Das glasklare Wasser fällt an roten Felsen vorbei in den Pool. Oben an der Kante steht ein alter Baobab, der das Ganze überwacht.

Nach einem Bad am nächsten Morgen geht es weiter. Es ist ein perfektes Timing, denn gestern sind die letzten Touristen gegangen, heute kommen die nächsten als wir weiterziehen. Die ganze Zeit hatten wir den traumhaften Platz für uns allein.

Am frühen Nachmittag sind wir im einzigen Laden auf der gesamten Strecke in Imintji, einer Aboriginal Community. Hier läuft das gleiche Spiel wieder ab: Zuerst Getränke, dann Süßes, und wenn das Gehirn wieder einsetzt, langsam überlegen, was man sonst noch so braucht. Mindestens viermal gehen wir in den Laden. Auch wenn es noch sehr früh ist, bin ich doch überrascht, denn Graeme zeigt mir auf der Karte Silent Grove und meint, dorthin fahren wir jetzt noch. Es sind immerhin noch acht Kilometer auf der Gibb und weitere neunzehn Kilometer auf einer Seitenstraße. Bei normalen Verhältnissen ein Kinderspiel, hier aber doch etwas anspruchsvoller. Ich sage besser nichts. Aber es ist mal wieder sehr schön. Einmal müssen wir durch einen Fluss. Ein Wohnmobil mit einem holländischen Paar wartet davor. Sie sind von der Tiefe des Flusses sehr erschrocken und bieten uns an, uns mit unseren Rädern hinüberzubringen. Diesmal lehne auch ich dankend ab. Versiert wie wir sind, nehmen wir unsere Räder und gehen einfach durch. Mittlerweile schauen wir nicht mehr groß nach Krokodilen. Am Spätnachmittag, wenn die Sonne weit unten steht und das Licht sehr intensiv ist, fahre ich am liebsten. Nur leider wird es auch danach schnell dunkel.

Mit den letzten Sonnenstrahlen kommen wir an und treffen überraschender Weise Ron und Jackie, ein pensioniertes Paar, das uns unterwegs immer wieder begegnet. Sofort laden sie uns zum Essen ein, auch Graeme nimmt diesmal die Einladung dankend an. Ich bekomme meinen ersten Weißwein seit langer Zeit. Da Graeme überhaupt keinen Alkohol trinkt, hatte ich bisher auch darauf verzichtet. Die Strapazen des Tages sind so schnell wieder vergessen.

Zusammen fahren wir zur Bell Gorge. Dann heißt es mal wieder Felsen rauf und runter bis zum Wasserfall mit schönem Pool, in dem man natürlich auch Schwimmen kann. Irgendwo, ganz in der Nähe auf der Gibb River Road muss sich ein Rastplatz befinden.

Die Sonne geht langsam unter, es wird bergiger und die Landschaft noch schöner. Und prompt habe ich wieder einen Platten. Da ich es richtig Zischen höre, macht Pumpen keinen Sinn mehr. Der Schlauch muss gewechselt werden. In Windeseile erledigt das diesmal Graeme für mich.

Gerade noch kurz vor der absoluten Dunkelheit entdecken wir das Schild zum Parkplatz – nur noch wenige hundert Meter. Auch hier steht schon ein Geländewagen mit Anhänger.

Am Abend hielt die Luft im Reifen, dafür begrüßt mich am nächsten Morgen abermals ein platter Reifen. Nach nicht einmal zehn Kilometern macht es wieder „pffft", ein Geräusch das ich nicht so mag. Diesmal ist sogar der ganze Reifen kaputt. Schnell wechsele ich alles und hoffe, dass der Ersatzreifen, den ich von Dornen befreit habe, nun in Ordnung ist. Auf den 875 Kilometern von Kununurra nach Derby habe ich mehr platte Reifen zu flicken als auf all den 32.500 Kilometern zuvor.

Die Straße wird merklich besser und führt durch wunderbare Schluchten. Fahrradfahrer der „Gibb River Challenge" kommen uns entgegen. Heute Morgen sind sie in Derby gestartet, heute Abend müssen sie in Silent Grove sein: Zweihundertvierzig Kilometer müssen sie fahren. Da wir hauptsächlich

Rückenwind haben, ist es für sie nicht so einfach. Aber sie fahren in Teams, haben Begleitfahrzeuge dabei und müssen so kein Gepäck mitführen. An einem wunderbaren Platz am Leonard River verkauft ein alter Mann kalte Getränke und Snacks – ein Paradies für uns. Uns gefällt es so gut, dass wir gleich am Fluss zelten. Es ist wunderbar schön und ruhig, nur die Kakadus machen Lärm. Es ist schon dunkel als ein Auto mit einem sehr jungen deutschen Paar auftaucht, das auch hier zelten will. Wieder einmal wird es ein langer Abend am Lagerfeuer mit interessanten Gesprächen.

Die letzte Etappe auf der Gibb River Road beginnt. Das erste Zeichen der nahenden Zivilisation ist der Asphalt. Es gibt dann auch sofort mehr Verkehr und Dreck am Straßenrand. Nach fünf Minuten vermisse ich schon die Wellblechpisten, den Sand und die Abgeschiedenheit. Am liebsten würde ich wieder umdrehen. In Derby gibt es wieder einen Supermarkt, in dem wir zu vernünftigen Preisen einkaufen und alles, was das Herz begehrt, bekommen können. Hier werden wir ständig von betrunkenen Aborigines angemacht. Graeme versucht sich mit ihnen zu unterhalten, aber es ist aussichtslos. In vielen Aborigines-Communitys ist Alkohol verboten, darum lassen sie Kinder und alles dort, gehen in die Stadt und trinken dort, was das Zeug hält. Eine traurige Geschichte.

Einen ganzen Tag sind wir mit Fahrradputzen und -warten beschäftigt, auch uns selbst und unsere Kleider können wir ausgiebig waschen. Noch sind es circa zweihundert Kilometer bis Broome. Wegen des Gegenwindes sehe ich von den letzten hundert Kilometern hauptsächlich nur Graemes Hinterrad. Während der Fahrt witzeln wir über die verschiedene Ressorts, die es dort angeblich am schönsten Strand Australiens geben soll und was für eines wir uns leisten wollen. Eine Belohnung haben wir für die überstandene Strecke auf jeden Fall verdient! Wir fahren zum Cable Beach hinaus und ich merke, Graeme meint es mit dem Luxus sehr ernst. Ein Ressort nach dem anderen schauen wir uns an. Aber entweder ist es voll, oder es hat uns nicht gefallen. Geld spielt, wenigstens für Graeme, keine Rolle mehr. In der letzten Option bleiben wir schließlich. Ich erwähne lieber nicht, wie viel sie kostet. Es ist eine richtige Suite mit voll ausgestatteter Küche und sogar einer Geschirrspülmaschine. Nur Nahrungsmittel zum Kochen haben wir natürlich jetzt nicht. Im Badezimmer ist sogar eine Waschmaschine. Wir gönnen uns ein

Abendessen am Pool. Welch ein großer Unterschied zu unseren sonstigen Übernachtungsplätzen und Verpflegungen! Aber einmal kann man so etwas ja machen.

Nach einer Luxusnacht mit Luxusdusche und Luxusshampoo gibt es ein ausgiebiges Frühstück. Die Checkout-Zeit können wir eine Stunde nach hinten verschieben, damit wir den Luxus noch etwas länger genießen können. Um 12 Uhr müssen wir diese Lokalität aber verlassen und in das „normale" Leben zurück. Der Campingplatz in der nächsten Nacht ist der absolute Kontrast zu unserer letzten Unterkunft. Es gibt fast nur Wohnwagen und Wohnmobile. Nur in der Nähe des Eingangs finden wir ein Stückchen Rasen, wo wir unsere Zelte aufstellen können. Jedes Auto, das kommt oder geht, fährt direkt an uns vorbei. Für mich ist es ja nur eine Nacht. Jill, eine Frau in Broome, hat mich eingeladen. Das heißt dann auch, Abschied von Graeme zu nehmen. Er weiß noch nicht, was er machen möchte. Für mich ist klar, ich bleibe ein paar Tage in Broome und ziehe dann weiter. Jill ist an den nächsten Tagen beruflich unterwegs. Sie arbeitet für eine Organisation zur Unterstützung der Aborigines-Gemeinden. Ich bleibe so lange hier und hüte das Haus.
Die Hauptattraktion ist der Cable Beach, besonders, wenn der Vollmond bei Ebbe aufgeht. In den unterbrochenen Pfützen spiegelt sich das Licht und gibt die Illusion einer Treppe zum Mond „Stairway to the Moon". Dieses Schauspiel zieht einige Zuschauer an. Ansonsten ist der zweiundzwanzig Kilometer lange Sandstrand für jemanden, der die übervölkerten Strände in Europa kennt, paradiesisch. Graeme zieht einen Tag vor mir kurzentschlossen weiter. Ich genieße noch einen weiteren Tag das Haus. Jill ist zwar wieder zurück, aber krank. Es war ohnehin klar, dass wir nach Broome wieder getrennte Wege gehen. Natürlich werde ich ihn vermissen. Andererseits kann ich jetzt wieder für mich bestimmen.

Karijini-Nationalpark und viel Nichts drumherum

Eine Woche später, am 29. Mai, fahre ich von Broome weiter. In der Stadt decke ich mich mit ein paar Kilo Lebensmittel ein. Wasser brauche ich noch nicht so viel. Meine erste Station soll nur circa fünfundvierzig Kilometer östlich sein, das Roebuck Roadhouse. Hier ist dann die letzte Gelegenheit für die nächsten dreihundert Kilometer Wasser zu bekommen. Mit zusätzlichen fünfzehn Litern Wasser geht es von dort weiter. Wenn alles gut geht, reicht das für zwei Tage.

Der erste Teil geht topfeben über die „Roebuck Planes" und wie erfreulich, ganz ohne Gegenwind. Danach wird es ein bisschen hügeliger. Das Ende der Ebene ist erreicht. Viel Abwechslung gibt es aber nicht, nur die vielen bunten und großen Vögel, vor allem der „Rotgrüne Papageien", bieten Abwechslung. Sehr früh bin ich nach einhundertzwanzig Kilometern am ersten Rastplatz. Wenn ich hier zelte, ist die Chance, am nächsten Tag das nächste Roadhouse und somit das nächste Wasser zu erreichen, gleich null. Ich fahre lieber weiter und schlage mein Zelt irgendwo im Busch auf. Es ist das erste Mal seit Russland oder der Mongolei, dass ich allein wild zelte. Hier ist das absolut kein Problem, der Verkehr, sowieso recht spärlich, kommt nach Einbruch der Dunkelheit total zum Erliegen. Ich liebe die Ruhe, die man hier hat. Da es im Umkreis von über hundert Kilometer kein Licht auf Erden gibt, sieht man den Sternenhimmel sehr deutlich.

Früh am Morgen, wenn die Sonne hinter mir aufgeht, sind die schönsten Stunden. In solchen Momenten überkommt mich ein unglaubliches Glücksgefühl, geprägt von absoluter Freiheit, die ich nur von Australien kenne – diese endlosen Weiten und nur Vögel und Kängurus um mich herum. Dank des Windes, der mir immer noch wohlgesinnt ist, erreiche ich am frühen Nachmittag schon das Sandfire Roadhouse: Das bedeutet Wasser, eine heiße Dusche und kalte Getränke. Ein tschechisches Pärchen auf dem Fahrrad kommt mir entgegen. Sie haben seit Tagen Gegenwind, der auch noch ein paar Tage anhalten wird. Es ist mal wieder eine sehr nette Unterhaltung am Wegesrand. An einer Wasserstelle halte ich an, um etwas zu essen. Das Auto, welches mir entgegenkommt, dreht um und stellt sich zu mir. „Do you want to share my meal with me?" Der Fahrer ist aber nur mit einem offenen Hemd und einer sehr, sehr engen Unterhose bekleidet. Das ist so gar nicht nach meinem Geschmack. Dankend lehne ich ab. Ich möchte lieber nicht wissen, was er mir sonst noch zu bieten hat. Schnell fülle ich meine Flaschen und werfe ein paar Nüsse und Trockenobst ein und fahre weiter.

Nach sechshundert Kilometern komme ich in die erste Stadt: Port Hedland. Sechzig Kilometer vor der Stadt fangen die Minen an, und somit auch der Verkehr, in erster Linie durch die Roadtrains, Lastwagen mit drei bis vier Anhängern, die all die Güter zum Hafen bringen. Nach weiteren vierzig Kilometern wird auch der normale Autoverkehr stärker. Das erste Mal, seit ich in Australien bin, kann man überhaupt von Verkehr sprechen. Mein Verlangen, in die Stadt hineinzufahren hält sich in Grenzen. Schnell fahre ich daran vorbei. Kurz darauf befindet sich South Hedland. Es ist keine richtige Stadt, sondern nur eine Vorstadt von Port Hedland und eher deprimierend. Hier finde ich aber wenigstens einen Supermarkt, in dem ich meine fast aufgebrauchten Vorräte wieder auffüllen kann. Bis zum nächsten Supermarkt sind es wieder einmal circa fünfhundert Kilometer. In Australien gibt es außerhalb von Ortschaften kaum Mobile-Empfang. In South Hedland habe ich endlich die Möglichkeit, eine SMS zu verschicken und zu empfangen, einer der wenigen Vorteile des Ortes. So erfahre ich, dass Graeme zur gleichen Zeit im Karijini-Nationalpark ankommt. Hinter South Hedland biege ich ins Landesinnere ab. Es dauert noch ein paar Kilometer, dann wird auch die Landschaft etwas interessanter und die Chichester Range beginnt. Wieder einmal gibt es viele interessante Stein- und Felsformationen.

Seit der Abzweigung nach South Hedland geht es stetig bergauf, was sich an der Temperatur bemerkbar macht, denn es wird immer kälter. Während einer Pause hält ein Roadtrain neben mir. Äußerst merkwürdig, denn ohne triftigen Grund machen die das nicht. Es dauert ein Weilchen bis man so ein Gefährt zum Stehen bringt. Sein Grund ist, er möchte mich von der Straße weg anheuern. Vor zwei Jahren hatte er eine Fahrradfahrerin auf seiner Pferdezucht eingestellt. Sie war die beste Arbeiterin, die er je hatte. Leider ist sein Stall in Port Hedland, wohin ich nicht möchte. Ansonsten hätte ich nichts dagegen, ein bisschen zu arbeiten.

Der letzte Stopp vor dem Karijini-Nationalpark ist das Auski Roadhaus. Ich überlege mir, ob ich mir den Krach der Generatoren antun soll. Zur Stromerzeugung gibt es sie an jedem Roadhaus, aber sie lassen mich kaum schlafen. Das Verlangen nach einer Dusche siegt dann wieder. Später kommt Graeme angefahren. Das Wiedersehen ist herzlich, aber reserviert. Ich habe mal wieder die Vorteile des „Alleinfahrens" ausgekostet.

Dann geht es zum Karijini-Nationalpark. Am Visitors Center gibt es sehr viele Informationen, über Aborigines, die ersten weißen Siedler, das Eisenvorkommen hier in der Gegend und natürlich auch die Schlangen und sonstiges Getier. Für mich ist das viel zu viel Information auf einmal. Aber es gibt auch Eis, das besser runter geht. Hier können wir duschen und unsere Wassersäcke auffüllen. Auf dem Zeltplatz gibt es kein Wasser. Da ich in den letzten sechs Tagen sehr viele Kilometer zurückgelegt habe, möchte ich mal wieder einen Ruhetag einlegen. Hier bieten sich genug andere Aktivitäten an. Als es ein bisschen wärmer wird, ziehen wir los und erkunden die tiefen Schluchten. Es sollen die tiefsten in Australien sein. Gleich neben dem Zeltplatz ist der Dales Graben, circa hundert Meter tief. Schon von weitem kann man Wagemutige unten bei den Circular Falls und Pools schwimmen hören. Auch ich kann es mir dann nicht verkneifen reinzuspringen. Ich muss sagen, ganz schön erfrischend, denn in die Schlucht kommt kaum Sonne. An der Weano Gorges treffen mehrere Schluchten aufeinander. Der Weg unten ist sehr beeindruckend, entweder waten wir tief im eiskalten Wasser, oder wir hangeln uns am Fels entlang. Bei der Kälte möchte ich lieber nicht schwimmen. Ein Waten im eiskalten Wasser bis Oberschenkelhöhe bleibt mir allerdings nicht erspart. Nicht gerade beruhigend sind die Schilder, auf denen steht, wie lange es dauert, bis man gerettet wird. Wir sind hier mitten im Nichts, das nächste Krankenhaus ist einige Kilometer entfernt. Genau wird beschrieben, wie lange es dauert, einen Verletzten aus der Schlucht zu holen, bis der Hubschrauber kommt etc. – da kann schon mal ein ganzer Tag vergehen. Also besser aufpassen, dass nichts passiert! So, nun haben wir genug gefroren, vor allem abends und morgens.

Und so geht es weiter nach Tom Price, dem höchsten Ort (über siebenhundert Höhenmeter) in Western Australia. Trotzdem wage ich zu hoffen, dass dort angenehmere Temperaturen sind. Aber sicher ist, es wird wieder einen Supermarkt geben! Da ich nur alle fünfhundert bis sechshundert Kilometer einen antreffe, wird ein Einkauf zum richtigen Ereignis. Ich kaufe gleich für die nächsten fünf Tage ein. Bis Exmouth, in circa fünfhundertfünfzig Kilometern Entfernung, gibt es gerade ein Roadhaus. Und weil es so kühl ist, kann ich endlich auch wieder Schokolade kaufen. Graeme möchte am nächsten Tag noch in Tom Price bleiben und danach alleine weiter fahren. Er muss noch sein Ziel von dreihundert Kilometern an einem Tag erreichen. Da möchte ich lieber nicht dabei sein und fahre gleich weiter.

Am nächsten Morgen starte ich mit fünfzehn Litern Wasser, die für dreihundert Kilometer reichen müssen. Nach siebzig Kilometern komme ich endlich wieder auf eine geteerte Straße. Am ersten Rastplatz in wunderschöner, abgelegener Buschlandschaft beschließe ich, zu bleiben. Ich möchte es nicht mehr eilig haben müssen. Die Bedenken mit dem Wasser werden auch sofort genommen, denn zwei sehr junge deutsche Frauen und ein Holländer bieten mir sofort Wasser an und laden mich zum Essen ein. Zum Nachtisch gibt es über dem Feuer geschmorte Marshmallows. Zu unserer Zeit hat man Würstchen, später Stockbrot ins Feuer gehalten. Heute ist man schon bei solchen Süßigkeiten. Es ist einfach eine andere Generation. Es schmeckt trotzdem richtig lecker.

Der erste richtige Regen seit ich in Australien bin, setzt gerade ein, als ich frühstücken will. Mit der Aussicht, dass es ja wieder aufhören und warm wird, macht es nichts aus, alles im nassen Zustand einzupacken. Der australische Busch verändert sich nicht allzu sehr. Dieser Tag ist wie der vorangegangene. Auf dem nächsten Rastplatz sind wieder Camper, die mir Wasser anbieten. Sogar einen frischen Salat bekomme ich – was für ein Luxus! Und ich machte mir Sorgen wegen der Wasserversorgung! Langsam macht es mir richtig Spaß, von Rastplatz zu Rastplatz zu fahren. Die Leute sind immer sehr nett, und es ist wesentlich ruhiger als in den Roadhäusern. Es ist noch eine lange Strecke bis Exmouth an die Küste. Langsam habe ich von diesem endlosen Nichts genug. Jeden Tag aufstehen, weiterfahren ohne, dass etwas passiert, abends dann irgendwo das Zelt aufstellen und das über Tage hinweg. Höchstens ein Auto hält, man möchte Fotos von mir machen und stellt mir die üblichen Fragen. Das war es dann auch schon. Am Anfang ist das ja noch interessant, man achtet viel mehr auf die Vögel und Kängurus. Irgendwann ist das dann aber auch nicht mehr so spektakulär.

In einer Nacht zelte ich auf einer Station, einem riesigen Bauernhof. Hier in diesem endlosen Nichts wohnen tatsächlich Menschen mit etwa 9.000 Schafen und Rindern. Die Kinder haben eine Gouvernante, die zugleich die Lehrerin ist. Oder aber sie werden über die „School of the Air" unterrichtet. Diese Station ist gar nicht so abgelegen. Es sind ja „nur" neunzig Kilometer bis Exmouth. Bei anderen ist die nächste Zivilisation mehr als vierhundert Kilometer entfernt. Ein junger Bursche gesellt sich zu mir mit einer Flasche Rotwein. Da schicke ich ihn natürlich nicht weg. Er arbeitet auf verschiedenen Stations als „Master", also als Vieheintreiber, und als „Dogger", also als Wildhundtöter. Er ist bei so etwas ähnlichem wie das australische Agraramt angestellt. Aufgewachsen ist er im Busch und kennt ihn in- und auswendig. Ich lerne, dass es fünfundsechzig verschiedene Arten von Kängurus gibt, von denen drei Arten zum Abschuss frei gegeben sind, um die Population auf einem gesunden Niveau zu halten. Allein die Anzahl der Tiere dieser drei

Arten bewegt sich zwischen fünfzehn und fünfzig Millionen. Außer den bekannten Wildhunden, den Dingos, gibt es in Australien die einzigen wilden Kamele, wilde Pferde und Esel. Alles Tiere, die hier keine natürlichen Feinde haben, außer den Menschen. Auch sie werden geschossen, um die Population auf einem gesunden Level zu halten. Im Umkreis von zehn Kilometern gibt es immer eine Wasserstelle, da das Vieh nicht weiter laufen kann. Die Tiere werden wissen, wo die Wasserstellen sind. Wenn mir das Wasser ausgeht, werde ich schwerlich so eine Wasserstelle finden können. Mit diesem neuen Wissen sehe ich dieses Nichts nicht mehr so sehr als Nichts, ich weiß ja jetzt wieder ein bisschen mehr, was sich darin alles verbirgt.

Welche Freude, als ich endlich das türkisfarbene Meer sehe. Um die Mittagszeit komme ich in Exmouth an. Um diese Uhrzeit gibt es auch während der Hochsaison keine Probleme, einen Zeltplatz zu bekommen. Mein Ziel ist der Cape-Range-Nationalpark. Dort gibt es ein paar kleine Zeltplätze vom DEC (Department of Environmental Conservation). Sie sind sehr einfach, haben nicht einmal Wasser. Trotzdem ist der Ansturm, vor allem um diese Jahreszeit, sehr groß. Normalerweise kann man die Plätze nicht vorher buchen, sondern muss sehr früh dort sein, um am Eingang des Nationalparks noch einen Platz zugewiesen zu bekommen. Autos stehen deswegen schon ab 8 Uhr am Parkeingang, circa fünfzig Kilometer von Exmouth entfernt. Ich bekomme den heißen Tipp, dass es in Exmouth ein DEC-Büro gibt, die für Fahrradfahrer eine Ausnahme machen. Ich kann mir einen Platz reservieren, muss aber bis 10:30 Uhr am Parkeingang sein.

Ningaloo Riff und Coral Coast - von Exmouth nach Carnarvon

Früh am Morgen verlasse ich Exmouth, um beizeiten am Parkeingang zu sein. Ich werde gleich mit meinem Namen begrüßt und bekomme einen Platz zugeteilt. Alles ist schön ruhig, keine Hektik und überall Natur. Wegen des eiskalten Windes flüchte ich zuerst mal ins Visitors Center. Dort kennt man mich auch schon beim Namen und auf welchem Platz ich übernachte. Es kommt alles über Funk und jeder kann mithören. Direkt vor der Küste ist das Ningaloo-Riff. Dieses Korallenriff, das Weltkulturerbe ist, soll spektakulärer sein als das Great Barrier Riff. Wenn man Glück hat, kann man Rochen, Meeresschildkröten oder Haie sehen. Das Riff ist sehr nah am Strand, ich kann direkt hinschwimmen. Den Nachmittag verbringe ich schnorchelnd im Meer. Leider ist wegen des Windes heute das Wasser so trüb, dass ich überhaupt nichts sehe. Am nächsten Tag ist es leider auch nicht viel besser. Nur ein paar bunte Fische und ein paar nicht sehr bunte Korallen bekomme ich zu sehen. An Land kann ich mehr beobachten. Außer den unzähligen Kängurus entdecke ich meine ersten Emus.

Am Morgen kribbelt es mir so in den Beinen, dass ich nur noch auf das Fahrrad und weg will. Erst zwei Nächte in Exmouth, dann zwei Nächte im Nationalpark – mehr Ruhe vertragen meine Beine nicht mehr. Also geht es zurück nach Exmouth, um mich für die nächste Etappe nach Coral Bay zu rüsten. Im Internet finde ich eine Mail von Chris, meiner Kontaktperson von Carnarvon. Er wird am Wochenende auch in Coral Bay sein.

Eigentlich ist das Aufstehen und Aufbrechen immer ein Moment der Freude, heute hält es sich sehr in Grenzen. Die ersten siebenundachtzig Kilometer, die auf der Herfahrt sehr eintönig und nicht gerade berauschend waren, sind jetzt noch schlimmer. Auf dem Fahrrad kann ich einiges abstrampeln. Nach 116 Kilometern finde ich ein nettes Plätzchen zum Buschcampen, genieße die Ruhe und kann zufrieden einschlafen.

Radfahren ist doch das Bestes gegen schlechte Laune. Am Morgen geht es mir wieder prima. Die Sonne geht strahlend über dem weiten Land auf und mir geht es richtig gut. Der Wind ist natürlich auch wieder da, aber es sind nur noch wenige Kilometer bis Coral Bay, wo ich Chris und seine Freunde treffen möchte. Coral Bay gilt als einer der schönsten Strände an der Westküste. Leider ist er umzingelt von vielen Tour-Agenturen, Souvenirständen und Campingplätzen. Es sind einfach zu viele Touristen. Chris ist nicht mit Freunden hier, sondern mit einer Freundin. Ich lasse sie lieber vorerst allein. Im Wasser sind hier zu viele Fische. Als ob sie wüssten, dass sie hier nicht geangelt werden dürfen, sondern sogar gefüttert werden! Sie kommen in Scharen! Beim Waten im Wasser habe ich immer das glitschige Gefühl, richtig große Brummer schwimmen mir durch die Beine hindurch. Das Wasser ist viel wärmer als am Ningaloo Riff, ich genieße es richtig, hier lange Zeit schwimmen zu können. Chris und seine Freundin laden mich zum Abendessen ein. Bei Wein sind wir alle gut aufgetaut und unterhalten uns mal wieder prächtig. Aber es hält mich hier nichts, und ich möchte weg vom Touristenrummel.

Nach circa dreißig Kilometern auf Teer, biege ich endlich wieder auf eine Schotterpiste ab. Dort gibt es entlang der Küste mehrere sehr einfache und einsame Zeltplätze. Doch manche Plätze sind nicht sehr für Radfahrer geeignet, denn man muss seine eigene Toilette mitbringen. Ich habe noch nie einen Radfahrer mit Toilette gesehen. Vielleicht ist das noch eine Marktlücke, ein zusammenklappbares Klohäuschen als Fahrradanhänger. Es tut richtig gut, mal wieder in weiten Gefilden allein zu sein. Wenn ich anhalte, ist zuerst absolute Stille, dann gewöhnt sich das Ohr daran und auf einmal hört man all die verschiedene Vögel, Insekten und anderes Getier. Einfach wunderbar. Ich lasse mir alle Zeit der Welt.

An leeren Wellblechhütten stelle ich nur mein Fahrrad ab und gehe gleich an den Strand. Statt Supermärkte und Tour Bureaus steht hier nur ein alter Wohnwagen und den Strand habe ich total für mich allein. Zum Schwimmen ist es leider zu spät und zu windig, aber zum Genießen ist noch genug Zeit. Vor Einbruch der Dunkelheit gehe ich wieder zurück und erfreue mich an der absoluten Ruhe.

In der Gegend am Gascoyne Fluss werden siebzig Prozent des Obstes und Gemüses von Australien angebaut. Endlich kann ich wieder zwischen Bananenstauden und Palmen fahren. Sehr erstaunt bin ich, als ich dann über den Fluss fahre: kein einziger Tropfen Wasser, sondern nur Millionen von Sandkörnern. Das Wasser ist hier anscheinend nur unterirdisch. Das ändert sich kurz darauf. Gerade als ich in Carnarvon ankomme, fängt es an zu regnen. So etwas habe ich schon lange nicht mehr gesehen. Innerhalb kürzester Zeit sind alle Straßen überflutet. Jeder hier freut sich unglaublich, denn der Regen wird dringend gebraucht. In der Bücherei mit Internet warte ich bis Chris Feierabend hat. Er ist selbst gerade wohnungslos und wohnt bei einer Freundin, bei der auch ich übernachten kann. So muss ich glücklicherweise mein Zelt einmal nicht aufschlagen.

Es ist der 24. Juni und der Geburtstag meiner Mutter. Das ist der Hauptgrund, weswegen ich heute hier bleiben möchte. Ich möchte sie heute Mittag anrufen. Wer weiß, wann ich das nächste Mal dazu Gelegenheit habe. Als ich mit Mutter telefoniere, habe ich das erste Mal eine Spur von Heimweh. Sie geht mit meinen Schwestern auf den Hohen Neuffen, und da kann ich jetzt eben nicht dabei sein. Das Heimweh verfliegt aber schnell wieder. Chris muss nach Perth fliegen, und ich verbringe mit seinen Freundinnen einen prima Mädelsabend.

Von Carnarvon nach Perth

Am nächsten Tag mache ich mich wieder auf, obwohl es mit den zwei Frauen sehr nett und witzig war. Die Landschaft ändert sich nicht wesentlich, außer dass sich durch den starken Regen Seen gebildet haben, nicht sehr gut zum Buschcampen. Ich suche mir lieber offizielle Zeltplätze. Da es so gut läuft, fahre ich noch vor Nerren Nerren meinen Streckenrekord von einhundertsiebzig Kilometern. Den Abend verbringe ich mit anderen Campern auf dem Rastplatz am Lagerfeuer mit Gitarrenmusik. Kann es etwas Schöneres geben?

Das Abwechslungsreichste in dieser Gegend ist der Wind: Gestern noch schön im Rücken, heute recht kräftig von der Seite. Auf den ersten Kilometern ist alles wie gehabt, bis es auf einmal grüner wird und landwirtschaftliche Betriebe beginnen. Es ist sehr merkwürdig, plötzlich wieder Getreideanbau zu sehen. Auch Zäune gibt es jetzt links und rechts der Straße, so dass ein einfaches Aufbauen des Zeltes hinter einem Busch leider nicht mehr geht. Erst als der Kalbarri-Nationalpark anfängt, hören die Zäune wieder auf. Immer wieder gibt es Parkbuchten zum Fotografieren. Nur kann ich überhaupt nichts erkennen, was man hier fotografieren soll, alles ist nur grünbraunes Buschland, wie auf den hunderten Kilometern zuvor auch – einmal grünbraun, einmal rotbraun. Dann fällt mir ein, dass hier ja die Wildblumengegend ist. In ein paar Wochen sieht es hier dann ganz anders aus, wenn alle Blumen wild und bunt anfangen zu blühen. Aus ganz Australien kommen sie angereist, um dieses Spektakel zu sehen. Wieder einmal etwas, was ich nicht zu sehen bekomme.
In Kalbarri Stadt treffe ich Graeme wieder. Wegen der verheerenden Wetterprognose für die nächsten Tage beschließen wir, gleich am nächsten Tage weiterzufahren.

Es geht durch eine wilde Dünenlandschaft. Die Abwechslung von Sonnenschein und Sturm mit Regenschauern gibt ein wunderbares Naturschauspiel. Das Licht über den Hügeln ist einfach einzigartig.
Kurz vor Northampton wird es richtig heftig, und waagerecht peitscht mir der Regen ins Ohr. Bis auf die Haut bin ich triefend nass und habe keine Chance mehr, trocken zu werden. Northampton ist ein kleiner historischer und katholischer Ort mit einem Campingplatz. So kalt und nass wie ich bin, ist mir aber überhaupt nicht nach Zelten. Im Supermarkt frage ich die Frau an

der Kasse nach einer günstigen Übernachtungsmöglichkeit. Der Mann hinter mir meint, im „Old Convent" könne man übernachten. Eine Frau weiter hinten in der Schlange ist zufällig jene, die das „Old Convent" betreibt. Es ist ein großer Backsteinbau direkt neben der Kirche und für uns ein Geschenk des Himmels. Wir sind die einzigen Gäste und haben das ganze Haus mit voll eingerichteter Küche und Wohnzimmer für einen Spottpreis für uns. Frisch geduscht sitzen wir im Warmen und Trockenen.

Am nächsten Tag möchte ich nur bis Geraldton. Mir ist noch immer kalt und ich verspüre den Anflug einer Erkältung. Graeme beschließt weiterzufahren. In Geraldton gehe ich zuerst in die Bibliothek, da ist es auch schön warm und trocken. Als ich wieder herauskomme, steht neben meinem Fahrrad ein anderes Fahrrad – Rahmen, Schaltung und Bremsen sind von der gleichen Marke, alles deutsche Produkte, die man hier nicht sieht. Ich bin sehr erstaunt und sehr neugierig, wem das Rad gehört. Als ich in das Gebäude zurückgehe, folgt mir eine Frau, die Besitzerin des Fahrrades. Es ist Ulla. Sie hat draußen auf mich gewartet, auch sie wollte wissen, wer der Besitzer meines Fahrrades ist. Bei einem Kaffee stellen wir schnell fest, dass wir außer unseren fast identischen Rädern noch andere Gemeinsamkeiten haben. Sie ist auch im süddeutschen Raum aufgewachsen, jetzt aber eine australische Staatsbürgerin. Auch sie ist Pfarrerstochter – das verbindet immer. Meistens ist sie mit dem Fahrrad unterwegs und wohnt in einem Zelt, zurzeit hütet sie das Haus von Freunden und lädt mich ein. Im Unterschied zu mir ist sie eine prima Köchin. Wir verbringen einen wunderbaren Abend mit herrlichem Essen und köstlichem Wein.

Da ich ihr keine Unannehmlichkeiten bereiten möchte, denn es ist ja nicht ihr Haus, ziehe ich am nächsten Tag weiter. Ich habe es überhaupt nicht eilig. Es ist der 1. Juli, und ich möchte erst am 20. Juli in Perth sein. Maximal brauche ich eine Woche bis dorthin. Ich fahre also langsam, lasse mich von einem älteren Ehepaar mit Wohnwagen zu Kaffee und Kuchen einladen und beschließe nach fünfundsiebzig Kilometern, schon mein Zelt aufzuschlagen. Am Abend rufe ich Ulla an, um mich nochmals zu bedanken. Nur kurz erwähne ich, dass ich gerne länger geblieben wäre. Sie besteht sofort darauf, dass ich zurückkomme. Ich lasse mich gerne dazu überreden, packe am nächsten Tag meine Sachen und fahre mit Rückenwind ruckzuck zurück, gerade so, dass ich wieder zum Mittagessen in Geraldton bin.

Zweieinhalb wunderbare Tage verbringen wir zusammen, reden viel, gehen spazieren, lassen uns unsere Freiräume. Am Samstag kommen Chris und Dee von Carnarvon, um hier ein Fahrrad zu kaufen. Wir machen eine wunderschöne, wenn auch kurze Radtour am Meer entlang. Am Abend gibt Ulla wieder ein köstliches Diner für uns vier, dazu gibt es leckeren Wein. Selten habe ich so viel gelacht.

Am Sonntag heißt es wieder Abschied nehmen. Dank des Nordwindes und Ullas sehr guter und gesunder Ernährung, läuft es gut und leicht. Meine Gedanken sind ganz woanders. Es macht mir überhaupt nichts aus, die Strecke nach Port Denison zum dritten Mal zu fahren, davon bekomme ich ohnehin kaum etwas mit. Ich habe einiges an Strecke abzustrampeln und fühle mich wieder voller Energie. Es macht einfach Spaß, auf der Coastal Road über die Dünen und am türkisfarbenen Meer entlangzufahren. Dann ist leider Schluss mit schönem Wetter. Am nächsten Tag regnet es fast nur.

Zwischen den „Pinnacles", Western Australia

Dafür habe ich wieder „Rückensturm", der mich direkt nach Cervantes bläst und gleich weiter zu den Pinnacles, einem der populärsten Orte an der Westküste.

Durch Verwitterung und abgestorbene Pflanzen auf den Dünen während der letzten 20.000 Jahre entstanden die spitzen Nadeln, die hier bis zu vier Meter hoch aus dem gelben Sand ragen. Wieder geht es über die Dünen Richtung Süden nach Perth und wieder bei schönstem Sonnenschein. Ich fühle mich so gut und fit wie nie zuvor. Im Yanchep-Nationalpark kann ich vorerst das letzte Mal wild zelten. Der Nationalpark ist sehr idyllisch. Ich genieße die Ruhe und frische Luft, schaue den Kängurus in der Abendstimmung zu und lausche den Vögeln. Es tut richtig gut, bevor ich in die Metropole Perth abtauche, nochmals tief die Natur einzuatmen.

Es ist merkwürdig, nach der langen Zeit der Einsamkeit in die Zivilisation zurückzukommen. Die Leute fahren morgens mit ihrem Auto zur Arbeit, vorbei an den unzähligen Shopping Centern, wo sie gleich wieder das Geld, das sie verdient haben, ausgeben können, für Dinge, die sie gar nicht brauchen. Das wahre Leben geht spurlos an ihnen vorüber. Es ist sehr traurig, all die apathischen Leute zu sehen. Das Wichtigste, was ich hier in Perth zu erledigen habe, ist mein Fahrrad richten zu lassen. Nach 37.450 Kilometern ist es bitter nötig. Mein erster Weg führt gleich zu einer Fahrradwerkstatt in Perth. Fast Jeder, der um die Welt fährt und in Perth tausende von Kilometer hinter sich hat, kommt hier vorbei. Ich bin die dritte Frau neben unzähligen Männern. Chris hat mich schon bei ihnen angekündigt. Ich werde gleich mit meinem Namen empfangen. Sie checken mein Fahrrad auf Herz und Nieren (Bremsen und Schaltung). Ich werde wohl einige Zeit in Perth verbringen dürfen.

Nach einem Jahr und fünf Monaten geht jedoch alles kaputt. Da ich nicht alles neu kaufen kann und will, bin ich mit den Herstellern in Kontakt. In Australien gibt es endlich auch eine Niederlassung von Garmin, die bereit ist, mein Gerät, das seit der Mongolei kaputt ist, zu checken. Meine Isomatte kann ich einschicken, mein Innenzelt sollte ersetzt werden und meinen Kocher kann ich selbst reparieren. Mein Brooks-Sattel sollte auch ersetzt werden, leider meldet sich die Firma nicht. Also, es gibt genug zu tun und langweilig wird es mir in dieser Zeit sicher nicht.

Es ist jetzt Winter, was sich hauptsächlich in Regen ausdrückt. Kalt wird es erst nach Sonnenuntergang. In einem Vorort von Perth kann ich bei Ron, einem Freund einer Freundin, das Haus hüten. Er ist für fünf Wochen auf Tour. Graeme ist mittlerweile bei einem Freund in der Nähe von Perth. Ein Haus zu hüten, ist keine schlechte Sache, aber an das Alleinsein in einem Haus muss ich mich zuerst einmal gewöhnen. Wenn ich unterwegs bin, treffe ich immer Leute. Hier in der Wohngegend sehe ich kaum jemanden. Um in Bewegung zu bleiben mache ich mir einen Tagesablaufplan, an den ich mich dann aber nie halte, weil immer etwas dazwischen kommt. Das Shopping Center ist hier so riesig, dass es nicht Center heißt, sondern City, denn es entspricht beinahe einer ganzen Stadt. Hier sind all die Supermärkte unter einem Dach: Coles, Woolworth und IGA. Im Norden von Westaustralien liegen hunderte Kilometer zwischen den Einkaufsmöglichkeiten, hier sind es nicht einmal hundert Meter. Das Haus ist sehr geeignet, um Flöte zu üben. Da ich nicht immer nur alleine spielen möchte, kontaktiere ich andere Flötisten in Perth. Dank der Kammermusik-Gruppe um Rose, die mich herzlichst aufnimmt, hat die Zeit in Perth sogar spezielle Highlights. Es ist eine Gruppe von älteren Amateurmusikern, die sich immer am Montagvormittag treffen, ein bisschen spielen, dann gemeinsam mittagessen gehen und danach den ganzen Nachmittag durchspielen. Es ist eine sehr nette Atmosphäre und das Niveau gerade richtig: nicht zu leicht, sodass es langweilig werden könnte, und nicht zu schwer, sodass ich es nicht mehr vom Blatt spielen könnte. Bevor ich wieder starte versorgen sie mich mit Adressen weiter im Süden, wo ich übernachten kann.

Von Perth in Richtung Süden gibt es einen fünfhundert Kilometer langen Fahrradweg, meist durch Wälder. Der Munda Biddi Trail ist meine nächste Etappe. Vielleicht kann ich ganz froh sein, wenn ich noch ein Weilchen in Perth bleiben muss, denn bisher regnet es täglich und ist sehr kalt. Da macht die Fahrt auf den kleinen Waldwegen sicher keinen Spaß. Nach drei Wochen ist mein Fahrrad endlich wieder fast wie neu. Das Warten auf die Ersatzteile ist am Ende sehr zermürbend. Ich hoffe nur, es hält nun alles bis zum Ende meiner Reise.

Auf zu neuen Abenteuern: „Munda Biddi Trail", Western Australia

Durch die Büsche und Wälder Südwestaustraliens

Am 1. August kann ich Perth endlich verlassen. Außer meinem fast neuen Fahrrad habe ich von der australischen Garmin-Niederlassung ein GPS bekommen, von Cascade Design (Therm-a-Rest) eine neue Isomatte, den neuen Brooks-Sattel habe ich mir selbst aus England schicken lassen und inzwischen hat Hilleberg mir ein neues Innenzelt zukommen lassen. Statt für neue Schuhe, hat das Geld nur noch für neue Schnürsenkel gereicht. So hat sich der längere Aufenthalt in Perth also gelohnt.

Graeme, der mit einem Freund zwei Tage vor mir gestartet ist, ruft mich an und meint, ich solle nach Jarrahdale kommen, der Start der zweiten Etappe, und mit ihm weiter fahren. Sein Freund muss zurück nach Perth. Ich bin froh, dass er mir die Entscheidung abnimmt, ob ich die erste Etappe fahre oder nicht, und treffe ihn am Anfang der zweiten Etappe. Mir bleibt der Genuss, 462 Kilometer durch dichtes Buschland zu fahren. Ich bin dann froh, wieder auf der Straße zu sein. Allerdings ist es so voll beladen wieder eine ganz andere Herausforderung. Ich kann mich nur noch sehr langsam vorwärts bewegen. Und endlich kann ich wieder draußen im Zelt schlafen. Wenn ich nicht schon vorher so viel über diese Strecke gehört hätte, wäre ich ganz schön schockiert: Single trails, grober Sand, Steine, Äste, tiefe Furchen. Es wäre sicher ein Vergnügen, mit dem Mountainbike durchzufahren. Mit all dem Gepäck ist es aber etwas anderes.

Alle vierzig bis fünfzig Kilometer, mehr fährt man auf der Strecke kaum, taucht eine einfache Hütte auf, total isoliert und mitten im Wald. Es gibt nur das, was man wirklich braucht: Ein Dach über dem Kopf, Holzpodeste, auf denen man schlafen kann, Bänke und Tische, zwei Wassertanks mit Regenwasser, Fahrradständer und etwas entfernt ein ökologisches Klohäuschen. Einfach genial. Es regnet fast die ganze Nacht durch. Der Weg ist voll von tiefen, schlammigen Pfützen. Ihn selbst sieht man kaum mehr, da die Äste der Büsche und Bäume voll Wasser tief in ihn hineinhängen. Es ist praktisch so, wie durch eine Waschanlage zu fahren. Die Pfützen sind aber die größere Herausforderung. „Ich falle nicht hinein, ich falle nicht hinein ..." und schwupps, liege ich mittendrin und bin voller Schlamm. Dank der natürlichen „Waschanlage" werde ich zwar nicht trocken, dafür aber sauber. Das vorerst letzte Stück des Munda Biddi Trails führt auf einer alten Bahnstrecke entlang, die richtig einfach zu fahren ist.

Für uns endet er in Nannup. Inzwischen ist der Trail bis Albany, ganz im Süden ausgebaut. Er ist jetzt insgesamt circa tausend Kilometer lang.

Nach Nannup fahren Graeme und ich in unterschiedliche Richtungen weiter. Er muss bis Anfang Oktober in Melbourne sein. Ich möchte mir noch den Südwesten anschauen. Meine nächste Station ist Prevelly, ein kleiner Ort direkt an der Küste. Ich habe eine Einladung von einer Schwester der Musikerinnen aus Perth. Der Waldweg, der hier Nannup und Margaret River verbindet (circa siebzig Kilometer), wird mir in der Touristenonformation als nicht befahrbar beschrieben. Die Alternative, auf dem Highway zu fahren, ist aber doppelt so weit, was ich noch weniger reizvoll finde. Ich sage mir, so schlimm wie der Munda Biddi Trail, wird es schon nicht werden. Ich fahre einfach los, und es ist fantastisch. Ich sehe mehr Kängurus und Papageien als Autos. Der Margaret River ist mir schon lange Zeit ein Begriff. Es ist die beste Weingegend Australiens. Mit Wein kann man offenbar ganz schön viel Geld verdienen, denn in der Stadt sieht alles sehr luxuriös aus.

In dem netten, kleinen Küstenort Prevelly werde ich liebevoll von Janet und ihrem Mann Barry, einem sehr rüstigen Rentnerpaar, empfangen. Ich genieße den Luxus, nach Tagen im Busch wieder eine Dusche, ein Bett und richtiges Essen zu haben.

Da es am nächsten Tag nur stürmt und regnet, bleibe ich zur Freude der beiden noch eine Nacht länger. Die Mündung des Margaret Rivers sieht bei dieser Brandung recht spektakulär aus. Tosende Wassermassen sind hier in Bewegung. Die Dünen werden rekultiviert: Heimische Pflanzen werden angepflanzt und das, was nicht australischen Ursprungs ist, wird entfernt. Dazu gehören auch die wunderschönen, weißen Lilien, die sie hier nur als Unkraut sehen. Auf einem Weingut steht ein altes, kleines Flugzeug, eine Tiger Moth, mit dem der Besitzer, Brian Edwards, von England nach Perth geflogen ist. Janet fragt sich, wer von uns denn nun verrückter ist.
Bei der Weinprobe unterhalten wir uns mit der Tochter des Piloten. Als sie von meiner Reise hört, ist sie so begeistert und schenkt mir gleich eine Flasche Rotwein. Abends erzählt mir ein Freund von Janet vom „Chester Forest Rescue Camp", einem Waldbesetzerlager. Sie wollen verhindern, dass noch mehr von diesen riesigen Bäumen abgeholzt werden. Ich erkläre es zu meinem Ziel für den nächsten Tag.

Südlich von Margaret River fängt der Karri Forest an. Der Karribaum, eine Art Eukalyptusbaum, ist der höchste Baum Australiens. Da er sich ständig schält, ist er sehr bunt: Er schimmert weiß, grau, lachsfarben, orange oder gelb, je nach Schicht. Nur bei Sturm muss man vorsichtig sein, denn dann weht einem die Rinde um die Ohren. Einen Abstecher nach Augusta und dem Leuchtturm auf dem Cape Leeuwin lasse ich mir auch nicht entgehen. Hier treffen der Südliche und der Indische Ozean aufeinander. Das Meer vor dem Cape soll einer der gefährlichsten Orte der Seefahrt sein. Ich merke schon an Land, warum das so ist. Um nichts in der Welt möchte ich dort im Wasser sein. Schon das Stehen an Land fällt schwer, denn der Sturm bläst mich beinahe um. Auf dem Landzipfel ist man schutzlos den Naturgewalten ausgesetzt. Zurück auf dem Highway, treffe ich eine junge deutsche Touristin, die per Anhalter auf dem Weg in das „Forest Rescue Camp" ist. Mitnehmen kann ich sie leider nicht.
Kurz vor dem Gewitter und als es langsam dunkel wird, erreiche ich das Camp. Bis auf zwei Aktivisten sind alle ausgeflogen. Tina, die Deutsche, ist auch da. Über die Aktionen im Wald kann ich nicht viel herausfinden. Da

gerade ein Baumfällstopp erreicht wurde, ist die Situation momentan nicht sehr kritisch. Die meisten Aktivisten sind jetzt zum Duschen und Kleiderwaschen nach Hause gefahren.

Die nächsten Tage sind von Regen und Hagel ausgefüllt. Nass und durchfroren komme ich in der Jugendherberge von Pemberton an. Sie ist auf mehrere kleine Häuser verteilt. Ich bekomme eine kleine Villa mit voll ausgerüsteter Küche, Bad und WC ganz für mich allein. Das ist wirklich ein Luxus, auch von den Heizöfen mache ich viel Gebrauch. Nach einer längeren heißen Dusche ist das Stechen aus meinen Füßen und ich kann sie wieder gebrauchen.

Am nächsten Tag sind meine Kleider und Schuhe wieder schön trocken. Es stürmt und regnet aber noch immer. Die Kälte gestern war mir eine Lehre. Ich ziehe meine Regenkleidung, samt Regenhose und Gamaschen an. Der Höhepunkt des Karri Tree Forest ist im „Valley of Giants". Dort stehen noch besonders große und hohe Exemplare von den Karri-Bäumen, die bis fünfundsiebzig Meter hoch werden können. Und es gibt noch die Red Tinckle, die zweithöchsten Bäume hier. Durch einen Brand fiel vor ein paar Jahren den Bäumen die Krone ab, sie sind jetzt nur noch sechzig Meter hoch. Auf dem Tree Top Walk kann ich fast durch die Baumwipfel laufen und mir das Ganze von oben anschauen. Nach Denmark hört dann tatsächlich der Regen auf, und es wird direkt warm. Ich kann mich meines gesamten Plastikanzugs entledigen und komme trocken in Albany an. Von einer ehemaligen Strafkolonie hat es sich mit dem weltweit größten Walfangzentrum zu einem netten Touristen- und Weinort gemausert. Alles sieht sehr schick und teuer aus.
Heute habe ich eine Einladung von Beatrice, die nördlich von Albany lebt. Sie hat früher auch in der Musikgruppe von Perth gespielt. Ich habe noch nicht einmal die Hälfte der Strecke geschafft, da hält ein Auto neben mir an. Es ist Beatrice. Sie ist auf dem Heimweg von Albany und muss noch in Mount Barker vorbei. Ihr Angebot, mich mitzunehmen, kann ich kaum ausschlagen. Mount Barker entpuppt sich als ein nettes, kleines Städtchen in den Bergen, mit einem absoluten Highlight für mich: Einer Brezelbäckerei! Ein schwäbisches Paar aus Biberach an der Riß ist hierher ausgewandert, um die Australier mit dieser Delikatesse zu beglücken. Die sind so lecker, so richtig schwäbisch – weich und dick – dass ich gleich zwei essen muss, natürlich mit frischer Butter. Wer weiß, wann ich das nächste Mal zu einer Brezel komme.

Das Fantastische an Kendenup, wo Beatrice mit ihrer Familie wohnt, ist die Aussicht auf die Stirling Ranges, ein Nationalpark mit Bergkette und mein nächstes Ziel.

Ich sitze wie auf heißen Kohlen, denn es ist gerade fantastischer Westwind, von dem ich unbedingt profitieren möchte. Es stehen mir noch zweitausend Kilometer nach Osten durch den Nullarbor bis Port Augusta in Südaustralien bevor. Direkt vor dem Haus beginnt ein Feld-Wald-Wiesenweg, der direkt auf die unbefestigte Straße durch die Stirling Ranges führt. Es gibt absolut keinen Verkehr. Ich habe das perfekte Fahrradwetter und eine wunderbare Aussicht. Mehr als vierzig Kilometer geht es auf der Sterling Range Road zwischen den Bergkuppen hindurch. Der Nationalpark ist auch für Orchideen und Wildblumen bekannt. Leider fängt der Großteil von ihnen erst in zwei Wochen an zu blühen. Zwei ganz kleine Orchideenarten blühen aber schon, ich kann die lila Farbtupfer gut in der grünbraunen Gegend erkennen. Die Wildblumen entfalten sich auch langsam, ich sehe viel Gelb, Weiß und Rosa zwischen den grünen Sträuchern. In zwei Wochen wird es eine wahre Farbenpracht sein. Mich zieht es aber immer weiter. Es wird immer schlimmer, denn ich bin sehr rastlos. Das geht sogar so weit, dass ich am späten Nachmittag bei einem Campingplatz einchecke, es mir dann aber doch wieder anders überlege, alles rückgängig mache und weiterfahre. Es wäre zwar vernünftiger, zu bleiben, aber vernünftige Leute bringen es selten sehr weit. In Daylup werde ich direkt von der Straße von einem sehr netten Paar eingeladen. Ich bekomme nicht nur ein kuschliges Bett und eine heiße Dusche, sondern auch ein prima Abendessen. Oh, wie geht es mir wieder gut! Da ich heute einen neuen Streckenrekord von 181 Kilometern aufgestellt habe, bin ich sehr müde und verabschiede mich bald ins Bett.

Meine Rastlosigkeit lässt mich kaum schlafen. Um 5 Uhr bin ich wieder wach und schreibe an meinem Blog. Ich bin sehr froh, dass Chris und Tom auch früh aufstehen, sodass ich nach dem gemeinsamen Frühstück gleich losfahren kann. Dass es in Australien Schlangen, Spinnen und Krokodile gibt, ist bekannt. Es gibt aber auch eine Sorte von Vögel, die Magpies, die mir wirklich das Leben schwer machen. Sie sehen aus wie große Elstern und zur Brutzeit – und ich habe das Gefühl, es ist immer Brutzeit – werden sie sehr aggressiv, attackieren mich, landen auf meinem Helm und picken mir auf dem Kopf herum. Mit einem Arm ständig über dem Kopf wedelnd, komme ich kaum vorwärts.

In Esperance bin ich bei Kyrie, der Tochter von Beatrice, eingeladen. Das jüngste der drei Kinder ist nur einen Monat kürzer auf der Welt als ich auf Reisen bin: ein Jahr und fünf Monate. Nach Esperance ist der nächste Ort Ceduna und das auch erst nach 1.350 Kilometern. Das bedeutet für mich, so viele Essenvorräte einzukaufen, wie ich schleppen kann.

Durch den Nullarbor

Der fantastische Westwind hält noch ein paar Tage an. Nachdem ich mich am 22. August in Esperance von Kylie und Luke verabschiedet habe, bläst er mich siebzig Kilometer die „Fischeries Road" entlang. In Condigup, der letzten Siedlung, fülle ich meinen Zehn-Liter-Wassersack auf, bevor ich mich auf die einhundertachtzig Kilometer lange Balladonia Road mache. Nachdem das Farmland aufhört, sehe ich kein Autos mehr, leider auch keinen Teer. Dafür fahre ich durch schönes Buschland auf einer anfangs noch recht

Die schnellste Rennstrecke der ganzen Tour

guten Schotterpiste. Später wird sie ihrem Ruf gerecht mit großen Steine und dem bekannten Wellblech.

Es wird jetzt sehr früh dunkel. 17 Uhr ist es schon an der Zeit, mein Zelt aufzustellen. Ich könnte mitten auf dem Weg campen, denn es kommt hier mit Sicherheit niemand mehr vorbei. Ich verbringe eine wunderbare Nacht in aller Abgeschiedenheit.

Wie es am Tag zuvor aufgehört hat, so geht es am nächsten Tag weiter. Bis zum Highway warten Wellblech und Steine auf mich. Je anstrengender es ist, desto glücklicher bin ich, wenn ich das Ziel erreicht habe. Es geht durch wunderbare Landschaften in absoluter Ruhe. Nur drei Autos sehe ich den ganzen Tag.

Nach zwei Tagen komme ich auf den Eyre Highway, der mein Zuhause für die nächsten Wochen sein wird. Hier ist auch gleich das Balladonia Roadhouse. Mit mir kommen zeitgleich fünfzehn „Charity-Radler", „Biker for Bibles", an. In zweiunddreißig Tagen fahren sie von Perth nach Sydney und sammeln Geld für diverse Bibelprojekte. Das müssen ganz schön sattelfeste Christen sein. Drei Begleitfahrzeuge sorgen für das leibliche Wohl und regeln den Gepäcktransport. Auf ihren Rennrädern können sie schnell lange Distanzen zurücklegen. Dank des Rückenwindes kann ich vorerst gut mithalten. Wir kommen auf die längste gerade Strecke Australiens: 146,6 Kilometer nur ebene Fahrt sehr gerade durch das Buschland. Mit dem Rückenwind kann ich es schön laufen lassen.

Am Mittagsbuffet der Charity-Radler mache ich kurz Halt. Es ist der reinste Luxus, ein solches Essen so mitten im Busch vorgesetzt zu bekommen: Salate, Sandwiches, Tee, Kaffee, Fitnessgetränke und Obst. Was will man mehr? Trotz längerer Mittagspause habe ich die 146,6 Kilometer in ein paar Stunden hinter mich gebracht. Hier erreiche ich die 40.000-Kilometer-Marke. Es ist erst 3 Uhr Nachmittags und ich bin schon 182 Kilometer gefahren. Körperlich könnte ich noch gut weiter fahren. Leider habe ich zwei gebrochene Speichen, Nachwirkungen vom gestrigen Höllentrip. Zum Glück habe ich noch Ersatzspeichen und stehe vor dem Roadhouse, in dem die Bibel-Biker übernachten. Ich brauche Ihnen nur mein Fahrrad hinzustellen und sofort wechselt ihr Mechaniker in perfektester Präzision die Speichen aus, ein anderer säubert und schmiert die Kette, ein dritter pumpt die Reifen auf.

Zum Dank dafür werde ich noch zum Abendessen eingeladen. Geht es mir wieder prima!

So gut gestärkt und mit neu gerichtetem Rad, kann ich auch tags darauf gut mithalten. Am Abend möchte ich aber nicht mehr am Roadhouse übernachten. Ich fahre lieber noch ein Stück weiter zu einem anderen Rastplatz. Einige Camper mit Auto richten gerade ein Lagerfeuer. Fast alle sind an mir vorbei gefahren und begrüßen mich sofort. Bevor ich mein Zelt aufstellen kann, habe ich schon einen Teller Spaghetti in der Hand. Warum schleppe ich nur so viel Essen mit mir herum? Am Lagerfeuer gibt es noch ein gutes Glas Wein, mit dem ich einen wunderschönen Tag beende.

Da der Rückenwind nachlässt, sehe ich von den Bibelfreunden nur noch den Catering Service. Nach einem kurzen Gespräch fahre ich weiter, ich möchte ihre christliche Nächstenliebe nicht überstrapazieren. Dann kommt auf einmal wieder ein Hügel. Nach dieser Ebene werden die kleinsten Steigungen schon zur Herausforderung. Ich bin richtig froh, gleich das Eucla Roadhouse vor mir zu haben, denn ich brauche eine Dusche.

Am Morgen um 2:30 Uhr fängt es an. Mein Magen will sich sehr schnell entleeren und mir ist übel. Ich muss irgendwo schlechtes Wasser erwischt haben. Dabei dachte ich, meinem Magen sei nach einem Jahr Asien nichts mehr anzuhaben. Solches Unwohlsein ist nicht gerade das, was man mitten im Nullarbor brauchen kann. Dank meines Bruders habe ich genug Medizin dabei. Schon der Anblick von Imodium reicht und mir geht es etwas besser. Ich möchte unbedingt weiterfahren. Vom netten Herrn des Roadhouse bekomme ich garantiert gutes Trinkwasser, das ist hier gar nicht so selbstverständlich. Auf dem Fahrrad geht es mir gleich besser. Dann bin ich auch schon an der Grenze zu Südaustralien.

Ich finde es bemerkenswert, wie die großen Länder das Problem mit den Zeitzonen handhaben. In Russland wird systematisch Richtung Osten die Uhr alle tausend Kilometer um eine Stunde vorgestellt. In China gibt es nur eine Zeit, die Pekingzeit, egal ob Ost, West, Nord, Süd. In Australien geht es drunter und drüber, denn egal ob man vom Süden, vom Norden, vom Osten oder Westen kommt, bei jeder Staatsgrenze wird die Uhr verstellt. Aber nicht etwa nur um volle Stunden, nein, halbe Stunden, oder anderthalb Stunden sind auch möglich. Immerhin bleibt das dann im ganzen Staat so. Diesmal wird sie anderthalb Stunden vorgestellt. Für mich spielt es da draußen in der Pampa keine große Rolle, ich lebe nach der Sonne und die richtet sich nicht nach den Zeitzonen.

Nach der Grenze fängt die „Great Australien Bight" an mit sehr steilen Klippen. Alle paar Kilometer gibt es einen Rastplatz mit Aussichtspunkt. Mit meinen Magenbeschwerden kommen sie mir heute sehr gelegen, ich mache viele Pausen. Nach einer längeren Mittagspause mit Hagebutten-Ingwer Tee und einer leichteren Magenmedizin geht es mir wieder viel besser. Richtig glücklich kann ich weiter fahren. Hier soll es jetzt sehr viele Wale geben, bisher habe ich aber noch keine gesehen. Das Schönste für mich auf der Fahrt durch den Nullarbor ist, dass ich immer irgendwo draußen im Busch zelten kann. Es ist so schön und ruhig. Bei diesem endlosen Horizont sehen Sonnenaufgänge und -untergänge einfach gigantisch aus. Der Nullarbor geht offiziell von Norseman nach Ceduna, also circa 1.300 Kilometer. Das wahre „Nullarbor feeling" hört schon hundert Kilometer vor Ceduna auf, wo schon Zäune und Landwirtschaft zu sehen sind. Wieder ist eines der größeren Abenteuer dieser Reise vorbei. Am Anfang war ich noch so rastlos und hatte es eilig, um vom Rückenwind zu profitieren, jetzt ging mir alles viel zu schnell. Von Esperance nach Ceduna habe ich gerade mal acht Tage gebraucht.

August und September sind die besten Monate für die Nullarbor-Durchquerung. Es ist Winter, nicht zu heiß und fast immer Westwind. Tagsüber brauchte ich gerade einmal zwei Liter Trinkwasser, ganz praktisch, denn an den Roadhouses bekommt man nur selten welches.

Nach den Tagen im Busch genieße ich jetzt wieder die Vorteile einer Stadt. In Ceduna stürme ich zuerst einmal wieder den Supermarkt für meine Lieblingskekse und zur Feier des Tages für eine Flasche Sekt. Auf dem Campingplatz bin ich wieder in der Zivilisation – herrlich. Es sind noch zwei andere Radfahrer hier: Travis, ein Australier, und Kim, ein korcanischer Radler, die gestern schon angekommen sind. Zu dritt feiern wir unsere Nullarbor-Durchquerung.

Weiter geht es nach Port Augusta, quer über die Eyre Halbinsel. Diese Gegend ist hauptsächlich vom Getreideanbau geprägt. Jeder Ort hat ein riesiges Getreidesilo, aber nicht viel mehr. Deprimierend klein sieht daneben der veraltete „General Store", der Tante-Emma-Laden, aus. Der Wind bläst mich direkt nach Port Augusta. Der erste Weg führt mich dort in einen Fahrrad-laden. Ich brauche neue Speichen. Auf einmal geht die Tür auf und fast das ganze Team der „Bikers for Bibles" kommt herein. Welche Wiedersehens-freude! Damit ist der Nachmittag gelaufen.

Da ich seit Prevelly keinen Ruhetag mehr hatte, zwinge ich mich jetzt richtig zur Rast. Meine Beine wollen nach dem Frühstück weiter, aber ich gebe nicht nach. Am Abend kommt Travis auf den Campingplatz an. Ich finde es immer schön, wenn ich jemanden öfters treffe, denn dann muss ich nicht immer von vorn anfangen zu erzählen, woher ich komme, wohin ich gehe und wie viele Kilometer ich am Tag schaffe.

Auf dem Mawson Trail nach Adelaide

Was der Munda Biddi Trail für Westaustralien ist, ist der Mawson Trail für Südaustralien: ein neunhundert Kilometer langer Radweg durch abgelegene Gegenden und über die Flinder Ranges bis nach Adelaide. Nach 1.550 Kilo-metern bin ich endlich wieder weg vom Highway, auf dem Weg in die Flinder Ranges. Der Start des Mawson Trails ist im Norden dieser Bergkette, aber ich komme erst in Wilmington darauf. Komischerweise kann mir hier niemand sagen, wo der Mawson Trail genau ist. Dank meiner Karte und längerem Suchen, finde ich den Einstieg dann doch noch.

Die Strecke ist sehr gut beschildert und nicht so schwierig. Nach jedem Kilometer und bei jeder Abzweigung steht ein Wegweiser. Der Weg ist auf schönen, breiten Feld-Wald-Wiesenwegen und fast eben, im Vergleich zum Munda Biddi jedenfalls ein Kinderspiel. In Melrose treffen sich der Heysen Trail (Wanderweg) und der Mawson Trail (Fahrradfahrweg). Beide führen fast parallel über die Flinder Ranges.

Auf dem Campingplatz haben schon einige Wanderer ihre Zelte aufgeschla-gen. Ich bin die einzige Fahrradfahrerin. Die Australier ziehen das Wandern (bush walking) dem Fahrradfahren vor.

Voller Tatendrang geht es weiter über das hügelige Umland von Melrose. Es ist hauptsächlich Farmland mit einer wunderbaren Weitsicht über die grün, gelb oder braunen Hügel hinweg. Das Gelb kommt vom Raps, von dessen

Duft es mir ganz schummerig wird. Im aufgeforsteten Wald fahre ich wieder zwischen Zäunen, was mir am meisten an dieser Strecke missfällt. Ab und zu kommt ein Tor, das verriegelt ist, und mich so manchen Umweg kostet. Im Bundaleer Forest ist so ein Tor genau vor der Hütte, in der ich übernachten möchte. Für Wanderer sind Stufen über den Zaun vorhanden, aber für mein Fahrrad mit dem Gepäck ist er unüberwindbar. In der Nähe finde ich einen Seitenweg und ein paar Sträucher außerhalb einer Einzäunung, zwischen denen ich mein Zelt aufschlage. Obwohl es sehr abgeschieden ist, höre ich in der Nacht auf einmal Stimmen und Pfiffe. Es wird mir ein bisschen anders, aber direkt Angst bekomme ich komischerweise nicht. Das geht etwa eine Stunde so, als würden sie mit einem Hund etwas suchen. Dann geht ein Schuss los. Ich lege mich ganz flach auf den Boden und überlege, was ich jetzt machen kann: gar nichts. Zum Glück ist mein Zelt gut im Dickicht versteckt. Schließlich ziehen sie wieder ab.

Ab und zu führt die Strecke durch Ortschaften, die sich alle sehr ähneln. Alle wurden Mitte des 19. Jahrhunderts gegründet und haben sich seither nicht viel verändert. Es ist, als wäre die Zeit stehen geblieben. Jeder Ort wird geprägt von Steinhäusern mit ihren schmuckvollen Verzierungen und fast jeder hat vier Kirchen: United, Anglican, Lutheran und Catholic Church. Bei einer Einwohnerzahl von zweihundert bis dreihundert sind das ganz schön viele Gotteshäuser. Ich mag diese General Stores, in denen ich wie in einem Tante-Emma-Laden alles bekomme und sehr freundlich bedient werde. Leider haben sie kaum eine Überlebenschance. Auch hier geht die Bevölkerung lieber in die Supermärkte der Großstadt. Ganz anders sieht es in den Gegenden aus, die durch den Wein bekannt sind, vor allem in Barossa Valley und Clare Valley. Von Clare nach Auburn führt der Mawson Trail auf den „Riesling Trail". Ungefähr zwanzig Kilometer schlängelt sich der Weg fast eben von Weinkeller zu Weinkeller. Er ist wunderschön mit bunten Blumen und Sträuchern und abseits der Straße angelegt. Da die Zivilisation wieder zunimmt, häufen sich nun auch die Supermärkte. Ich muss mich daran gewöhnen, dass ich nicht mehr in jedem Laden etwas einkaufen muss.

In Kapunde, einem der herzigen, alten Orte, sehe ich auf dem Campingplatz ein Fahrrad. Es gehört Iain, einem tasmanischen Radfahrer, der den Mawson Trail in die andere Richtung fährt. Von ihm bekomme ich die besten Informationen, die besten Tipps zu Übernachtungsmöglichkeiten oder Strecken, die man auf dem Mawson Trail lieber meiden sollte. Offenbar gibt es noch häufiger verschlossene Tore auf dem Trail.

Das Barossa Valley, eines der bekanntesten Weinanbaugebiete in Australien, ist sehr von deutschen Einwanderern geprägt. Auch wenn während des Zweiten Weltkrieges die meisten deutschen Städtenamen umbenannt wurden, sind doch noch einige deutsche Namen zu entdecken und der deutsche Einfluss ist unübersehbar, nicht nur an den angebotenen Brezeln und Laugenweckle. Auch die Frau in der Touristeninformation ist eine Deutsche und versorgt mich mit dem besten Kartenmaterial.

Iains Rat folgend, fahre ich nicht die „Steinengartenstraße" hinauf, sondern eine teilweise geteerte Straße. Sie erweist sich auch als sehr steil, aber dafür habe ich wieder eine prima Aussicht. Der Weg durch den Wald ist ein einziger Sumpf. Mein Bestreben ist, ja nicht mit den Füßen auf den Boden bzw. in das Wasser zu kommen.

Auf meiner Karte ist ein Campingplatz im Wald eingezeichnet. Es sieht aber nicht nach Campingplatz aus, obwohl ein Schild darauf hinweist. Es ist auch eine Telefonnummer angegeben. Aus Interesse rufe ich dort an. Meine Vermutung wird bestätigt, denn es ist gar kein Campingplatz. Vom Ranger bekomme ich den Tipp, ein bisschen weiter den Berg hochzufahren, wo eine Hütte mit Klohäuschen und Wassertank sei. Es ist heute Nacht niemand dort und ich könne da übernachten. Was mich erwartet, ist ein kleines Paradies. Die Hütte ist total abgeschieden mitten im Wald und hat eine Feuerstelle außen und einen kleinen Ofen innen. Sogar elektrisches Licht gibt es. Da es sehr kalt wird, mache ich es mir am Ofen gemütlich. Was will man mehr? Einfach nur die Ruhe und ein Feuer, womit ich mich einen ganzen Abend beschäftigen kann. Vielen Dank an den Ranger vom Cromer Shed, der mir diesen genialen Tipp gegeben hat.

Vor Adelaide geht der Mawson Trail an einem Fluss entlang direkt nach Adelaide. Eigentlich ist es sehr apart, durch den grünen Park zu fahren. Nach den Tagen in den Bergen ist es für mich aber eher langweilig. Ich vermisse die Herausforderungen der schlammigen Feld-Wald-Wiesen-Wege. Auch die vielen Menschen sind ein richtiger Schock. Schnell bin ich wieder aus der Stadt und fahre Richtung Süden auf die Berge. In Blackwood bei Helen, Robert und ihren drei Hunden ist es äußerst angenehm: frische Luft, wenig Leute und viel Natur. Hier verbringe ich zwei faule Tage. Das Beste für mich sind immer wieder die Gespräche. Auf meiner Reise habe ich inzwischen gelernt, dass ich auf vieles verzichten kann, nur nicht auf diese Art von zwischenmenschlicher Interaktion.

Durch Nationalparks Südaustraliens

Von Blackwood auf den Loft Mountains geht es gemächlich hinunter zum Strand am Golf Saint Vincent. Ich bleibe so dicht wie möglich am Strand, denn ich liebe das Meer. Jennifer und Wolf, ein deutsch-australisches Paar, das ich in Ceduna getroffen habe, erwartet mich am Nachmittag in Port Willunga. Wolf steht schon startklar bereit. Er hat extra seinen Oldtimer, einen Chevrolet aus dem Jahr 1927, für diesen einen Tag angemeldet und möchte mich auf eine Spazierfahrt mitnehmen. Für so etwas bin ich natürlich immer zu haben. Schnell stelle ich mein Fahrrad ab, und es geht an der farbenprächtigen, felsigen Küste entlang. Das Schauspiel wird durch den glühenden Sonnenuntergang noch unterstützt. Später wird das Ganze noch mit einem guten Glas Wein und einem fantastischen Essen abgerundet.

Hinter Port Willunga liegt Willunga, dann folgt Willunga Hill. Die Bergstrecke ist Teil des „Down Under"-Radrennens, dem Pendant zur „Tour de France" in Australien. Die Namen der Fahrer sind auf den steilsten Anstiegen verewigt. Soll ich meinen Namen dazu schreiben?
Im Süden Australiens gibt es viele Parks: National-, Natur- und Conservationparks. Und meist darf man dort auch zelten. Hier sehe ich sehr viele Wasservögel, Echidnas (Ameisenigel) und schwarze Schwäne zwischen den knallgelben Ginstersträuchern, aber wenig Menschen. Langsam überlege ich mir, ob es bedenklich ist, dass ich in dieser Abgeschiedenheit immer so glücklich bin. Vorerst genieße ich es einfach. Auf den kleinen Straßen ist so wenig Verkehr, dass ich ganz überrascht bin, wenn dann doch ein Auto kommt. Begleitet werde ich nur vom Gekreische der Kakadus.

Victoria Australia - Durch Nationalparks nach Warrnambool

Die Grenze zwischen South Australia und Victoria habe ich gar nicht mit-
bekommen. Es gibt hier kein Willkommensschild oder sonst einen Hinweis.
Erst später merke ich, dass ich wieder meine Uhr verstellen muss, diesmal
eine halbe Stunde vor. Gerade noch vor Dunkelheit erreiche ich den kleinen
Zeltplatz am Bailys Rock mitten im Wald. Es sind gerade einmal null Grad,
Temperaturen, die nicht unbedingt zum Zelten einladen.

Die ganze Schönheit nehme ich jedoch am nächsten Morgen wahr: Um mich
herum befinden sich lauter moosbewachsene Felsen, wie in einem richtigen
Märchenwald.
Auf dem Weg zu den hohen Felsen der Grampians komme ich zum Mount
Arapiles. Ich staune nicht schlecht, dass dort schon ungefähr dreißig Leute
zelten. Sonst war ich immer allein. Bald erfahre ich auch warum. Es ist ein
sehr bekanntes Klettergebiet. Von ganz Australien pilgern sie hierher. Nach
den einsamen Nächten in letzter Zeit, genieße ich es richtig, wieder so nette
Gesellschaft zu haben. Auch als Nicht-Kletterin finde ich die roten Felsen
berauschend. Dies und die nette Gesellschaft der jungen Kletterer verleiten
mich schnell zu dem Entschluss, noch einen Tag länger hier zu verbringen.
Klettern ist nicht mein Sport. Man sitzt zu lange herum und wartet. Da liebe
ich doch mein Fahrrad, mit dem ich einfach losstrampeln kann. Ich schaue
den Kletterern zu und kraxle selbst auf dem „touristtrack" zum Gipfel, um
die Aussicht zu genießen.
Der Stapylton Zeltplatz, der mir von den Kletterern empfohlen wurde, ist
direkt am Fuße der Berge der Grampians. Es gibt hier sogar eine Dusche.
Dabei handelt sich zwar nur um einen Eimer mit einem Duschkopf unten
dran, aber was braucht man mehr? Um mein Zelt hüpfen viele Kängurus,
vor allen Dingen die Weibchen mit ihrem Kleinen im Beutel. Man nennt sie
Joeys.

Auf kurviger Straße geht es entlang von Bächen, Wasserfällen und Felswände
auf siebenhundertdreißig Höhenmeter. So hoch war ich in Australien noch
nie. Ganz oben lasse ich mein Fahrrad am Parkplatz stehen und gehe zu Fuß
zum Aussichtspunkt weiter. Die Fußwege an den Touristenattraktionen sind
prima angelegt. Von oben habe ich eine wunderbare Aussicht auf die ganze
schroffe, felsige Hügelkette.

Recht abenteuerlich geht es durch den Canyon zu den Pinnacles. An und über Bäche, durch enge Felsspalten und die Felsen hinauf, bis ich von oben weit unter mir im Tal Halls Gap sehen kann, das touristische Zentrum der Grampians. Wieder regnet es die ganze Nacht durch und auch am Morgen hört es nicht auf.

Ich habe mir vorgenommen, den Mount Williams, den höchsten Berg der Gegend, hochzufahren. Als ich an der Abzweigung ankomme, regnet es zwar nicht mehr, aber die Aussicht auf eine gute Aussicht ist sehr gering. Trotzdem nehme ich den Berg in Angriff. Mein Gepäck verstecke ich unten im Gebüsch. Bei diesem Wetter will sowieso niemand auf den Berg. Nur zwei Autos überholen mich auf den zwölf Kilometern. Bis zum Parkplatz auf circa tausend Höhenmetern habe ich in alle Richtungen eine faszinierende Aussicht über die Bergkette. Rote Felsen, grüne Hügel und die weiten Ebenen geben ein beeindruckendes, farbenfrohes Zusammenspiel. Auf dem letzten Stück bis zum Gipfel bin ich nur in den Wolken. Aber ich möchte ganz hoch. Bei einer Sichtweite von zwanzig Metern wird es richtig abenteuerlich. Nach ein paar nicht sehr aussagekräftigen Gipfelfotos kehre ich wieder um, denn es ist zu windig und kalt. In ein paar Minuten bin ich wieder die zwölf Kilometer von 1.170 Höhenmeter auf fünfunddreißig Höhenmeter und von neun auf neunzehn Grad Celsius zurückgefahren.

Je näher ich Warrnambool und zum Meer komme, desto stärker wird der Verkehr, dafür nimmt die Temperatur ab. Die Aussicht auf ein warmes, trockenes Plätzchen macht alles erträglicher. Die Eltern von Trish, der ersten alleinradelnden Frau, die ich im Norden Thailands getroffen hatte, haben mich eingeladen. Etwas Besseres hätte mir bei dem schlechten Wetter gar nicht passieren können. Wir verstehen uns gleich von Anfang an prächtig. Direkt vom Strand aus kann ich Wale beobachten. Kaum zu glauben, wie viele junge Wale sich da tummeln. Sie sind so lebendig und quirlig, ich kann sie unmöglich zählen. Ein Mitarbeiter der „Wale Nursery" schätzt sie auf um die vierzehn Exemplare. Die Wale kommen im Juli und August in die ruhigeren Gewässer der Küste, bekommen ihre Kleinen und ziehen dann, wenn diese groß genug sind, Ende Oktober weiter. Die Kälber sind schon groß und haben eine richtige Freude beim Schwimmen und Rumspringen.

Auf der „Great Ocean Road" nach Melbourne

Nach einigem Hin und Her verlasse ich schließlich meine wohlige Bleibe und mache mich auf den Weg Richtung Great Ocean Road. Gerade als ich auf die „Great Ocean Road", die berühmte Küstenstraße im Süden von Australien, einbiege, fängt es wie aus Eimern an zu regnen. Auch der Wind wird immer stärker. Die malerischen und weltbekannte Felsformationen, die „Grotto", die „London Bridge", welche allerdings schon vor Jahren heruntergebrochen ist, und die „Arche" sind von brausenden Wogen umgeben – ein wunderbares Schauspiel. Kein Wunder, dass diese Küste auch die „Shipwreck coast", also die „Schiffbruchküste", genannt wird. Es ist sehr gut vorstellbar, dass hier einige Schiffe ihr Ende fanden. Es wurde mir mehrfach abgeraten, am Wochenende die „Great Ocean Road" zu fahren. Ich habe allerdings keine Probleme damit. Heute ist Samstag, der Tag des großen Australien Football Endspiels. Die Straßen bleiben leer, ganz wie in Europa, wenn ein Fußball-Endspiel ist. Es ist folglich ein genialer Tag zum Fahrradfahren.
Nur bei den „zwölf" Aposteln werde ich von einer Busladung Asiaten überrascht, die die Küste stürmen. Dank des starken Windes bleibt aber keiner lang. Der Sturm bläst sogar das Wasser in den Wasserfällen die Felsen hoch, ein Wasserfall, der nach oben geht – einfach nur gigantisch! Anstatt auf der „Old Ocean Road", lande ich auf der „Old Coach Road". Nachdem ich im Sand stecken geblieben bin, merke ich, dass ich hier nicht ganz richtig sein kann. Erst ein paar Meter weiter auf der „Great Ocean Road" geht die „Old Ocean Road" ab. Vielleicht sollte ich doch besser in Zukunft meine Lesebrille aufsetzen, wenn ich Karte lese. Beim Anstieg zum Lavers Hill ist es nicht so schlimm, dass es nur acht Grad Celsius sind. Bergab ist es dann etwas schlimmer. Nach dem zweiten Hugel geht es nur noch hinunter nach Apollo Bay.

Nach einer Nacht auf einem relativ trockenen Campingplatz komme ich nicht sehr weit. Ich habe wieder einen Platten! Äußerst merkwürdig auf diesen guten Straßen! Es hilft aber alles nichts, schnell wechsle ich den Schlauch und fahre weiter. Wenigstens regnet es nicht. Zwischen Apollo Bay und Anglesea führt die Straße auf und ab direkt an den Klippen entlang mit einem längeren Ausblick auf das Meer. Heute ist auch noch tolles Wetter. Es wird wieder ein herrlicher Fahrradtag. Auf den Nebenwegen nach Bawron Head stehen überall Schilder, dass man auf Fahrradfahrer Rücksicht nehmen soll. Hier gibt es sehr viele Rennradler, animiert von Cadel Evans, dem australischen Radrennfahrer, der hier seine Sommer verbringt.

Steve und Pat sind pensionierte Freunde meiner langjährigen Freunde aus Melbourne. Ich kann ihr Gästehaus im Garten beziehen. Es ist ein komplettes Haus mit Küche, Bad, Wohnzimmer, Schlafzimmer, vollem Kühlschrank und Büchern, Büchern, Büchern. So kann ich es lange Zeit aushalten.

Steve schreibt für eine lokale Zeitung und notiert sich alles genau, was ich ihm über meine Reise erzähle. Er war mit seinem Vater einer der Kletterpioniere am Mount Arapiles, dem Kletterparadies, wo ich vor kurzem war. Pat ist eine ausgezeichnete Malerin. Überall hängen Bilder von ihr, meist Landschaften, die aber die Atmosphäre der Gegend sehr gut widerspiegeln.

Nach zwei Nächten geht es weiter zu meinen Freunden Sue und Paul in Melbourne. Es ist ungewöhnlich warm, das erste Mal seit langer Zeit fahre ich ohne Jacke. Mit der Fähre geht es südlich der Metropole auf die Mornington Peninsula. Von dort aus gibt es schöne Fahrradwege am Strand entlang. Der Gegenwind zieht die ganze Strecke ewig in die Länge. Paul muss lange an der Abzweigung nach Camperwell auf mich warten. Dafür bin ich ihm sehr dankbar. Der Verkehr hat auf den letzten Kilometern extrem zugenommen. Paul, selbst ein versierter Fahrradfahrer, kennt hier alle Schleichwege. Gerade noch vor Einbruch der Dunkelheit erreichen wir das Haus. Es ist wie ein Heimkommen.

Melbourne

Kulturell ist in Melbourne sehr viel los. Hier kann ich einiges nachholen, was ich sonst auf der Reise vermisse. Da gerade das Melbourne Arts Festival stattfindet, bekomme ich einige gigantische Spektakel zu sehen. Um meine Beine ruhig zu halten, gehe ich morgens laufen und ab und zu mit Paul auf eine längere Fahrradtour. Da Sue ihre Kniebänder gerissen hat, darf sie momentan nicht fahren. Deshalb kann ich ihr superleichtes, neues Fahrrad ausleihen. Es macht riesigen Spaß mit nur neun Kilogramm unter dem Hintern hinter Paul durch die Gegend zu jagen. Melbourne hat das weiteste und beste Radwegenetz, das ich bisher gesehen habe. Es geht durch Wälder und an Bächen entlang – für so eine Metropole ist es direkt idyllisch. Die Fahrradstrecke in die Stadt führt durch einen schönen Park an einem Fluss entlang.

Mein nächstes Reiseziel ist Tasmanien. Da am 14. Dezember die Hochsaison anfängt und das Ticket sehr teuer wird, buche ich gleich eine Fahrt für den 12. November. Einen Monat möchte ich auf der Insel bleiben. Das bedeutet, ich habe hier noch über einen Monat Zeit. Das halte ich gut aus. Jeden Tag habe ich eine Liste, was ich erledigen möchte. Am Abend ist längst nicht alles erledigt, nur ich bin es jedes Mal.

Auch hier gibt es die Macpies, die Vögel, die mich ständig attackieren. Zur Abwehr machen Paul und ich Kabelbinder an die Fahrradhelme, die wie Antennen hochstehen. Ich vergesse immer wieder, dass ich jetzt so aussehe wie ein Marsmännchen und wundere mich, warum mich die Leute so anlächeln. In der Stadt rasen alle Radfahrer bei Grün sofort los. Nachdem ich einige Male vor roten Ampeln stand, verstehe ich warum. Gleich von Anfang an muss man ganz schön in die Pedale treten, um bei der nächsten Ampel noch bei Grün durchzukommen. Es ist eine gute Trainingsstrecke. Meinen Erfolg messe ich an der Anzahl der grünen Ampeln, die ich schaffe.

In Melbourne möchte ich mir ein Jahresvisum für die USA besorgen. Schon die Vorbereitungen dauern ewig. Was man da alles braucht! Internetformulare ausfüllen, Passbilder machen, furchtbar überteuerte Rücksendebriefumschläge von der Post besorgen und so weiter. Da ich noch einen Beweis vorweisen muss, dass ich die USA auch wieder verlasse, und dazu gehören Nachweise über Familie, Ausbildung, Arbeit und Wohneigentum, hat mir meine Schwester die Unterlagen zu meiner Wohnung zugeschickt.

Es kostet einige Zeit, Geld und Nerven bis ich endlich in die US-Embassy vorgelassen werde. Die Kontrollen sind schlimmer als auf dem Flughafen. Nicht einmal meinen Laptop darf ich mitnehmen, sondern muss ihn an der Pforte lassen. Der Aufenthalt dauert nicht lange. Obwohl ich schon viel Geld ausgegeben habe, muss ich trotzdem noch eine Gebühr von einhundertsiebzig australischen Dollar bezahlen. Also nochmals durch all die Kontrollen, eine Post suchen, das Geld zahlen und wieder zurück durch die Kontrollen. Nun finden sie meinen Antrag nicht, den ich per Internet ausgestellt habe. Ich könnte alles hier an einem Computer eintippen, wenn ich die Informationen hätte. Die sind aber auf meinem Laptop unten an der Pforte und den darf ich unter keinen Umständen holen. Es ist Mittagszeit, ich komme heute hier nicht mehr weiter, sondern erhalte einen Termin übermorgen, also am Freitagvormittag.

Am Freitag muss ich nach der Kontrolle zwei Stunden warten bis mich kurz vor ihrem Wochenende eine übel gelaunte Frau in Empfang nimmt. Nach drei Minuten erklärt sie mir, sie könne mir kein Visum ausstellen, denn ich könne ihr nicht beweisen, dass ich zurück nach Australien gehe. Überall steht, dass man beweisen muss, dass man Bindungen außerhalb der USA hat und das Land wieder verlässt. Sie aber meint, ich müsse dahin zurück, wo ich den Antrag gestellt habe. Sie lässt sich auf keine Diskussion ein. Mit den Worten, „Es warten noch andere Antragsteller, geh jetzt!", werde ich fortgescheucht. „Und was ist mit meinem Geld, das ich schon bezahlt habe?", möchte ich noch wissen. „Das sind Gebühren für die Bearbeitung sowie für die Anfertigung der Fingerabdrücke". Unglaublich. Ich bin furchtbar verärgert, aber Sue und Paul kümmern sich rührend um mich.

Ich werde noch mehr verwöhnt als sonst mit gutem Essen und Drinks. Der Ärger verfliegt schnell, und ich beschließe einfach, nach Südamerika weiter zu fliegen. Eine weitere Ablenkung vom Ärgernis ist das große Fahrradereignis „Around the bay in a day". Seit 1993 findet es jährlich statt. Es gibt verschiedene Distanzen, die „Königs-Distanz" ist die gesamte Strecke um den Port Phillip Bay von insgesamt zweihundertvierzig Kilometern. Es wird aber auch jeweils eine Strecke von hundert und fünfzig Kilometern angeboten. Dieser Fahrradevent ist inzwischen so populär, dass aus ganz Australien die Radfahrer angereist kommen. Im Jahr 2009 stehen 15.000 Radfahrer am Start. Ich melde mich als Volunteer, als Freiwillige, und werde für den Tag zum „fünfzig Kilometer Road Marshall" ernannt. Für die Fünfzig-Kilometer-Strecke haben sich ungefähr 5.000 Fahrradfahrer gemeldet. Unsere Aufgabe ist es zu schauen, dass sich jeder anständig benimmt, und zu helfen, wenn es Probleme gibt. Es ist prima zu sehen, wie viele Leute sich auf das Fahrrad begeben: Jung und Alt, Dick und Dünn. Manche Kinder fahren die fünfzig Kilometer ohne Probleme, richtig Dicke haben sich in Radlerhosen gezwängt. Hauptsache, sie bewegen sich und haben Spaß.

Am frühen Nachmittag sind wir wieder zurück, bekommen ein Mittagessen und Kaffee. Ich genieße einfach nur die nette Atmosphäre. Das Wetter wird sichtlich besser, so wird es auch einmal wieder Zeit für eine längere Tour.

Von den Bergen bis ans Meer

Mein Ziel sind die Central Highlands von Victoria nördlich von Melbourne.
Den größten Teil des Gepäcks lasse ich bei Sue und Paul. In einer Woche,
bevor sie nach Neuseeland fliegen wollen, werde ich wieder zurück sein. Ich
weiß nicht, was es ist, aber ich bin wieder total glücklich, obwohl es mir bei
Sue und Paul fantastisch ging. Aber diese Unabhängigkeit, einfach loszufahren, nicht zu wissen, was der Tag bringt oder wo er endet, ist einfach wunderbar. Sehr lange geht es durch dichten Wald gemäßigt den Berg hinauf. Ich
liebe diese Farnbäume, mit ihren langen hellgrünen Wedeln und den Duft
der Eukalyptusbäume. In Marysville, jener Stadt, die im Februar durch einen
Buschbrand total zerstört wurde, sind die Baumstämme noch schwarz. Aber
genauso wie Hoffnungsschimmer, zeigen sich auch überall immer wieder
grüne Zweige.

Vor Alexandra macht es „bling", und wieder ist eine Speiche gebrochen. Das
sollte bei solch guten Straßen eigentlich nicht passieren. Allerdings bin ich
auch Böschungen und Treppen heruntergefahren. Vielleicht sollte ich solche
Scherze in Zukunft bleiben lassen. Mittlerweile sollte ich in der Lage sein,
sie selbst auszuwechseln. Schließlich habe ich oft genug zugeschaut. Zuerst
schlafe ich aber eine Nacht darüber.

Gleich nach dem Frühstück mache ich mich ans Werk. Das ist gar nicht so
ein Hexenwerk, wie die Männer immer tun. Innerhalb kürzester Zeit ist die
neue Speiche drin und das Rad justiert.

Je höher ich komme, desto kleiner werden die Straßen und desto weniger
der Verkehr. Nur ein paar Motorräder sind an diesem schönen Wochenende unterwegs. Zum Aussichtspunkt „Power Lookout" geht ein Weg in den
Wald ab. Das sieht nach einem netten Plätzchen zum Zelten aus, denke ich.
Vor allem, da noch ein WC auf dem Wegweiser ausgewiesen wird, was auch
manchmal auf Wasser hindeutet. Als ich zu einer schönen Lichtung komme,
sehe ich den Berg herunterführende Stromleitungen. Ich halte diesen Platz
für den „Power Lookout" – Power, wegen der „Power lines", also der Stromleitungen. Ich wundere mich nur, dass ich kein Toilettenhäuschen finde. Da
ich noch genug Wasser habe, mache ich mir darüber auch keine Gedanken.
Am Rande der Lichtung im Gebüsch finde ich ein nettes Plätzchen für mein
Zelt. In der Nacht höre ich plötzlich Kettensägen. Mitten in der Nacht Bäume

zu fällen, hört sich nicht gerade legal an. Vorsichtig schiele ich aus meinem Zelt und sehe jemanden auf der anderen Seite der Lichtung mit einer starken Taschenlampe leuchten. Wieder einmal bin ich froh, blickgeschützt zu sein.

Der Weg durch den Wald führt leider nicht weiter zum nächsten Dorf, sondern zum richtigen „Power's Lookout" mit Klohäuschen, Schutzhütte und einer wunderschönen Aussichtsplattform. Der Aussichtspunkt ist nach einem Ranger namens Power benannt. So, wieder etwas gelernt. In der Schutzhütte ruhen ein paar Menschen in ihren Schlafsäcken. Bierflaschen liegen überall herum. Das Feuer glüht noch. Ich nehme an, das sind die Übeltäter der letzten Nacht. Sie lassen sich allerdings nicht um ihren Schlaf bringen.
In Myrtleford komme ich auf den „Murray to Mountains Rail Trail". Ich mag diese Fahrradwege auf ehemaligen Bahnlinien nicht. Sie sind fast eben und geradeaus, so, wie ein Zug eben fahren kann – nicht gerade inspirierend. In Victoria gibt es viele dieser Radwege. Nach der langen, kräftezehrenden Strecke ist der Weg jetzt ganz erholsam. Ich bin weg von der Straße und den Motorradfahrern. Bright ist im Winter voll von Skifahrern und im Sommer lockt der Ort immer mehr Fahrradfahrer an. Nicht nur die Landschaft erinnert mich hier sehr an den Schwarzwald, sondern auch die Ortsnamen, wie „Germantown" oder „Freeburgh", wecken heimatliche Gefühle in mir.

Am nächsten Tag geht es von circa dreihundertsiebzig auf 1.840 Höhenmeter. Mal ist es steil, mal sehr steil, mal weniger steil, aber alles kann ich fahren. Nachdem ich den Wald durchfahren habe, genieße ich einen wunderschönen Blick auf den schneebedeckten Mount Feathertop. Die silbrigen, in der Sonne glänzenden Äste der Eukalyptusbäume sehen von weitem sehr bizarr aus. Auf dem Gipfel des Mount Hotham liegt noch Schnee. Erst die Woche zuvor hat es hier noch kräftig geschneit. Ich habe strahlend blauen Himmel und freie Straßen. Warm ist es jedoch nicht. In dieser Höhe geht ein starker Südwind, der direkt von der Antarktis kommt. Nach Omeo kann ich der Great Alpine Road entfliehen und auf einer idyllischen Alternative an Bächen entlang durch die Wälder fahren. Vor Bairnsdale steht mir wieder ein Rail Trail zur Verfügung. Zu meiner Überraschung ist er aber diesmal sehr abwechslungsreich: bergig, schmal und kurvig. Ich frage mich, ob da jemals ein Zug entlanggefahren ist oder, ob man die Strecke nur „Rail Trail" nennt, weil es hipp klingt. Von der Polizei in Bairnsdale bekomme ich einen wunderbaren Tipp zum Wildcampen: direkt zwischen Mitchel River und Jones

Bay, fast an der Mündung. Hier lassen sich Pelikane und andere Wasservögel im Sonnenuntergang durch das Schilf auf dem Wasser treiben. Allerdings ist es nicht ganz so einsam, wie sie sagten. Mitten in der Nacht kommt ein Auto hupend und quietschend angefahren. Ein Paar steigt aus und ruft etwas. Ich bleibe ganz ruhig im Zelt liegen, rühre und melde mich nicht, auch nicht, als sie an meinem Zelt rütteln. Endlich sagt die weibliche Stimme: „Komm, lass uns gehen", worauf das Auto wieder losfährt und ich endlich schlafen kann.

Wenn man morgens das Zelt aufmacht und die Sonne gerade über der Bucht aufgeht und sich im Wasser spiegelt, das von Schilf umrundet ist und auf dem sich die Enten tummeln, kann es kaum einen schöneren Start in den Tag geben. Um rechtzeitig in Melbourne zu sein, bleibe ich auf dem Princess Highway. Das ist gar nicht so schlecht. Der Verkehr ist nicht so stark und die Autos rasen bei weitem nicht so schnell wie in Deutschland. Außerdem habe ich einen breiten Seitenstreifen, der mir die Lastwagen vom Leibe hält.
Später bekomme ich aber noch einen Nachteil des Seitenstreifens zu spüren. Es liegt sehr viel Müll herum, darunter auch spitze Gegenstände: Ein Nagel durchbohrt meinen Reifen und auch den Schlauch. Da ist nichts mehr mit Flicken, der Nagel geht quer durch. Zum Glück habe ich ja noch einen Ersatzschlauch.
Als ich den Highway verlassen muss, entdecke ich gleich einen Radweg, auf dem ich schon einmal mit Paul gefahren war. Es ist ein sehr schönes Gefühl, sich auszukennen. Gerade richtig zum Abendessen komme ich an. Zur Feier des Tages spendiere ich Sekt und Wein.

Sue und Paul fliegen um die Mittagszeit nach Neuseeland in den Urlaub. Vorher bekomme ich die letzten Instruktionen für meinen Job als Haussitter. In den Wochen, bevor ich nach Tasmanien fahre, buche ich einen Flug nach Chile, schicke meinen Kocher zum Service ein und schaue natürlich nach dem Haus, dem Garten und den Fischlein.
Am 3. November ist „Melbourne Cup Day". Schon seit Tagen herrscht in der Stadt Partystimmung. Frauen sind im Stil der Zwanziger Jahre angezogen. Sie tragen ein kurzes, meist schwarzes Kleid. Ganz wichtig ist auch der Hut, am besten mit Federn. Ich könnte mit meinen schwarzen Radlerhosen und dem Helm mit Kabelbinder (gegen Macpies) gut dazu passen. Der „Melbourne Cup Day" ist in Victoria ein Feiertag. Das Wichtigste spielt sich auf der Pferderennbahn ab, es ist das größte Pferderennen Australiens. Es wird

viel gewettet, offiziell und auch privat. Das Rennen selbst ist in vier Minuten vorbei. Die meisten feiern den freien Tag mit einem Barbecue. Auch ich bin bei Freunden, Sue und Zoran, eingeladen. Hier gibt es wie jedes Jahr zum „Melbourne Cup Day" ein Barbecue und Wetten. Gefeiert wird natürlich noch lange, auch wenn das Rennen längst vorbei ist.

Es sind jetzt nur noch zwei Tage, bis meine Fähre nach Tasmanien geht. Meine neuen Fahrradschuhe und mein gereinigter und überholter Kocher kommen gerade rechtzeitig an. Zum vorerst letzten Mal fahre ich am 12. November meinen schönen Fahrradweg entlang des Yarra Flusses in die Stadt zur Fähre nach Tasmanien. Es war fantastisch, so lange eine Art Zuhause in einer der schönsten und interessantesten Städte zu haben. Eigentlich halte ich es in Großstädten nicht lange aus, aber Melbourne ist anders. Jetzt freue mich aber auf Tasmanien. Vielen Dank an Sue und Paul, ich hoffe ich kann mich in Deutschland einmal revanchieren.

Rad/t-los auf Tasmanien

Auf der Fähre werde ich wieder als „Ms Fleck" begrüßt. Ein untrügliches Zeichen, dass ich hier die einzige Radfahrerin bin. Es ist eine sehr große Fähre mit zehn Decks. Ich fühle mich eher wie auf einem Luxusdampfer. Nach einer ruhigen, schlafreichen Nacht, komme ich am Freitag, den 13. November, auf Tasmanien an. Es ist 6:30 Uhr als die Fähre in Devonport anlegt. Um 8:30 Uhr macht aber erst das „Buero of Forestry" auf, wo ich das Buch und den Schlüssel für den Tasmanian Trail abholen möchte. Alles liegt schon für mich bereit.
Der Trail führt fast nur auf Waldwegen und Schotterpisten über die gesamte Insel. Da ein Teil der Strecke durch Privatgelände geht, stellen sie gegen Pfand einen Schlüssel für die Tore zur Verfügung. Allerdings führt der Trail nicht über die „Cradle Mountains", die ich unbedingt sehen möchte. Also muss der Trail noch ein Weilchen warten, und ich mache mich zuerst in Richtung Westen auf. Auf kleinen Straßen geht es immer höher. Auf meiner Karte sind ein paar kleine Ortschaften eingezeichnet, in denen ich hoffe, etwas zu Essen oder zumindest Wasser zu bekommen. Dem ist aber überhaupt nicht so. Die Orte bestehen aus zwei Häusern, kein Mensch ist weit und breit zu sehen. Leider habe ich nicht genug Wasser zum Wildzelten. Das Wasser in den

Bächen sieht zwar klar aus, da es aber durch Viehweiden fließt, bin ich mir nicht so sicher, was sich alles darin befindet.

Es bleibt mir nichts anderes übrig, als bis „Cradle Mountain Caravan Park" zu fahren. Der Park ist mit Rundbauten aus Natursteinen sehr geschmackvoll angelegt. Im „Visitors Center" hole ich mir einen „Holiday-Pass", mit dem ich einen Monat lang alle Nationalparks auf Tasmanien besuchen kann. Bevor ich weiterfahre, mache ich noch einen kurzen Abstecher zum Dove Lake auf fast 1.150 Höhenmetern. Wieder einmal ist die Fahrt dorthin wunderschön. Hier hört es aber dann für Fahrradfahrer auf. Für Wanderer beginnt der „Overland track", einer der bekanntesten Wanderwege auf Tasmanien. Der Bergsee liegt in dieser traumhaften Kulisse vor hohen, schneebedeckten Bergen. Es ist ein herrlicher Fahrradtag, und es ist wieder einmal ein Genuss, durch die Berglandschaft zu fahren. Oft genug habe ich gehört, dass es in Tasmanien entweder nur hinauf oder nur hinunter geht, darum macht es mir jetzt gar nichts mehr aus. Ich erfreue mich einfach an der großartigen Aussicht. Auf kleinen Straßen Richtung Queenstown habe ich einen herrlichen Blick auf den Cradle Mountain und den Murchison Mountain. Diese riesige Felsformation mit ihren Zacken und Kanten sind sehr spektakulär. Am Lake Plimsol passt mein Zelt genau zwischen die Bäume und heute habe ich sogar genug Wasser.

In der schönsten Morgensonne und immer mit Blick auf die Cradle Mountains geht es zuerst einmal den Plimsoll See entlang. Der erste Anblick von Queenstown ist nicht gerade einladend. Hier gibt es große Kupferminen. Die Innenstadt ist ganz nett, denn es gibt ein paar historische Gebäude. Hier soll es an dreihundertfünfzig Tagen im Jahr regnen, aber ich habe strahlend blauen Himmel.

Hinter Queenstown erreiche ich die „99 Bend Road", es sind aber keine neunundneunzig Kurven. Auf fünf Kilometern geht es zweihundertachtzig Meter hoch.

Es ist sehr früh am Nachmittag, als ich am Lake Burbury ankomme. Auf der Bootsrampe in der Sonne liegend, beschließe ich sofort, hier gehe ich nicht mehr weg. Es ist einfach zu fantastisch: Alles ist so ruhig, nur das Plätschern des Wassers kann man hören. Hier kann ich endlich mal das „Tasmanien Trail"-Buch genauer anzuschauen. In dieser Wildnis, so fern von jeder Zivilisation und Lichtquelle, hat man einen wunderbaren Nachthimmel. Da kommt jeder Stern so richtig zur Geltung.

Beim nächsten längeren Anstieg zum Mount Arrowsmith fangen die Probleme mit meiner Gangschaltung an. Ich trete häufig ins Leere. Im nächsten Ort, Derwent Bridge, möchte ich meine Vorräte wieder aufstocken. Das einzige aber was ich sehe, ist das „Wilderness Motel" und zwei Straßenarbeiter. Ich frage einen der Männer, ob das Derwent Bridge sei. Er lacht nur und sagt ja. Ich könne froh sein, dass ich auf dem Fahrrad bin, sonst hätte ich es komplett verpasst. Inzwischen hat es kräftig angefangen zu regnen. Ich ziehe meine volle Regenmontur an und mache mich in Richtung Lake St Claire auf. Der See liegt südlich von den Cradle Mountains und das Ende des Overland Tracks. Direkt am See gibt es einen sehr schönen Zeltplatz, allerdings ohne irgendwelche sanitären Einrichtungen, dafür mit zwei wunderschönen Regenbogen. Herrlich, ich bin ganz allein.

Am nächsten Morgen dauert es ewig, bis ich gepackt habe, immer wieder werde ich von dem atemberaubenden Blick über den See abgelenkt. Der Nebel steigt aus dem Wasser heraus und die Sonne kommt hinter den schneebedeckten Bergen hervor. Nach dem Regen ist heute wieder strahlend blauer Himmel. In der Mitte des zentralen Hochlands von Tasmanien treffe ich auf den Tasmanien Trail. Endlich bin ich wieder weg von der Straße und auf einer Schotterpiste. Allerdings merke ich bei der ersten Steigung, dass das Problem mit meiner Schaltung nicht besser wird. Kaum bin ich auf dem Fahrrad und möchte losfahren, da falle ich beinahe wieder herunter. Die Schaltung hat vierzehn Gänge, die Gänge acht bis vierzehn funktionieren ohne Probleme, eins bis sieben sind aber kaum mehr zu benutzen. Das ist bei all den Bergen wahrlich kein Vergnügen. Auf dem Tasmanien Trail komme ich leider auch nicht sehr weit, denn eine Brücke ist eingestürzt und blockiert den Weg.

Nach nur wenigen Tagen auf dem Trail beschließe ich, auf schnellstem Wege nach Hobart zu fahren, um nach meiner Schaltung schauen zu lassen. Bis ich in der Hauptstadt Tasmaniens bin, kann ich die Gänge eins bis sieben überhaupt nicht mehr benutzen – da ist nur noch Leerlauf. Ich fahre gleich weiter zu Tim, der Fahrräder mit dieser Schaltung baut. Da es sehr steil wird, brauche ich für die nächsten siebenunddreißig Kilometer vier Stunden. Die Aussicht ist fantastisch, und wieder einmal versuche ich, es trotz allen Strapazen zu genießen, obwohl es schon ärgerlich ist. Jetzt, wo ich so fit bin, dass ich praktisch jeden Berg mit Gepäck hochkomme, muss ich wegen der Gangschaltung schieben! Ich bin völlig fertig, als ich bei Tim ankomme! Er wohnt zwar wunderschön in den Bergen, aber den Berg muss man zuerst erklimmen und das auch noch auf einer Schotterpiste. In seiner Werkstatt nehmen wir die Schaltung auseinander und mit Hilfe der Niederlassung in Australien und der Website von Deutschland versuchen wir, sie zu reparieren. Es gelingt uns wenigstens so weit, dass ich auf eine mehrtägige Tour gehen kann bis die Ersatzteile geliefert werden.

Mein Ziel ist der südlichste Punkt des Tasmanischen Festlandes. Die ersten Kilometer geht es nur bergab, das läuft natürlich fantastisch. Das ebene Stück danach ist auch noch ganz in Ordnung, aber dann ist wieder Schieben angesagt. Durch stetiges Schalten kann ich auch ein bisschen die unteren Gänge nutzen. Das letzte Stück vor Cockle Creek führt wieder über Waldwege und an einsamen Stränden der Tasmanischen See vorbei – einfach fantastisch. Am Ende der Straße und fast am Ende von Tasmanien kommen ein paar kleine Zeltplätze. Am Cockle Creek Camping werde ich von einer Gruppe Frauen zum Wein eingeladen. Nur kurz fahre ich zur Walskulptur, die am südlichsten Punkt Australiens im Gedenken an die Opfer der Walindustrie vergangener Jahre steht. Neben dem Wohnwagen der Frauen baue ich dann mein Zelt auf und gehe zum gemütlichen Teil des Abends über. Die Ersatzteile sind nicht vor Montag zu erwarten. Bis Dienstagabend möchte ich wieder zurück bei Tim sein.

Mit der Fähre geht es zum Nationalpark von Bruny Island Das Problem mit meiner Gangschaltung wird wieder schlimmer. Mein Glück, dass ich nicht mehr allzu weit fahren muss. Ich möchte nur noch bis zum Zeltplatz am „Neck", dem schmalen Zwischenstück zwischen Nord- und Südinsel. Von einer Aussichtsplattform überblicke ich die ganze Insel. Nach Sonnenuntergang kommen die Pinguine. Dann geht es auf dem schnellsten Weg zurück zu Tim. Die Gangschaltung verdirbt mir die Freude am Fahren. Die Ersatzfedern werden gleich eingesetzt, leider mit wenig Erfolg.

Am nächsten Tag versuchen wir es mit dem dünneren Spülöl, das ich nach langem Suchen endlich finde. Zuerst sieht es vielversprechend aus. Es ist kaum mehr Leerlauf. Ich bin der glücklichste Mensch. Eine Weile sollte ich mit dem Spülöl fahren können.

Erst am nächsten Morgen, bevor ich wieder endgültig aufbreche, fülle ich das normale Öl ein. Die Federn setze ich in der richtigen Schalterstellung ein. Der Effekt ist fatal, denn der Leerlauf ist wieder da. Tim ist am Morgen für ein paar Tage weggefahren, er kann mir jetzt auch nicht mehr weiterhelfen. Auf der ganzen Insel gibt es kein Spülöl mehr. Nur jenes Öl, das ich am Morgen aus meiner Nabe herauslaufen lassen habe, steht noch bei Tim im Schuppen, aber fünfundzwanzig Kilometer und einige Höhenmeter entfernt. Ein sehr netter Fahrradmechaniker fährt mich kurz zurück. Leider hat das Spülöl diesmal nicht den gleichen Effekt. Trotzdem fahre ich weiter. Wenn ich ständig schalte, kann ich den Leerlauf vermeiden. Bei heftigem Wind geht es über die Tasman Bridge. Der Radweg ist höher als die Fahrbahn der Autos und das Geländer dazwischen viel zu niedrig. Ich sehe mich die ganze Zeit in den Leerlauf treten und über das Geländer purzeln. Es ist aber wieder einmal nichts passiert. Als es erneut bei mehr Verkehr den Berg hochgeht, überdenke ich die ganze Situation. Mir ist klar, früher oder später muss ich die Schaltung einschicken. Einerseits hoffe ich, noch durch Tasmanien zu kommen und erst in Melbourne eine Woche Pause einlegen zu können, andererseits macht es so überhaupt keinen Spaß mehr und all die Berge, die ich noch fahren will, kann ich mir mit diesem Zustand der Schaltung ersparen. Also, warum dann nicht gleich das Hinterrad nach Queensland schicken? Wenn es eine Woche dauert, bis ich es wieder zurück habe, ist immer noch genug Zeit für die Ostküste. Und dann kann ich sie auch richtig genießen. Sofort rufe ich Dorothy an, eine Fahrradfahrerin aus Hobart, die mich eingeladen hat. Selbstverständlich kann ich kommen. Zurück geht es wieder über meine geliebte Tasman Bridge, diesmal in Regen und Sturm.

Sofort als ich bei Dorothy und Greg bin, baue ich mein Hinterrad aus und bringe es zur Post. Es ist Freitag, je schneller es weg ist, desto schneller ist es auch wieder zurück. Die Post in Australien ist genial. Ich bekomme alles, was ich brauche vor Ort, was auch immer ich verschicken will. Die Postangestellte hilft mir mein Hinterrad in Luftpolsterfolie zu wickeln, das dann in eine Plastiktüte kommt und mit Klebematerial fixiert wird, bis es versandfertig ist. Dann geht es ab, natürlich per „Express". Am Montag sollte es in Queensland bei der australischen Niederlassung sein.

Am nächsten Tag gießt es wie aus Kübeln. Wie bin ich froh, hier im Trockenen zu sitzen. Später gehe ich mit Dorothy auf den Salamanca Markt, der nur samstags stattfindet. Es ist einer der größten und schönsten Märkte Australiens. An mehr als dreihundert Ständen kann man so ziemlich alles bekommen, hauptsächlich aber Produkte aus der Region. Neben Obst und Gemüse werden sehr viele Handarbeiten angeboten. Über allem schwebt der Duft des frisch gebackenen Brotes und der vielfältigen heißen Suppen. Das ganze wird untermalt vom Klang der Straßenmusiker. Ein wahrlich alle Sinne umfassendes Ereignis. Bei dem Wetter heute ist allerdings nicht sehr viel los. Als wir recht durchnässt sind, lade ich Dorothy zu Kaffee und Suppe ein. Dabei verrate ich ihr, dass heute mein Geburtstag ist. Später lässt sie es sich nicht nehmen, mir einen Geburtstagskuchen zu backen, einen typisch australischen Früchtekuchen. Am Abend gibt es noch Sekt und Wein. Einfach toll, den Geburtstag in so netter Gesellschaft verbringen zu können.

Auch am nächsten Tag denkt der Regen nicht daran, aufzuhören. Unglaublich, wie viel Wasser sich im Himmel befinden kann. Mein Fahrrad vermisse ich überhaupt nicht. Redend verbringen wir fast den ganzen Tag in der Küche. Reiseradler haben sich immer viel zu erzählen. Endlich hört es auf zu regnen. Dorothy leiht mir ein Fahrrad, mit dem ich ein paar Tage wegfahren kann. Ich muss es nur für mich richten. Heute sieht das Wetter nicht so gut aus, aber mein Entschluss steht fest: Ich fahre zum Mount Field Nationalpark. Das Leihrad wird bepackt. Ich frage mich, wie lange es wohl dem Gewicht standhalten wird. Es ist nicht schlecht, aber bei weitem nicht so stabil wie mein Rad, aber natürlich viel besser, als gar keines zu haben. Diesmal geht es auf einem schönen Radweg aus Hobart heraus. Für Tasmanien ist es erstaunlich eben. Am frühen Nachmittag komme ich im Nationalpark an, stelle schnell mein Zelt auf und mache mich auf den Weg zu den Wasserfällen. Dieser Wald ist einfach traumhaft, es gibt viel Moos und Farn. Teilweise laufe ich unter einem Baldachin aus Farnwedeln hindurch. Nach all dem Regen verdienen es die Wasserfälle, wieder so genannt zu werden. Es fällt wahrlich viel Wasser.

Da es schon nach 5 Uhr ist und kein Mensch mehr unterwegs ist, kann ich all die Wanderwege zwischen den Farnen mit dem Fahrrad fahren. Das ist wirklich traumhaft, auch wenn ich vielleicht besser nicht mit dem Leihrad auf Feld-Wald-Wiesenwegen herumrasen sollte.

In der Nacht versucht ein Opossum, an mein Essen in den Taschen zu kommen. Mehrmals muss ich es wegjagen. Diese Tiere sind ganz schön clever.

Der einzige Anblick des Tasmanischen Teufels

Am nächsten Tag kann ich einen Teil auf dem Tasmanien Trail fahren, bevor ich einen großen Bogen um Hobart mache. Port Arthur liegt auf dem süd-östlichen Zipfel von Tasmanien. Hier gibt es noch ein paar Exemplare vom Tasmanischen Teufel. Da ja (fast) alle Säugetiere in Australien einen Beutel haben, wird er auch „Beutelteufel" genannt. Er ist wegen einer Krebskrank-heit vom Aussterben bedroht. Dass es jetzt weniger Beutelteufel gibt, merkt man auch daran, dass es unglaublich viel „road kill" gibt, also Tiere, die von Autos überfahren wurden. Früher waren sie ein Leckerbissen für die Tasma-nischen Teufel, heute bleiben sie am Straßenrand liegen.

Port Arthur ist nicht nur wegen seiner exzeptionellen Lage auf der Tasman Halbinsel, sondern auch als Strafkolonie sehr berühmt. Verbrecher aus Eng-land wurden direkt hierhergebracht. Von der vorgelagerten schroffen Insel konnte keiner entkommen. Auch englische Kinder, die meist nur eine Klei-nigkeit zu essen oder Spielzeug gestohlen hatten, saßen hier ein. Im Jahr 1877 schloss das Gefängnis. Es ist ein sehr trauriges Kapitel in der Geschichte Australiens. Der schlimmste Amoklauf Australiens fand ebenfalls hier statt. 1996 wurden fünfunddreißig Menschen getötet, darunter auch einige Kinder.

Am Mittwoch bekomme ich eine Nachricht von der Niederlassung in Austra-lien, dass meine Schaltung repariert und mein Hinterrad auf dem Rückweg ist. Nach meinen Berechnungen sollte es dann am Freitag wieder in Hobart sein. Das heißt für mich, es ist an der Zeit wieder umzukehren. Leider haben sie es nicht per Express, sondern per Einschreiben zurückgeschickt. Auf der Post sagt man mir, es könne eine Woche dauern, bis es endlich da ist. Ich sitze wie auf Kohlen. Am 12. Dezember geht meine Fähre zurück nach Melbourne. Im schlimmsten Fall, bleibt mir überhaupt keine Zeit mehr für die Ostküste. Oh, wie ich mich ärgere. Dorothy fährt mit ihrer Familie am nächsten Tag in den Urlaub. Für sie ist klar, dass ich trotzdem hier bleiben kann, bis mein Hinterrad zurück ist. Ihr Bruder Robert ist auch noch da. Was hätte ich nur ohne sie gemacht! Am Wochenende brauche ich auf nichts zu warten, denn es kommt keine Post. Ich gehe wieder auf den Salamanca Markt, diesmal bei sehr schönem Wetter und noch mehr Touristen. Abends besuche ich ein Konzert des Tasmanischen Sinfonieorchesters. Wenn ich schon hier bleiben muss, dann möchte ich auch alles mitnehmen, auf was ich sonst verzichten muss.

Am Sonntag fahre ich den Mt. Wellington, den Hausberg von Hobart, hoch. Das lohnt sich, denn die Aussicht über die Bucht ist gigantisch. Selbst die Tasman Bridge sieht aus dieser Perspektive ganz harmlos aus. Am Montag bleibe ich den ganzen Tag Zuhause, in der Hoffnung, dass mein Hinterrad kommt. Am späten Nachmittag ist es dann klar, das Warten war vergeblich! Schließlich bekomme ich wenigstens die Registriernummer meines Pakets. Ein Anruf beim Postamt am nächsten Tag bringt die freudige Nachricht, dass es noch heute ausgeliefert wird. Also warte ich wieder, aber diesmal mit der Sicherheit, dass es ein Happy End geben wird. Sofort wird alles gepackt und gerichtet. Fünf Minuten vor 2 Uhr klingelt es – das Rad ist da. Mein Freudenschrei hallt sicher über ganz Australien hinweg. Fünf Minuten später ist das Hinterrad eingesetzt. Testen will ich lieber nichts mehr, ich habe ohnehin keine Wahl. Es muss einfach gehen.
Robert fährt mich ein Stück näher an die Ostküste, und zwar den Teil, den ich sowieso schon gefahren bin. Nur so besteht noch die Chance, auch ein wenig von der Ostküste zu sehen. Die erste Nacht verbringe ich gleich im Freycenet-Nationalpark.

Ich bin so glücklich, wieder auf meinem Fahrrad unterwegs sein zu können. Die Schaltung funktioniert wieder wie neu. Viel Zeit bleibt mir hier leider nicht, gleich frühmorgens geht es weiter in den Norden zum „Bay of Fire".

Die Frau von der Touristeninformation in St Helens zeigt mir auf einer sehr detaillierten Karte einen Weg, der mich auf direktem Wege vom „Bay of Fire" zum Ben Lomond-Nationalpark bringt. Die Höhenlinien sind so dicht eingezeichnet, dass mir davon schwindelig wird. Sie beruhigt mich aber und meint, der Weg gehe zwischen den Höhenlinien entlang. Das werde ich ja dann sehen. Obwohl ich bezweifle, dass ich Straßenschilder auf Waldwegen finden werde, schreibt sie mir alle Namen heraus. Irgendwie werde ich schon meinen Weg finden. Am Abend suche ich mir einen Schlafplatz am „Bay of Fire", mit den charakteristischen roten Felsen und dem extrem türkisfarbenen Wasser.

Am nächsten Tag bin ich erstaunt, dass ich tatsächlich für die ersten Wege Straßenschilder sehe. Selbst die kritische Kreuzung mitten im Wald ist nicht zu übersehen. Hier ist es aber sehr ruhig. Auf den ersten fünfzig Kilometern sehe ich gerade einmal zwei Autos. Da meine Gangschaltung wieder bestens funktioniert, muss ich nur schieben, wenn es auf dem Schotter gar zu rutschig wird. Ich kann die Vorteile dieser Schaltung wieder richtig genießen: Sie läuft zuverlässig, die Kette springt nicht, ich kann mehrere Gänge auf einmal schnell und auch im Stehen noch durchschalten. Das Wetter ist nicht mehr so gut, es windet stark und regnet leicht. Es ist sehr spät, als ich an der Abzweigung zum Ben Lomond ankomme. Zeit für meine eiserne Reserve: meinem letzten Schokoriegel. Ein Auto hält an und fragt, wo ich denn übernachten wolle. „Oben auf dem Zeltplatz", erwidere ich. Er lacht und wünscht mir viel Spaß. „Es ist noch sehr weit und steil den Berg hoch", fügt er hinzu. Soweit ist das für mich nichts Neues. Dass es da oben aber auch Frost geben soll, erfreut mich absolut nicht. Nach ein paar weiteren Kilometern schlage ich mich einfach in die Büsche. Der Regen hört dankenswerter Weise kurz auf, sodass ich mein Zelt aufstellen und mir eine Suppe kochen kann. Ist das schön ruhig hier! Da der Weg nur zum Nationalpark geht, kommen heute gerade noch zwei Autos vorbei.

Mein Gepäck verstaue ich am nächsten Tag schnell im Gebüsch. Auf der Straße mache ich ein Zeichen, damit ich es später auch wieder finde. Dann geht es los zum Bergesgipfel. Ohne die Last des Gepäcks, ist es doch gleich viel einfacher. Es wird immer kälter. Ich bin sehr froh, auf halber Höhe gezeltet zu haben. In den Gipfeln hängen die Wolken. Es ist so schön, dass ich immer weiterfahre. Als ich vor der „Jaccob's Lader" stehe und oben die Aussichtsplattform in der Sonne blitzen sehe, gibt es kein Zurück, da muss ich einfach hoch. In engen Haarnadelkurven geht es das letzte Stück nach oben. Hier stehe ich im Schnee und bin abermals froh, am Fuße des Berges gezeltet zu haben.

Das ist mit das Beste von allem, was ich auf Tasmanien gesehen habe. Gut, dass es noch geklappt hat, trotz des langen Aufenthaltes in Hobart. Dann heißt es aber, schnell auf direktem Weg nach Devonport zurückzufahren, wo meine Fähre am nächsten Tag abgeht.

Trotz des Gegenwindes bin ich am Nachmittag dort, am Abend geht die Fähre, so ist also noch genug Zeit, Proviant für die Fahrt zu kaufen und ins Internet zu schauen. Insgesamt bin ich bisher 47.489 gefahren, davon 1.948 in den vier Wochen auf Tasmanien.

Von Melbourne in die Snowy Mountains

In Melbourne kenne ich mich inzwischen so gut aus, dass ich gleich auf dem Fahrradweg am Yarra entlang zu meinen Freunden fahren kann. Dieses Mal bleibe ich nicht lange. Um 6 Uhr morgens komme ich an. Genug Zeit, um Wäsche zu waschen. Da die Geschäfte am Sonntagvormittag geöffnet haben, kann ich auch einkaufen gehen. Am Abend bei einem Barbecue mit Sue und Zoran kann ich auch meine Kaloriendepots wieder auffüllen.

Sue und Paul begleiten mich aus Melbourne heraus. Irgendwann, irgendwo werden wir wieder gemeinsam Radfahren. Ich fahre weiter zur Fähre nach Phillip Island. Die nächste geht zum Glück erst 17 Uhr, denn ich werde wieder vom Gegenwind ausgebremst.

Die Insel ist durch die Rennstrecke, die Mini-Pinguine und den Naturpark bekannt. Diesmal frage ich den Manager eines Campingplatzes, wo ich hier wild zelten kann. Da hätte ich schlechte Karten, meint der nette Herr, es ist Hochsaison und die Ranger sind dann sehr streng. Grinsend fügt er hinzu: „Aber Sie haben Glück, es ist Montag, da haben die Ranger Ruhetag." Er nennt mir tatsächlich noch ein paar Plätze, an denen ich unentdeckt zelten kann. Auf einer Klippe, wo nur ein Wanderweg entlang geht, werde ich fündig. Es ist einer der schönsten Plätze, an denen ich jemals gezeltet habe.

Sehr ruhig ist es natürlich nicht, die Brandung kennt keine Nachtruhe, aber irgendwann wirkt sie doch einschläfernd.

Am nächsten Morgen packe ich schnell zusammen, bevor mich doch noch ein Ranger entdeckt oder die ersten Wanderer über mein Zelt stolpern. Außer den Löchern im Boden von den Heringen bleiben keine Spuren zurück.
Auf der anderen Seite der Insel fahre ich über die Brücke wieder runter von der Insel, aber der Abstecher hat sich gelohnt. Es ist die schönste Strecke, um von Melbourne Richtung Osten zu kommen. Auf dem Festland gibt es wieder ein Railtrail. Er geht direkt am Meer entlang, ist sehr ruhig und weit entfernt von jeglichen Straßen. In einem kleinen Ort namens Walkersville finde ich einen noch kleineren Campingplatz. Er ist sehr idyllisch gelegen: halb im Busch, halb am Strand. Der Besitzer ist früher auch viel Fahrrad gefahren ist und gibt mir einen kräftigen Rabatt. Wie geht es mir wieder gut!

Von Walkersville ist es nicht mehr weit zum Wilsons-Promotory-National-park. Er ist einfach grandios mit den hohen Felsen, schönen Buchten, dichten Wäldern und weißen Stränden. Sofort geht es zu einem der schönsten Strände, die ich bisher in Australien gesehen habe, zum Squeazy Beach. Der Wanderweg geht durch Eukalyptuswälder den Berg hinauf mit Ausblick auf die Mündung des Tidal Rivers.
Dann der Strand: Der blütenweiße Sand, das türkisfarbene Wasser, die roten Felsen ergeben ein prachtvolles Farbenspiel. Das Wasser ist zu kalt, um zu schwimmen, aber prima für eine Abkühlen nach der Fahrt bei vierzig Grad. Nicht nur unzählige Möwen gibt es hier, auch viele Papageien. Da sie von Touristen gefüttert werden, meinen sie inzwischen, sie können sich auch selbst holen, was sie wollen. Kein Essen ist vor ihnen sicher.

Auf meiner Wanderung am nächsten Morgen zu einer anderen Bucht sehe ich zwei Schlangen. Durch mein Getrampel aufgeschreckt, verschwinden sie sofort in den Büschen. Am Nachmittag verlasse ich den Park wieder und komme patschnass auf dem nächsten Rastplatz an. Es sind schon ein paar Jugendliche mit Autos hier. Obwohl ich wesentlich älter bin, ist es mit ihnen sehr nett. Einer fragt mich nach meinem Alter, woraufhin er ganz erstaunt ausruft: „Das ist ja das Alter meiner Mutter!". Darüber kann ich dann nur lachen.

Es geht weg vom Meer über die Strzelecki Ranges zum Tarra-Bulga-National-
park. Die „Grand Ridge Road" ist ein unbefestigter Waldweg. Es ist erstaunlich, wie viele abgelegene Gegenden man hier, selbst im dicht bevölkerten
Südosten Australiens findet, sobald man sich etwas vom Meer entfernt. Die
Eukalyptusbäume schälen sich wie Bananen. Die Schalen darunter haben
immer eine andere Farbe. Aber nicht nur das Farbenspiel ist fantastisch,
nach dem Regen riecht es auch extrem. Bei den Eukalyptusdämpfen kann
sich keine Erkältung einschleichen. Eine Horde Fahrradfahrer kommt mir
entgegen. Sie laden mich zu ihrer Weihnachtsfeier auf dem Campingplatz
ein. Eine Woche vor Weihnachten bekomme ich hier nun ein sehr delikates
Weihnachtsessen. Bei dieser Gelegenheit kann ich endlich den australischen
Christmas Pudding versuchen. Es ist eine große Kunst, ihn originalgetreu
herzustellen. Ich weiß nicht, ob sich der ganze Aufwand lohnt. Komme was
wolle, ich hatte auf jeden Fall eine sehr nette Vorweihnachtsfeier.

Bei Nieselregen und Sonnenschein fahre ich am nächsten Morgen zu den
Kalksteinfelsen und Kalksteinhöhlen von Buchan. Der kleine Zeltplatz bei
den Höhlen ist voller Kängurus. Hier beginnt eine meiner liebsten Strecken
in Australien: einhundertachtzig Kilometer von circa fünfundsiebzig Höhenmeter auf eintausend Höhenmeter in Jindabyne. Fast alles ist auf unbefestigter Straße, der sogenannten „Barry Road". Zuerst geht es durch den Alpine-,
dann durch den Kosciuszko-Nationalpark.
Auf der Karte sieht es wieder einmal so aus, als würden noch kleinere Ortschaften auftauchen, aber es sind nur vereinzelte Häuser. Eine Frau sieht mich den
Berg hochfahren und lädt mich auf ein Glas Wasser ein. Sie wohnt in einem
Ort, der „W Tree" heißt, sofern man bei vier Häusern, die auf zwei Kilometer
verteilt stehen, von einem Ort sprechen kann. Ihr Haus steht dreihundert
Meter von der Straße entfernt. Die Kinder gehen in Buchan, zweiundzwanzig
Kilometer entfernt, zur Schule. Später müssen sie nach Bairnsdale in hundert
Kilometer Entfernung. Das ist der längste Schulweg in Victoria. Um gegen 9
Uhr in der Schule zu sein, müssen sie 6:45 Uhr aufbrechen. Dafür wohnen sie
mitten in der Natur, umgeben von Kängurus und Emus.
Es folgt noch ein Roadhaus mit dem aussagekräftigen Namen: „Seldom Seen".
Der Besitzer ist selten zu sehen, aber sein Haus kann man nicht übersehen:
Auf dem Baum vor dem Haus hängen verschiedene Fahrräder. Hoffentlich
sind das keine Überbleibsel von Fahrradfahrern, die hier auf der Strecke

bleiben. In einem Haus gegenüber ist mehr Leben, hier wohnt der Bruder des Roadhaus-Besitzers. Er füllt mir meinen Wassersack und meine Wasserflaschen. Viel Kundschaft gibt es für seinen Abschleppdienst samt Ersatzteillager bei dem geringen Verkehr nicht. Dafür hat er mehr Zeit sich für den Umweltschutz und den Klimawandel einzusetzen, der hier genauso negiert wird wie andernorts. Noch vierzehn Kilometer bergauf und um die Kurve und plötzlich habe ich einen grandiosen Ausblick in das Tal des Snow River.

Im Januar 2003 fegte hier ein großes Buschfeuer durch. Wenn man nicht genau hinschaut, sieht man heute kaum noch etwas von diesem Desaster. Nur Gedenktafeln machen darauf aufmerksam. Der Weg führt sehr kurvig und etwas holprig, immer am Berg entlang hinunter zum kleinen Rastplatz Suggan Buggan. Ich bin ganz allein, kein Mensch ist weit und breit zu sehen. Schnell entledige ich mich meiner Kleider und liege im Bach. Ist das herrlich! Wieder aus dem Wasser, bemerke ich, dass mein Wasserbeutel fehlt. Es kann nicht weit von hier heruntergefallen sein. Leichtsinnig laufe ich ohne Wasser los, denn das sollte man hier eigentlich unter keinen Umständen machen. Nach zweieinhalb Kilometern finde ich meinen Sack, aber platt wie eine Flunder. Er ist aufgeplatzt, und alles Wasser ist dahin. In anderen Regionen wäre das eine mittlere Katastrophe. Hier ist das Wasser in den Flüssen und Bächen aber so gut, dass man es ohne Bedenken trinken kann.
Was mir an der Strecke besonders gefällt, ist nicht nur ihre Abgeschiedenheit mit vielleicht drei bis vier Autos pro Tag, sondern auch die Vielzahl an kleinen Zeltplätzen direkt an den Bächen, nur mit einem Klohäuschen ausgestattet. Was braucht man mehr, wenn man sich zum Waschen auch in den Fluss legen kann?

New South Wales: Von den Schneebergen an die Goldküste

Zwischen Suggan Buggan und Jacob's River ist die Grenze zwischen Victoria und New South Wales. Es gibt einen Gedenkstein und der Nationalpark-Kosciuszko fängt hier an. Mount Kosciuszko ist der höchste Berg auf dem Festland Australiens. Mit seinen 2.228 Höhenmetern nicht gerade berauschend. Um die Strecke richtig auszukosten, mache ich schon am frühen Nachmittag bei „Jacob's River" halt, bade ein wenig und wasche meine Wäsche. Nur die Kängurus schauen mir zu. Kurz kommen zwei Ranger vorbei und fragen, ob alles in Ordnung sei.

Am nächsten Morgen geht es auf über 1.300 Höhenmeter bis zu einer traumhaften Aussicht. Dann folgt die Abfahrt bis Jindabyne. Bei dieser Hitze kommen einfach keine weihnachtlichen Gefühle auf. Da hilft auch nicht die Weihnachtsmusik in der Shopping-Mall, in die ich mich zunächst flüchte, um Getränke zu erstehen. Da Weihnachten ist, gönne ich mir einen Campingplatz direkt am See. Sofort geht es zur Abkühlung in das kalte Wasser.

Der Heilige Abend ist für Australier nichts Besonderes. Sie feiern am ersten Weihnachtsfeiertag. Nach der Hitze gestern, stürmt es heute und sieht so aus, als ob es jeden Moment regnen würde. Ein guter Grund, hier einfach rumzusitzen, zu schreiben und die Aussicht zu genießen. Meine Zeltnachbarn, Farmer aus der Mitte von New South Wales, laden mich zum Abendessen in einen Pub ein. Von ihren drei Söhnen lebt keiner mehr bei ihnen: Einer ist in London, der andere in Los Angeles und der dritte kam beim Bombenattentat auf Bali ums Leben. Darum ist für sie Weihnachten keine glückliche Zeit. Sie sind froh, dass sie ein wenig Unterhaltung zur Ablenkung haben. Sie zeigen auch außergewöhnlich starkes Interesse an meiner Reise.

Bei vierzig Grad komme ich in Jindabyne an, bei vierzehn Grad geht es weiter. Es ist sehr ungemütlich, es regnet ständig. Es gibt nur wenige Tage, an denen in Australien alles geschlossen ist. Der erste Weihnachtsfeiertag gehört aber dazu. Selbst McDonald's hat geschlossen, aber das WiFi funktioniert trotzdem. Auf dem Parkplatz stehen ein paar Wohnmobile, deren Insassen mit Laptops beschäftigt sind. Ich setze mich unter ein Dach vor die Tür, friere und verschicke ein paar Weihnachts-E-Mails.

Bei diesem schlechten Wetter bleibe ich brav auf dem Highway und bin früher als geplant in der Hauptstadt Australiens, in Canberra. Eric, einer der „Bikers for Bibles" aus dem Nullarbor, hat mich zu sich nach Canberra eingeladen. Canberra ist eine der am sorgfältigsten geplanten Städte der Welt. Erst Anfang des 20. Jahrhundert wurde sie nach den Plänen eines amerikanischen Architekten, Walter Burley Griffen, gegründet. Er muss ein wahrer Naturliebhaber gewesen sein. Er ließ viel Platz für Buschland und Naturparks. Außerdem gibt es ein fantastisches Fahrradwegenetz. Ich habe überhaupt nicht das Gefühl in einer Hauptstadt zu sein, zu der Canberra auch erst 1927 ernannt wurde. Es scheint eher wie eine Agglomeration von fünf Kleinstädten mit viel Land dazwischen. Um die Mittagszeit rufe ich Eric an. Kurz darauf steht er vor mir, und wir fahren zusammen zu ihm.

Nach einem wunderbar leichten Mittagessen zeigen sie mir mit dem Auto die Gegend, unter anderem auch den Mountain Bike Parcours Stromlo. 2003 hat ein Buschfeuer den ganzen Wald niedergebrannt. Danach hat man auf dem Hügel verschiedene Routen für Mountainbiker eingerichtet.

In der Abenddämmerung fahren wir auf einen Hügel oberhalb vom „War Memorial", das genau gegenüber vom Regierungshügel liegt. Von hier aus sieht man genau, wie die Stadt angelegt ist. Vom „Capital Hill" führen zwei Straßen über den Fluss, die zwei Schenkel eines Dreiecks bilden.

Die dritte Seite des Dreiecks ist die Verbindungslinie vom „City Hill" zum „Russell Hill", deren Mitte genau gegenüber des „Capital Hills" ist. Um dieses Dreiecks sind die sieben Stadtbezirke angeordnet. Alles sieht sehr konstruiert und geplant aus und überhaupt nicht natürlich gewachsen. Bei strahlend blauem Himmel mache ich mich alleine mit dem Fahrrad auf, die Stadt zu erkunden. Was Fahrradwege anbelangt, schlägt Canberra sogar Melbourne. Vielleicht weil es auch weniger Leute und somit weniger Autos gibt. Das Nationalmuseum ist schon von weitem sichtbar. Zuerst denke ich nur, ein interessantes Gebäude und sicher gibt es auch saubere Toiletten. Dann bin ich aber doch länger als geplant im Museum hängen geblieben. Ich liebe diese interaktiven Teile: Man drückt auf einen Knopf, dann passiert etwas und die Geschichte oder Tierwelt Australiens wird mir näher gebracht. Viele Filme über die Ursprünge Australiens sind ebenfalls zu sehen.

Richtung Norden verlasse ich Canberra wieder. Es geht am St George Lake vorbei, einem der vielen ausgetrockneten Seen in Australien. Es regnet einfach zu wenig. Langsam nähere ich mich den Blue Mountains. Die Dimensionen der Berge werden mir ab dem Abercombie Fluss bewusst. Schon bei der Fahrt hinunter zum Fluss sehe ich, wie es auf der anderen Seite steil nach oben geht. Ein Lastwagenfahrer hält an und will mich mitnehmen, ich lehne aber dankend ab.

Insgesamt sind es nur zweieinhalb Kilometer, die ich schließlich stolz und glücklich schaffe. Im Bereich zwischen tausend und tausendzweihundert Höhenmetern geht es auf und ab, mit wunderbaren Aussichtspunkten über die spektakulär zerklüftete Landschaft.

Auf der Hochebene in Bilpin ändert sich das Landschaftsbild plötzlich. Es gibt nicht mehr so viel Wald, dafür jede Menge Obstplantagen.

Ein paar Verkaufsstände haben noch offen – eine angenehme Überraschung. Ich bekomme noch etwas Frisches für mein Silvesteressen, genieße den Abend ganz für mich allein am Lagerfeuer mit einer guten Flasche Wein und lasse in Gedanken das ereignisreiche Jahr Revue passieren.

Das Neue Jahr fängt mit einer wunderbaren Talfahrt nach Richmond und in Richtung Meer an. Ein bisschen Regen verstärkt den Duft der lila blühenden Jacaranda-Bäume. Von achthundert Höhenmetern geht es in die tropische

Silvesterfeuer in den „Blue Mountains", New South Wales

Klimazone hinunter. Bevor ich in die Randzonen Sydneys komme, biege ich nach Norden ab. Da ich von dort erst in sechs Wochen nach Südamerika fliege, hebe ich mir die Metropole für später auf. Entlang des Hawkesbury Rivers ist kaum Verkehr, dafür ist auf dem Fluss die Hölle los. Überall sind Wasserskifahrer. Laut singend betrachte ich das Treiben aus der Ferne. Es ist ein wunderschöner Fahrradtag, ich genieße die Fahrt zwischen Felsen und Fluss. Auf einer Schotterpiste geht es weiter nach Norden. Auch das Glück ist wieder mit mir, denn der starke Regen setzt erst ein, als ich wieder zurück in der Zivilisation bin. In dem Pub oder der Weinstube, wo ich Unterschlupf finde, bekomme ich gleich einen Tee angeboten.

Mein nächstes Ziel ist der Thunderbolt Way, eine Straße die von Gloucester über die Dividing Ranges nach Armidale (circa zweihundertsiebzig Kilometer) führt. Der Weg ist nach einen Busch-Ranger benannt, einem berühmt, berüchtigten Pferdedieb, der diesen Weg als Fluchtweg genommen hat und in Uralla erschossen wurde. Schon merkwürdig, welche Persönlichkeiten hier zur Ehre kommen, dass eine Route nach ihnen benannt wird. Auf dem Pferd hatte er es sicherlich nicht einfacher als ich auf dem Fahrrad. Es geht zuerst ständig auf und ab und dann nur noch hoch. Mein Tretlager ächzt und stöhnt mehr als ich. Nach Uralla an einem netten Flüsschen kann man noch heute Gold schürfen. Viel findet man aber nicht mehr. Dafür sind schon ein paar andere Camper da, sodass ich leider nicht gleich nackt in den Fluss springen kann. Ich schreibe Graeme, der nicht weit entfernt wohnt, eine SMS. Sofort bekomme ich als Antwort eine Einladung. Noch möchte ich mich nicht entscheiden, ob ich nach Tamworth möchte, denn es liegt nicht auf meiner Route. Ich muss erst einmal darüber schlafen.

Und ich fahre doch nach Tamworth. Graeme arbeitet wieder und er meint, er sei erst um 18 Uhr wieder zurück. Ich komme allerdings vor 18 Uhr an, aber er ist schon zu Hause und eine Freundin namens Silke – wie der Name vermuten lässt, eine Deutsche – ist auch da. Sie wohnt aber schon zwanzig Jahre in Australien. Wir unterhalten uns gleich sehr gut. Graeme sitzt eher ruhig daneben. Zuerst wollte ich nur eine Nacht bleiben, da die Fahrt aber so anstrengend war, bleibe ich doch zwei Nächte. Es ist wunderschön und sehr ruhig. Die Stadt selbst hat nicht so viel zu bieten. Aber in ein paar Tagen beginnt das Country-Musik-Festival, das größte in ganz Australien und das Pendant zu Nashville in den USA. Graeme meint, ich solle doch bleiben, aber das Festival interessiert mich nicht besonders, auch all die Leute sind nicht das, was ich jetzt brauche.

Frühmorgens, noch bevor Graeme zur Arbeit geht, breche ich wieder Richtung Norden auf. Den wunderschönen Platz zum Übernachten an dem Flüsschen bei Uralla lasse ich mir nicht entgehen, bevor ich nach Armidale weiter ziehe. Armidale ist eine „alte" Universitätsstadt. In Australien ist alles „alt" was im 19. Jahrhundert gegründet wurde. Es ist reich an viktorianischen Gebäuden, was der Stadt ein besonderes Flair gibt. Auf dem „Waterfall Way" geht es nun Richtung Küste. Von der Straße zweigen Abstecher zu Aussichtspunkten auf die Wasserfälle ab. Der erste bietet einen Blick auf die „Wollomombi Falls", die zu den höchsten Australiens zählen. Je nach Wasserstand stürzt sich das Wasser hier hundertfünfzig bis zweihundert Meter in die Tiefe. Da es momentan wenig regnet, passiert aber heute nicht viel.
In der Abendsonne erreiche ich dann die Ebor Falls. Auf der einen Seite rauschen die Wasserfälle, auf der anderen habe ich einen wunderbaren Blick ins Tal. Auf 1.368 Höhenmeter wird es ganz schön kalt, sobald die Sonne verschwindet.

Meine Vorfreude auf eine lange Abfahrt ist leider verfrüht. Es geht immer bergauf, bergab, und immer ein bisschen mehr bergab als bergauf, sodass ich kaum merke, wie ich insgesamt an Höhe verliere. Nur zwei schöne und längere Abfahrten sind dabei. Grafton liegt circa fünfzig Kilometer von der Küste entfernt. Hier wird es höchste Zeit für mich, wieder nach Norden abzubiegen. Ich möchte auf jeden Fall die verkehrsreiche Küste und den Pacific Highway meiden. Die Fahrt im Inland über Casino und Kyogle ist wunderbar. Es ist fantastisches Wetter und relativ eben, die Kilometer fliegen einfach so dahin. Auch der Verkehr ist sehr erträglich. Das heißt allerdings nicht, dass es ruhig ist. Bis Casino geht es hauptsächlich durch Wälder, die voll von Zikaden sind. Was diese kleinen Tierchen für einen unglaublichen Lärm machen können! Wie eine La-Ola-Welle wird es immer lauter, fast unerträglich laut, dann wieder leiser, lauter … So treiben sie mich durch den Wald.
In diesem Ambiente erreiche ich meine 50.000-Kilometer-Marke. In Anbetracht dessen, dass der Äquator gerade einmal 40.000 Kilometer lang ist und sehr viel Wasser dazwischen, müsste ich jetzt schon längst die Erde umrundet haben. Irgendwo muss ich mich wohl verfahren haben.

Wieder einmal meinen die Damen vom Tourist Office, die Straße von Kyogle nach Coolangatta über die Berge ans Meer sei zu steil, und ich könne sie nicht fahren. Sie trauen mir einfach nichts zu. In der Tat liegt der Mount Warning in der Mitte auf über tausend Höhenmeter. Ich rechne schon damit, dass ich den Vulkanberg wahrlich „erklimmen" muss. Dem ist dann aber gar nicht so, denn die Straße bleibt weit unterhalb des Berggipfels, und ich kann die Spitze von unten bewundern.

Ganz in der Nähe, in Nimbin fand 1973 das erste Hippie-Festival statt: das australische Woodstock. Noch heute ist diese Gegend von der Hippie-Bewegung geprägt. Es finden immer noch nicht nur Festivals statt, sondern es ist auch eine Art autonome Zone, was den Konsum von Cannabis anbelangt. Diese Gegend ist für gesunde Ernährung sehr geeignet, hier wächst praktisch alles und kann somit gleich frisch auf den Tisch. Nicht nur die Obststände entlang der Straße machen die Fahrt sehr angenehm, später liegen die Mangos auch einfach so auf der Straße und sind dazu noch erstaunlich lecker und saftig.

Von weit oben genieße ich den ersten Blick auf die Küste und Coolangatta. So viele Hochhäuser bin ich nicht mehr gewohnt. Die Einwohnerzahl von Coolangatta und Tweed Head ist in den letzten Jahren extrem gestiegen. Auf dem schmalen Streifen zwischen Bergen und Strand haben die Zugezogenen nur in den Hochhäusern Platz. Dazu kommen noch all die Hotels. Jetzt, während der Schulferien, ist die ganze Küste sowieso überfüllt. Zwischen Coolangatta und Tweed Head liegt die Grenze von New South Wales und Queensland.

Australia Queensland - Goldcoast

Diese Gegend ist das wahre Urlaubsparadies, sie heißt nicht umsonst die „Goldküste". Ich bin sehr froh, dass ich in dem netten Haus meiner Freunde Linda und Arie und abseits vom ganzen Tumult Zuflucht finde. Linda kenne ich schon seit Jahren, wir sind auch schon zusammen durch den Schwarzwald geradelt. Der Strand mit dem weißen Sand ist sehr verlockend. Auch die Klarheit des Wassers erstaunt mich jedes Mal. Bei dieser Bevölkerungsdichte mit all den Hochhäusern und Straßen in der Nähe würde man eine größere Verschmutzung erwarten. Hier nicht! Je nach Strömung, kann ich noch sehr lange bis auf den Grund sehen.

Für ein paar Tage besuche ich eine ehemalige Kollegin mit ihrem kleinen Sohn in Brisbane. Die Hauptstadt von Queensland ist nur einhundertzwanzig Kilometer nördlich und gut an einem Tag mit dem Fahrrad zu erreichen. Linda und Arie begleiten mich. Sie kennen all die Schleichwege in der Gegend.
An Brisbane gefällt mir vor allem der wunderschöne Strand mitten in der Stadt, die South Bank.

Nein, kein Fahrradladen, auch keine gebrochenen Speichen!

Auch hier wurde in den letzten Jahren das Radwegenetz weiter ausgebaut, das nun immer mehr Leute auf die Fahrräder lockt.

Nach ein paar netten Tagen mit interessanten Gesprächen bei exzellentem Essen zieht es mich wieder in das ruhigere Queensland zurück.
Auf dem Rückweg schaue ich mir Surfers Paradise genauer an. Früher hieß der Ort völlig unspektakulär „Elston". Zwischen Flüssen am Meer liegend, war er schwer zugänglich. Nachdem eine Brücke gebaut wurde, konnte jeder bequem dorthin kommen. Ein Hotel nach dem anderen wurde gebaut, unter anderem das „Surfers Paradise". Dann dauerte es nicht mehr lang und der ganze Ort hieß so. Sofort entstanden die ersten Hochhäuser. Heute leben zwanzigtausend Menschen dort, dazu kommen noch die unzähligen Touristen. Der Name macht es wieder einmal. Ich genieße lieber die ruhigeren Strände und das Meer von Coolangatta, wenn nur die fiesen Tierchen nicht wären. Kaum ist Linda im Wasser, kommt sie auch schon wieder herausgesprungen. Sie hatte eine unangenehme Begegnung mit der „Bluebottle-Qualle". Die Qualle hat einen länglichen, blauen und kleinen Körper. Man sieht die Tiere kaum, dafür sind die Tentakel umso länger. Das Gift ist nicht sehr gefährlich, tut aber höllisch weh. Bei starkem Wind und Strömung vom Norden werden viele Quallen an die Küste gespült. Uns vergeht die Lust auf Meer und wir gehen wieder zurück.

Am 26. Januar ist „Australian Day". Seit Tagen kann man nicht nur die australische Fahne überall kaufen, sondern auch sämtliche Kleidungsstücke, Handtücher und so weiter sind mit der Southern Cross, der australischen Flagge, versehen.
Frühmorgens gehen wir in einen Park zum offiziellen „Australien Day Breakfast" – ein Frühstück mit Gesang. Liederbücher mit australischen Liedern darüber, wie schön Australien ist und wie stolz sie sind, Australier zu sein, werden verteilt und jeder singt kräftig mit. Für mich ist dieser Patriotismus schon sehr speziell.

Australia New South Wales - Die Ostküste Australiens

Am 2. Februar mache ich mich auf den Weg nach Sydney. Am 27. Januar hat die Schule wieder angefangen, so ist an der Küste jetzt weit weniger los. Trotz leichtem Regen ist es wunderbar, wieder auf dem Fahrrad zu sitzen. Obwohl ich mich auch in Coolangatta viel bewegt habe, merke ich die lange Zeit der „Sesshaftigkeit". Meine Kondition hat sehr darunter gelitten.

Streckenweise gibt es wunderschöne Radwege entlang der Küste, leider nur streckenweise. Zwischen Ballina und Grafton bleibt mir der Highway nicht erspart. Nach Grafton geht es zurück ans Meer, nach Coffs Harbour. In der Stadt werde ich von einem Mann angesprochen. "Where do you come from? "From Germany", erwidere ich.

„Ah, dann können wir auch Deutsch reden."

So etwas passiert hier sehr häufig. Es ist erstaunlich, wie viele Deutsche nach Australien ausgewandert sind.

Da ich noch sehr viel Zeit habe, bis ich bei Nathalie in Sydney sein will, fahre ich jede Schlaufe um den Highway herum aus. Das verlängert die Strecke ungemein, verschönert sie aber auch entsprechend. Port Macquarie soll sehr schön sein, aber bei Regen hält mich dort nichts. An jedem Park und Rastplatz sind riesengroße Schilder angebracht: „Campen verboten". Das kann ich nicht einfach ignorieren. Ich würde ja auch auf einen Campingplatz gehen, wenn es einen gäbe. Dem ist aber nicht so. Schließlich treffe ich einen älteren Herrn auf der Straße. Er ist selbst nur zu Besuch, fragt seine Freundin und meint dann, ich könne hinter dem Haus im Park zelten. Dann heißt es, ich solle doch mein Zelt im Garten aufstellen. Das ist schon viel besser, da es auch einen Überdachung gibt. Ich bin gerade dabei, mein Zelt auszupacken, da geht die Tür auf und sie bieten mir ein Zimmer im Haus an. Da könnte ich im Trockenen schlafen. Zuerst lehne ich anstandshalber ab, dann nehme ich es aber doch dankbar an. Mir wird nicht nur ein trockenes Bett geboten, sondern auch ein Trockner für meine Kleidung und ein prima Abendessen. Zum Dank dafür zeige ich Helen und Rex Fotos von meiner Reise. Sie sind sehr interessiert, können aber in ihrem Alter nicht mehr so viel unternehmen.

Nach einem wunderbaren australischen Frühstück mit „Bacon and Eggs" geht es am nächsten Tag weiter, zuerst durch dichten Regenwald, dann an

wunderschönen Stränden vorbei. Der Duft im nassen Regenwald ist unbe-
schreiblich. Die Feuchtigkeit intensiviert den Geruch der verschiedenen
Pflanzen, des Holzes und der Erde immens. In Forster würde ich gerne
wegen des schlechten Wetters einen Campingplatz aufsuchen, aber es ist
Sonntag und schon nach 5 Uhr. Die Rezeption des Campingplatzes ist bereits
geschlossen. Nicht einmal unter dem „After hour"-Telefon ist jemand zu
erreichen. Gerade als der nächste Regenschauer niedergeht, steh ich vor dem
„Christian Life Center". Es sind nette kleine Gebäude mit breiten Veranden
und einer großen Rasenfläche in der Mitte. Auch ein schöner Platz, um zu
campen. Von den Nachbarn erfahre ich, dass keiner der Zuständigen in der
Nähe wohnt. Also rufe ich bei jener Nummer an, die auf einer Tafel steht.
Sofort bin ich mit dem Pfarrer verbunden, und der hat nichts dagegen, dass
ich dort mein Zelt aufschlage. Er kommt nachher sowieso noch vorbei, sie
haben um 19 Uhr noch einen Gottesdienst. Als die ganze Gemeinde versammelt ist, beschließen sie, da der Rasen zu nass ist und ich, wenn es weiter
regnet, total im Sumpf stehen würde, mir einen Raum aufzuschließen. So
kann ich auch diese Nacht im Trockenen verbringen und muss am nächsten
Tag kein nasses Zelt einpacken.

Der Regen lässt nach und mich erwartet wieder ein wunderschöner Fahrradtag, der alles beinhaltet, was man sich so wünscht – oder auch nicht,
denn nach zehn Kilometern habe ich, verursacht durch eine große Scherbe,
erneut einen Platten. Sofort finde ich das Loch und flicke es. Der Platz des
Geschehens ist ein Picknickplatz im Booti-Booti-Nationalpark. Tische und
Bänke stehen mir zur Verfügung, auch Toiletten mit Wasser und Seife. Da
nicht nur meine Hände dreckig sind, sondern auch mein T-Shirt, wasche ich
gleich alles zusammen. Bei den Temperaturen trocknet alles in Windeseile,
im wahrsten Sinne des Wortes.
Es dauert ein Weilchen, bis ich den Insidertipp, die unbefestigte Straße nach
Hawks Nest, finde. Die alte Minenstraße ist zur Regeneration von Flora und
Fauna gesperrt. Mit dem Fahrrad kann ich aber durchfahren. Zuerst ist es ein
schöner Waldweg. An all den verschiedenen Tieren und Pflanzen erkenne
ich, dass die Regeneration schon erfolgreich ist.
Der Weg wird immer schmaler, schließlich ist es nur noch ein Single Trail mit
großen Steinen und Schlaglöchern. Wenn ich nicht genau wissen würde, dass
andere Radler hier durchgekommen sind, würde ich meine starken Zweifel

haben, dass dieser Weg mich irgendwo hinführt. Nach vierundzwanzig Kilometern komme ich tatsächlich wieder auf die Straße. Vor Hawks Nest liegt der Myall-Lakes-Nationalpark. Der Campingplatz liegt direkt an einer der größten Sanddünen, die ich je gesehen habe. Im Abendlicht sind die Farben spektakulär und ihre Schatten riesig.

Mit der ersten Fähre geht es am nächsten Tag nach Nelsons Bay, mit der zweiten von Stockton nach Newcastle. Öffentliche Verkehrsmittel mag ich eigentlich nicht so, Fähren haben aber etwas für sich. Ich liebe diese Pausen auf dem Wasser. Newcastle ist relativ groß und macht schon in der Hafen einfahrt einen sehr interessanten Eindruck. Wo früher Kohle gelagert wurde, sind jetzt Coffee-Shops, Bars und Galerien. „Health and Wellbeing" wird hier ganz groß geschrieben. Nach Newcastle nehmen Verkehr und Berge zu. Sue und Paul aus Melbourne fahren gerade mit dem Auto nach Norden. Wir treffen uns auf einem Campingplatz in einem kleinen Ort an der Küste. Sie bringen mir zwei Pakete mit, die verspätet in Melbourne angekommen waren. Es ist wie Weihnachten. Zwei Pakete mit fast ausschließlich Schokolade. Zum Glück haben wir auf dem Campingplatz eine Kabine mit Kühlschrank. Die Schokolade bei vierzig Grad zu transportieren, ist nicht gerade erfolgversprechend. Der größte Teil der Schokolade ist schon geschmolzen und so gibt es als Nachtisch Schokoladenfondue mit leckeren Mangos. Um den Rest der Schokolade im nächsten Kühlschrank in Sicherheit bringen zu können, fahre ich gleich zu Nathalie in einen Vorort von Sydney. Bei diesen Temperaturen habe ich starkes Mitleid mit der Schokolade in meinen Taschen. Nathalie ist auch eine ehemalige Kollegin, die jetzt in der australischen Niederlassung meiner ehemaligen Firma arbeitet. Mein Glück, dass sie nördlich von Sydney wohnt, so bleibt mir der schlimmste Verkehr erspart. Das Haus finde ich gleich, da Nathalies Töchter schon auf dem Balkon auf mich warten. Richtig luxuriös bin ich hier untergebracht und werde an meinen letzten Tagen in Australien noch einmal so richtig verwöhnt.

Die Tage vergehen wie im Flug. Tagsüber bin ich „Nanny" für die zwei jungen Mädchen. Wenn sie in der Schule sind, schreibe ich Blogbeiträge oder plane meine weitere Reise. Wenn Nathalie zurück ist, gehen wir mit den Mädchen ans Meer. Abends arbeiten wir an meiner Präsentation für Freitag und vor Mitternacht kommen wir nie ins Bett.

Am Wochenende steht Sightseeing an: über die Harbour Bridge, zu den Rocks, zum alten Hafengelände, wo ein Markt ist. Im Darlington Harbour ist alles sehr modern. Er wurde zur Olympiade im Jahr 2000 neu angelegt. Nur die Pyrmont Bridge ist mehr als hundert Jahre alt. Es ist die älteste „Swing Bridge" der Welt. Bei dieser Brücke schwingt das Mittelstück bis es parallel zum Fluss ist, wenn ein Schiff passieren muss.

Das größte Abenteuer findet aber am Montag statt, als ich mit dem Fahrrad in die Stadt fahre, um es für Südamerika neu zu rüsten. Sydney ist die einzige australische Stadt, die für Fahrradfahrer ein Albtraum ist. Es sind aber schon Zeichen zu sehen, dass sich dies in nächster Zeit ändern wird. Zum Beispiel gibt es ab und zu Radwege. Nachdem ich das notwendigste im Fahrradladen erledigt habe, hält mich hier nichts mehr. Alles Sehenswerte habe ich sowieso schon gesehen. Nur noch schnell mit dem Fahrrad über die Harbour Bridge – das muss einfach sein, es gibt sogar einen separaten Fahrradweg. Und natürlich darf das Foto vor dem Opera House nicht fehlen.
Am schnellsten komme ich mit der Fähre aus der Stadt. Von Manly ist es direkt ein Vergnügen, zurück nach Killarney Heights zu fahren.

Am Freitag, den 19. Februar, fährt mich Nathalie zum Flughafen. Der Abschied von ihr und Australien fällt nicht leicht. Ich hatte eine fantastische Zeit und wurde richtig verwöhnt. Aber es wird auch wieder Zeit für neue Herausforderungen. Insgesamt bin ich auf diesem Kontinent 21.700 Kilometer gefahren.

Chile - Die neue Herausforderung Südamerika

Das war der längste Tag meines Lebens, er betrug 37 Stunden! Stolze 26 Stunden war ich unterwegs. Mit vier Stunden Verspätung komme ich endlich um Mitternacht in Santiago de Chile an.
51.804 Kilometer bin ich insgesamt seither her durch die verschiedenen Länder und Kulturen gefahren und freue mich wahnsinnig darauf, jetzt all die Länder auf dem neuen Kontinent zu entdecken. Inzwischen kann ich sehr gut auf Flughäfen schlafen: Ohrstöpsel rein und im Schlafsack auf eine Bank

gelegt, mehr brauche ich nicht und schon bin ich weg. Es ist genug Sicherheitspersonal um mich, sodass ich mir keine Sorgen machen muss.

Gegen 7 Uhr wache ich wieder auf, baue mein Fahrrad zusammen und frühstücke. Dann bin ich bereit, mich auf den vierten Kontinent meiner Reise einzulassen. Ohne Probleme finde ich meinen Weg in die Innenstadt. Es gibt einen Fahrradweg in der Mitte des breiten und begrünten Mittelstreifens. Immer nur geradeaus und schon stehe ich vor dem Haus von Fernando, einem Couchsurfer, der mich für die ersten Nächte eingeladen hat. Dank ihm wird mir der Einstieg in das fremde Land und Kultur sehr erleichtert.
Am Sonntag bin ich bei seiner Mutter und seiner Familie zum Mittagessen eingeladen. Wenn alle chilenischen Familien so nett sind, kann ja nichts mehr schief gehen. Während der drei Tage schlafe ich sehr viel, was ich mit dem Jetlag entschuldige.

Es ist Ende Februar, also Herbst auf der Südhalbkugel. Weiter im Süden ist es mir zu kalt, ich fahre lieber nach Norden. Mein Ziel ist die Atlantikküste, egal wohin genau. Da Santiago in einem Kessel liegt, ist in jeder Richtung ein Berg im Weg. Ich möchte aber nur ans Meer. Auch hier gibt es Tunnel. Im längsten ist es verboten, mit dem Fahrrad durchzufahren. Die Straßenwacht kommt herbei, und lädt die Radfahrer auf. Für jemanden mit Tunnelphobie, ist das einfach genial. Dann geht es nur noch steil hinab ans Meer. Die Bevölkerung ist hier so dicht, ich kann vor lauter Häusern die Berge gar nicht mehr sehen.

In Viña del Mar beziehe ich ein Zimmer in einem Hostel. Abends ziehe ich durch die Stadt und sehe Horden von kreischenden Teenagern mit Fotoapparaten vor fast jedem Hotel stehen. Im Fernsehen schaue ich mir „Vino 2010", irgendeine Fernsehshow mit vielen Stars, an. Ich kenne natürlich niemanden.

Gleich neben Viña del Mar liegt Valparaiso, auch ein Weltkulturerbe. Die bunten Häuser auf den Bergen sind in der Tat sehr sehenswert. Um die Zugänge zu erleichtern, stehen einige Standseilbahnen zur Verfügung. Nicht nur Pablo Neruda hat dazu beigetragen, dass die Stadt als Kulturhauptstadt Chiles gilt.

Viña del Mar ist eher ein Badeort. Nach den wunderbaren Stränden in Australien lockt mich hier nichts ins Wasser. Erstens ist es nicht so sauber und zweitens wegen des Humboldtstroms sehr kalt. In Chile habe ich Schwierigkeiten, meine Instantnudeln zu bekommen, dafür gibt es wunderbare Empanandas. Davon kann ich auch leben und brauche nun auch nicht mehr zu kochen. Am Abend erreiche ich meinen ersten chilenischen Campingplatz. Jede der Flächen ist mit einer Hecke abgegrenzt und hat einen Tisch, einen Grill, Wasser, eine Steckdose und eine Glühlampe. Es gibt nur Zelte. Wohnmobile sehe ich hier ganz selten. An den Tagesrhythmus, oder besser Nachtrhythmus, der Chilenen muss ich mich erst noch gewöhnen. Am Abend, wenn ich mein Süppchen koche und esse, ist alles ruhig. Es ist auch kaum jemand zu sehen. Erst wenn es für mich Schlafenszeit ist, tauchen sie auf, fangen an zu kochen, lachen, reden und erwachen zum Leben.

Am nächsten Tag frage ich in einem Restaurant nach einem Campingplatz. Die Frau ist überhaupt nicht freundlich, lächelt nicht und schaut mich nur finster an. Liegt das an mir? Halte ich die Etiketten dieser Kultur nicht ein? Bin ich zu dreckig, stinke ich, bin ich zu direkt? Hoffentlich finde ich bald jemanden, den ich fragen kann. Obwohl ich die Antwort verstehe, frage ich trotzdem ein paar Kilometer weiter noch einmal nach. Diesmal ist die Frau wesentlich freundlicher. Vielleicht soll ich das alles gar nicht so persönlich nehmen.
Ein Schild verweist auf einen steil ansteigenden, sandigen Weg. Es ist absolut nichts anderes weit und breit. Dann stehe ich vor einem Tor mit einem Willkommensschild. Das ermutigt mich, weiter zu gehen. Der Weg wird immer schlimmer, sandiger, steiniger, steiler. Dann geht es zweihundert Höhenmeter runter. Ich frage mich, wie ich hier morgen wieder hochkommen soll. Für das, was mich dort unten am Meer erwartet, lohnen sich aber sämtliche Mühen. Eine kleine, felsige Bucht und der schönste Strand, den ich bisher in Chile gesehen habe. Allerdings ist alles verlassen und die Toiletten abgeschlossen. Nur ein chilenisches Pärchen, das gerade mit dem Auto angekommen ist, möchte auch hier nächtigen.

Circa 3:30 Uhr am Morgen wache ich auf. Die Erde bebt heftig unter meinem Zelt, das vielleicht gerade einmal hundert Meter vom Meer entfernt steht. Ich überlege mir kurz, was ich im Falle eines Tsunamis machen könnte. Mir fällt nichts ein. Vielleicht könnte ich den Berg hochlaufen, aber ich habe eher das Gefühl, er würde zu mir herunterkommen. Also verharre ich lieber im Zelt und schlafe auch gleich wieder ein.

Am Morgen denke ich überhaupt nicht mehr an das Erdbeben. All meine Gedanken sind auf den Hügel gerichtet, und darauf, wie ich ihn wieder hochkomme. Am besten einfach ausprobieren, und siehe da, es geht. Zwar mühsam und langsam, aber ich komme vorwärts. Für die drei Kilometer brauche ich eine Stunde, aber was soll es, Hauptsache, ich habe es allein geschafft.

An einem Haus in einem Dorf wird Brot und Käse angeboten. Ich warte mal ab, weiß nicht, ob ich hinein gehen soll. Der Raum sieht eher wie ein Wohnzimmer aus. Leute laufen herum, nehmen aber kaum Notiz von mir. Schließlich trete ich näher und sehe, dass in der Ecke Waren zum Kaufen aufgestellt sind. Langsam gehe ich hinein und sage, dass ich gern Käse kaufen möchte. Sofort bekomme ich Brot, Käse und Tee angeboten. Schon wieder etwas gelernt und eine Schranke überwunden. Im Gemeinschaftsraum des Campingplatzes am Abend laufen die Nachrichten im Fernsehen, natürlich auf Spanisch. Ein junger Herr versucht mir das Nötigste zu übersetzen. Soviel ich verstehe, war hier ein Erdbeben mit wenig Schaden, aber auf Hawaii hätte es einen Tsunami gegeben. Erst am nächsten Abend erfahre ich die volle Wahrheit. Das kleine Fischerdorf Tongoy nimmt eine kleine Halbinsel ein und ist umgeben von schwarzen Vulkanfelsen, von schönen Sandstränden im Norden und Süden und einem Campingplatz. Im Internet sehe ich, dass meine Mail-Inbox überläuft. In Australien müssen Nachrichten über das Erdbeben gekommen sein. Jetzt möchten alle wissen, ob ich noch lebe. Ich verstehe zuerst nicht ganz, was sie alle wollen – das bisschen Erdbeben. Die Frau auf dem Camping in Tongoy spricht sehr gut Englisch und erklärt mir alles. Der chilenische Staat hat das wahre Ausmaß des Erdbebens zuerst nicht bekannt gegeben, um Panikszenarios zu vermeiden. Erst heute wurde die ganze Wahrheit im Fernsehen gemeldet. Einhundertfünf Kilometer nördlich von Concepción war ein Erdbeben im Pazifik, das einen verheerenden Tsunami ausgelöst hat. Das Erdbeben hatte noch auf weiten Strecken Auswirkungen und viele Häuser zerstört. Insgesamt gab es über fünfhundert Tote und zwölftausend Verletzte. Auch in Santiago war das Erdbeben zu spüren.

Fernando und seiner Familie ist zum Glück nichts passiert. Darum auch die vielen Rettungsfahrzeuge, die mir heute begegnet sind. Was für ein Glück, dass ich nicht in den Süden aufgebrochen bin. Sofort schicke ich eine E-Mail nach Hause, damit sich niemand mehr sorgen muss.

Von Tongoy ist es nicht mehr weit bis zur größeren Stadt La Serena. Auf dem Camping am Strand kommen zu meiner Freude gerade zwei englische Fahrradfahrer an. Wenigstens für einen Abend habe ich mal wieder eine nette Unterhaltung mit Peter und Andrew. Sie wollen nach Argentinien in den Osten und ich in die Wüste Atacama im Norden.
Bevor ich weiterfahre, möchte ich an einem Automaten Geld abheben. Anstatt dass Geld herauskommt, bleibt meine Kreditkarte drin. Angestellte der Bank holen sie wieder heraus. Also ein zweiter Versuch – mit dem gleichen Ergebnis. Zum Glück habe ich noch meine Mastercard, die ist zwar gebührenpflichtig, aber ich komme wenigstens an Geld heran. Das Weiterfahren kann ich für heute vergessen. Den ganzen Tag verbringe ich im Café de Teatro, telefoniere mit meiner Bank und verschicke E-Mails. Jetzt brauche ich nur noch eine Adresse, an die man mir eine neue Kreditkarte schicken kann. Im Vergleich mit den Auswirkungen des Erdbebens sind das alles winzige Probleme.

Durch die Atacama-Wüste und über die Anden nach Bolivien

Nach La Serena wird es immer bergiger und merklich trockener, auch die Vegetation schwindet langsam. Die Dörfer werden immer rarer, dafür präsentieren sich ab und zu Posadas, Hütten am Straßenrand, in denen ich etwas zu Essen und zu Trinken bekomme. Es ist der Beginn der Atacama-Wüste.
Die Stadt Vallenar breitet sich wie eine Oase vor mir aus. Dank eines größeren Flusses kann hier Landwirtschaft betrieben werden. Wieder einmal weiß ich nicht, wo ich übernachten soll. Einen Zeltplatz gibt es nicht. Unentschlossen stehe ich auf der „Plaza de Armas" direkt vor dem Rathaus. Ein Mann kommt heraus und fragt mich, was ich denn möchte. Ich meine nur „Camping". Sofort stehen noch andere Männer um mich herum. Sie beratschlagen, telefonieren und schließlich werde ich zum Fußballstadion geschickt.

Vallenar ist keine kleine Stadt, entsprechend groß ist das Stadion. Dort werde ich schon von einem Mann erwartet. Er zeigte mir das ganze Gebäude mit Fernsehraum, Küche, Duschen, Schlafsälen, drückt mir seinen ganzen Schlüsselbund in die Hand und meint, er wäre morgen 8:30 Uhr wieder zurück. Ich weiß auch nicht, wie ich so dreckig, verschwitzt und ungekämmt einen noch so vertrauenserweckenden Eindruck machen konnte. Das ganze Gebäude habe ich für mich allein und dabei wollte ich nur ein Plätzchen zum Zelten. Der Mann lässt mir noch Brot und Süßes sowie Broschüren und einen Wimpel der Stadt. Wie geht es mir wieder einmal gut!

Unerwartet pünktlich steht der Mann 8:30 Uhr wieder vor mir. Ich habe schon gepackt und kann gleich los. Nach ein paar Kilometern hat mich die Wüste wieder. Die Farben sind einzigartig. Die Berge links und rechts von mir haben sämtliche Rot- und Brauntöne in verschiedenen Schattierungen. Die Farben intensivieren sich noch im Abendlicht. Hier in der Wüste gibt es keinen Busch, hinter dem ich mit dem Zelten verstecken kann. Dafür darf ich an den Posadas, die noch ab und zu vorhanden sind, zelten. Dann zieht dichter Nebel auf, alles ist eintönig, der Himmel erscheint blaugrau, die Erde braungrau, die Straße wirkt graugrau. Das ist vielleicht trostlos!

Die Pan Americana durch den Süden der Atacama Wüste

Dazu ist es noch leicht ansteigend mit Gegenwind. Erst gegen Mittag wird es besser.

Am Samstagnachmittag ist in der nächsten Stadt, Copiapo, einiges los. Es gibt viele Benefizveranstaltungen für die Erdbebenopfer im Süden Chiles. „Chile ayuda a Chile", „Chile hilft Chile" ist ganz groß, überall wird gespendet und gesammelt. Mitglieder des Motorradclubs fahren Kinder auf ihren Fahrzeugen für eine kleine Spende um den Platz, die Kleinen werden geschminkt und auf der Bühne sind den ganzen Tag Veranstaltungen. Alle wollen mitmachen. Für mich ist das eine prima Gelegenheit einen Querschnitt der chilenischen Kultur präsentiert zu bekommen: Vom chilenischen Rap bis zum Volkstanz – jeder will dabei sein.
Kaum sitze ich im Park, kommen die chilenischen Polizisten herbeistolziert. Mit ihren schwarzen Stiefeln und den dunklen Sonnenbrillen sehen sie sehr selbstgefällig aus, aber sie sind auch sehr hilfsbereit. Auf meine Frage, wo ich hier günstig übernachten kann, führen sie mich zu einer Residencia ganz in der Nähe. Bis in die Nacht hinein kann ich so am Geschehen teilhaben. Eine großartige Abwechslung zu den Nächten in der Wüste.

Nach Chañaral geht es richtig in die Berge und in die Wüste. Von Meereshöhe steigt es auf über zweitausend Höhenmeter. Es ist nie so steil, dass ich es nicht mehr fahren könnte und die Aussicht ist bezaubernd. Außer an Posadas kann ich auch an den unzähligen Heiligenschreinen zelten. Manchmal sind sie zu richtigen Kapellen ausgebaut. Was kann schon im Schutze der Heiligen passieren? Nach über hundert Kilometern kommt endlich die nächste Posada. Die Freude ist aber zu früh. Es gibt überhaupt nichts mehr zu trinken, nicht einmal Wasser. Mir bleibt nichts anderes übrig, als weiter zu fahren. Das bisschen Wasser, das ich noch habe, sollte bis zur nächsten Posada nach fünfundzwanzig Kilometer reichen. Vor allem, da es bergab geht. Es ist gerade 15 Uhr und der Wind wird immer stärker. Bald kann ich nicht mehr fahren. So einen trockenen, heißen Wüstenwind habe ich noch nie erlebt. Es soll die trockenste Gegend der Welt sein. Hier bleibt wirklich jedes Auge trocken, nicht einmal für Verzweiflungstränen ist Flüssigkeit da. Mein Wasser muss ich mir genau einteilen. Nach jedem Kilometer nehme ich einen kleinen Schluck und lasse ihn lange im Mund. Mit maximal sieben Kilometer pro Stunde geht es den Berg hinunter, mehr ist einfach nicht drin. Nach mehr als zwei Stunden hat ein alter Chilene in einem noch älteren Pritschenwagen Mitleid mit mir und nimmt mich bis zur Abzweigung nach Antofagasta mit. Das ist meine Rettung.

Da es für lange Zeit die letzte Möglichkeit ist, das Meer zu sehen, fahre ich in die Schlucht nach Antofagasta hinunter. Ein bisschen Grün und Zivilisation tut auch gut, bevor es weiter durch die Wüste geht. Es ist wunderbar, endlich kann ich es wieder einmal laufen lassen.

Unten angekommen, genieße ich zuerst den Anblick des Meeres, das viele Grün und die Stadt. Es ist eine Wohltat nach den Tagen in der Wüste. Auch hier erwacht erst nach Einbruch der Dunkelheit das Leben. Viele Händler tauchen auf einmal auf, die ihre Ware in der Fußgängerzone ausbreiten.

Am nächsten Tag geht es die ganze Schlucht wieder hoch. Der Wind bläst mir von den Bergen direkt ins Gesicht. Zurück auf der Panamericana, wird es aber wieder besser. Die Steigung ist so gering, dass der Rückenwind, ja RÜCKENWIND, mich problemlos den Berg hochschieben kann. Dann verlasse ich die Panamericana wieder und biege Richtung Bolivien ab. Hier gibt es unzählige Minen, in erster Linie Salpeter- und Kupferminen. Einige sind stillgelegt und nur noch Ruinen. Bei anderen Minen wird noch kräftig gebuddelt. Altertümliche Züge bringen das Gut zum Hafen nach Antofagasta. Sie sind so altertümlich, dass sie nicht mehr zur Personenbeförderung zugelassen sind. In Calama kann ich bei einer sehr netten Familie mitten in der Stadt wohnen. Das Haus hat unglaublich viele Zimmer, die meisten sind an Arbeiter der größten Kupfermine der Welt, Chuquicamata, vermietet.

Da mich mein Zahn seit Tagen plagt, bringt mich die Mutter des Hauses zu einer Zahnärztin. Sie hat zwar einen deutschen Namen, spricht aber nicht einmal Englisch. Das Wichtigste verstehe ich auch auf Spanisch. Nicht der Zahn ist das Problem, sondern eine Entzündung. Sie verschreibt mir ein Antibiotikum. Davon bin ich überhaupt nicht begeistert. Damit die Entzündung sich nicht noch weiter auf Ohren und Augen ausweitet, nehme ich es aber doch.

Trotzdem mache ich mich am nächsten Tag auf nach San Pedro de Atacama, einer der vier Touristenorte in Chile, neben Patagonien, Santiago und den Osterinseln. Auf einer Höhe von der man im Schwarzwald nur träumen kann, fängt es hier erst richtig an. Ich bin auf über 2.300 Höhenmetern.

Calama und San Pedro sind ungefähr gleich hoch. Dazwischen liegt ein Pass von 3.400 Höhenmetern. San Pedro de Atacama hat seinen Charme bewahrt. In dieser kleinen Oase am Fuß des Vulkans Lincancabur (5.916 Meter) lebten schon vor elftausend Jahren die ersten Siedler, auch die ersten Landwirte, welche in den Oasen Mais und Reis anbauten. So wie es heute ist, mit den kleinen Gassen und den weißen oder ockerfarben getünchten Häuser, haben wir es den Spaniern zu verdanken. Eine der Hauptattraktionen ist das Tal des Mondes, „Valle de la Luna". Frühmorgens rührt und bewegt sich nichts, kein Vogel, Insekt oder das Rascheln von Blättern, nichts, absolut nichts. In dieser Stille wirken die bizarren Felsformationen noch gigantischer. Je nach Tageslicht stechen sie rot aus den Felswänden hervor, mal sanft geschwungen wie Wellen, mal schroff und spitz.

In San Pedro treffen sich die Wege. Von hier aus gehen zwei Pässe nach Argentinien: Die Lagunenroute führt nach Bolivien, die Straße über Calama ebenso und eine Straße geht runter an den Pazifik. Jeden Tag kommen Fahrradfahrer über einen der Pässe von Argentinien, mächtig frierend und überaus glücklich, dass sie das jetzt hinter sich haben. Na prima, ich habe es noch vor mir. Alpakas und Lamas grasen an den dürren Büschen, umzingelt von unzähligen Vulkanen. Kein Wunder, dass Chile so oft vom Erdbeben heimgesucht wird. Aber beruhigend zu wissen, nur einer ist noch aktiv, der Vulkan Lasca. Auf der Plaza de Armas mit dem weißen Glockenturm in Toconao treffe ich einen Einheimischen, der mir die Quebrada de Jerez zeigt. In dieser tiefen Schlucht mitten in der Wüste fließt ein Fluss mit richtig viel Wasser. Drumherum wachsen Pflanzen, auch Obstbäume wie Granatäpfel und Quitten. Durch das Wasser ist es in der Schlucht angenehm kühl. Drumherum ist es staubig, trocken und heiß.
Die hundert Kilometer zurück nach Calama geht es über die „Llano de la Paciencia", die Ebene der Geduld. Geduld brauche ich durch die ganze Wüste. Eben ist es hier jedenfalls nicht. Auf den letzten fünfundzwanzig Kilometern habe ich so einen starken Gegenwind, dass ich sogar schieben muss.
Nach zehn Stunden bin ich endlich zurück in Calama. Durch einen Anruf bei meinem Bruder erfahre ich, dass es nicht mehr nur meine Mutter ist, um die ich mir, aufgrund von gesundheitlichen Problemen, Sorgen machen muss, sondern meine Schwester. Sie ist mit einem Hirnaneurysma gerade noch rechtzeitig ins Krankenhaus gekommen. Wieder einmal bin ich hin und her gerissen. Ich überlege mir, meine Reise sofort zu beenden und direkt von Calama nach Deutschland zu fliegen.

In Calama ist ein großer Markt, auf dem Produkte aus der Gegend angeboten werden. Neben Kräutern und Tees werden auch Papaya und Getreide, hauptsächlich Quinoa, angeboten. Für mich ist es ein guter Platz zur Ablenkung. Ziellos wandle ich umher, unschlüssig, was ich tun soll. Später rufe ich Johannes noch einmal an. Regine ist außer Lebensgefahr – große Erleichterung. Viel kann er mir nicht sagen, da sie erst morgen operiert wird. Am Ende fahre ich doch weiter, denn ich kann ohnehin nicht helfen. Mit tausenden Minenarbeitern, die zum größten Loch der Erde, der Kupfermiene Chuquicamata, verlasse ich am Morgen die Stadt. Ich fahre weiter Richtung Osten, Richtung Bolivien.

Chiu Chiu ist das schönste idigene Dorf, das ich in Chile je gesehen habe. Es liegt auf 2.500 Höhenmetern an einem alten Inka-Pfad. Hier gibt es keine Touristen mehr. Immerhin habe ich hier nochmals Gelegenheit, chilenische Pesos in kühle Getränke und Süßes einzutauschen. Danach hört nicht nur die Zivilisation, sondern auch der Teer für einige hundert Kilometer auf. Es ist ganz gut, dass es da draußen noch ein paar Minen gibt, so kommen wenigstens noch ein paar Fahrzeuge vorbei und ich fühle mich nicht ganz so einsam. Je höher es geht, desto stärker und kälter wird der Wind. Kurz bevor die Sonne untergeht, entdecke ich ein paar Felsen unweit der Straße. Es ist ein idealer, windgeschützter Ort zum Zelten. Mittlerweile bin ich auf einer Höhe von 3.900 Metern. Nur als ich vom Fahrrad steige, ist es mir ein bisschen schummrig, sonst habe ich keine Probleme mit der Höhe. Allerdings wird es furchtbar kalt, sobald die Sonne weg ist.

Am nächsten Morgen kann ich nicht einmal Zähne putzen. Das ganze Wasser ist eingefroren. Wir haben minus sechs Grad. Das Wasser in meinem Wasserkessel ist ebenfalls gefroren, aber das kann ich auf meinem Kocher erhitzen. So ist wenigstens mein Kaffee gesichert. Ohne Zähneputzen kann ich im Notfall weiterfahren, aber ohne Kaffee nur schwerlich. Je schneller ich zusammenpacke, desto schneller sitze ich auf dem Fahrrad und desto schneller wird mir warm. Wegen all der Vulkane um mich herum, braucht die Sonne sehr viel Zeit um hervorzukommen, und es will überhaupt nicht wärmer werden.

Nach zwölf Kilometern erreiche ich die Polizeistation Ascotan. Dort bekomme ich nicht nur Wasser im flüssigen Zustand, sondern darf mich auch bei einer heißen Tasse Kaffee aufwärmen. Hier bin ich auf 3.996 Höhenmetern.

Danach geht es hinunter zum Salar de Ascotan, dann zur Cebullar Mine. Alles sieht sehr verfallen aus, sie ist aber noch in Betrieb. In der Kantine bekomme ich sogar eine Mahlzeit. Über einen kleinen Pass geht es hinunter zum nächsten Salzsee. Es ist verwunderlich, dass auf all dem Salz etwas wächst und die Lamas so überleben können. Dann kommt auch schon der Vulkan Ollague mit seiner kleinen Rauchfahne ins Sichtfeld. Er liegt auf der Grenze von Chile und Bolivien und hat auch schon für verheerende Erdbeben in Chile gesorgt. Mit Rückenwind und auf erstaunlich guter Straße geht es hinab in den Grenzort Ollague. Es ist ein richtiges Geisterstädtchen, das sich um den Bahnhof und Zoll formiert. Nicht nur wegen der Kälte quartiere ich mich hier in das Refugio ein. Den Schlafsaal habe ich mal wieder für mich allein. Ich bekomme eine wunderbare Suppe. Das ist schon etwas anderes als das Instant-Zeugs. Es gibt sogar Internet, und ich erfahre endlich, dass die Untersuchungen bei Regine gut verlaufen sind. Jetzt kann ich mich erleichtert nach Bolivien aufmachen.

Nach einem nahrhaften Frühstück mit Ei, stehe ich schon früh an der Grenze. Alles ist noch verschlossen, aber es warten auch schon andere Leute. Dann kommt ein Bus und alle Insassen müssen sich auch anstellen. Ich werde sofort nach vorn gerufen, bekomme meinen Stempel und kann mich aufmachen in die fünf Kilometer Niemandsland.

Bolivien - Über den Salar de Uyuni in die gleichnamige Stadt

So eine Einreise ist einfach fantastisch, ganz anders als in den asiatischen Ländern. Nachdem ich das bolivianische Zollgebäude gefunden habe, bekomme ich einen Stempel in den Pass und kann neunzig Tage bleiben – denke ich. Auf etwas, das wenigstens im Entferntesten an eine Straße erinnert, starte ich. Nur geht diese in die falsche Richtung und den Berg hinauf. Mein Weg sollte in der Nähe der Bahngleise bleiben. Auf meiner Landkarte ist nur eine „Straße" eingezeichnet, nämlich die, die ich auch fahren will. Also fahre ich mit ungutem Gefühl weiter. Endlich kommt ein Auto, aber es hält auf mein Zeichen nicht an. So etwas habe ich noch nie erlebt! Fährt einfach weiter! Kurz darauf kommt das nächste. Das hält an und bestätigt meine Befürch-

tung, ich bin auf der „Route prinzipale" nach Uyuni. Wenn ich nach Chiguana möchte, muss ich entlang der Bahngleise über den Salzsee. Kaum zu
erkennen führt eine Spur entlang der Gleise. Auf meinem GPS habe ich die
Koordinaten für die nächsten Orientierungspunkte. Die Qual der Wahl, ob
ich direkt Chiguana anpeilen oder lieber der Spur folgen soll, hat sich schnell
erledigt. Es ist kaum möglich, neben der Spur zu fahren. Ich sinke sofort im
Salz ein. Nach circa vierzig Kilometern erreiche ich den Militärstützpunkt
Chiguana. Schon allein das Fort ist eine Reise wert. Ein Soldat, der nicht im
Geringsten versucht, seinen Schluckauf zu unterdrücken, empfängt mich.
Auf meine Frage nach Trinkwasser, führt er mich zu offenen Fässer, auf denen
die Oberfläche voll von Mücken ist. „Trinkwasser?", frage ich, und er bestätigt nochmals heftig. Ich mute meinem Magen schon einiges zu, aber das ist
doch zu viel. Ich möchte ja nicht auch einen solchen Schluckauf bekommen.
Danach kommen einige Jeeps mit Touristen. Was bekommen sie denn schon
von der Umgebung mit? Nicht den Sand, nicht den Staub, nicht die Hitze …
Einer Fahrradspur folge ich quer durch die Pampa.
Ich lande in einem kleinen, netten Ort, nur ist es nicht Manica, wo ich eigentlich hin möchte. Manica liegt exakt hinter dem Berg, vor dem ich stehe. Der
offizielle Weg führt darum herum. Da ich nicht zurück will und hoffe, einen
schönen Ausblick von oben zu haben, nehme ich die Bergvariante. Zuerst ist
es ein steiler Schotterweg, auf dem im Notfall Autos fahren können. Dann
wird er zum schmalen, steilen Geröllweg mit großen Steinen. Mein Fahrrad
mit den vierzig Kilo Gepäck bekomme ich gerade noch geschoben. Kurz vor
dem Gipfel kommt mir ein Moped entgegen. Ganz erstaunt bleibt er stehen.
Ich frage nur „Manica?". Er nickt und holpert weiter. Meine Hoffnung wird
erfüllt. Von dort oben habe ich einen wunderbaren Blick über den Salzsee
Salar de Uyuni. Zwischen Riesenkakteen geht es wieder abwärts. Der Zustand
des Weges ändert sich auf dieser Seite nicht. Die Abfahrt, soweit man über-
haupt von Fahrt sprechen kann, ist fast so anstrengend wie der Aufstieg.
Nach Stunden erreiche ich Manica am Fuß des Berges. Alles ist geschlossen,
aber immerhin finde ich einen Wasserhahn.
Am frühen Nachmittag komme ich bei der Auffahrt zum Salar an. Bis zur
Isla Incahuasi, mitten auf dem Salzsee, sind es noch circa vierzig Kilometer.
Bei Gegenwind und auf dem Salz komme ich langsamer vorwärts als gedacht.
Ich habe keine Lust, mitten auf dem Salz zu zelten. Schlimm genug, dass ich

mein Fahrrad all dem Salz aussetze. Der Rest muss das nicht auch noch abbekommen. Lieber kehre ich um und schlage mein Zelt auf dem Festland auf. Es kommen noch einige Touristen in Jeeps an. Alle wollen zur Isla Incahuasi. Da fahre ich doch lieber direkt nach Uyuni. Fünfundsiebzig Kilometer geht es nur über das Salz.

Den größten Salzsee der Welt zu durchqueren, ist einer der Höhepunkte meiner ganzen Reise. Auf den ersten sechsundsechzig Kilometern sehe ich gerade mal zwei Jeeps am Horizont, sonst nichts. Alles ist weiß um mich herum. Die Oberfläche hat eine sonderbare Struktur, lauter Hexagons. Dann erreiche ich das Hotel de Sal, das heute nur noch ein Museum ist. Es ist eine der Hauptattraktionen des Salars und besteht nur aus Salzblöcken, selbst die Möbel. Was ist, wenn es einmal richtig regnet und sich das Salz auflöst? Die letzten Kilometer bis zum Festland sind äußerst unangenehm. Das Salz scheint in der Sonne zu schmelzen. Es ist immer mehr Wasser auf der Oberfläche. Überall setzt sich das Salz an meinem Fahrrad fest. Hoffentlich bleiben da keine Schäden. In der Stadt Uyuni gönne ich mir das Hotel Tonito. Hier kann ich mein Fahrrad, die Packtaschen und meine Schuhe vom Salz befreien, meine Kleidung gebe ich zum Waschen und für mich selbst gibt es die beste Dusche von ganz Uyuni. Das tut richtig gut.

Auch kulinarisch lasse ich mich verwöhnen. Das Frühstück ist einfach fantastisch mit Müsli und selbstgebackenem Brot. Zum Abendessen gibt es Salat und Pizza. Verständlich, dass ich nicht gleich am nächsten Tag weiterfahre. Auf dem Markt ist alles schön bunt. Leider wollen sich die Frauen mit den schwarzen, langen Zöpfen und dem viel zu kleinen Hut, den knielangen bunten Röcken und weißen Blusen nicht fotografieren lassen. Ich respektiere das. Es nervt mich ja selbst, wenn ich ständig fotografiert werde.

Am 28. März 2010 mache ich mich auf den Weg nach La Paz.

Über den Altiplano nach La Paz

Bolivien gefällt mir immer besser. Das Licht auf dem Altiplano ist einfach gigantisch, die Leute sind sehr nett und überall kann ich Wildcampen. Erst am Ausgang von Uyuni sehe ich den ersten Wegweiser in diesem Land, in dem ich immerhin schon zweihundertvierzig Kilometer unterwegs bin.

Nach der Abzweigung zum Salzsee kämpfe ich mich wieder alleine durch den Sand und über die Wellblechpisten. Die Landschaft mit sanften, grünen Hügeln und schneebedeckten Bergen wird immer schöner. Der Altiplano ist hier zwar alti (hoch) aber nicht plano (eben). Ein paar Hügel muss ich noch erklimmen. In dieser Höhe komme ich bei allen Anstiegen sehr ins Schnaufen. In diesem Land, das dreimal so groß ist wie Deutschland, sind nur circa dreitausend Kilometer Landstraße geteert. Auch Brücken fehlen meistens. Einfach so, wie in Australien, durch das Wasser zu fahren, ist hier keine gute Idee. Es ist Salzwasser und viel kälter, somit besteht keine Chance für meine Schuhe und Socken, wieder zu trocken. Bei Quinoa-Bauern oder Alpaka-Züchtern kann ich eigentlich immer mein Zelt aufschlagen. Die älteren Leute beobachten mich nur aus dem Dunkel der Hütte heraus. Die kleinen Kinder sind etwas mutiger und spicken immer wieder über die Mauer.

Früh am Morgen sind alle wieder auf den Beinen. Für die gleichen Orte gibt es verschiedene Namen. Entweder ist der spanische oder indigene, der Aymara- oder der Quechua- Name angeschlagen. Ich weiß nie genau, wo ich bin. Hauptsache es kommen überhaupt Orte, wo ich Essen und Trinken bekomme. Plötzlich taucht vor mir ein See auf. Hier gibt es Salzseen mit Flamingos. Diese riesigen, rosa Vögel heben sich sehr gut vom Weiß des Salzes ab. Auch die Quinoafelder sind sehr bunt. Je nach Fruchtstand haben sie eine andere Farbe, von Grün über Rot zu Braun. Nach 570 Kilometern auf Schotter-, Sand- und Salzpisten habe ich endlich wieder Teer unter den Rädern. Hier auf dem Altiplano spielt sich alles zwischen 3.600 und 3.900 Höhenmetern ab. Wenn die Sonne durchkommt, ist es schön warm, aber wehe, sie verschwindet, was ja zumindest jeden Abend der Fall ist, dann wird es gleich furchtbar kalt. Heute verschwindet sie sehr oft hinter den Wolken. In der Markthalle von Huari, jener Stadt, die wegen ihres Bieres sehr bekannt ist, bekomme ich eine Quinoa-Suppe, das Beste bei diesem Wetter. Die schneebedeckten Berge sind ständig um mich. Dann sehe ich sie auf einmal nicht mehr. Dunkle Wolken ziehen auf, bringen ein Gewitter und Gegenwind mit sich. Rechtzeitig erreiche ich das nächste Dorf. Es fällt mir auf, dass bei diesen Häusern das Dach nicht über die Hauswand hinausragt. Nur das Polizeirevier hat ein Vordach. Dort stehen oder sitzen schon einige Leute, eine Marktfrau bietet mir sofort ihren Schemel an. Ich bleibe auch über Nacht in diesem Dorf, mit der Gewissheit, morgen wird alles wieder besser sein.

Das ist dann auch so. Mit Rückenwind auf den gut geteerten Straßen merke ich, dass auch die höheren Gänge der Schaltung noch funktionieren. Sie wurden in den letzten Tagen schwer vernachlässigt. Durch den trockenen Wind und die Sonne habe ich offene Lippen, da hilft kein Fettstift mehr. Ich fahre nur noch total vermummt. Es tut höllisch weh, wenn die Lippen in der Nacht zusammenkleben und beim nächsten Gähnen alles aufreißt.

In Oruro, der ersten größeren Stadt in Bolivien, werde ich auf einmal mit vielen Straßen konfrontiert, aber ohne Straßenschilder oder Wegweiser. Ich will nur schnell meine E-Mails abrufen und dann nichts wie weg. Dank einer Nachricht von meiner Bank (wegen der Kreditkarte) kommt doch alles wieder anders. Sie möchte, dass ich anrufe. Bis ich ein Telefon finde, bekomme ich nur noch den automatischen Anrufbeantworter zu hören: „Sie rufen leider außerhalb unserer Geschäftszeiten an ...". Also nehme ich mir hier ein Zimmer und versuche es gleich am Morgen nochmal.

Das Hamburger-Restaurant, in dem es auch WiFi gibt, ist am nächsten Morgen noch geschlossen, das Internet ist aber verfügbar. Auf der Straße sitzend, telefoniere ich über Skype mit meiner Bank. Leider erfahre ich, dass sie meine neue Kreditkarte noch nicht einmal in Auftrag gegeben haben, geschweige denn schon weggeschickt. Heute ist Gründonnerstag und ich weiß, wie viel an diesen Tagen in Deutschland noch gearbeitet wird. Mir wird schnell bewusst, dass es ein langer Aufenthalt in La Paz wird.

Wieder einmal gibt es keine Wegweiser. Erst hunderte von Metern hinter der Abzweigung zeigt mir ein Schild an, dass es noch zweihundertdreißig Kilometer bis nach La Paz sind. Das ist für die Wegfindung nicht gerade hilfreich, aber eine nette Bestätigung, dass ich auf dem richtigen Weg bin. Die wunderschöne Landschaft, vorbei an Bergen und Seen, stimmt mich wieder friedlicher. Der ganze Ärger mit der Bank ist bald verflogen. Ich werde einfach das Beste aus der Zeit in La Paz machen.

Immer wieder ist die Erledigung menschlicher Bedürfnisse ein mittelgroßes Problem. Zwar sehe ich ab und zu Schilder, die auf öffentliche Toiletten hinweisen, diese wirken aber nicht gerade einladend. Hinter alten zerfallenen Mauern kann auch ein stilles Örtchen sein. Meist rieche und sehe ich dann allerdings schon von weitem, dass schon Hunderte zuvor auf diese Idee gekommen sind.

El Alto ist eigentlich ein Vorort von La Paz auf dem Altiplano. Da aber La Paz in der Schlucht nicht mehr weiter wachsen kann, ist El Alto mittlerweile größer. Hier ist auch der Flughafen und zwar der höchst gelegene Zivilflughafen der Welt – auf 4.100 Höhenmetern. Ich erhasche einen beeindruckenden Blick in die Tiefe auf die Stadt La Paz. Ich habe ja schon einiges gesehen, aber dies übertrifft vieles. Es ist einfach gigantisch, wie diese Stadt zwischen Bergen auf den Felsen gebaut ist. Auf jedem Felsen stehen Häuser. Ich weiß nicht, wie sie befestigt sind. Beim nächsten Erdrutsch werden sie sicherlich mitgerissen.

Noch einen letzten Blick erhasche ich von einer Aussichtsplattform auf den Berg Huayna Potosi, dann rase ich fünfhundert Höhenmeter auf 3.600 Höhenmeter hinunter nach La Paz und beinahe in eine Karfreitagsprozession hinein. Für Autos ist die Straße gesperrt, mit dem Fahrrad darf ich hindurch. So wird mir die Ankunft in La Paz um einiges erleichtert. Schnell finde ich das Chuquiako Bike Café, wo ich schon von Luisa und Cristian erwartet werde. Das ist nun für unbestimmte Zeit mein Zuhause. Da ich im Café helfen kann, wird es mir sicher nicht langweilig. Es liegt mitten im Zentrum, eingebettet in die Märkte mit all den bunten Tüchern und Pullover. Hier kann ich es gut aushalten bis meine Kreditkarte endlich da ist.

In und um La Paz

Am Ostersonntag sind hier Wahlen. Tagsüber darf deswegen kein Alkohol verkauft werden und alle Autos müssen stehen bleiben. Die meisten Cafés sind geschlossen, deswegen ist im Chuquiago die Hölle los. Für mich ist das wie ein Sprung ins kalte Wasser. An diesem Tag lerne ich sehr viel, vor allem dass es hier kein „Richtig" oder „Falsch" gibt, sondern nur ein „Anders". Es ist am besten, wenn ich die Speisen so mache, wie ich sie gerne haben möchte. Hier in Bolivien ist man gewohnt, zu warten und es wird nicht alles so eng gesehen. Es macht viel Spaß durch die endlosen Märkte zu laufen. Am Wochenende kommen noch mehr Frauen mit ihren Tomaten und Bananen und die Straße ist für Autos gesperrt. Cristian hat hier nicht nur das Bike-Café, sondern er ist auch Vorsitzender des Fahrradclubs. Gerade plant er ein Downhill-Rennen von Chacaltaya, dem ehemals höchsten Skigebiet der Welt, hinunter nach La Paz. Wegen der Erderwärmung ist der ganze Glet-

Hier war einmal ein Gletscher, Chacaltaya, 5.183 Höhenmeter, Bolivien.

scher inzwischen geschmolzen, von Skifahren kann keine Rede mehr sein. Cristian möchte die Strecke vorher mit dem Jeep abfahren und fragt mich, ob ich dabei sein möchte – keine Frage, natürlich! Auf abenteuerliche Weise geht es mit dem Jeep hoch auf den Berg. Außer mir sind noch zwei bolivianische Radfahrer, eine Chauffeurin, ein anderer Zuständiger und natürlich Christian dabei. Die Landschaft ist einfach fantastisch. Es gibt viele kleine Seen, mit Blick auf den Illimani, der mit 6.438 Höhenmetern der zweithöchste Berg Boliviens ist.

Bei den schmalen, steinigen Wegen muss man starke Nerven haben. Teilweise ist der Weg so eng, ich hätte nie gedacht, dass ein Jeep dort Platz finden kann. Auf 5.183 Höhenmetern ist der Startplatz. So hoch war ich noch nie. Es ist ein komisches Gefühl, mir ist leicht schwindelig. Am besten ich denke einfach nicht über irgendwelche Höhenkrankheiten nach, sondern bin froh, dass ich nur hinunterfahren muss.

Im leichten Schneegestöber bauen wir die Räder zusammen. Dann geht es auf Geröll den Berg hinunter. Fast durchgehend ist die Strecke für das Rennen schon mit Pfeilen markiert.

Wir haben einen wunderbaren Blick auf die Berge und später auf die an Hängen und Felsen gebaute Stadt La Paz. Das Licht in dieser Höhe ist fantastisch. Das Ziel ist in einem Vorort von La Paz. Für mich geht es aber gleich weiter ins Café. Obwohl es fast nur bergab ging, bin ich doch sehr kaputt.

Am Sonntagmorgen, dem Tag des großen Rennens, bleibe ich im Café, da ist immer am meisten los. Abends kommen die Teilnehmer ins Café. Der Schnellste des Rennens war fast doppelt so schnell wie wir.

Die nächste Woche verbringe ich fast nur im Café. Es ist eine fantastische Abwechslung. Selten ist so viel los, dass ich mich nicht mehr mit den Gästen unterhalten kann.
Eine Hauptattraktion der Gegend ist der „camino de la muerte", die Todesstraße. Für Teilnehmer dieser Radtour wird im Café Frühstück angeboten. An manchen Tagen stehe ich deswegen schon 5:30 Uhr auf. Ich weiß nicht, wie viele Touristen mit Rädern täglich auf den Pass zum Einstieg der Todesstraße gefahren werden. Danach geht es nur noch hinunter in die Yungas. Auch ich möchte die Tour fahren, aber allein und ohne Agentur. Das ändert sich schlagartig, als es den ersten Todesfall dieses Jahres auf der Strecke gibt. Die junge Israelin war vorher noch hier beim Frühstück. Ich erinnere mich noch gut an sie. Sie war ganz allein. Das haut mich zuerst einmal um und die Lust, die Strecke alleine zu fahren, ist sofort verflogen.

Auf meiner bisherigen Reise habe ich schon so viele Plätze, Kirchen und Museen gesehen, jetzt finde ich das Café viel spannender. Luisa und Cristian ist es schon fast peinlich, dass ich so viel „arbeite", was für mich ja ein Vergnügen ist. Damit ich auch was von La Paz sehe, führen sie mich immer wieder aus. Mit Luisa gehe ich zu einem Bossa Nova-Konzert, eine Art von Musik, die mir recht fremd ist, aber natürlich viel besser hier in diese Kultur passt. Auch hier gibt es ein „Valle de la Luna", eine Mondlandschaft. Während der Erosionen von Millionen von Jahren haben sich spitze Zacken, Krater und bizarre Felsformationen gebildet. Erstaunlich, dass hier in der kargen Landschaft noch Pflanzen wachsen.

Abends im Café kommt ein bekanntes Gesicht herein. Als er sagt, wir hätten uns in La Serena, Chile, getroffen, ist mir sofort klar: Es ist Peter, der englische Radfahrer, welche Freude! Am Montag möchte ich endlich die Todesstraße fahren. Und das ist auch Peters Ziel also beschließen wir am Montag, gemeinsam zu starten.

Überleben auf der Todesstraße bei La Paz

Die Todesstraße und die letzten Tage von La Paz

Ich weiß nicht, wie viele Touristen ich mit Frühstück abgefüttert habe, bevor sie auf die Tour gegangen sind. Manche kamen danach wieder und haben begeistert davon erzählt. Ich kann es kaum erwarten, die Strecke nun selbst zu fahren. Aus der geplanten Abfahrt um 6 Uhr wird nichts. Wir verschlafen alle, dann kommen fünfzehn Leute zum Frühstück, also viel Arbeit.
Es ist 8 Uhr bis wir endlich loskommen. Eigentlich wollte ich mit dem Fahrrad auf den 4.600 Meter hohen Cumbre fahren. In Anbetracht der Verspätung nehmen wir doch den Bus am Ausgang der Stadt. Das ist auch ein Abenteuer für sich, die Fahrräder auf dem Dach zu fixieren und dabei das Gepäck im Auge zu behalten. In Bolivien gibt es viele Busunfälle, da sie hier sehr wild fahren. Wir kommen heil oben an. Cristian hat uns eine Karte gezeichnet, wie wir am besten vom Pass auf die Todesstraße kommen – über die Ghost Road. Über Schotter geht es in ein Tal hinein. Es ist wunderbar ruhig. Hier ist absolut niemand. Teilweise haben Erdrutsche den Weg verschüttet. An dem Steilhang müssen wir uns einen anderen Pfad suchen. Weiter unten wird der Weg dann aber besser. Nicht mehr Steine und Kies blockieren nun die Strecke, sondern Schafe und Kühe. Dann zieht Nebel auf oder eine Wolke

– wer kennt schon den genauen Unterschied? Und die Ghost Road wird zur richtigen „Geisterstraße". Leider ist nicht mehr erkennbar, wie sie weitergeht, also fahren wir zurück auf den Asphalt. Bald zweigt die Todesstraße ab. Früher war es die einzige Straße von La Paz nach Coroico auf circa dreitausend Höhenmetern tief in den Yungas. Da war der Name „camino de la muerte" noch berechtigt. Die Straße ist sehr eng und kurvig. Einige Autos stürzten in die tiefe Schlucht. Seit es die neue Umgehungsstraße gibt, sind fast nur noch Fahrradfahrer unterwegs (etwa einhundertfünfzig pro Tag).

Die Landschaft ist einfach fantastisch. Unglaublich, wie der Weg in die steilen Hänge gebaut wurde und sich in die Schlucht windet. Es ist nicht sehr steil, zwar auch nicht geteert, aber nicht schwierig zu fahren und gar nicht gefährlich. Ich muss immer an die Israelin denken, die hier vor ein paar Tagen zu Tode kam. Mir ist völlig unbegreiflich, wie so etwas passieren kann. Manche sprechen deswegen von Selbstmord, dem ich nicht zustimmen möchte, denn ich hatte ja kurz zuvor noch mit ihr gesprochen. Es ist eher gefährlich, zu dicht an der Felswand zu fahren. Es kann nämlich gut sein, dass ein Stück abbricht. Kein Fahrradhelm würde in diesem Fall noch etwas helfen. Kreuze am Wegesrand zeigen, dass es vor 2006 schon einige Todesfälle gab. So wie es hier um die Kurven geht, ist es recht schaurig sich vorzustellen, dass auf einmal ein Auto entgegenkommen könnte. Heute ist das aber nicht mehr der Fall. Ab und zu stürzen Wasserfälle die Felsen hinab und über den Weg. Trotzdem fahre ich lieber auf der Innenseite als auf dem glitschen Boden am Rande der Schlucht. Auf dem dreiundsechzig Kilometer langen Weg passieren wir sämtliche Klimazonen Südamerikas. Von dem trockenen, kalten Altiplano geht es hinab in den tropischen Regenwald der Yungas. An der Vegetation und an den Vögeln und Schmetterlinge kann man sehr gut den Unterschied erkennen. Hier ist es so warm, ich kann wieder einfach mit den Schuhen durch die Bäche fahren. Alles wird sofort wieder trocken. In Yolossa und einer Höhe von 1.155 Metern sind wir am tiefsten Punkt angekommen. Nach Coroico, dem Ende der Straße, müssen wir wieder acht Kilometer auf schlimmstem Kopfsteinpflaster den Berg hochfahren. Peter ist eine sehr angenehme Begleitung. Da wir wissen, dass Coroico ein Touristennest ist und wir mit gutem, westlichen Essen rechnen können, überlegen wir uns schon einmal die Pizza, die wir bald verschlingen werden. Die acht Kilometer Kopfsteinpflaster sind so auch gut zu bewältigen.

In Coroico steuern wir gleich die nächste Residencia an und dann die Pizzeria. Das Essen haben wir uns jetzt verdient.

Erst am nächsten Tag bemerke ich die unangenehme Seite der Tropen. Ich habe unglaublich viele Moskitostiche. Ich muss sehr müde gewesen sein und gut geschlafen haben, dass ich in der Nacht überhaupt nichts gemerkt habe. Coroico liegt wunderschön zwischen den Bergen, auf der einen Seite der Altiplano, auf der anderen Seite die Cordillera Real. Selbst in den Wolken kann man erahnen, welche Schönheit sich dahinter verbirgt. Peter ist nicht danach, das Kopfsteinpflaster wieder hinunterzufahren. Viel lieber will er gleich von Coroico aus den Bus nehmen. Mein sportlicher Ehrgeiz wurde durch meine Unterarme, die sehr in Mitleidenschaft gezogen wurden, herabgesetzt. Ohne Diskussion stimme ich dem Plan mit dem Bus zu. Dicht eingezwängt in einen Minibus fahren wir die fast dreitausend Höhenmeter auf der Umgehungsstraße wieder hinauf zum Cumbre.

Was für ein Freiheitsgefühl nach dem Gedränge im Bus, wieder auf dem Fahrrad zu sitzen! Es sind noch sechsundzwanzig Kilometer, meist bergab, nach La Paz. Die Straße ist gesäumt von Essensständen. Hier bekommen wir das beste Hähnchen mit Kartoffeln, das ich je gegessen habe. Auch wenn die Strecke überhaupt nicht anstrengend ist, Appetit macht sie trotzdem. Schnell sind wir wieder in La Paz und das Café hat mich zurück. Als Luisa mich fragt, ob ich am Wochenende da bin, um ihr zu helfen, sage ich natürlich sofort zu.

Als ich am Mittwochnachmittag bei der Deutschen Botschaft anrufe, wohin meine Kreditkarte geschickt werden soll, bekomme ich die freudige Nachricht, dass sie tatsächlich am Morgen angekommen ist. Da ich versprochen habe, am Wochenende hier zu helfen, lege ich den Abfahrtstermin auf Montag, den 26. April. In den paar Tagen muss ich noch das Fahrrad putzen und richten, Souvenirs kaufen und nach Hause schicken, Wäsche waschen und mich von Freunden verabschieden. Auf den Märkten kennen sie mich inzwischen und wissen, was ich möchte. In den Souvenirshops bekomme ich alles zu „Nicht-Touristen-Preisen". Ich werde La Paz und die vertraute Umgebung vermissen.

Über den Titicacasee nach Peru

Es ist immer wieder gewöhnungsbedürftig, nach so langer Zeit wieder mit all dem Gepäck zu fahren. Und heute geht es gleich nach El Alto auf viertausendeinhundert Höhenmeter. In Bolivien gibt es viel „Höchstgelegenstes": Flughafen und Skigebiet hatten wir schon, jetzt folgt der Yachthafen. Was im Ort Huatajata allerdings sehr viel interessanter ist, sind die besten Binsenbootbauern der Welt (sicher auch die höchstgelegensten). Im Jahr 1947 ist hier auch Thor Heyerdahl mit seinem Binsenboot Kon-Tiki über den Pazifik gesegelt, um zu beweisen, dass Polynesien von Südamerika aus besiedelt worden sein könnte. 1973 wurde das Boot als Kon-Tiki II hier von diesen Schiffsbauern nachgebaut.

Nach den drei Wochen im Haus will ich unbedingt wieder im Zelt übernachten. Am See ist leider alles nur Sumpf und Schilf. In einem Dorf frage ich nach einem Platz, wo ich mein Zelt aufstellen kann. Eine Frau mit einem ewig breiten Grinsen im Gesicht nimmt mich mit zu sich und ihren vier grinsenden Kindern. Schon oft ist mir eine Ähnlichkeit zwischen den Bolivianern, oder dem indigenen Volk Aymara, und den Mongolen aufgefallen. Sie haben die gleichen runden Gesichter, die Mandelaugen und die rotbräunliche Hautfarbe. Als ich nach einer Toilette frage, führen mich die Kinder zur öffentlichen. In der Dunkelheit geht es quer durch das Dorf bis zum anderen Ende. Mein Glück, dass es draußen sowieso schon dunkel ist und ich meine Stirnlampe dabei habe. Die Toilette ist in einem Zustand, als wäre sie die einzige für das ganze Dorf und noch nie geputzt worden. Erstaunlich, wie schnell sich die Blase darauf einstellt, sie meldet sich in den nächsten Stunden nicht mehr.

In Tiquina, der zweigeteilten Stadt Dan Pablo und San Pedro, ist die schmalste Stelle am Titicacasee. Auf einer sehr wackeligen Fähre mit schwachem Außenbordmotor setzte ich über. Vor der Grenze nach Peru kommt der kleine Touristenort Copacabana. In der Basilika soll eine sehr bekannte und schicksalsträchtige „Schwarze Madonna" stehen. Diese ist leider gerade abwesend, wohl zur Restaurierung. Die meisten Touristen kommen nur hierher, um auf die Isla del Sol zu fahren. Dort gibt es noch einige Relikte der Inka-Kultur. Am Seeufer schaukeln typische Binsenboote vor sich hin.

Nach zehn Kilometern bin ich schon an der Grenze. Die Beamten stellen gleich fest, dass ich mein Visum um sechs Tage überzogen habe. Normalerweise bekommt man ein Neunzig-Tage-Visum, aber anscheinend nicht an jedem Grenzübergang. Ich habe nur einen Dreißig-Tage-Stempel im Pass. Für jeden überzogenen Tag verlangen sie zwanzig Bolivianos, das entspricht zwei Euro. Aber so viel habe ich nicht mehr. Ich schütte mein ganzes Geld vor ihnen aus. Es sind siebzig Bolivianos. Damit geben sie sich zufrieden, und dafür darf der Zollbeamte meinen Fahrradhelm aufsetzen. Ich glaube, da bin ich sehr glimpflich davon gekommen.

Peru - Nach Cusco

Die Einreise nach Peru verläuft wieder unproblematisch. Diesmal achte ich darauf, dass ich gleich ein Visum für neunzig Tage bekomme. Um den See herum, egal in welchem Land, leben hauptsächlich Aymaras. Noch sind deswegen keine großen Unterschiede zu Bolivien zu bemerken. Hier habe ich allerdings Schwierigkeiten, einen Platz zum Zelten zu finden. Ich muss viel herumfragen, bis mir erlaubt wird, hinter einem Haus auf einer Wiese mein Zelt aufzustellen. In einer Ecke der Wiese steht auch ein neues knallblaues Klohäuschen. Gleich nach der Grenze sind sie mir aufgefallen. Fast an jedem Haus steht entweder ein knallblaues oder knallgrünes, sehr neues Häuschen.

Puno ist die letzte Stadt am See. Hier ist noch alles geschlossen, sehr merkwürdig! Es sollte 9 Uhr aufmachen. Schließlich stelle ich fest, dass ich meine Uhr, statt eine Stunde zurück-, eine Stunde vorgestellt hatte. Es ist jetzt nicht 9:30 Uhr, sondern 7:30 Uhr!
Nach Puno geht es nochmals den Berg hinauf mit einem letzten Blick auf den See. Ohne Unterbrechung fahre ich nach Juliaca, einer großen Industriestadt. In dieser Stadt hält sich kein Tourist auf. Ich bin aber so müde und an Weiterfahren ist heute nicht zu denken. Die Unterkunft, die in meinem Reiseführer aufgeführt ist, ist wieder doppelt so teuer als dort angegeben und das Personal sehr unfreundlich. Daneben ist ein anderes Hotel, wesentlich billiger, aber auch nicht so schön. Aber was soll es, ist ja nur für eine Nacht. Als ich allerdings beobachte, wie die Toiletten geputzt werden, beschließe ich, in Zukunft mehr für das Zimmer zu zahlen. Genaueres möchte ich hier nicht beschreiben.

Im Dreck und Staub geht es wieder aus der Stadt. Ich war gerade dabei mein negatives Urteil über Peru zu fällen, als es auf einmal wunderschön wird. Ich bin wieder mitten in der Natur, nur Berge und Felsen um mich herum, alles ist schön grün. Immer wieder komme ich durch kleine Dörfer mit freundlichen Menschen. Zuerst ziehen dunkle Wolke auf, dann fängt es an zu hageln und zu donnern. In einem Schweinekoben finde ich gerade noch Zuflucht. Nach dreißig Minuten ist zwar das Schlimmste vorbei, es regnet noch leicht, aber es ist furchtbar kalt. Mein einziger Wunsch ist nur noch eine heiße Dusche. In Ayaviri gönne ich mir diesmal das teurere Hotel, Hauptsache mit Warmwasser. Als ich von meinem Rundgang durch die Stadt zuruckkomme, freue ich mich so sehr auf eine heiße Dusche, aber es kommt kein warmes Wasser. Das sind die Momente, in denen ich mich sehr unter Kontrolle halten muss, meinen Ärger nicht laut kund zu tun. Die Frau hatte vergessen, es anzuschalten. Zwei Stunden muss ich dann noch auf meine ersehnte heiße Dusche warten. Direkt vor meinem Fenster ist eine sehr laute Veranstaltung. Ich bin so nass und mir ist so kalt, dass mich das nicht weiter interessiert. Ich warte nur noch auf meine heiße Dusche und will schlafen.

Am nächsten Tag wird mir bewusst, ich habe den Tanz in den Mai verpasst, denn heute ist der 1. Mai. Mir steht einer der letzten Pässe vor Cusco bevor. Wieder einmal geht es auf über 4.300 Höhenmeter. Der Himmel ist wolkenverhangen. Erst vor dem Gipfel fängt es kurz an zu regnen, aber gerade so lang, bis ich wieder total nass bin. Der erste Reiseradler seit langer Zeit kommt mir entgegen, allerdings mit sehr wenig Gepäck. Dafür hat die Frau, die gleich darauf mit dem Motorrad erscheint, umso mehr Gepäck. Das ist auch eine sehr praktische Lösung. Von Ihnen bekomme ich gute Tipps für Übernachtungen. Sie warnen mich vor der Küstenstraße und vor den Peruanern. Noch nie wurde von Reisenden so übereinstimmend negativ gesprochen, wie über Peru. Ich nehme die Warnungen zur Kenntnis, lasse mich aber nicht weiter davon beeinflussen. Auch in diesem Land gibt es sicher mehr nette als unfreundliche Menschen. Am Gipfel sieht man vor lauter Teppichen und Tüchern, die zum Verkaufen ausgelegt sind, kaum mehr die Berge. Ständig wollen die Einheimischen mir irgendwelche Sachen andrehen. Ich mache kurz ein paar Fotos und fahre weiter hinab ins Tal.

Maifeier in Peru

Die Landschaft ändert sich komplett, es wird noch grüner, es gibt noch mehr Bäume und Vögel. In einem Dorf treffen sich Trachten- oder Tanzgruppen der Gegend. Es ist ein wahrhaft buntes Treiben, mit den rotgemusterten Kleidern und Ponchos. So bekomme ich doch noch etwas vom Tanz in den Mai mit.

Das ganze Wochenende wird gefeiert. In jedem Dorf sehe ich die Eingeborenen, meist Quechua, in ihrer Festtagskleidung. Hier wird Peru langsam bergig, die Straßen sind teilweise sehr steil, so, wie mir es schon prophezeit wurde.

Cusco ist die drittgrößte Stadt Perus, dementsprechend stark ist auch der Verkehr, laut und staubig. Die Innenstadt ist völlig ungeeignet zum Radfahren. Die engen Gassen sind meist Einbahnstraßen. Mit bepacktem Fahrrad ist es ausgeschlossen, in die andere Richtung zu kommen. Und in den Fußgängergassen sind immer wieder Stufen. Zuerst suche mir ein Hostel, stelle dort mein Fahrrad ab und gehe zu Fuß auf Erkundungstour. So gefällt mir Cusco schon viel besser. Es ist ein nettes Städtchen, aber sehr teuer und alles ist neu herausgeputzt. Cusco ist der Startpunkt für Machu Picchu.

Mir ist allerdings überhaupt nicht nach dieser Touristenattraktion. Ich habe es inzwischen eilig, nach Venezuela zu kommen und nach Hause zu fliegen.

Der Gesundheitszustand meiner Mutter lässt mich die Reise nicht mehr richtig genießen. Ich könnte die Machu Picchu-Tour mit dem Zug an einem Tag machen, nur war der Ort bis vor kurzem wegen eines Erdrutsches gesperrt. Jetzt stürmen ihn die Touristen wieder und die Preise steigen exorbitant. Ich hebe mir die Inkastätte für das nächste Mal auf. Diesmal möchte ich nur weiter. Außer den vielen Künstlern, die sich hier niedergelassen haben, gibt es natürlich viele Spuren der Inkas. Besonders die alten dicken Gemäuer aus verschieden großen Steinen faszinieren mich. Der Qurikancha Tempel, der Sonnentempel, einst ein Haupttempel der Inkas, wurde den Dominikanern übergeben. Nach einem Erdbeben haben sie ihn in ihrem Stil mit einem Überbau versehen. Heute ist er ein Sammelsurium an verschiedenen Stilrichtungen. Trotzdem kann man einige Originalmauern in den Anlagen bewundern. Erstaunlich, wie die Inkas fähig waren, diese großen Steinblöcke zu bearbeiten.

Am 5. Mai verlasse ich die Stadt der Inkas wieder. Trotz Vorwarnungen fahre ich direkt Richtung Meer, Richtung Lima weiter. Ich möchte jetzt schneller vorwärts kommen. Außerdem sehne ich mich nach wärmeren Gefilden.

Prima Klima in Lima

Cusco liegt in einem Kessel. Es geht zunächst einmal mächtig den Berg hinauf. Innerhalb der Stadt sind es nur enge Gässchen, in denen kaum Platz für Autos ist. Später machen mir die vielen Touristenbusse kurzzeitig das Leben schwer. Am Rande von Anda, einem der nächsten Orte, steht ein Haus mit einem großen Schild „Queseria Suiza Andina". Zwei junge Frauen winken mir aus dem Fenster zu und mich herbei. Das sieht nach einer netten Gelegenheit für eine Pause aus. Florentina und Felizitas aus der Schweiz sind seit eineinhalb Jahren in dieser Gegend. Zusammen mit Jesus, einem peruanischen Käsemeister, entwickeln sie Konzepte, wie man besser, ökologischer, gesünder Käse zubereiten kann. Der Käse, der dabei herauskommt, ist gar köstlich, leider, denn so kommt zu den Kilos an Vorräten, die ich in Cusco eingekauft habe, noch ein Kilogramm Käse hinzu. Das Produkt ist genial, es schmilzt nicht in der Hitze und ist mit seinem sehr hohen Calciumgehalt eine tolle Radler-Nahrung.

Diese Stärkung wird im weiteren Verlauf auch bitter nötig. Es geht hoch und hoch und hoch ... immer höher in unzähligen Kurven. Kurz vor dem Gipfel passiere ich eine Baustelle. Die Fahrzeuge in meine Richtung müssen warten. Ich darf mit dem Fahrrad weiter, nachdem ein „Tourista con bicicletta" angekündigt wurde. Ohne Autos kann ich die wunderbare Aussicht in Ruhe genießen. Danach habe ich auf der genialsten Abfahrt aller Zeiten die Straße ganz für mich. Es geht von 3.800 auf 1.800 Höhenmeter hinunter (alle Angaben ohne Gewähr, aber so ungefähr). Sehr spektakulär führt die Straße an den Felsen entlang. Unten in der Schlucht geht es über eine Brücke und das Ganze wieder auf der anderen Seite hinauf. Kinder auf Pferden ohne Sattel reiten zuerst hinter mir her, überholen mich dann im Galopp. Wie ich sie beneide. Mit dem letzten Sonnenstrahl und wieder tausend Meter höher, erreiche ich den nächsten Ort. Der Besitzer des „Hostals" hilft mir zum Glück mein Gepäck auf das Zimmer zu tragen. Allein hätte ich es nicht mehr geschafft.

Am nächsten Morgen geht es weiter den Berg hinauf. Ich fahre praktisch auf eine Steilwand zu und frage mich, wie und wo hier ein Weg nach oben führen soll? Aber irgendwie geht es immer weiter. In Cusco habe ich eine neue, kleine Deutschlandfahne bekommen. Die alte war total ausgebleicht und zerrissen. Peru ist das erste Land, in dem ich nicht gefragt werde, woher ich komme. Jeder Bauarbeiter ruft mir hinterher: „Alemana, he?" Unverkennbar, es handelt sich hier um ein Fußball spielendes und -liebendes Volk.
Nach vierunddreißig Kilometern bin ich auf dem Pass in viertausend Höhenmetern. Fast senkrecht unterhalb sehe ich Abancay liegen. Die Straße ist wirklich eine Meisterleistung der Straßenbaukunst. So wie es vorher vierunddreißig Kilometer hinauf ging, geht es nun sechsunddreißig Kilometer wieder hinunter, nur viel schneller. Abancay und Curahuasi liegen zweiundzwanzig Kilometer Luftlinie auseinander. Gefahren bin ich zweiundsiebzig Kilometer. Welcome in Peru! Und so geht es auch die nächsten Tage weiter.

Schon viele Fahrradfahrer habe ich über die Berge in Peru klagen hören, aber keiner hat von den genialen Abfahrten geschwärmt. Für mich lassen sie alle Mühen und Strapazen des Anstiegs verfliegen.
In Abancay fragt mich eine junge Frau auf Deutsch, ob ich aus Deutschland komme, und ist sehr erstaunt, als ich bejahe. Vor zwanzig Jahren wurde sie hier geboren und war, bis sie von deutschen Eltern adoptiert wurde, hier im

Kinderheim. Seit fast einem Jahr ist sie nun in Peru, um das Land kennenzulernen und mit ihrer leiblichen Familie Kontakt aufzunehmen. Im Heim, in dem sie früher selbst war, arbeitet sie im Moment. Bald geht sie aber wieder zurück nach Deutschland. Mädchen werden hier sehr früh schwanger, vor allen Dingen durch Vergewaltigungen innerhalb der Familie. Die Kinder, sehr viele behindert, werden einfach abgegeben. Fast ihre ganze Lebensgeschichte erzählt sie mir.

Nach einem längeren Anstieg durch Dörfer und an Kühen vorbei, bin ich auf einer Hochebene. Ich bewege mich immer zwischen 4.200 und 4.500 Höhenmetern. Siebeneinhalb Wochen bin ich schon auf einer Höhe von über dreitausend Höhenmetern.
Es wird mir immer noch schummrig, wenn ich über viertausend komme. Was haben bellende Hunde und pfeifende Männer gemeinsam? Fängt einer an, kommen gleich alle anderen herbeigelaufen und machen mit. Hier ist es wieder sehr lästig, aber da muss ich einfach durch.
Plötzlich ziehen dunkle Wolken auf und kurz darauf beginnt es zu regnen. In dieser Höhe wird es dann gleich sehr kalt. Sofort hole ich meine Regenjacke heraus. Ein LKW-Fahrer fragt, ob er mich mitnehmen soll. Zuerst lehne ich ab, aber dann fängt es an zu hageln und wird immer kälter. Also nehme ich das Angebot doch an. Kurz darauf geht ein Schneesturm los. Es hat schon etwas für sich, im Auto zu sitzen. Bei der Kälte und Nässe vergeht mir die Lust am Zelten. Ich kann bis Puquio mitfahren und bekomme dort ein gutes Zimmer und etwas zu essen.

Kurz vor meinem letzten Pass über viertausend Höhenmeter merke ich, dass ich langsam wieder fit werde. Endlich muss ich nicht mehr so schnaufen. Auf dem Gipfel ist der Pampa Galeras National Park (4.170 Höhenmeter) voll von Pampasgras und den wilden Lama-Arten Vicuñas und Guanacos. Danach hört die Vegetation wieder auf.

Hinab geht es auf einer genialen Abfahrt, hundert Kilometer von 4.200 auf 680 Höhenmeter. Am Anfang ist es noch nicht so steil. Es ist spät und kalt. Ich möchte nur noch unter dreitausend Höhenmeter kommen, damit es nachts nicht gar so frostig werden kann. In einer Kurve steht einsam ein Restaurant. Gerade als ich denke, es wäre schön hier zu zelten, ruft der Besitzer herüber, ob ich campieren möchte. Viele Radfahrer haben hier schon ihr Nachtlager aufgeschlagen. Die Aussicht ist grandios. Unter mir sind die Berge, hinter denen die Sonne untergeht, und zweitausend Höhenmeter tiefer sehe ich die Lichter von Nasca.

In großen Bögen geht es durch die Wüste nach Nasca. Kurz vor der Stadt höre ich das erste Mal von den Nasca Linien, mysteriöse Figuren und Striche im Sand, deren Bedeutung noch völlig unklar ist. Sie stammen aus den Jahren zwischen 900 vor Christus bis 600 nach Christus. Die deutsche Mathematikerin Maria Reiche hatte diesen Linien ihr Leben gewidmet. Und so widme ich ihnen immerhin ein paar Stunden. Nördlich von Nasca sind drei Figuren direkt an der Straße, hier wieder die Panamericana. Von einem Aussichtsturm kann ich von oben die Figuren bestaunen. Über das Leben und Arbeiten von Maria Reiche gibt es ein sehr interessantes Museum. Was sie wohl für ein Mensch war, wenn sie fast das ganze Leben in der Wüste verbrachte, um Ausmessungen an den Figuren vorzunehmen?

Die Wüste ist abwechslungsreicher als im Norden Chiles. Es kommen viel mehr Oasen. In einer Orangenplantage stelle ich auf grünem Gras mein Zelt auf. Ich brauche wohl nicht zu erwähnen, dass es jetzt wieder sehr warm ist. Nachdem ich mein Kilo Käse fast verzehrt habe, kommen dafür mindestens zwei Kilo Orangen, die ich hier geschenkt bekomme, hinzu. Die sind aber schnell weggegessen. Huacachina ist eine kleine Oase mit den größten Sanddünen Perus, ein Touristenzentrum um einen kleinen See. Einheimische Jugendliche fahren auf Sandboards die Sanddünen hinunter, europäische Touristen werden in einem Buggy durch die Wüste kutschiert und auf dem See kann man Tretboot fahren. Für jeden bietet der Ort etwas, für mich gibt es wieder ein Stückchen Gras für mein Zelt.

Aus Paracas kommt der echte Guano Dünger. Auch wenn ich hier endlich wieder das Meer sehe, es war keine gute Idee, diesen Abstecher zu machen. Nur kurz kann ich einen Blick zwischen den Fischfabriken hindurch auf das Wasser werfen. Ansonsten riecht es sehr streng. Auf der Panamericana stehen immer öfter Schilder: „Zona de Niebla". Dann ist von der Sonne nicht mehr viel zu sehen, es ist nur noch neblig. So soll es jetzt die ganze Küste entlang weitergehen.

Auf schönen, breiten Straßen mit wenig Verkehr fahre ich in die Innenstadt von Lima. Ich habe eine Einladung von Anibal, Gründer des peruanischen Touring Cycling Clubs und (noch) Besitzer eines Hotels. Nicht schlecht staune ich, als ich vor dem Hotel „Mont Blanc" in Lima stehe. Für Fahrradfahrer steht ein Zimmer bereit. Sehr nett. Die Innenstadt ist Weltkulturerbe und schön herausgeputzt, viel sauberer als ich es erwartet hätte. Auch hier ist von der Sonne nicht viel zu sehen. So wie die Leute hier warme Kleidung kaufen und warme Mäntel der Renner sind, ist unverkennbar, dass der Winter im Anmarsch sein muss. Wenn man allerdings die Pärchen im Park sieht, könnte man meinen, es sei Frühling. Wer weiß, wie das mit den Hormonen auf der Südhalbkugel ist, vielleicht drehen sie sich anders herum.

Hier habe ich öfters Gelegenheit mit der Heimat zu telefonieren. Der Gesundheitszustand meiner Mutter verschlechtert sich zusehends. Wieder bin ich hin und her gerissen, was ich machen soll und entscheide mich doch wieder für das Weiterfahren.

Am Montagabend halte ich einen Vortrag für den peruanischen „Touring Cycling Club". Fahrradreisen stehen in Peru, wie in fast allen Südamerikanischen Ländern, ganz am Anfang, denn man bekommt auch kaum die Ausrüstung dafür. Die Gruppe am Montagabend ist entsprechend klein, das Interesse dafür aber umso größer. Unendlich viele Fragen werden gestellt, und mein Fahrrad steht fast mehr im Mittelpunkt als ich.

Durch die Wüste Nordperus

Am Dienstag, den 18. Mai, geht es weiter entlang der Küste Richtung Norden. Es soll die am meisten deprimierende Strecke Südamerikas sein, nur Wüste und Nebel. Dem kann ich so nicht zustimmen. Sicher, die Strecke aus Lima hinaus zieht sich unglaublich hin. Ich weiß nicht, wie viele Universitäten diese Stadt hat, unzählige. Und wo keine Uni ist, ist garantiert ein Shoppingcenter. Anchon ist der Badestrand für die Einwohner von Lima. Bei dieser trüben Suppe kann ich mir das nicht so richtig vorstellen. Danach nimmt der Verkehr drastisch ab, es kommen auch kaum mehr Orte. Durch den Nebel hat sich auf einigen Felsen ein grüner Flechtenteppich gebildet, auf den anderen Felsen ist er rot, dazu der gelbe Sand – so ist alles schön bunt. Die Panamericana ist hier neu und vierspurig ausgebaut. Sie führt an den Ortschaften

Wandmalerei am Casa de Ciclista in Trujillo

vorbei. Anscheinend ist sie dadurch auch sehr gefährlich, denn es kommt
oft zu Überfällen. Als ein Radfahrer von hinten angefahren kommt, überlege
ich, ob ich ihn ansprechen kann, oder ob ich dann gleich überfallen werde.
Ich wage es doch. Er ist sehr nett, schüttelt mir die Hand und zeigt mir eine
Abkürzung.

In Huarmey, einer kleinen Stadt am Meer, spricht mich eine junge Frau an,
ob ich aus Deutschland sei. Sie ist ganz aufgeregt. Seit neun Monaten macht
sie hier ein Volontariat von der Erzdiözese Freiburg. Ich bin die erste Deutsche, die sie hier trifft, außer einer Nonne, die hier lebt. Sie betreut arbeitende
Kinder, die Geld verdienen müssen, weil sonst die ganze Familie zusammen-
bricht. Hier wird dafür gesorgt, dass sie trotzdem noch in die Schule gehen
können, es wird ihnen bei den Hausaufgaben geholfen und sie bekommen
auch Essen. Manche Kinder müssen deswegen auch nicht mehr arbeiten, da
sie „nur" für ihren eigenen Unterhalt aufkommen sollten.
Mit Rückenwind komme ich zügig voran. Bei einer „Fernfahrerraststätte"
werde ich gleich herzlich begrüßt. Ich bin bei weitem nicht die erste Radfahrerin, die hier vorbeikommt. An der Wand hängt ein deutscher Zeitungs-
ausschnitt mit Foto und schön gerahmt. Das Restaurant von Clemente ist
eine Oase in der Wüste. Für die Kekse und zwei Gläser Sojamilch kassiert er

nicht einmal Geld. Ein Rennradfahrer meint, wenn ich nach Trujillo komme, muss ich zu Lucho ins „Casa de Ciclista". Unter Tourenfahrern ist Lucho mit seinem Haus für Radfahrer sehr wohl bekannt. Zuerst bin ich erstaunt, dass er auch unter Einheimischen so berühmt ist. Später erfahre ich, Lucho war auch eine Koryphäe bei Straßenrennen. Ich kann dem Rennradler versichern, Lucho wartet schon auf mich.

Auf der Strecke nach Trujillo komme ich an keinen Ort, an dem ich eine Rast hätte machen wollen. Es ist Zuckerrohrernte, die sehr speziell, süßsäuerlich riecht. Ohne Pause fahre ich die hundertdreißig Kilometer durch. In Trujillo habe ich dann so großen Hunger, dass ich den ersten Stand stürme. Danach kann ich mich im legendären „Casa de Ciclista" blicken lassen.
Im „Goldenen Buch der Fahrradfahrer" bin ich Nummer 1.323. Außer mir sind gerade ein Serbe, ein Engländer, zwei Franzosen und ein Kolumbianer dort. Außer dem Kolumbianer sind alle mit dem Fahrrad Richtung Süden unterwegs. Der Kolumbianer Lazaro sitzt im Rollstuhl. Gestern hat er den Weltrekord im Dauerrollstuhlfahren aufgestellt: dreiunddreißig Stunden und circa 350 Kilometer. Zur Feier dessen gibt es am Abend bzw. in der Nacht eine Party. Nicht gerade das, was ich nach neun Stunden auf dem Fahrrad brauche. Um Mitternacht bin ich so müde und habe genug Sangría getrunken, dass ich beim größten Krach schlafen kann.

In der Nähe von Trujillo ist Chan Chan, die größte präkolumbische Stadt Amerikas. In diesem riesigen Ort haben einstmals bis zu sechzigtausend Menschen gelebt. Leider sind nur teilweise die bis zu vier Meter dicken Mauern übrig. Die Stadt wurde um 1300 gegründet. Die Inkas versuchten den Ort, in dem es viel Gold und Silber gab, einzunehmen, aber erfolglos. Dann kamen sie auf die fiese Idee, den Fluss, der die Stadt mit Wasser versorgte, einfach umzuleiten. Das war dann das Ende für Chan Chan.

Die Strecke von Trujillo bis Pacasmayo ist wegen der vielen Überfälle berühmt-berüchtigt. Der einzige Radfahrer, den ich getroffen habe und der diese Strecke gefahren ist, ist auch ausgeraubt worden und hat alles verloren. Meine neue Kreditkarte will ich nicht unbedingt wieder abgeben müssen. Der Gedanke, dass ich für die nächsten hundert Kilometer einen Bus nehmen soll, ist mir sehr unangenehm. Schon als ich gestern Auskünfte über den Bus einholte, merkte ich, das ist nicht meine Art zu reisen. Dieses Anstellen, Warten, diese Abhängigkeit, nein danke, dann lieber meine Freiheit auf dem Fahrrad. Lucho meint, ich könne die ersten fünfundvierzig Kilometer bis Chocope noch mit dem Rad fahren und von dort einen Minibus nehmen. Das verbessert meine Laune schlagartig.

Um die Mittagszeit komme ich in Chocope an. Sofort spricht mich ein Mann an. Ich verstehe nur „Pacasmayo" und, dass sein Auto da hinten stehen würde. Prima, ich komme mit. Beim Anblick des Tanklastzuges frage ich mich, wo soll denn da mein Fahrrad untergebracht werden? Kein Problem, da wo eigentlich ein Ersatzrad sein sollte: unter dem Tank. Der Fahrer ist auch schon oft auf der Strecke überfallen worden. Kurz vor Pacasmayo gehen wir etwas essen. Der Einfachheit halber bestelle ich das gleiche Essen. Viel Auswahl gibt es ohnehin nicht. Als ich mein Essen bekomme, vergeht mir fast der Appetit. Aus der Suppe schaut ein Hühnerfuß heraus, die Krallen sind frisch geschnitten. Am Rande von Pacasmayo werde ich wieder rausgelassen und fahre an der Stadt vorbei. Es folgen immer wieder Unterkünfte. In diesem Risikogebiet möchte ich nicht irgendwo zelten.

Auch um Lambayeque hinterließen vergangene Kulturen ihre Spuren, insbesondere in Form von Pyramiden. Die Ausgrabungen werden in einem neuen Museum ausgestellt. Unglaublich, wie viel Gold und Silber sie hatten, und wie viel Schmuck sie produzierten. Das Oberhaupt wurde mit zwei seiner Frauen, Lama, Kind und Diener bestattet.

Am nächsten Tag geht es durch das Tal der Pyramiden. Hier gibt es aber absolut keine Touristen. In Olmos ist die Hölle los. Ein Jubiläum des Kindergartens wird gefeiert. Wie bei einem Karnevalsumzug werden kleine Kinder, herausgeputzt als Prinzessinnen und Prinzen, oder als Batman oder Guerillakämpfer, durch das Dorf gefahren. Die Eltern strahlen vor Stolz, aber kaum ein Kind lächelt, sie schauen alle sehr ernst. Nach einer halbe Stunde ist alles vorbei.

Mitten in der Pampa habe ich meinen ersten Platten in Südamerika, der sofort geflickt wird. Acht Männer sitzen trinkend unter einem Baum. Zuerst scheinen sie nicht viel Notiz von mir zu nehmen, später bekomme ich dann etwas von dem Getränk angeboten. Es ist „Chicha", Maisbier, sehr bitter und nicht gerade mein Geschmack.

Am Sonntag, den 30. Mai, erreiche ich die Grenze zu Ecuador. In Peru hat es mir sehr gut gefallen. Auch hier habe ich wesentlich mehr nette als üble

Leute getroffen. Ich habe mich an keinem Ort unwohl gefühlt. Die Strecke nördlich von Trujillo, wo sich Banden zusammengetan haben, konnte ich ja leicht umgehen. Bisher bin ich 58.000 Kilometer gefahren.

In die Berge Ecuadors

Der Grenzübertritt ist einer der unkompliziertesten und schnellsten überhaupt. Bei den Peruanern hole ich den Ausreisestempel, fahre auf der Brücke über den Grenzfluss Macará und bekomme bei den Ecuadorianern den Einreisestempel. Das war es und wieder steht mir ein neues Land bevor. Normalerweise sind an jeder Grenze Geldwechsler, hier nicht. Ecuador hat wegen der großen Inflation die eigene Währung abgeschafft und US-Dollars als alleiniges Zahlungsmittel eingeführt. Es gehört zu den kleinsten Ländern Südamerikas. Wenn man es glattbügeln würde, würde es aber sicher die Größe Brasiliens einnehmen.

Gleich hinter der Grenze geht es los, von null auf tausendfünfhundert Höhenmeter innerhalb weniger Kilometer. Ecuador übertrifft in den Bergen und Steigungen alles bisher Dagewesene. Wildzelten soll im Hochland von

Die unendlichen Berge von Ecuador

Zu viele süße Versuchungen in Cuenca

Ecuador kein Problem sein, aber wo? Es gibt keine ebene Stelle, nicht einmal für mein Minizelt. Auf der einen Seite Steilwand, auf der anderen tiefer Abgrund. Wenn mal ein paar Quadratmeter zur Verfügung stehen, befindet sich bereits eine Hütte darauf. Dank einiger netter Jungs, die mich in ihrem Pickup mitnehmen, bin ich noch vor Sonnenuntergang in Loja.

Die Stadt ist etwa fünfhundert Jahre alt und war früher sehr reich, was man an den herrlichen Gebäuden im Kolonialstil sehen kann. So sauber und teuer habe ich mir eine ecuadorianische Großstadt nicht vorgestellt.

Von den Bergen sehe ich leider nicht so viel, sie sind meist in den Wolken verborgen. Dafür erlebe ich in den Dörfern die verschiedenen ethnischen Gruppen. Saraguro ist das Zentrum der Saraguro Kultur. Männer haben lange Pferdeschwänze oder Zöpfe, knie- oder wadenlange schwarze Hosen und schwarze Ponchos. Frauen tragen dunkle Röcke mit bunten Unterrökken, farbige Blusen und kunstvoll geknüpfte oder gehäkelte Perlenketten. Die älteren Frauen laufen meistens mit einer Handspindel herum.

Es geht immer tausend bis zweitausend Höhenmeter hinunter und wieder hinauf. In jedem Tal lebt eine andere ethnische Gruppe. Manchmal komme ich, wie in Cumbe, auf einen Markt, auf dem es leckere kulinarische Köstlichkeiten gibt.

Überraschenderweise ist das letzte Stück bis Cuenca fast flach. Ich wusste gar nicht, dass es so etwas in Ecuador auch gibt. Ich spüre die Strapazen in den Beinen. Seit neun Tagen bin wieder ununterbrochen unterwegs. Ein „Ruhetag" in Cuenca ist angebracht. Ich finde ein exzellentes Hostel. Da ich ganz allein bin, habe ich die Wohnung mit Küche für mich – Luxus pur.

Am nächsten Tag erforsche ich die Stadt. Sie wurde 1557 von den Spaniern gegründet und seit 1820 ist sie unabhängig. Auch hier gibt es wahre Prachtbauten der spanischen Kolonialzeit, schöne Plätze mit Einkaufzeilen unter Arkaden. Meine größte Gefahr sind die vielen Süßigkeiten auf den Märkten. Die Ecuadorianer sind wahre Künstler, denn aus Zuckerrohr, Kokos, Soja und Reis machen sie die köstlichsten Leckereien.
Hier fahren auch diese roten Touristen-Doppeldeckerbusse durch die Gegend. Bisher dachte ich immer „Ich nie!!", und jetzt finde ich mich doch auf dem Deck eines solchen Busses wieder. Und es macht auch noch Spaß! Ich bekomme viel zu sehen und die wichtigsten Informationen gleich dazu. Dabei kann ich mich noch prima ausruhen. Auf der Busfahrt habe ich auch keinen direkten Zugriff mehr auf all die Süßigkeiten. Vom oberen Deck des Fahrzeugs bietet sich eine ganz andere Perspektive auf das Geschehen unten auf der Straße und auf die wunderschönen Fassaden der Gebäude. Locker kann ich über die Mauern der teuren Anwesen schauen und in die Häuser. Abenteuerlich ist die ganze Sache dazu auch noch. Nicht nur die Zweige der großen Bäume habe ich immer wieder im Gesicht, sondern auch die Leitungen hängen sehr tief. Die Stadt ist hauptsächlich wegen des Panamahutes bekannt. Überall gibt es ihn in allen Formen, Farben und Preislagen zu kaufen. Der Panamahut heißt Panamahut, obwohl er doch aus Ecuador kommt, da die Spanier damals etwas durcheinander gebracht haben.
Nachdem ich fast alles über die Stadt erfahren und gesehen habe, kann ich Cuenca wieder verlassen.

Ich mag es überhaupt nicht, wenn ich nicht weiß, ob ich auf der richtigen Straße bin, noch dazu, wenn es noch so nervig bergauf und -ab geht. An einer Abzweigung halte ich kurz an und schwupps habe ich irgendeine Frucht am Fahrrad. Das Fruchtfleisch spritzt über meine ganze Kleidung. Das hebt meine Laune nun auch nicht gerade!
Es geht immer höher bis ich in den Wolken bin. Zwei Männer, die am Weges-

rand stehen, frage ich nach dem Weg. Einer bietet mir an, mich bis Cañar mitzunehmen. In Anbetracht dessen, dass es noch viel weiter hoch geht und ich nicht sehr gut drauf bin, nehme ich gerne an.

Als ich in den 32-jährigen Ford Pickup steige, muss ich lachen. Das sieht wirklich nach einem Abenteuer aus. Mitten auf dem Armaturenbrett ist eine Tierschädeltrophäe und über dem Armaturenbrett ein Fell angebracht. Der Schädel soll von einem Leopard sein, den es in den Bergen gibt und das Fell ist von einem Tiger. Ich weiß nicht, ob ich das glauben soll. In der Mitte ist ein goldener Rodeoreiter. Lenkrad und Gangschalthebel sind in Gold eingewickelt. Der Fahrer ist eher ein Cowboy als ein Ecuadorianer und spricht passables Englisch.

Nach dem Pass auf 3.500 Höhenmetern lässt er mich in Cañar wieder heraus. Es ist furchtbar kalt. Nach einer heißen Suppe auf dem Markt fahre ich weiter. Gegen Nachmittag werden das Wetter und meine Laune wieder viel besser. Ich habe eine wunderbare Sicht auf die Berge und die Wolken unter mir. Auf einer Kuhweide mit weitem Blick wird mir ein Platz zum Zelten angeboten.

Weiter geht es mit den üblichen Auf und Abs. Es geht in eine enge Schlucht hinunter. Nach Stunden bin ich fast an der gleichen Stelle, nur auf der anderen Seite. Dazu kommt sehr starker Wind. Mal muss ich schieben, mal werde ich geschoben, hier ist alles dabei. Ich weiß auch nie, brauche ich für die nächsten fünf Kilometer fünf Minuten oder eine Stunde? Vor Alausi ist zum Glück nur noch ein kurzer Anstieg zu bewältigen, danach geht es fast tausend Meter tief in die nächste Schlucht. Die ecuadorianischen Männer pfeifen viel weniger als die peruanischen. Vielleicht geht ihnen bei diesen steilen Bergen auch die Puste aus. Als ich mich Riobamba nähere, sollte ich Vulkane sehen. Bei diesen Wolken können sie sich leider sehr gut verstecken.

Nach Riobamba geht es wieder auf 3.600 Höhenmeter. Eine schöne Aussicht auf den Chimborazo Vulkan, den höchsten Berg von Ecuador mit 6.267 Metern, wäre eine gerechte Belohnung gewesen. Aber all die Herrlichkeit der Berge bleibt wieder hinter den Wolken verborgen. Auch vom Tungurahua Vulkan, der wieder sehr aktiv ist, sehe ich keine Spur. Ich bin aber schon dankbar, dass es nicht regnet und der Gegenwind nachlässt. Meine Belohnung bekomme ich in Salcedo. Hier gibt es das Salcedo-Fruchteis. Da gerade die Sonne herauskommt, habe ich zur Abwechslung Lust auf etwas Kaltes. Besonders das Brombeereis ist herrlich!

Wenn ich schon morgens im Bett höre, wie es draußen regnet, haben meine Lebensgeister große Probleme, in Fahrt zu kommen. Der letzte Tag vor Quito wird der schlimmste, seit ich in Südamerika bin. Es ist nur nass, kalt, relativ viel Verkehr, hauptsächlich Busse und LKWs mit den dunklen Abgasen, starker Wind, steile Berge ... Dann gerate ich auch noch in einen Sandsturm. Zuerst meine ich, es seien Regentropfen, aber dann merke ich, ich werde nicht nass, sondern bin voller Sand! Nicht lange und die Sandkörner finden einen Weg hinter meine Sonnenbrille und in die Augen.

In der Stadt ist es dann das gleiche Auf und Ab, warum soll es in der Hauptstadt anders sein als im Rest des Landes? Meine Herberge ist im nördlichen Teil, so dass ich einmal quer durch Quito muss. Fix und fertig und mit nassen Füßen komme ich dort an.

Am nächsten Tag suche ich sofort das Touristenviertel von Quito, Mariscal Sucre, auf. Alles ist schön bunt hier, es gibt viele Hostels, Waschsalons, Bars, Tour-Agenturen und was ein Tourist sonst noch so braucht. Mein Hauptgrund, nach Quito zu fahren: Ich will endlich wieder englische oder deutsche Bücher kaufen.

Mein Fahrrad schließe ich immer irgendwo an. Nur im Camping-Shop ist nichts zum Anketten, ich schließe es also nur ab. Immer wieder schaue ich zum Fenster hinaus, ob es noch dort steht. Dem ist auch so, bis ich wieder herauskomme, dann ist es weg. Schock! Mitten auf der Straße renne ich herum und rufe „mi bicicleta, mi bicicleta!" Ich kann und will nicht glauben, dass mein Fahrrad verschwunden ist. Wenn ich es nicht mehr finde, ist dies das Ende meiner Reise. Innerhalb der wenigen Minuten kann der Dieb nicht weit gekommen sein. Auch im unbeladenen Zustand ist mein Fahrrad sehr schwer. Da es abgeschlossen ist, muss er es ja tragen. Von den Sicherheitsleuten und Polizisten kann ich keine Hilfe erwarten. Täglich werden mehrere Fahrräder geklaut. Das interessiert sie nicht. Manche Passanten zeigen in die Richtung, in die der Dieb gerannt ist. Ich sprinte also hinterher, von dem Typen und meinem Fahrrad ist nichts zu sehen. Er muss hier aber irgendwo sein! Ich frage und rufe, bis ein Mann in einen Hof zeigt, in dem Autos stehen. Hinter den Autos an einer Wand liegt mein Fahrrad! Bin ich froh! Nach dem Schock fahre ich sofort wieder zurück in meine sichere Unterkunft.

Dies hält mich aber nicht davon ab, am nächsten Tag wieder mit dem Fahrrad in die Stadt zu fahren. Diesmal geht es in die historische Altstadt, ein nicht so gefährliches Pflaster, zudem wimmelt es nur so von Polizisten. Alles ist Weltkulturerbe und auch hier ist es sehr schön und neu hergerichtet. Es gibt viele Kirchen, zum Beispiel die Basilika und die Kathedrale und das weißgetünchte Theater National Sucre. Bevor ich die Stadt verlasse, buche ich meinen Flug um. Ich werde direkt von Kolumbien nach Frankfurt fliegen. Es wird Zeit, dass ich nach Hause komme.

Von Ecuador nach Kolumbien

Hinter der Hauptstadt geht es wie zuvor weiter. Zuerst hoch, dann in eine tiefe Schlucht und aus dieser auch wieder heraus. Nach den zwei Tagen in der Stadt bin ich entspannt. Etwa sechsundsechzig Kilometer nördlich von Quito befindet sich der Äquator. Ein paar Monumente stehen herum, eine hohe Säule, aber sonst gibt es nicht viel. Das touristische Äquatorcenter liegt scheinbar etwas abseits der Panamericana.

In Otavalo treffe ich auf einen großen Markt. Verschiedene einheimische Völkergruppen, Frauen mit weißen Blusen und Goldketten bieten ihre handwerklichen und künstlerischen Produkte an.
Noch ein paar Kilometer geht es auf- und abwärts, dann aber nur noch abwärts, mindestens zwanzig Kilometer auf tausendsechshundert Höhenmeter in das Tal des Rio Chota. Auf einmal ist alles viel trockener und so warm, wie noch nie zuvor in Ecuador. Hier wohnen hauptsächlich Afro-Ecuadorianer, deren Vorfahren schon vor vierhundertfünfzig Jahren als Sklaven in das Land geholt wurden. In einem der Dörfer mache ich kurz Halt, überlege mir, ob es Sinn macht, weiterzufahren. Der Gegenwind ist wieder zur Bestform aufgelaufen, und ich bin am Ende des Tales angekommen. Das heißt, es wird wieder für lange, lange Zeit bergauf gehen. Da kommt Fuji aus Japan auf mich zu. Er ist auch mit dem Fahrrad unterwegs und nächtigt heute hier in einem Hotel. Damit ist für mich die Sache klar, ich bleibe ebenfalls. Fuji ist seit sechs Jahren mit dem Fahrrad unterwegs. Bevor er nach Mexiko kam, hat er ganz Afrika umrundet. Es wird mal wieder ein sehr netter, informativer Abend. So genau möchte ich gar nicht wissen, wann ich wo und wie viel noch rauf und runter muss, erfahre es aber trotzdem von ihm. So wie er sich das alles mer-

Äquator-Monument in Ecuador - zurück auf der nördlichen Hemisphäre

ken kann, so schnell habe ich es auch schon wieder vergessen. Nur, dass es am nächsten Tag sehr, sehr steil und lange bergauf geht, daran kann ich mich noch erinnern.

Bei wunderbarem Sonnenschein geht es den Berg hinauf, nicht zu steil, sodass ich noch fahren kann. Auf einer Bergkuppe schenkt mir eine Frau eine Frucht. Sie sieht wie eine süßliche Gurke aus, wächst aber auf Bäumen und schmeckt herrlich.

Nach dreißig Kilometern habe ich schon die ersten tausend Höhenmeter hinter mir. Es ist sehr kalt und fängt an, zu regnen. Auf das Bergauf, Bergab im Wechsel habe ich keine Lust mehr.

Im vorletzten Ort vor der Grenze nach Kolumbien mache ich nochmals Halt, packe mich warm ein und lege mich ins Bett. Es ist einfach zu kalt. Ecuador war eines der anstrengendsten Länder, in denen ich bisher war. Die Anzahl der Kilometer ebener Strecke, kann ich an einer Hand abzählen. Kaum einen Tag mit weniger als tausend Höhenmetern, meist viel mehr. Aber es war auch eines der interessantesten Länder, vor allem, was die vielen verschiedenen ethnischen Gruppen anbelangt.

Kolumbien - Wo der Kaffee wächst

Bei der Einreise nach Kolumbien sehe ich das erste Mal in Südamerika eine Schlange am Schalter. Gleich nach der Grenze folgt die erste Stadt. Ich finde in Ipiales eine sehr nette Unterkunft und bleibe. Als ich die Stadt erkunde, sehe ich wieder das Foto von der Kathedrale in einer Schlucht. Gerne würde ich sie auch in Natura sehen. Zufällig lese ich, dass das „Santuario des Las Lajas" nur zehn Kilometer von Ipiales entfernt ist. Nichts wie los zurück in meine Unterkunft, das Fahrrad geschnappt, und ab.

Schon von oben habe ich einen hervorragenden Überblick über die ganze Anlage. Viele Wasserfälle und Felsen säumen die Kathedrale. Als Rückwand hat man einfach die Felswand genommen – es ist gigantisch. Das Gebäude ist relativ neu, es wurde erst Anfang des 20. Jahrhunderts gebaut. Es ist eine Pilgerstätte für alle kolumbianischen Katholiken. Das sind immerhin neunzig Prozent der Bevölkerung.

Auf dem Weg aus der Schlucht kommt mir ein Fahrradfahrer mit Deutschlandfahne entgegen. Bisher war ich damit die einzige. Ich möchte nur kurz wissen, warum er unter deutscher Flagge fährt. Dann fängt er mit seinem Loblieb über Deutschland an, ich befürchte, er hört überhaupt nicht mehr auf. Natürlich haben wir zuerst das Thema Fußball, ganz aktuell Deutschland gegen Australien (4:0), dann sprechen wir über deutsche Produkte, deutsche Administration, deutsches Denken und Handeln. Ich verstehe ungefähr die Hälfte, Deutsch spricht er leider nicht. Leonardo zeigt mir seine beiden Personalausweise: Einer ist aus Ecuador, der andere aus Kolumbien. Er möchte wissen, ob wir in Deutschland auch so etwas hätten. Ich zeige ihm meinen deutschen Personalausweis. Als er sieht, dass ich in Stuttgart geboren bin, ist er ganz aus dem Häuschen. Wahrscheinlich meint er, ich müsste dann, wie etwa Mercedes, ein Qualitätsprodukt sein. Ich komme nicht darum herum, und muss ihm wenigstens auf einen Kaffee in sein Zuhause folgen. Er wohnt in einem uralten, kleinen Häuschen und weiß unglaublich viel auf verschiedenen Gebieten, wie Elektronik, Philosophie und Politik.

Trotzdem bin ich sehr froh, als ich wieder auf dem Fahrrad sitze. Er redet einfach sehr viel und da ich nur die Hälfte verstehen kann, ist es sehr anstrengend.

Kolumbien gefällt mir von Anfang ausgesprochen gut, obwohl es hier genauso weiter geht, wie es in Ecuador aufgehört hat: über einen Berg, dann

Weiter geht's mit steilen, grünen Hängen in Kolumbien

in eine Schlucht hinunter, sehr weit hinab, dann mehr oder weniger flach, bis es wieder hoch geht, lange hoch. So geht es im Regen über einen Berg und hinunter nach Pasto. Es begegnen mir viele Radreisende. Alle fahren mir entgegen, anscheinend fährt niemand in den Norden.

Bevor ich Pasto verlasse, begegnet mir ein irisches Paar, das mir gleich prophezeit, dass mir ein wunderbarer Tag bevorsteht. Es geht hinab bis unter tausend Höhenmeter. Die Straße erinnert mich sehr an die Todesstraße in Bolivien. Sie ist einfach in die Felswand gehauen. Unten angekommen ist es dann sehr warm.

Später begegnen mir ein Spanier und ein Chilene auf dem Fahrrad. Sie müssen jetzt den ganzen Berg hinauf. Keiner der Radreisenden hat in Kolumbien gezeltet, es gäbe ja genug günstige Unterkünfte. Ich campiere aber sehr gern. Am Vormittag gibt es noch einige Unterkünfte, am Nachmittag dann nicht mehr. Hinter dem letzten Ort mit einem Hotel kommt nichts mehr, absolut nichts, nicht einmal vereinzelt irgendwelche Häuser. Leider ist es auch keine Gegend zum Wildzelten, denn alles ist eingezäunt. Erst kurz bevor es dunkel wird, zeigen sich wieder ein paar Hütten. Ein Mann kommt gerade heraus. Wie weit es bis zum nächsten Hotel ist, möchte ich wissen. Eine Stunde mit dem Fahrrad, meint er. Also gehe ich zu meiner zweiten Frage über, ob es hier einen Platz zum Zelten gibt. Ich kann nahe an seinem Haus bleiben, erwidert er. Wir können aber auch die Nachbarin fragen, fügt er hinzu.

Gesagt getan: Gemeinsam gehen wir zur Nachbarin. Es sind aber nur Tochter und Großmutter da. Kurz bevor es ganz dunkel ist, erscheint die Mutter, die nichts dagegen hat, wenn ich hier zelte. Mir wird auch eine Hütte angeboten, aber wie üblich, bevorzuge ich das Zelt. Da kann ich den Reißverschluss zu machen und bin vor jeglichem Getier geschützt.

Unter Beobachtung der ganzen Familie und des Nachbarn hole ich den Kocher heraus. Damit sie besser verstehen, was ich hier mache, kommentiere ich alles. Die Frau bietet mir gleich einen Teller voll mit Reis und Bohnen an, damit ich nicht kochen muss. Dann verteile ich meine letzten Koala-Stofftiere an die Kinder. Die Erwachsenen sind fast noch mehr begeistert, sie kennen das Tier nicht und wollen auch welche. Leider habe ich keine mehr. Dafür bekommen sie die letzten Kugelschreiber aus Australien. Damit sind sie auch ganz glücklich. Allerdings merke ich schnell, in einem Land mit so vielen Analphabeten, ist ein Kugelschreiber kein geeignetes Gastgeschenk. Eusebia, die Mutter, zeigt mir ganz stolz, dass sie ihren Namen schreiben kann. Die Kinder werden auf einmal viel zutraulicher, weichen nicht mehr von meiner Seite. Zuerst darf ich mit den Vierzehnjährigen Englisch-Hausaufgaben machen. Obwohl sie Englisch in der Schule haben, können sie es überhaupt nicht sprechen.

Die Mädchen werden früh mit dem Bus abgeholt. Jeder ist schon wach, als ich aus dem Zelt krieche. Wieder wird genauestens beobachtet, wie ich meinen Kaffee und das Frühstück zu mir nehme. Danach bekomme ich von ihnen noch mehr Essen: einen Teller voll mit gebratenen Bananen. Jetzt bin ich aber wirklich pappsatt. Heute werde ich auf der ganzen Strecke gut versorgt. Eine junge Frau steht vor ihrer Hütte und reicht mir einen Becher mit gut gekühltem, frischen Brombeersaft. Der tut bei der Hitze richtig gut.
Wenn es bergauf geht, hängen sich Rennradler einfach hinten an Lastwagen. Mit meinem vollbeladenen Fahrrad möchte ich das lieber nicht versuchen. Da ich nach einem Platz zum Zelten suche und keine Lust mehr zum Fahren verspüre, schiebe ich mein Gefährt den Berg hoch. Fast an jedem Haus wird mir etwas gereicht: Tee, Wasser oder frisch gepresster Maracujasaft. Bei diesem steilen Gelände ist wieder kaum Platz für das Zelt. Wenn ein paar Quadratmeter eben sind, steht ein Haus darauf und wenn die Bewohner Glück haben, passt noch ein Klohäuschen daneben. Schließlich hat ein älteres Paar nichts dagegen, wenn ich mein Zelt auf der Wiese neben ihrem Haus aufstelle. Als das Wasser für meine Suppe heiß ist, kommt die älteste Tochter mit einer großen Schüssel voller wunderbarer Suppe heraus. Okay, dann kann ich mit dem heißen Wasser auch einen Tee machen. Kaum zu Ende gedacht, habe ich einen Becher mit Tee in der Hand. Die Leute sind einfach wunderbar hier. Zwei junge Männer, achtzehn und neunzehn Jahre alt, kommen schüchtern daher und fragen, ob sie sich zu mir setzen dürfen. Natürlich. Einer studiert Kriminalistik, der andere ist auf einer Polizeischule und macht gerade einen Englischkurs. Mich erstaunt, dass sie wissen wollen, wie es in Ecuador ist. Es ist doch gar nicht so weit weg. Anscheinend waren sie bisher südlich nur bis Las Lana und Richtung Norden bis Cali, also gerade einmal zweihundert Kilometer weit gekommen.

Am nächsten Morgen haben die kleinen Kinder für mich Bilder angefertigt. Eines hat mir ein großes Baumblatt bunt angemalt, das jetzt von meinem Fahrrad weht.

Immer noch geht es weiterhin steil bergauf. Die Berge haben aber ihren Schrecken verloren, zu viele habe ich schon hinter mich gebracht. Ich darf mich nur nicht der Illusion hingeben, nach der nächsten Kurve könnte es wieder den Berg hinuntergehen. So bleiben mir Frustration und Enttäuschung erspart – wie im wahren Leben. Außer von den Bergen, werde ich auch vom Regen ausgebremst. Normalerweise macht er mir nicht viel aus, solange es nicht kalt ist. Aber wenn er als richtiger tropischer Regen niedergeht, ich überhaupt nichts mehr sehe und sich die Straßen sekundenschnell in Flüsse verwandeln, dann ist eine Pause angesagt.

Schon fast in Popayán stoppe ich deswegen an einer Tankstelle und mache eine Zwangspause. Gleich werden mir Limonade und Brot gereicht. Für die Angestellten ist bei dem Schauer auch nicht viel zu tun, so haben wir unseren Spaß. Dass ich aus Deutschland mit dem Fahrrad gefahren bin und dann auch noch über Australien, klingt schon merkwürdig! Es ist ja schmeichelnd, dass die jungen Burschen mich heiraten wollen. Ich könnte sie vielleicht adoptieren, aber heiraten geht nicht, meine ich nur dazu.

Die Städte erscheinen hier sehr übersichtlich, die Straßen sind nummeriert. Die von Ost nach West heißen „Calle", die von Nord nach Süd „Careterra". Da finde sogar ich mich schnell zurecht. Ruckzuck bin ich in der Innenstadt der schönen weißen Stadt Popayán. Für eine Stadterkundung ist es leider zu spät, nur mein Essen kann ich noch schnell kaufen und dazu ein kleines Fläschchen Wein.

Im Supermarkt hängt vor dem Regal mit den Alkoholika ein Vorhang mit einer Notiz, dass wegen der Wahlen von Freitag 18 Uhr bis Sonntagabend kein Alkohol verkauft werden darf. Es ist Freitagabend, zwei Minuten nach 18 Uhr. Dann eben keinen Wein.

Der Regen hat aufgehört und da es Wochenende ist, sind auch einige Einheimische auf den Rädern unterwegs. Schon deshalb macht das Land sehr viel Spaß, denn es gibt viele Kolumbianer, die auch mit Rennrad oder Mountainbike unterwegs sind.

Später regnet es wieder und einige Zwangspausen sind angesagt, die immer auch mit Essen verbunden sind. Es gibt auch Einiges zu probieren, wie hier zum Beispiel „Panella" – unglaublich süß und kalorienreich, aus in Bananenblätter eingewickeltem Zuckerrohr und Erdnüssen. Danach brauche ich eigentlich nichts mehr zu essen, allerdings folgen weitere Pausen. An einem Hotel frage ich nach dem Preis. Es ist zwar neu und sauber, macht aber einen zwielichtigen Eindruck. Sie haben Schwierigkeiten herauszufinden, wie viel es für eine Person und die ganze Nacht kostet. Ich fahre dann doch lieber in den Ort.

Auf dem Weg nach Cali erwarten mich zwei Überraschungen: Erstens regnet es nicht mehr und zweitens ist es topfeben. Außerdem herrscht auf den gut ausgebauten Straßen kaum Verkehr. Ein Radfahrer kommt auf mich zu und fragt, ob ich zur Ciclista-Unterkunft möchte und geleitet mich zum Haus von Hernan Miller, dem „Casa de Ciclista" von Cali. Es sind schon drei Fahrrad-fahrer, ein französisch-argentinisches Paar und ein Franzose, da. Wieder sind alle anderen in den Süden unterwegs. Daniel, ein Freund der Familie, fängt gleich an, mit mir Deutsch zu sprechen. Da er unbedingt in Deutschland studieren möchte, hat er es sich selbst beigebracht. Den ganzen Abend fragt er mich grammatikalische Sachen. Ich bin ganz schön gefordert. Es ist sehr beschämend, dass ich nach all den Monaten in Südamerika noch immer so geringe Spanischkenntnisse habe. Im urwaldartigen Garten stelle ich mein Zelt auf und werde von Fröschen in den Schlaf gequakt.

Cali ist eine sehr reiche Stadt. Beim Anblick des Einkaufszentrums fallen mir fast die Augen raus. Bisher habe ich nur arme Kolumbianer auf dem Land gesehen. Die Drogendollar machen sich bemerkbar. Nicht nur das Gebäude ist sehr imposant, auch die Auslagen in den Schaufenstern. Die Uhren und der Schmuck sind einige tausend Dollar wert. Zwischen den Springbrunnen im Innenhof gibt es freies WiFi. Überall sitzen Teenies mit ihren Geräten. Mein Fahrrad schreit wieder einmal nach Zuwendung. Ich mag es einfach nicht, wenn es zwischen den Zähnen knirscht, egal ob es meine eigenen oder die am Fahrrad sind. Es wird ein längeres Unterfangen.

Von den Anden in die Karibik

Nach Cali ist richtiges Genussradeln angesagt: kein Regen, kaum Berge, nur Kaffee- und Zuckerrohrplantagen. Am Abend lande ich in einem kleinen, netten Hotel in einem ebensolchen Ort. Auf den Straßen breiten die Frauen ihre Kochtöpfe aus. Ich kann mir direkt aussuchen, von welchem ich, wie viel haben möchte, einfach genial und sehr abwechslungsreich.

Am Geburtstag meiner Mutter möchte ich sie unbedingt am Vormittag (wegen der Zeitverschiebung) anrufen. Der nächste Ort lässt noch auf sich warten. Er ist zwar nur zwanzig Kilometer weiter, dafür tausend Meter höher. Bis ich endlich über Skype bei meiner Mutter im Heim anrufen kann, ist es schon 19 Uhr in Deutschland. Dann lande ich nur bei einer Schwester, die andere Leitung ist belegt. Bin ich genervt und frustriert!

In der wunderbaren hügeligen Landschaft kann ich mich wieder gut abreagieren. Es ist der Anfang der Zona Cafetera, wo der kolumbianische Kaffee wächst. Ein wunderbarer Start in den Tag! Schon morgens ist es angenehm warm, die Sonne kommt durch den Frühnebel über das dichte Grün. Es geht immer noch abwärts, bis ich ganz unten den Fluss überquere. Dass ich nun sehr weit unten bin, spüre ich auch an der fast unerträglichen Hitze.
Bei einer Ansammlung von Restaurants und Hotels versuche ich noch einmal, meine Mutter anzurufen. Die Verbindung ist sehr schwach, sie auch. Nach ein paar Minuten gebe ich auf.
Wieder auf dem Weg nach oben, begegne ich einem einheimischen Rennradler. Er kommt aus Santa Barbara und zeigt auf den Gipfel eines Berges, wo ein Dorf zu erkennen ist. Das ist Santa Barbara. Na prima, dort will ich heute auch noch hin. Die vielen Mangos, die am Wegesrand reifen und vor mir süß und saftig auf die Straße fallen, helfen beim Aufstieg ungemein.
Gerade als ich in Santa Barbara ankomme, geht wieder ein Regenschauer nieder. Ich nehme schnell das nächste Zimmer, obwohl es mir keinesfalls gefällt und die Leute nicht sehr freundlich sind. In solchen Momenten könnte ich vor Selbstmitleid zerfließen. Nach so einem harten Tag, bekomme ich eine schlechte Unterkunft – das ist einfach nicht fair! Aber es hört mir niemand zu, und es bringt auch nichts zu jammern. Also lieber die Energie für Konstruktives verwenden. Ich schlendere in die Stadt und gehe auf Nahrungssuche.

Nicht mehr lang bergauf, dann geht es auf gut ausgebauter Straße nur noch hinab nach Medellin, einer der größten Städte Kolumbiens. Mitten im Zentrum finde ich ein absolut nicht-touristisches Hotel. Es ist sauber und relativ ruhig mit netten Leuten. Nur sagt man mir gleich, ich müsse um 6 Uhr wieder zurück sein, denn es sei hier keine sichere Gegend. So fertig wie ich bin, habe ich damit überhaupt kein Problem. Hier strotzen die Drogendollar nur so.

Es gibt wunderbare Parkanlagen, die meisten mit Blumen, aber auch einen mit Figuren von Fernando Botero, einem kolumbianischen Künstler. Mir gefallen die überdicken und großen Figuren von Mensch und Tier. Es ist Samstag und jeder ist in der Stadt. Natürlich fängt es am Nachmittag wieder an zu regnen und alle drängen sich unter die Dächer. Da ich hoffe, dass sonntags weniger Verkehr ist, verlasse ich die Stadt gleich am nächsten Tag wieder.

In manchen kolumbianischen Städten sind am Sonntag ganze Straßen für den Autoverkehr gesperrt und nur für Fahrradfahrer freigegeben. Ich habe mir überlegt, ob das hier wohl auch so ist, vergaß es dann aber leider wieder. Erst als ich fast aus der Stadt raus bin, sehe ich eine andere Straße, auf der sich Fahrradfahrer tummeln. Zu dumm, dass ich das nicht schon vorher gewusst habe.

Vierzig Kilometer geht es nur bergauf. Die Straße verschwindet immer wieder hinter dem Berg. In der Kurve wird mir dann klar, dass es sich noch einmal wiederholt. Zum Glück verschwindet dann alles hinter den Wolken, und ich sehe überhaupt nichts mehr. Danach geht es nur noch abwärts. Ciao Andes! Es ist das Ende der Anden. Leider sehe ich kaum etwas, fast alles liegt in den Wolken. Trotzdem genieße ich es total. Mit den Wasserfällen ist es so wunderbar. Wieder einmal durchfahre ich verschiedene Klimazonen, und es wird immer wärmer. Schließlich ist alles voll bunter Blumen und Schmetterlinge. Unten am Fluss Rio Causa bin ich nur noch auf dreihundert Höhenmetern. Der Fluss begleitet mich die nächsten Tage, es ist einfach traumhaft schön, ich lächle die ganze Zeit. Immer wieder komme ich durch Orte, an denen ich Melonensaft oder Mangos erstehe. Etwas anderes kann ich bei der Hitze und Schwüle gar nicht zu mir nehmen. Meistens füllen sie mir den Melonensaft gratis immer kräftig auf.

Dann komme ich auf die Haupttouristenstrecken. Handwerkliche Produkte sind schön auf Tischen ausgebreitet. Ein Ort ist voll von Schuhen, der nächste von Hüten, Ponchos, Taschen und so weiter.

Am Samstag, den 3. Juli 2010, erreiche ich Cartagena. Es ist der Tag des Viertelfinales der Weltmeisterschaft: Deutschland spielt gegen Argentinien. Bei Spielbeginn ist es in Kolumbien 9 Uhr morgens. An jeder Tankstelle, in jeder Werkstatt, in den Restaurants steht ein Fernseher. Ich sehe das 1:0 und fahre weiter. In der zweiten Halbzeit fallen die Tore wie die Mangos von den Bäumen. Ich schaffe es nicht einmal von einem Fernseher zum nächsten. Die letzten fünfzehn Minuten verharre ich zwischen Automechanikern und Autoreifen. Unglaublich. Dieses Spiel verschafft der deutschen Mannschaft nicht nur in Kolumbien sehr viel Sympathie. Jetzt kennt wirklich jeder die deutsche Fahne, und mir bleibt die ewige Frage, woher ich komme, erspart. Die letzten Kilometer bis Cartagena sind wie ein Triumphzug, als ob ich das Spiel gewonnen hätte. Jeder jubelt mir (oder der deutschen Fahne?) zu. Ich habe den Atlantik, mein Ziel in Südamerika, erreicht. Es ist ein sehr komisches Gefühl, dass die Reise jetzt fast zu Ende sein soll.

Cartagena ist für mich die schönste Stadt Kolumbiens. Sie ist fast fünfhundert Jahre alt, es gibt viel altes Gemäuer und die Häuser sind mit warmen Farben, wie ocker, orange, braun und gelb, angemalt. Besonders im Abendlicht gibt das ein unglaubliches Farbspiel. Zwei Tage lang streife ich durch die Gassen und ernähre mich von den herrlichen Früchten.
Nachmittags ist die Hitze – trotz kühler Brise vom Meer – kaum erträglich. Dafür erwacht die Stadt nach Sonnenuntergang zu neuem Leben. Überall sind afrikanische Trommeln zu hören. Es wird getanzt. Allerdings gibt es auch sehr viel Alkohol und andere Drogen. Es ist die erste Stadt in Kolumbien, in der ich sehr viele Touristen sehe.

Mich zieht es weiter die Küste entlang, Richtung Osten. Hinter Barranquilla, einer der Millionenstädte Kolumbiens, ist nur noch erstaunlich wenig Verkehr. Und es ist flach, total flach! Es geht wie auf einem Damm: links das Meer, rechts die Mangrovenwälder. Ansonsten nichts, gar nichts, kein Schatten, nur unglaubliche Hitze und Schwüle.
Gerade zu Spielbeginn des Halbfinales zwischen Deutschland und Spanien komme ich zu den ersten Fischerhütten. Sie stehen mehr auf Stelzen als auf festem Boden. Einen Fernseher gibt es natürlich. Für mich ist es Zeit, eine Pause zu machen. Gleich wird mir ein Stuhl gereicht. Es ziehen dunkle Wolken auf, aber es fängt erst an zu regnen, als ich in der Halbzeit weiterfahre.

Mit einigen Zwischenstopps erreiche ich den nächsten Fernseher in einem Shrimps-Stand, der nur notdürftig mit Strohmatten gegen Regen geschützt ist. Die zweite Halbzeit hat schon angefangen, das Gewitter geht kurz darauf los. Wie das zwischen all dem Wasser kracht! Ich fürchte schon, der Fernseher macht es nicht mehr lange, dabei ist das Spiel doch so spannend. Auch unter den Kolumbiern gibt es lange Gesichter, als Deutschland verliert.

Karibik, Bogotá und das Ende

Die Tage in Santa Marta, einer anderen Touristenstadt in der Karibik, sind sehr geruhsam. Morgens kann ich noch etwas unternehmen, nachmittags sind alle Straßen überflutet, und es geht überhaupt nichts mehr. Nach drei Ruhetagen geht mir die Lethargie wegen der Hitze oder des massiven Regens auf den Nerv. Ich flüchte für ein paar Tage in die Berge.

Es ist Sonntagvormittag. Auf den Straßen steht das Wasser und sie sind voller Schlamm und Sand. Richtig schön wird es dann hinter der Abzweigung nach Minca. Auf der kleinen Straße durch den Dschungel ist kaum mehr Verkehr, es knattern nur noch ein paar Mopeds vorbei. Die Fahrer meinen alle, ich sei zu schwer beladen und bieten mir ihre Hilfe an. Es geht immerhin auf sechshundert Höhenmeter hinauf. Ich schaffe es auch gut allein. Kurz vor einem Regenschauer erreiche ich die ersten Hütten von Minca. Der Hitze kann ich entfliehen, dem Regen nicht. Das macht aber nichts, ich setze mich vor den ersten Laden, esse Kekse und trinke Unmengen von Wasser. Das Hostel von Chris, einem Deutschen, liegt noch ein paar Kilometer weiter oben als Minca. Die Aussicht ist traumhaft schön, weit ab von jeglichem Trubel. Etwas weiter abseits auf einer Wiese zwischen riesigen Bambuspflanzen stelle ich mein Zelt auf.

Unten am Haus steht ein Fernseher extra für das Endspiel der Fußballweltmeisterschaft. Das muss ich natürlich unbedingt sehen. Zuerst bin ich allein, dann gesellt sich ein Texaner zu mir. Spanien gewinnt gegen Holland. In Bezug aufs Essen gibt es in Minca das Übliche: frittierte Sachen, Empanadas und Papa Rellenas (ein Knödel aus Kartoffelbrei, gefüllt und frittiert). Mich erstaunt, dass es kein Obst zu kaufen gibt. Auch auf meinen Wassermelonensaft muss ich verzichten, obwohl es hier unzählige Bananenstauden, Mango- und Papayabäume gibt.

Den ersten Tag verbringe ich zwischen all dem satten Grün und den riesigen Bambusstauden. Nur der Hunger zwingt mich später ins Dorf zu laufen, um ein paar Kekse und Empanadas zu verspeisen. Nach dem alltäglichen Regenschauer werde ich richtig aktiv. Pozo Azul soll sehr schön sein und nicht weit. In meinen Flipflops gehe ich los. Ich folge einfach einem Paar. Eigentlich weiß ich überhaupt nicht, was genau mein Ziel ist. Ich weiß nur, dass es „Pozo Azul" heißt, aber nicht, ob es ein Berg, Fluss oder Sonstiges ist. Der Name, „Azul" – „blau" lässt aber eher auf ein Gewässer schließen. Das Paar läuft und läuft, immer weiter und ich folge ihnen, immer im gleichen Abstand. Ich wundere mich, wie weit es ist. Schließlich geht es über eine Brücke, an einem schönen Pool mit Wasserfall vorbei. Zuerst folge ich den beiden weiter durch ein Tor auf einen schmalen Pfad. Dann erkläre ich aber den Pool als „Pozo Azul" und drehe um. Später erfahre ich, dass ich damit richtig lag.

Am nächsten Tag spüre ich die Auswirkungen meiner Wanderung. Ich habe einen ganz schönen Muskelkater in den Waden, was mich doch zu einem Schmunzeln veranlasst. Nach so vielen Kilometern auf dem Rad habe ich Muskelkater von einem Spaziergang. Es werden ganz andere Muskeln beansprucht.

Chris kommt vorbei und sagt, Jutta würde mich gerne treffen. Sie ist eine Deutsche, die ebenfalls mit vollbeladenem Fahrrad in Minca angekommen ist und sich hier jetzt ein Haus baut. Natürlich möchte auch ich Jutta treffen. Momentan wohnt sie noch in einem kleinen gemieteten Häuschen und baut sich daneben ihr Bambus-Traumhaus. Wie immer unter Gleichgesinnten haben wir gleich viel Gesprächsstoff. Sie ist auch zweieinhalb Jahre unterwegs, aber hauptsächlich in Südamerika.

Am Abend beginne ich, auszusortieren, was ich von meinen Sachen nicht mehr brauche und was ich Chris und Jutta überlassen kann. Das Ende meiner Reise naht in riesigen Schritten. Es tut mal wieder richtig gut, ein bisschen Gewicht abzuwerfen.

Da ich unbedingt noch im Atlantik schwimmen möchte, bevor ich Südamerika wieder verlasse, fahre ich weiter. Es gibt zwar schöne Strände, auch zum Zelten, die Strömung ist allerdings zu stark, um schwimmen zu können. Das Wasser ist aufgewühlt und führt sehr viel Dreck mit sich. Sehr einladend ist es nicht. Der Ort Buritaca ist eher eine Geisterstadt. Die Cabanas Rio de

Buritaca finde ich alles andere als berauschend. An der Flussmündung reiht sich ein Restaurant an dem anderen. Sehr viele Touristen tummeln sich und vom Strand aus kann ich kaum etwas sehen. Mitten auf einem Platz ist eine eingezäunte Wiese, auf der „Camping" steht. Sofort drehe ich wieder um und fahre zurück an den Strand der letzten Nacht. Der ist schön und auch ohne Schwimmen ist es sehr angenehm, unter den Palmen zu zelten und den Rest des Tages in der Hängematte zu verbringen.

Schließlich lande ich in dem kleinen Fischerdorf Taganga, gleich neben Santa Marta in einer kleinen Bucht. Das „Ocean Reef" ist ein typisches Hostel, sehr neu, sehr nette Leute, die alles machen, um in die Bibel aller Reisenden, den Lonely Planet, zu kommen. Fast alles ist gratis: WiFi, Küche, Kaffee, etc. Der Platz zum Zelten ist im Garten auf einem kleinen Stückchen Wiese. Daneben aber, unter einem Dach, baumeln einige Hängematten, das Ambiente ist sehr nett und ruhig. Ich bleibe.

Über Klippen am Meer entlang gelange ich in eine kleine Bucht. Der erste Eindruck ist nicht sonderlich gut, es sind mir zu viele Leute. Der Strand und das Wasser sind aber schön und das Wichtigste ist, ich kann hier schwimmen. Dummerweise habe ich mein Badesachen nicht dabei. Nicht nur diese fehlen, sondern auch ein Buch und das geht gar nicht. Also besorge ich mir zuerst Lesestoff, was hier in den Second Hand Shops kein Problem ist.
Das Meer ist am nächsten Tag nicht mehr so schön, denn das Wasser ist sehr aufgewühlt. Es ist auch nicht ganz so warm, deswegen sind nicht mehr viele Menschen hier. Das Schwimmen mit Brille lasse ich bleiben, denn ich will lieber nicht sehen, was sich im Wasser herumtreibt. Ich genieße nochmals meinen letzten Sonnenuntergang und die Ruhe am Meer, die auch von den schwankenden Fischerbooten ausgeht.

Nach meiner letzten Nacht im Zelt kann ich so manches in Taganga lassen. Oh, wie werde ich das vermissen! Meine Fahrradreise ist fast zu Ende. Es geht eigentlich nur noch zurück nach Santa Marta.

Am nächsten Tag läuft alles wie am Schnürchen. Auf Inlandsflügen muss man das Fahrrad nicht verpacken. Ich fahre gemütlich zum Flughafen, mache die Pedale ab, drehe den Lenker um und lasse die Luft aus den Reifen entweichen.

Mein Gepäck ist in den letzten Tagen auf ein Minimum geschrumpft. Mit dem Fahrrad habe ich nur noch achtundzwanzig Kilogramm einzuchecken. Die große Tasche als Handgepäck lasse ich lieber nicht wiegen. So muss ich nur für acht Kilogramm Übergepäck-Zuschlag bezahlen. Dass der Flug eine Stunde Verspätung hat, stört mich wenig. Der Flughafen von Santa Marta ist direkt am Strand. Ich geselle mich zu den Fischern und trinke einen Kaffee. Ich lese noch ein wenig und schon ist es an der Zeit, einzusteigen. Ich finde es sehr beruhigend, mein Fahrrad an der Ladeluke zu sehen.

In der Hauptstadt Kolumbiens herrschen ganz andere Temperaturen. Die Stadt liegt auf 2.600 Höhenmetern. In Santa Marta waren es bereits um 7 Uhr schon dreißig Grad, in Bogotá sind es um die Mittagszeit gerade einmal sechzehn. Bogotá ist eine Fahrradstadt mit mehr als dreihundert Kilometern ausgebautem Fahrradwegenetz und der „Ciclo Via". Auch an Sonn- und Feiertagen sind hier einige Straßen von 7 bis 14 Uhr für Autos gesperrt. Sie werden von hunderten Radfahrern eingenommen. An extra dafür aufgebauten Ständen können sie sich verpflegen. Es ist Sonntag, aber leider gerade 14 Uhr, als ich zur ersten Straße komme, die bis dahin gesperrt war. Die Autos schießen gerade wieder auf die Straße. Ein paar Versorgungsstationen sind noch nicht abgebaut, sodass ich noch ein paar Melonenstücke ergattern kann.

In der Innenstadt sind ganze Gebiete gesperrt, denn ein Feiertag steht bevor. Dass es ausgerechnet der zweihundertste Jahrestag der Befreiung ist, erfahre ich erst jetzt. Die Vorbereitungen für die Festivitäten sind in vollem Gange. Zum Glück bin ich nicht mit dem Auto unterwegs, denn es ist das reinste Chaos. Selbst mit dem Fahrrad dauert es sehr lange, bis ich mich durchgekämpft habe. Endlich lande ich in dem touristischen Teil von Bogotá, in La Candelaria, wo ich schnell ein Hostel finde. In den letzten Jahren hat sich das Leben in den Unterkünften, die meist von Jugendlichen aufgesucht werden, drastisch verändert. Seit es die günstigen Laptops gibt und fast jeder mit einem eigenen Computer reist, steht überall WiFi zur Verfügung. Man spricht kaum mehr miteinander, sondern jeder sitzt mit seinem Gerät herum, chattet über Facebook, telefoniert via Skype, schreibt E-Mails und lädt Fotos ins Internet. Ich muss gestehen, teilweise gehöre ich auch dazu.

Für mich stehen die üblichen Aktivitäten an: Fahrradkarton besorgen, Souvenirs kaufen, Packen. Aufgrund des nahenden Feiertags bleibt mir nur ein Tag Zeit. Meine Stadtrundfahrt mit dem Fahrrad gebe ich bald auf. Immer mehr Straßen werden gesperrt. Da, wo Fußgänger durch dürfen, darf ich mit dem Fahrrad nicht einmal schiebend entlang. Mein Rad könnte ja explosiv sein. Sehe ich aus wie ein Selbstmordattentäter? Fahrradfahren ist in Bogotá, trotz der vielen Fahrradwege, selbstmörderisch. Da brauche ich nicht auch noch auf einem explosiven Fahrrad zu sitzen. Schweren Herzens bringe ich mein Gefährt wieder zurück ins Hostel und gehe zu Fuß Souvenirs einkaufen. In der Stadt versammeln sich sämtliche ethnischen Gruppen Kolumbiens zu Demonstrationen. Auch sie wollen endlich ihre Rechte und Freiheit. Es ist nicht Jedem feierlich zumute.

Am Nationalfeiertag selbst ist alles noch chaotischer. Die Anzahl der Polizisten nimmt weiter zu. In manchen Straßen stehen sie mit ihren Schlagstökken Spalier und überall sind Absperrungen. Ich schnappe mein Fahrrad und fahre aus der Innenstadt hinaus. Am Feiertag ist auch wieder „Ciclo Via"-Tag. Auf manchen Straßen ist kaum ein Durchkommen, trotz Autoverbots. Sie sind voll von Fußgängern. Die meisten sind zumindest teilweise im Look der kolumbianischen Flagge erschienen, andere hingegen komplett in den entsprechenden Farben gekleidet.
Für den Abend sind ein Konzert und Feuerwerk angesagt. Unmengen von Menschenmassen stürmen auf den Platz des Konzertes, der bald wegen Überfüllung gesperrt wird. Mit ein paar Leuten vom Hostel sehe ich später das Feuerwerk. Noch mehr Polizisten und Militär haben es in der Zwischenzeit in die Innenstadt geschafft. Die Schwarzmänner sind mit Schild, Helm, Schlagstöcken und Tränengaspistolen ausgestattet. Eine Gesellschaft, in der ich mich nicht wohl fühle. Wir wundern uns, warum uns so viele Leute entgegenkommen. Dann sehe ich die Schlägertruppe, die sich mit Jugendlichen Kämpfe liefert. Als es knallt, rennt jeder blindlings los – eine sehr unangenehme Situation.
Dennoch, in der ganzen Innenstadt wird etwas geboten. Wir gehen kleinere Gassen ab und schauen den Straßenkünstlern zu, bis das Feuerwerk anfängt. Es ist fantastisch, am letzten Abend in „Freiheit", ein solches Spektakel prä-

sentiert zu bekommen. Allerdings kann ich es mit all den Waffen um mich herum nicht richtig genießen.

Von dem Konzert hören wir überhaupt nichts. Ich bezweifele, dass es überhaupt stattfindet. Es gibt noch weitere schwere Krawalle, von denen ich erst am nächsten Tag erfahre.

Trotz Stau und Umleitungen schaffe ich es rechtzeitig mit dem Taxi zum Flughafen. Beim Einchecken erhalte ich 64.000 Kolumbianische Pesos zurück, keine Ahnung, warum. Ich stecke sie einfach ein, ohne zu fragen. Da ich sie auf dem Flughafen nicht mehr ausgeben kann, nehme ich es als Zeichen, dass ich wieder zurückkommen muss. Der Flug von Bogotá nach Madrid hat eine Stunde Verspätung. Von dort aus fliege ich gleich weiter nach Frankfurt. Die Strecke auf europäischer Seite, vom Atlantik nach Deutschland, hole ich im Frühjahr nach, um den Kreis zu schließen.

Am 22. Juli 2010 komme ich wieder in Deutschland an. Ich werde von meinem Bruder abgeholt, und wir fahren direkt zu meiner Mutter. Eine meiner Schwestern ist auch da. Sie wartet schon mit meiner ganz aufgeregten Mutter vor dem Haus. Wenn ich nicht permanent über ihren Gesundheitszustand unterrichtet worden wäre und sie mich nicht intensiv auf ihren Zustand vorbereitet hätten, wäre ich sehr erschrocken. Sie ist abgemagert und zusammengefallen. Ich bin sehr froh, sie lebend anzutreffen und dass sie mich nach zwei Jahren und fünf Monaten wiedererkennt.

Insgesamt war ich 888 Tage unterwegs und bin 61.140 Kilometer gefahren.

Und die Moral von der Geschicht'?

- *Das Leben ist etwas Wunderbares.*
- *Die Welt ist bei weitem nicht so schlecht,*
  wie sie in den Medien dargestellt wird:
  Es gibt mehr gute als böse Menschen.
- *Die Erde ist ein faszinierender Planet.*

Nachwort

In den nächsten Monaten verbringe ich viel Zeit mit meiner Mutter, was uns beiden sehr gut tut. Im Mai fliege ich nach Lissabon, um mit dem Fahrrad den letzten Teil meiner Weltreise zu absolvieren. Nach zwei Wochen in Pamplona, bekomme ich einen Anruf von meinem Bruder, es sei besser wenn ich wieder zurückkomme, meine Mutter läge im Sterben. Mit dem Fahrrad fahre ich nur noch über die Grenze nach Frankreich und nehme von dort den Zug. Anfang Juni 2011 stirbt sie dann. Einen Tag nach ihrer Beerdigung bin ich bei Velotraum und lasse mir ein neues Fahrrad zusammenbauen. Mich hält hier nichts mehr, ich will auf meine zweite Weltreise gehen.

Ich möchte mich hiermit bei meiner Familie, meinen Freunde, Bekannten und Unbekannten bedanken. Ohne deren Hilfe die ganze Reise nicht möglich gewesen wäre. Auch jetzt noch bin ich sehr dankbar für alle Freunde, die mich in meiner wohnungslosen Zeit stets bei sich aufnehmen.

Karte

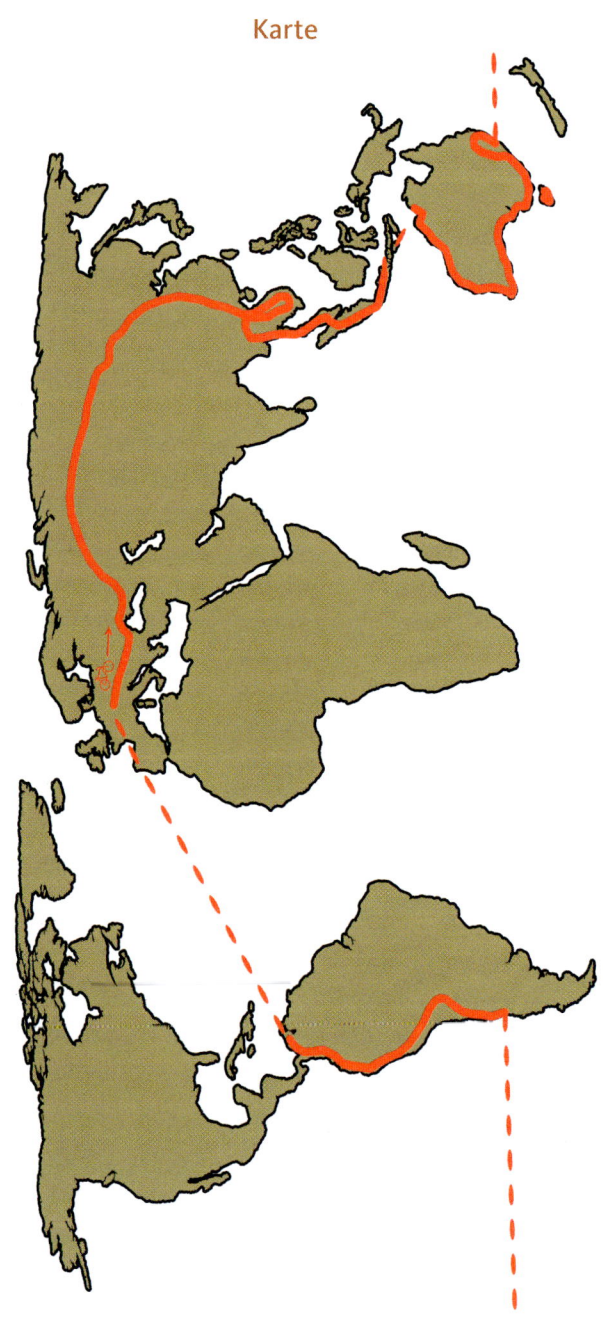